인문학 산책

인문학 산책

초판 1쇄 인쇄 | 2020년 12월 31일
초판 2쇄 인쇄 | 2021년 02월 22일
지은이 | 김동기
펴낸이 | 이승훈
펴낸곳 | 해드림출판사
주 소 | 서울 영등포구 경인로82길 3-4(문래동1가 39)
센터플러스빌딩 1004호(우편07371)
전 화 | 02-2612-5552
팩 스 | 02-2688-5568
E-mail | jlee5059@hanmail.net

등록번호   제2013-000076
등록일자   2008년 9월 29일

ISBN   979-11-5634-395-0

나는 어떻게 살아야 하는가?

How to live?

인문학 산책

김동기 지음

나는 누구인가!?

Who am I?

해드림출판사

머리말

인문학 집 짓기

최근 인문학에 대한 일반 국민들의 관심이 지대하다. 대학에서 논술 입학시험을 치르고, 각종 입사 시험에서 인문학에 관한 내용을 다루면서 학생들의 관심이 높아지고 있다. 또한 각종 대중 홍보 매체에서도 다양하게 다루고 있고, 교육기관과 지방 자치단체에서 인문학에 관한 강의를 앞다퉈 편성함으로써 인문학적 소양이 각계에서 요구되고 있다.

우리나라는 2018년 1인당 GNP가 3만 불을 넘고 무역 규모가 1조 1,500억 달러가 되는 등 세계 9위의 통상대국이 되면서 경제적으로는 선진국의 문턱까지 도달하였다. 그러나 선진국이란 경제뿐만 아니라 정치, 사회, 문화 등 모든 분야에서 균형적으로 발전되었을 때 선진국이라고 할 수 있다. 그러면에선 해외에서 K-Pop

에 대한 열풍이 불고 한국 문화유산이 UNESCO에 등재되는 등 최근 우리 문화에 대한 세계인의 관심이 높아지고 있다는 것은 주목할 만한 일이다.

그러나 이념, 지역, 세대, 남녀 간 갈등이 증폭되어 폭발 직전의 상황에까지 놓여 있으나 정치는 이를 통합하거나 최소화하지 못하고 있는 실정이고, 경제도 일본의 경우처럼 L자 형태의 장기적인 저성장 추세가 이어질 것이라는 전망이 있다. 사회적으로는 인구성장율이 1%를 밑돌고 초고령화와 핵가족화가 빠른 속도로 진행되고 사회적 아노미 현상이 만연해지고 있다. 이와 같은 현상이 지속될 경우 세계에서 제일 먼저 없어지게 될 국가라는 바람직하지 못한 예측도 있다.

이와 같은 국가적 위기를 극복하고 명실상부한 선진국이 되기 위하여 정치인, 경제인, 문화인 등 모든 국민이 인문학적 지식과 지혜가 가득하여 선순환이 되어야 한다. 일반적으로 지능지수(IQ)와 감성지수(EQ)는 널리 활용되고 있으므로, 인문지수(HQ)를 개발하여 활용하면 더 인문학이 확산될 것으로 보인다. 문학에 문학소녀, 문학소년, 문학청년이라는 표현이 있으니 인문학 분야에도 인문학 청년, 인문학 장년, 인문학 노년이라는 표현이 널리 회자되었으면 한다.

우리나라 국민들의 여가 행태를 보면 연간 학생은 28.6권, 성인은 8.3권의 책을 읽고 있는 실정이나, 앞으로는 인터넷과 최첨단 통신기술의 발전으로 독서량이 점점 더 줄어들 것으로 보인다. 여가

활동도 TV 시청이 46.4%로 압도적이고, 다음은 인터넷(14.4%), 게임(4.9%), 산책(4.3%) 순이다. 지금까지 온라인 중심으로 빨리빨리 문화에 익숙해져 있었다면, 때로는 오프라인 중심의 느림의 미학도 필요하다. 이를 위해 인문학 서적의 보급과 사회적인 독서 분위기 확산이 필요하다.

저자는 1970년 대학에 입학하여 교양학부에서 동양과 서양의 철학고전을 2권으로 축약한 것을 읽은 적이 있다. 이후 그간 소홀했던 분야를 섭렵하기 위하여 2010년부터 인문학 서적 1,000권 읽기 10개년 계획을 세워 추진하고 있다. 지하철을 타거나 주말에 집이나 도서관에서 매년 100권씩, 매주 2~3권씩 읽기를 추진하고 있다. 문제는 대부분 읽기에 그치고 중요한 내용을 기록하고 활용하는 것이 없다는 것이다.

일반적으로 '○○학'하면 부담스러워하는 경향이 있어서 누구나 쉽게 읽을 수 있도록 책 제목을 '인문학 산책'으로 하고 산책하듯이 문학, 역사학, 철학을 쉽게 이해할 수 있도록 축약하여 정리하였다. 학교에서 교편을 잡고 있는 딸들이 학생들의 교육과 자녀들의 양육에 도움이 될 수 있도록 독서 내용을 요약해 달라고 부탁을 하였다. 그래서 이때부터 책을 읽은 후 저자와 시대적 배경, 책의 주요 내용, 오늘날 우리에게 주는 시사점을 2~5장 정도로 축약하여 정리하였다. 이것이 이 책을 쓰게 된 배경이다.

읽은 책과 참고문헌 중 해외문학은 명문대 선정 세계문학(한국헤르만헤세 간행)을, 철학은 청소년 철학창고(풀빛사 간행)를 중심으로 하고, 독자들에게 널리 알려져 있으며 시사성이 있고 생활의 지혜가 될 수 있는 문학, 역사학, 철학 등 각 40권씩 120권을 임의로 선정하였다. 내용 면에서 문학, 역사학, 철학의 균형을 맞추고자 하였으나, 문학·역사학보다 철학의 분량이 두 배가 많아지게 되었다.

인문학이라는 멋진 집을 짓기 위하여 저자가 큰 뼈대를 생각해 보았다. 이 책들이 기초가 되어 독자들이 지붕을 이고 벽을 쌓아 멋진 집을 짓기를 기대해본다. 이 책이 인문학에 대한 기본서로서 개괄적인 내용을 스케치하였으니, 독자들께서 보다 구체화시키고, 다양화하여 인문학에 대한 자신의 철학, 즉 관(觀)을 세우기를 바란다.

끝으로 이 책이 나오기까지 아들 정민은 바쁜 공중방역 수의사로 활동하면서도 사진 선정과 내용 교정을 해주었고, 죽마고우이자 시인인 낭산 이기순과 한전산업개발(주) 김응태·이남혁 전무님께서는 고견과 교정을, 고상원 과장은 자료검색과 교정을 해주셔서 이 지면을 빌려 감사를 표한다. 이렇게 멋진 책이 나올 수 있도록 정성을 기울여 주신 이승훈 해드림출판사 사장님과 편집자 여러분께 감사를 전한다.

2020년 겨울
김동기

머리말 – 인문학 집 짓기 __004

제1장 인문학

제1절 무엇이 인문학인가?
1. 인문학이란? __020
　　가. 사람을 대상으로 하는 학문 : 문학·역사·철학 __022
　　나. 통섭·소통의 학문 __025
　　다. 수기치인을 위한 학문 __026

2. 다른 학문과의 관계 __030
　　가. 사회과학과의 관계 __030
　　나. 자연과학과의 관계 __033

제2절 왜 인문학이 중요한가?
1. 행복의 증진 __036
　　가. 개인적 행복(1차적)의 증진 __036
　　나. 사회적 행복(2차적)의 증대 __040

2. 국가와 사회발전의 촉진 __044
　　가. 국격 제고와 국민 형성 __045
　　나. 자유민주주의 체제의 유지 __048
　　다. 경제·사회시스템의 발전 __050

3. 세계화와 문명발전 __052

제3절 어떻게 인문학을 공부하고 지원할 것인가?
1. 개인적 전략 __057
　가. 독서계획의 수립과 실천 __057
　나. 여가시간의 생산적 활용 __059
　다. 밥상머리와 잠자리교육 __062
2. 교육적 전략 __064
　가. 인문학에 대한 체계적 교육 __064
　나. 인접학문간 학제적 연구 강화 __066
　다. 인문학 연찬 사회 분위기 조성 __068

제2장 문학

제1절 문학에의 초대
1. 문학이란? __074
　가. 문학의 의의 __074
　나. 문학의 기능 __075
　다. 문학의 역사 __076
2. 문학의 장르 __078
　가. 시 __078
　나. 소설 __081
　다. 수필 __085
　라. 희곡 __086
　마. 비평 __087

3. 한국 현대문학의 과제 __089
　　가. 문학의 세계화 __089
　　나. 월북작가와 작품 __090
　　다. 사실과 허구성 __091
　　라. 저항성과 외설성 __093

제2절 한국문학
　2-2-1 「향가 서정 여행」(신재홍) __097
　2-2-2 「금오신화」(김시습) __100
　2-2-3 「난중일기」(이순신) __102
　2-2-4 「파발 : 충무공의 일급비밀문서」(김진일) __104
　2-2-5 「남한산성」(김훈) __105
　2-2-6 「조선의 마지막 황녀 : 덕혜옹주」(권비영) __107
　2-2-7 「감자/배따라기」(김동인) __109
　2-2-8 「토지」 1-20(박경리) __111
　2-2-9 「아리랑」 1-10(조정래) __114
　2-2-10 「태백산맥」 1-10(조정래) __117
　2-2-11 「한강」 1-10(조정래) __119
　2-2-12 「정글만리」 1-3(조정래) __120
　2-2-13 「무궁화꽃이 피었습니다」 1-2(김진명) __122
　2-2-14 「소금」(박범신) __125
　2-2-15 「82년생 김지영」(조남주) __128
　2-2-16 「엄마를 부탁해」(신경숙) __130
　2-2-17 「채식주의자」(한강) __131
　2-2-18 「초혼」(고은) __133

2-2-19 「무소유」(법정) ___135

2-2-20 「못 가본 길이 더 아름답다」(박완서) ___139

제3절 해외문학

2-3-1 「어린왕자」(생텍쥐페리) ___141

2-3-2 「양치는 언덕」(미우라 아야꼬) ___143

2-3-3 「상실의 시대 : 원제 노르웨이의 숲」
(무라카미 하루키) ___145

2-3-4 「아Q 정전」(루쉰) ___147

2-3-5 「춘희」(뒤마 피스) ___149

2-3-6 「돈키호테」(세르반테스) ___151

2-3-7 「노인과 바다」(어니스트 헤밍웨이) ___153

2-3-8 「무기여 잘 있거라」(어니스트 헤밍웨이) ___154

2-3-9 「로빈슨 크루소」(대니얼 디포) ___156

2-3-10 「걸리버 여행기」(조너선 스위프트) ___158

2-3-11 「빌헬름텔」(프리드리히 폰 실러) ___160

2-3-12 「동물농장」(조지 오웰) ___162

2-3-13 「바람과 함께 사라지다」(마가렛 미첼) ___164

2-3-14 「올리버 트위스트」(찰스 디킨스) ___166

2-3-15 「폭풍의 언덕」(에밀리 브론테) ___168

2-3-16 「레미제라블」(빅토르 위고) ___169

2-3-17 「알프스 소녀 하이디」(요하나 슈피리) ___171

2-3-18 「죄와 벌」(표도르 도스토옙스키) ___173

2-3-19 「안네의 일기」(안네 프랑크) ___176

2-3-20 「뿌리」(알렉스 헤일리) ___178

제3장 역사학

제1절 역사학으로 초대

 1. 역사학이란? __184
    가. 과거의 기록 __184
    나. 역사학 __186

 2. 역사의 주인공과 대상 __189
    가. 주인공 : 왕 등 지배층 → 전 국민 __189
    나. 사료 : 문헌과 유물·유적 __190

 3. 역사와 우리 외교관계 __193
    가. 중국과의 관계 __193
    나. 일본과의 관계 __197

 4. 우리 역사학계의 과제 __203
    가. 식민사관 청산 문제 __203
    나. 고조선 문제 __204
    다. 역사 교과서 국정화 문제 __206

제2절 한국사

 3-2-1 「고조선 : 신화에서 역사로」(이종호·이형석) __208
 3-2-2 「고조선 : 사라진 역사」(성삼재) __210
 3-2-3 「조선상고사」(신채호/박기봉 옮김) __211
 3-2-4 「광개토대왕의 위대한 길」(김용만) __213
 3-2-5 「삼국사기」 1·2(김부식/이강래 옮김) __215
 3-2-6 「삼국유사」(일연/이가원 허경진 옮김) __217
 3-2-7 「한 권으로 읽는 고려왕조 실록」(박영규) __219

3-2-8 「한 권으로 읽는 고려왕조 실록」(박영규) __221

3-2-9 「정도전을 위한 변명」(조유식) __223

3-2-10 「세종이라면 : 오래된 미래의 리더십」(박현모) __226

3-2-11 「류성룡, 나라를 다시 만들 때가 되었나이다」
(송복) __228

3-2-12 「다시 읽는 하멜표류기」(강준식) __230

3-2-13 「열하일기」(상·중·하)
(박지원/고미숙·김진숙·김풍기 옮김) __232

3-2-14 「오동나무 아래에서 역사를 기록하다」
(황현/김종익 옮김) __234

3-2-15 「조선을 홀린 무당 : 진령군」(배상열) __236

3-2-16 「역사 속의 또 다른 역사 : 한국의 야사」(김형광) __238

3-2-17 「역사전쟁 : 권력은 왜 역사를 장악하려 하는가?」
(심용환) __240

3-2-18 「우리 안의 식민사관」(이덕일) __242

3-2-19 「한국혁명 : 불평등 해소의 새로운 길」(박세길) __245

3-2-20 「국가의 배신 : 실미도에서 세월호까지
국민을 속인 국가의 거짓말」(도현신) __247

제3절 세계사

3-3-1 「누구를 기억할 것인가 : 화폐 인물로 만나는 시대의
도전자들」(알파고 시나씨) __250

3-3-2 「미로 : 길의 인문학」(김재성) __252

3-3-3 「사피엔스」(유발 하라리/조현욱 옮김) __253

3-3-4 「호모데우스 : 미래의 역사」(유발 하라리/김명주 옮김) __256

3-3-5 「총·균·쇠」(자렛 다이아몬드/김진준 옮김) __258

3-3-6 「단숨에 읽는 사기」(시마자키 스스무/전형배 옮김) __261

3-3-7 「새로 만든 먼나라 이웃나라」(이원복) __265

3-3-8 「나의 문화유산 답사기-일본편」(유홍준) __269

3-3-9 「음식 : 그 두려움의 역사」
　　　　(하비 리벤스타인/김지향 옮김) __273

3-3-10 「역사의 치명적 배후, 성 : 상식과 몰상식을 넘나드는
　　　　인류의 욕망」(이성주) __274

3-3-11 「역사를 바꾼 100가지 실수」(빌포셋/권춘호 옮김) __276

3-3-12 「역사를 바꾼 50가지 전략」
　　　　(다니엘 스미스/최윤영 옮김) __278

3-3-13 「역사를 바꾼 50인의 지도자」
　　　　(찰스 필립스/김수미 옮김) __279

3-3-14 「불멸의 여인들 : 역사를 바꾼 가장 뛰어난
　　　　여인들의 전기」(김후) __281

3-3-15 「문명의 중심 실크로드」
　　　　(프란시스 우드/박세욱 옮김) __283

3-3-16 「위인전에 속은 어른들을 위한 찌질한 위인전」
　　　　(함현식) __285

3-3-17 「묘비명으로 본 삶의 의미 : 인생열전」(박영만) __287

3-3-18 「공간의 세계사」(미야자키 마사카쓰/오근영 옮김) __289

3-3-19 「자본주의 4.0」(아나톨 칼레츠키/위선주 옮김) __291

3-3-20 「리더가 읽어야 할 세계사 평형이론」(함규진) __293

제4장 철학

제1절 철학에의 초대
1. 철학이란? __304
  가. 지혜·지식에 대한 사랑 : 애지 __305

  나. 철학과 종교 __307

  다. 철학과 과학 __310

2. 철학의 발자취 __312
  가. 고대철학 __312

  나. 중세철학 __314

  다. 근세철학(르네상스 이후) __316

  라. 현대철학 __318

3. 철학의 문제 __324
  가. 나는 누구인가?(형이상학, 존재론) __324

  나. 나는 무엇을 아는가?(인식론, 논리학, 진리론) __331

  다. 나는 무엇을 해야 하는가?(윤리학, 가치론, 정의론) __339

제2절 동양철학
  4-2-1 「대학」(大學, 미상) __349

  4-2-2 「논어」(論語, 공자어록) __352

  4-2-3 「맹자」(孟子, 맹자) __357

  4-2-4 「중용」(中庸, 자사) __363

  4-2-5 「순자」(荀子, 순자) __367

  4-2-6 「도덕경」(道德經, 노자) __376

  4-2-7 「장자」(莊子, 장자) __381

4-2-8 「한비자」(韓非子, 한비자) __387

4-2-9 「손자병법」(孫子) __392

4-2-10 「근사록」(近思錄, 주희·여조겸) __398

4-2-11 「정관정요」(貞觀政要, 오긍) __408

4-2-12 「목민심서」(牧民心書, 정약용) __413

4-2-13 「반야심경」(般若心經, 김도창 해설) __416

4-2-14 「우파니샤드」(인도 힌두교 최고경전) __424

4-2-15 「동경대전」(東經大全, 최제우) __427

4-2-16 「성학십도」(聖學十圖, 이황) __431

4-2-17 「성학집요」(聖學輯要, 이이) __436

4-2-18 「동의보감」(東醫寶鑑, 허준) __442

4-2-19 「택리지」(擇里志, 이중환) __448

4-2-20 「백년을 살아보니」(김형석) __455

제3절 서양철학

4-3-1 「국가 : 올바름을 향한 끝없는 대화」(플라톤) __457

4-3-2 「니코마코스 윤리학」(아리스토텔레스) __459

4-3-3 「고백론」(아우구스티누스) __464

4-3-4 「유토피아」(토마스 모어) __469

4-3-5 「자본론」(칼 마르크스) __474

4-3-6 「꿈의 해석」(지그문트 프로이트) __481

4-3-7 「프로테스탄트 윤리와 자본주의 정신」(막스 베버) __486

4-3-8 「리바이어던」(토마스 홉스) __491

4-2-9 「자유론」(존 스튜어트 밀) __497

4-3-10 「정의란 무엇인가」(마이클 샌델) __502

4-3-11 「이기적 유전자」(리처드 도킨스) __509

4-3-12 「탈무드」(이스라엘의 지혜 창고) __516

4-3-13 「우리가 만나야 할 미래」(최연혁) __522

4-3-14 「미래권력의 조건 : 첨단기술, 최신 무기,
       녹색환경을 지배하는 21세기 최고의 전략자원」
       (데이비드 S.아부라함/이정훈 옮김) __524

4-3-15 「어른 없는 사회 : 사회수선론자가 말하는 각자도생
       시대의 생존법」(우치다 타츠루/김경옥 옮김) __527

4-3-16 「기본소득 : 자유와 정의가 만나다」
       (다니엘 헤리·코브체/원성철 옮김) __529

4-3-17 「제4차 산업혁명」(클라우스 슈밥/송경진 옮김) __534

4-3-18 「구십 평생 내가 배운 것들」
       (헬무트 슈미트/강명순 옮김) __538

4-3-19 「나쁜 사마리아인들」(장하준) __540

4-3-20 「나는 왜 너가 아니고 나인가」(류시화) __548

참고문헌 및 독서목록 __551

제1장
인문학

인문학이란
인간에 대한 학문으로 사람의 행복을 증진시키는 학문이다.
소확행이란 말이 있다. 즉 작지만 확실한 행복을 말한다.
작은 행복이 모이고 쌓이면 큰 행복이 된다.

제1절

무엇이 인문학인가?

1. 사람을 대상으로 하는 학문

문학작품은 청소년의 감수성으로 인하여 사춘기 청소년들의 세계관과 인생관 형성에 큰 영향을 미치므로 문학소년, 문학소녀, 문학청년과 같은 말이 있다. 반면 중년 이상이 되면 인생의 연륜과 깊이에 따라 문학뿐만 아니라 역사학, 철학에 대한 관심이 높아지므로 두루 섭렵하여 인문학중년, 인문학장년, 인문학노년이라는 말이 널리 회자되었으면 한다. 이와 같이 인문학에 대한 사회적 관심이 높아져 산적한 한국병들이 잘 치유되어 정치·경제적으로나 정신적으로도 우리 모두가 소망하는 선진 대한민국으로 발전하기를 기대해본다.

최근 우리나라에도 인문학에 대한 열풍이 불고 있으며 점차 국민적인 관심이 고조되고 있다. 지방자치단체가 주관하는 시민교육과 공무원교육원 등 각급 교육기관과 직장에서도 인문학에 관한 강의가 활발하게 이루어지고 있다. 기업에서도 직원들을 채용함에 있어서 직업에 필요한 전문적인 기술 이외에도 인문학적인 소양을 요구하고 있다. 또한 각종 대중 홍보 매체에서도 인문학을 주제로 한 강의가 자주 다루어지고 있어 시청률도 높다.

이와 같은 관심은 오늘날 복잡한 현대사회를 살아가면서 단편적인 지식으로는 한계가 있으므로 인문학적 지식으로부터 인생에 대한 통찰을 얻을 수 있기 때문이다. 국회의사당, 올림픽경기장, 세종문화회관, 공간사옥, 샘터사옥, 경동교회 등 우리나라의 대표적인 현대건축물을 설계한 김수근 건축가는 '시를 모르는 건축가는 일류가 될 수 없다'고 하였다. 또한 아이패드, 아이폰 등 전자기기를 개발한 애플사의 스티브 잡스도 제품을 개발할 때 기능성에 디자인과 같은 예술성과 함께 인간의 영혼을 접목하기 위하여 불교·힌두교와 같은 동양 종교와 문학·예술에 심취하였다고 한다.

평생교육이라는 말이 있다. 우리는 초등학교에서부터 대학교에 이르기까지 정규 교육과정뿐만 아니라 살아가면서 각종 기회를 통하여 학습하게 된다. 배우지 않고 처음부터 아는 사람은 드물며 일반적으로 그런 사람을 천재라고 할 수 있지 않겠는가? 일찍이 공자는 알고 배우는 데에도 급수가 있다고 설파하였다. 즉, 「논어」 계씨(季氏)편에서 태어나면서부터 아는 사람은 상급이고, 배워서 아는 사람은 그다음 등급이며, 곤란을 겪고 나서 배우는 사람은 또 그다음이며, 곤란을 겪고 나서도 배우지 않는 사람은 하급이라고 평하였다.

인문학을 공부하는 이유는 첫째, 인문학에 대한 단순한 지적인 호기심에서 또는 인문학이 그냥 좋아서 관련 서적을 접하는 경우이다. 둘째는 국민으로서 생활하는데 기본적인 교양을 넓히기 위한 경우이다. 여기서 교양이란 같은 시대를 사는 사람들의 일반적인 컴먼센스(common sense)이자 알아두어야 하는 상식으로 신문을 처음부터 마지막 문화면까지 읽고 이해할 수 있는 정도를 말한다. 때를 주제에 따라 백과사전에서 설명하는 정도의 보다 구체적이고 다소 전문적인 내용까지 확대하기도 한다. 셋째는 보다 전문적인 지식체계로 하나의 학문으로 연구하고 학자나 그 분야의 전문가로 나아가는 경우[1]로 제일 높은 수준의 경지이다.

그러나 인문학에 대한 현실은 어떠한가? 초등학교에서부터 고등학교까지는 선행학습과 상급학교 진학을 위한 시간 부족으로, 대학교에서는 취업률에 따라 대학평가가 이루어지고 있어 취업률이 낮은 문학, 역사학, 철학과 관련된 학과가 특히 지방의 사립대학을 중심으로 폐과가 이어지고 있다. 또한 대학생들은 더 나은 직업 기회를 찾아 법대와 의대로 전과를 하고, 좋은 직장에 취업하기 위해 외국어, 컴퓨터 등 스펙을 쌓는 데 집중하기 때문에 소양 과목인 문사철(문학·사학·철학)에 대한 관심이 점차 소홀해지고 있는 것이 현실이다.

그러면 인문학이란 무엇인가?

가. 사람을 대상으로 하는 학문 : 문학·역사·철학

인문학이란 사람(人)을 대상으로 하는 학문이다. 즉 사람이란 무엇이며, 나는 누구인가에 대한 성찰로부터 시작하여 인문학이 출발한다. 더 나아가 과거에 어떻게 살아왔는지 그리고 앞으로 어떻게 살아가는 것이 사람다운 것인지, 어떻게 죽어야 하는지를 연구하는 것이다. 나뿐만 아니라 외연을 확대하여 너 그리고 우리는 어떠한 존재이고, 국가와 사회라는 더 큰 공동체와는 어떻게 양립할 수 있는가 하는 근원적인 질문에 대한 대답을 찾는 학문이다.

---

1) 일본 동경대학의 다치바나 다카시 교수는 「도쿄대생은 바보가 되었는가」라는 책에서 교양을 더욱 넓은 전문적인 지식체계까지 확대하여 정의하고 있다(pp. 254~255).

분야별로는 문학, 역사학 그리고 철학을 의미한다. 문학은 허구와 개연성을 통해 사람이 살아가는 이야기를 시, 소설, 수필, 희곡 등의 형태로 사람의 존재에 대한 이해를 증진케 한다. 역사학은 사실에 입각하여 사람이 과거 어떻게 살아왔는가를 살펴서 앞으로 어떻게 살아갈 것인가를 미리 살펴보는 학문이다. 철학이란 가치와 당위성에 따라 사람이 무엇인가를 탐색하고 앞으로 지향해 나가야 할 바람직한 가치를 탐색하는 학문이다. 종교 즉 큰 가르침은 철학과 함께 삶을 더욱 깊게 한다.

인문학은 오늘날을 살아가는 우리에게 중요한 길잡이가 될 수 있으며, 스스로 질문하고 스스로 답을 찾을 수 있는 자기성찰의 학문이다. 즉, 나는 누구인가(Who am I)?라는 존재에 대한 답을 제시해주며, 나는 어떻게 살아야 하는가(How to live)?라는 방법을 강구하게 하며, 무엇을 추구하면서 살아야 하는가(What to do)? 라는 바람직한 가치에 대한 생각을 갖도록 한다. 김수환 추기경이 선종한 이후 멋진 죽음(well-dying)[2]에 대한 높아지는 관심이 이와 무관치 않다.

역사적으로 학문은 고대 그리스의 파이데이아(paideia)로서 소피스트들이 젊은이들을 도시국가의 건전한 시민으로 키워내기 위한 교육과 학습을 의미하였다. 중세에는 신(神) 중심의 종교로 바뀌면서 인간성을 완전히 부정하였다가 14세기 르네상스를 거쳐 근대에 들어서 비로소 인문학(Humanitatis)과 과학(사회과학, 자

---

[2] 웰다잉(well-dying)이란 외부적으로 '당하는 죽음'이 아닌 자신이 '맞이하는 죽음'으로 죽음에 대한 의식 전환이며, 구체적인 10가지 수칙으로 ①자서전 쓰기 ②하루하루 최선 다하기 ③버킷 리스트(후회 없는 삶과 후회 없는 죽음을 위한 목록)작성하기 ④추억 만들기 ⑤용서하고 화해하기 ⑥심신건강 챙기기 ⑦유언장 작성하기 ⑧사전 의료의향서 작성하기 ⑨나의 장례식 준비하기 ⑩내세에 대한 소망 가지기를 들고 있다(서울 추모공원).

연과학)이 발달하였다.

  한편 유럽에서는 르네상스를 거치면서 상인계급이 출현하고 대학을 중심으로 이론적인 스콜라철학이 아닌 상인들의 경영에 도움이 될 수 있는 새로운 실용적인 학문을 요구하게 되었다. 이에 따라 인문주의자들이 이들의 지원을 받아 중세의 암흑시대에 사라졌던 고대 그리스와 로마 시대의 고전을 발굴하고 재해석 하게 되었다. 즉, 개인적인 덕성의 함양을 넘어 시대가 요구하는 회계실무, 금융과 같은 경영 관련 내용과 함께 경영자에게 요구되는 사람에 대한 근본적인 이해가 필요했다. 따라서 15세기에는 일부 귀족을 위한 학문이 아닌 시민을 위한 인문학(Civil Humanitatis)으로 발전하였다.

  오늘날 인문학은 (그림 1-1)과 같이 과학적인 절차와 자연과학에서 사용하는 실험 등의 방법을 사용하여 인문과학이라는 이름이 더 많이 사용되고 있다. 즉, 인간에 관한 학문인 인문과학은 사회현상에 대한 사회과학 그리고 자연현상에 대한 자연과학과 함께 과학의 한 분야를 이루고 있으며 서로 보완하면서 학문으로 발전하고 있다. 옛날의 인문학은 음악·미술, 건축·조각 등과 함께 예술의 한 장르로 과학과는 반대되는 개념이었다.

〈그림 1- 1〉 인문학과 과학·예술과의 관계

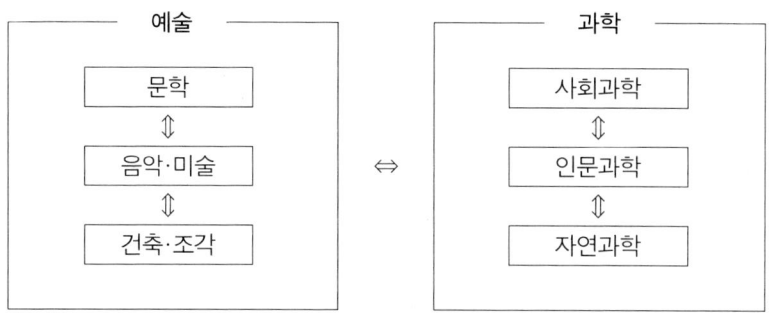

나. 통섭·소통의 학문

인문학은 방법론적 측면에서 통섭(通攝)과 소통의 학문이다. 문학, 역사학, 철학 자체뿐만 아니라 정치학, 사회학, 경영학, 법학 등 사회과학과 의학, 물리학, 화학, 환경학 등 자연과학과의 연계를 통해 내용을 다양화하고 풍부하게 한다. 여기에서 통섭(consilience)이란 "함께 뛴다(jumping together)"는 의미로 서로 다른 전문가가 만나 서로 협동하여 집합적인 지혜를 살려서 공동으로 연구하고 작업하는 것을 말한다.

인문학적 연구 방법은 어떤 현상에 대한 철학적 방법뿐만 아니라 개인과 사회·국가에 관한 사례를 집중적으로 연구하는 사례 연구(case study) 그리고 사회과학과 자연과학에서 발전된 보다 과학적인 실험 또는 준실험적인 방법을 원용하여 연구하여야 한다. 이와 같은 연구 경향을 학제적 연구(inter-displinary approach)라고 한다. 사회과학에서 많이 사용하고 있는 SWOT(Strength, Weakness, Opportunity, Threat) 방법과 자연과학에서 사용하는 실험적·준실험적 방법, 패러다임(Paradigm)과 같은 보다 세련된 모델을 사용하여 심층적으로 연구하게 된다.

인문학자, 사회과학자, 자연과학자가 모여 인간과 사회에 대한 심층적인 연구를 진행함은 물론 국가와 사회의 미래에 대한 장기적인 전망을 하고 새로운 바람직한 발전을 도모할 수 있다. 한국에서도 1968년 한국미래학회가 창립하여 여러 분야의 학자들이 모여 한국의 산업화·민주화·세계화 흐름을 선도하는 연구·토론·저술활동을 벌여오고 있다. 지금까지는 '근대화'라는 당면한 과제를 위한 후진국의 미래학 즉 발전학(developmentology) 중심으로 연구하였으나, 앞으로 건국 100주년을 맞이하는 2048년의 한국을 종합적으로 예측하여 인구, 경제발전, 에너지문제를 연구할 계획이다.[3]

한국인은 예로부터 통섭과 소통에 뛰어난 자질을 보여왔는데, 이에 이어령 교수는 한국인이 여러 종류의 음식물을 한데 어울리게 하는 비빔밥문화, 모든 것을 한입에 넣는 보쌈문화, 나가고 들어오는 반대개념을 하나로 묶어 '나들이'라는 통합어를 만들어 사용할 수 있을 정도로 전 국민이 독창적인 개발자질과 능력을 갖추었다고 평가하였다.[4]

전 세계적으로 선풍적인 인기를 얻고 있는 K-pop, K-드라마, K-영화 등 우리의 문화도 노래, 춤 등 여러 가지 장르를 하나의 예술로 승화시키는 한국인의 혼합문화의 소산이라고 볼 수 있다.

다. 수기치인을 위한 학문

인문학은 목적론적 관점에서 수기치인(修己治人) 즉, 먼저 나를 닦고 난 후 남을 다스리는 학문이다. 동양의 고전인 「대학」에서는

---
3) 조선일보, "지금 이땅에 미래는 없고 과거만 존재" 2018. 11.19
4) 김형석 외, 「우리는 무엇으로 행복해지나」, 프런티어, 2016. pp. 63~65

이상적인 지도자가 되기 위하여 명명덕과 신민, 지어지선의 3강령과 이를 이루기 위한 8단계(조목)가 필요하다고 하였다.

(표 1-1) 수기치인을 위한 3강령과 8단계(조목)

목표	강령(3강령)		단계(8조목)
수기치인 (修己治人)	1. 명명덕(明明德) - 나의 명덕을 밝힘(修己)	앎	1-1. 격물(格物)
			1-2. 치지(致知)
		실천	1-3. 성의(誠意)
			1-4. 정심(正心)
			1-5. 수신(修身)
	2. 신민(新民) - 백성을 새롭게 함(治人)		2-1. 제가(齊家)
			2-2. 치국(治國)
			2-3. 평천하(平天下)
	3. 지어지선(止於至善)		-

※ 지어지선(止於至善) : 더 이상 좋을 수 없는 주어진 상황에서의 최선

우선적으로 먼저 나 자신을 닦아야 하는데(修己), 이를 위해서는 세상에 대하여 잘 알아야 하며 구체적으로 실천해야 한다. 잘 알기 위해서는 격물(格物) 즉 사물의 본질인 궁리(窮理)에 대해 알아야 하며 학문연구의 출발점이고 대상에 대하여 깊이 연구하는 것이다. 다음은 치지(致知)로 대상에 대하여 깊이 있게 연구하여 나의 앎이 더욱 철저해지는 것을 말한다. 명명덕을 가장 잘 실천한 사람으로 주나라 발전의 기틀을 마련한 문왕, 은나라를 세운 탕왕, 그리고 성군으로 추앙받는 요·순을 든다.

그다음으로 앎에 그쳐서는 안 되며 구체적으로 이를 실천해야

한다. 이를 위해 성의(誠意) 즉 내면을 진실되고 충실하게 덕이 충만해지면 마음이 여유로워지고 몸이 윤택해진다고 한다.

다음은 정심(正心)과 수신(修身)이다. 몸을 바르게 닦기 위해서는 몸의 주변인 마음이 먼저 바르게 되어야 한다. 노여움, 좋아함 등과 같은 감정에 치우치면 일을 그르칠 수 있다. 따라서 감정을 절제하라고 강조한다.

수신이 되면 신민 즉, 백성을 새롭게 하는 단계로 타인을 감동시키고 실천으로 이어지게 하는 단계이다. 새로움이 지속될 수 있도록 부단히 노력하여 그 결과를 지속시켜야 한다. 탕 임금은 목욕통에 '구일신 일일신 우일신'(苟日新 日日新 又日新:진실로 어느 날 새로워졌다면 날마다 더욱 새롭게 하고, 또 날마다 새롭게 하라)이란 말을 새겨 넣어 매일 마음을 새롭게 다졌다고 한다. 신민의 첫 단계이며 가장 기본적인 것은 집안을 잘 다스리는 것이고(濟家), 이것이 확산되어 나라와 천하를 잘 다스리게 된다(治國平天下).

인문학은 (그림 1-2)에서 보는 바와 같이 나로부터 시작하여 원심력으로 가정으로, 더 나아가 국가와 사회 그리고 지구촌 시대에 세계로 인문학의 대상이 점차 확장된다. 그런데 오늘날 전통적인 가족 개념이 사회환경의 급격한 변화로 바뀌어 가고 있다. 우리나라에서도 3대가 한 지붕아래서 살던 대가족에서 핵가족으로, 다시 결혼이 늘어지고 사회가 다원화되어 1인 가구가 점차 보편화되었다. 이에 따라 혼밥·혼술·혼테크[5] 문화가 보편적인 문화로 잡아가고 있고 주거 양식 등 사회시스템까지 근본적으로 변화

---

5) 혼테크란 혼자서 재테크를 결정하고 실행하는 것으로 자기의 책임 아래 집과 가구 구입, 증권투자 등 경제적 활동을 영위하는 것을 말한다.

하고 있다.

(그림 1-2) 인문학 대상의 확장성

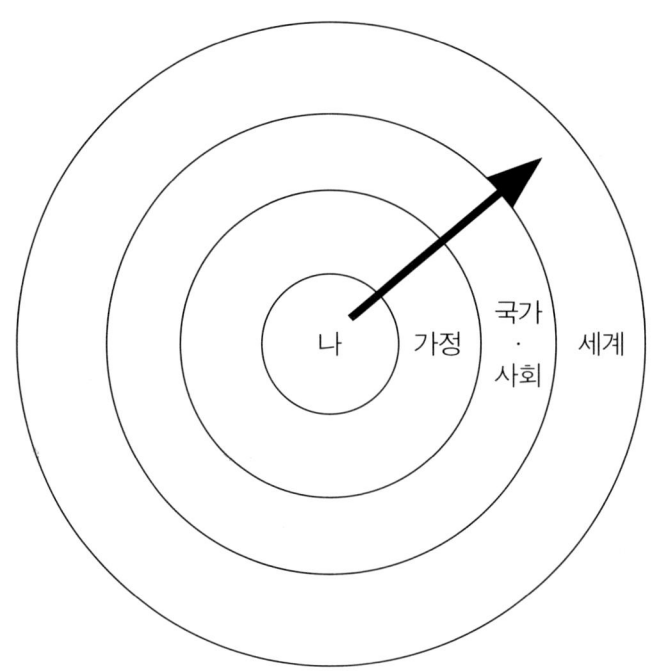

　인문학이 추구하는 행복의 권리를 우리나라 헌법 제10조는 기본권의 기본원리로 천명하면서 "모든 국민은 인간으로서의 존엄과 가치를 가지며, 행복을 추구할 권리를 가진다. 국가는 개인이 가지는 불가침의 기본적 인권을 확인하고 이를 보장할 의무를 진다"고 규정하였다. 헌법은 행복추구권을 모든 국민의 기본권보다 앞서 규정함으로써 가장 상위의 권리로 규정하고, 국가에는 이를 위한 의무를 부과하였다. 여기서 행복이란 매우 다의적이고 주관적인 개념으로 물질적인 행복뿐만 아니라 정신적인 행복까지 포

괄하는 개념으로 물심양면에 걸쳐서 안락한 삶을 추구할 수 있는 권리라고 할 수 있다.[6]

2. 다른 학문과의 관계

가. 사회과학과의 관계

문사철의 인문학은 가치판단의 기준이 되면서 사회현상을 판단하는데 바탕이 되므로 정치학, 경제학, 법학, 행정학, 경영학 등 사회과학의 사상적 기저가 된다. 정치학에서 보자면 정치이론, 정치사, 정치철학 등 각 분야별로 그 근본이 되고 사상적 뒷받침이 된다.

한 국가의 정책을 집행하는데 있어서 정책이나 의사결정을 하는 사람들의 시각이 어느 방향으로 기우느냐에 따라 큰 영향을 미치게 되므로 그 사람의 가치 성향이 좌 또는 우로 기우느냐에 따라 정책의 방향성에 큰 차이를 가져올 수 있다. (그림 1-3)에서 보는 바와 같이 중요 정책결정자가 시민 중 다수라고 볼 수 있는 중립적인 입장을 중심으로 우로 기울면 보다 보수적이고 과거지향형이 되며, 좌로 기울면 보다 혁신적이 되고 미래지향형인 입장이 된다.

---

[6] 성낙인, 「헌법학」, 법문사, 2018. pp. 1038~1052

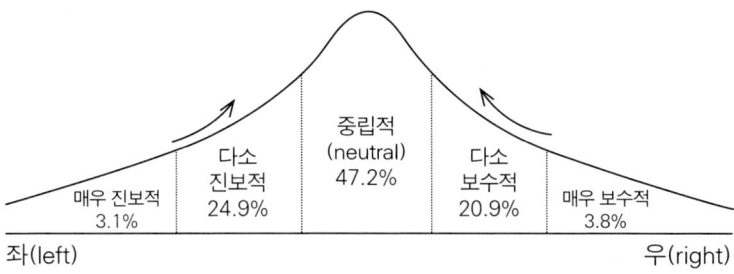

(그림 1-3) 한국인의 이념 성향

한국의 정치 현실[7])에서도 미래통합당과 같은 우편향적인 인사들은 우(右, right)의 입장을 보이게 되고, 더불어민주당과 정의당과 같은 진보적인 사람들은 좌(左, left)의 입장을 취하게 된다. 반면 많은 사람들은 중간적인 입장을 취하므로 중위수(Median) 즉 중립적인 자세를 취하는 사람들이 상대적으로 제일 많은 수를 차지하게 된다. 이것이 민주주의 원리의 하나인 다수결의 원리이다. 영국의 노동당이 집권했을 때 채택한 제3의 길 역시 중립적인 입장이다.

사회문제를 해결하는 방안에 대한 시각도 이념의 정향(orientation)에 따라 무지개 색깔의 스펙트럼처럼 매우 다양하나, 실제로 좌·우로 단순화하여 이분법으로 분류해보면 이념에 따라 정책의 내용이 (표 1-2)과 같이 매우 다양해짐을 알 수 있다.

---

7) 한국행정연구원이 2019년 19세부터 69세 이하 성인 8천 명을 대상으로 실시한 「사회통합실태조사」에 의하면, 자신의 이념성형을 볼 때 중립적 47.2%로 제일 많고, 매우 보수적 3.8%, 다소 보수적 20.9%, 다소 진보적 24.9%, 매우 진보적 3.1%로 답하여 정상분포를 이루고 있다(한국행정연구원, 「2019 사회통합실태 조사」, 2020).

〈표 1-2〉 이념에 따른 정책변화

구분	좌파(left)	우파(right)
정책 주대상	노동계층, 저소득층	중산층
복지 범위	보편적 복지	선별적 복지
규제 주체	정부개입	민간 자율
변화전략	급진적 변화	점진적 변화
정책지향	결과의 평등	기회의 평등

더불어민주당·정의당과 같은 좌편향적 정당과 사람들은 정책을 수립하고 추진함에 있어서 1차적으로 노동계층과 저소득층을 대상으로 한다. 미래통합당과 같은 우편향적 정당과 사람들은 중산층을 1차적인 관심 대상 집단으로 생각한다. 복지범위에서도 좌편향은 모든 국민이 서비스를 받는 보편적 복지를, 우편향은 일정한 요건을 갖춘 사람들만 복지혜택을 받을 수 있도록 제도화한다.

규제 주체도 좌편향은 정부의 적극적인 개입을 강조하는 반면, 우편향은 자본주의 시장경제원리에 따라 우선적으로 민간 자율에 맡겨 규제토록 유도한다. 변화의 전략으로 속도에 있어서도 좌편향은 급진적 변화를 택하고 우편향은 점진적·단계적 변화를 추구한다. 그리고 평등을 지향하는 국면에서도 좌편향은 결과의 평등을, 우편향은 기회가 평등하면 충분하다고 보고 결과는 개인의 노력 등 후천적 요인에 의하여 결정되기를 기대한다.

그러나 현실적으로 정책을 결정하고 시행하는 과정에서 좌우의 이념에 접근하는 수렴과정[8]이 필요하다. 결과적으로 선거과정이

---

8) 고은 외, 「세상이 묻고 인문학이 답하다 : 어떻게 살 것인가」, 21세기 북스, 2015. pp. 69~97

나 토론과정을 통하여 다수결의 많은 국민들이 지지하는 중립적인 정책을 결정하게 된다는 원효의 화쟁(和諍) 사상과 유사하며 수렴과정에서 논쟁과 적극적인 대화가 필요하다. 대화를 통해 여러 가지 대안에 대해 옳고 그름을 입증하여야 한다. 이해관계인이 참여와 대화를 통해 문제해결을 위한 최선이 아닌 차선책을 강구하는 숙의민주주의(deliberative democracy)[9]가 필요하다.

그러나 우리나라는 남북, 지역, 세대, 노노, 남녀 간 양자택일 식의 사생결단을 위한 논쟁만 있을 뿐 사회적 대화가 많이 부족하여 다양한 선택지(alternatives)가 없어 사회적 갈등이 증폭되고 있다. 광화문광장은 보수와 혁신 세력 간의 경쟁적인 시위장소로, 칠곡군은 사드배치에 따른 찬반 집회 장소로, 제주 강정마을은 해군기지 건설에 따른 반대 시위장소로 사회적 갈등을 대표하는 지역 사례가 되었다.

나. 자연과학과의 관계

자연과학이란 지진, 쓰나미, 화산폭발 등 자연계에서 일어나는 현상을 연구하는 학문이다. 물리학, 화학, 생물학, 지질학, 미생물학, 천문학, 통계학, 컴퓨터과학 등 매우 다양하다. 자연과학과 이에 따른 여러 가지 새로운 기술이 발달하면서 우리의 생활이 더욱 풍요로워지고 편리해지고 있다. 그러나 반면에 환경오염과 같은 새로운 문제를 발생시켜 인류의 생명과 환경을 위협하는 상황에까지 이르게 되었다. 이를 근본적으로 해결하기 위하여 여러 방안이 대두되었고, 대표적인 것이 학문 간 횡적 연구와 협력이다.

---

[9] 숙의민주주의란 사회구성원의 삶에 유용한 지식을 기반으로 하여 문제해결을 숙의하고 가장 경제적이고 효율적인 해답을 찾아내는 것이다(성낙인, 「헌법학」, p.144).

자연과학에서 발전하여 인문학 분야에도 도입되어 활용되고 있는 대표적 분야는 과학적 절차론, 시스템이론과 패러다임 등이다. 과학적 절차론이란 모든 과학적 연구는 ①문제의 정립(formulation of problems) ②가설의 설정(setting of hypotheses) ③연구설계(research design) ④자료수집(data collection) ⑤자료분석(data analysis) ⑥설명과 해석(explanation & interpretation) ⑦보고서 작성(reporting)과 같은 일련의 절차를 거쳐야 한다는 것이다.

시스템론은 모든 현상을 생물학에서 발전된 시스템(system), 즉 살아있는 유기체로 보는 입장이다. 즉 시스템은 (그림 1-4)에서 보는 바와 같이 모든 생명체는 사람의 몸과 같이 사업이나 정책을 요구하거나 정치적으로 지지하는 투입 → 정치와 행정시스템 내부에서 전환 → 정책이나 법령 등의 형태로 산출하여 국민에게 제시 → 환원이라는 과정을 거쳐 환경과 상호작용하는 것으로 보았다. 따라서 모든 문제를 체계적으로 인식하고 그에 대한 해결방안을 모색한다.

(그림 1-4) 시스템적 접근방법

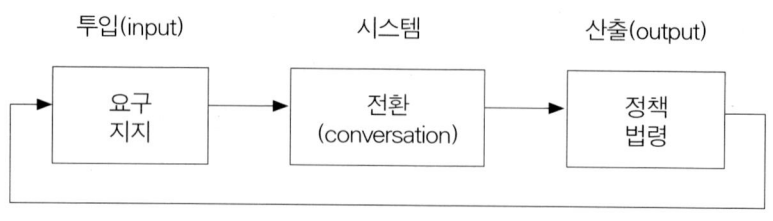

다음은 패러다임 즉 정상과학이론이다. 이는 토마스 쿤(Thomas Samuel Kuhn)[10]이 '과학혁명의 구조'에서 처음 제시하였는데, 패러다임이란 특정 시대의 과학자들이 공유하는 일련의 법칙, 이름, 실험, 기구들로 거의 모든 사람들이 동의할 만큼 설득력이 있는 사례를 말한다. 이것도 불변의 것이 아니고 해결되지 않은 문제가 제기되면 자료를 수집하고 분석하여 기존의 패러다임과 경쟁하는 새로운 패러다임이 등장하는데 이것을 패러다임의 전환(shift)이라고 하며 과학혁명이라고 규정하였다. 이에 따라 기존의 패러다임은 없어지고 새로운 패러다임이 과학자들 사이에서 받아들여지면서 새로운 정상과학의 시기가 시작된다고 한다.

---

10) 토마스 S. 쿤(김명자·홍성욱 옮김), 「과학혁명의 구조」, 까치, 1999

제2절

왜 인문학이 중요한가?

인문학은 사람에 관한 학문으로 문학, 역사학, 철학을 의미한다. 인문학은 개인, 회사나 도시 그리고 국가를 성장시키고 발전케 하는 자양분이며, 그 과정에서 발생하는 여러 가지 역기능이나 부작용을 치유할 수 있는 처방 약이 되기도 하고, 그에 맞는 격을 생성시키기도 한다. 사람에게 인격이 있듯이 회사와 도시에도 품격이 있고, 국가에도 국격이 있다. 이와 같은 '격'은 외부에 잘 보이지는 않지만 자연스럽게 외부에 보이는 멋이다. 이것은 하루아침에 높아지지 않는다. 이를 올리는 데에는 각고의 노력이 필요하고 오랜 기간이 필요하지만 깎아 먹는 데에는 짧은 시간[11]에 이루어지는 특성이 있다.

1. 행복의 증진

가. 개인적 행복(1차적)의 증진

인문학은 1차적으로 개인의 행복을 증진하기 위한 학문이다. 그

---

[11] 핸드폰, 조선 등 대한민국의 우수한 공산품과 K-팝, K-드라마, K-영화 등 K-문화가 쌓아온 대한민국의 국격이 2020년 창궐한 신종바이러스인 코로나 19로 깎아 먹은 것이 아닌지 아쉽다. 국제화시대에 한국민이 전 세계 절반 이상의 나라로부터 입국 금지나 제한을 당하고, 외국에 입국한 후 강제격리조치를 당하는 등 수모를 당하였다.

러면 행복(happiness)이란 무엇인가? 행복이란 고통과 반대되는 개념으로 우리 삶의 궁극적인 목표이다. 기쁨은 주관적인 감정의 문제로 강도가 아닌 빈도로 일정 기간 동안 개인이 느끼는 경험의 횟수를 말한다. 그러나 이스라엘의 역사학자인 유발 하라리는 그의 저서 「사피엔스」에서 인간의 행복은 일반인이 알고 있는 월급, 사회관계, 정치권력과 같은 외부변수에 의하여 결정되는 것이 아니라, 신경, 뉴런, 시냅스 그리고 세로토닌, 토파민, 옥시토신 등의 다양한 생화학 물질에 의해 결정된다고 했다.

또한 삶은 내가, 지금 이 순간이 행복해야 한다. 이와 같은 행복한 마음이 작고 사소하지만 꾸준한 노력을 통하여 쌓여감으로써 삶에 묻어나며 내재화될 수 있다. 소확행(小確幸:small but certain happiness)[12]이란 말이 있다. '작지만 확실한 행복'으로 결혼, 출산, 취직과 같은 큰 기쁨보다 일상생활에서 커피를 마시고 산책하고 친구들과 담소하면서 느끼는 사소하면서도 작은 경험들을 의미한다. 이를 위해서는 가정과 직장 이외에 제3의 공간 즉, 카페, 커피숍, 미용실, 서점과 같은 다양한 물리적 공간과 사이버 공간의 확보가 필요하다. 반려동물이 늘어나면서 인간과 같이 공유할 수 있는 새로운 개념의 공간이 만들어지고 있기도 하다.

한국의 1세대 철학자인 김형석 연세대 교수는 행복이란 자신에게는 성실로, 타인에게는 사랑으로 구성된다고 하였다. 성실이란 자신의 일에 몰입(involvement) 즉 무아지경의 상태에서 전심전력으로 심신을 집중하여 연구하고 일을 하며 운동하는 것을 말한다. 몰입하게 되면 시간의 흐름까지 망각하게 되며 인간이 몰입

---

[12] 소확행은 2018년부터 보편적으로 쓰이기 시작한 용어로 소소하지만 확실한 행복으로 행복은 멀리 있지도 않고 거창하지도 않다는 개념이다.

상태에 있을 때 가장 행복하다고 한다. 또한 성실함이란 겸허한 마음을 갖고 자기성찰과 완성된 삶과 인격을 위해 자신을 높여가며 정성을 다하는 것이다. 세계적인 발명 대부분은 자기 일에 열중하여 추진할 때 이루어진다고 한다. 아인슈타인도 성공이 선천적인 요인보다 99%인 후천적인 노력에 기인한다고 하였다. 눈이 번쩍 뜨일만한 오늘날 IT분야의 새로운 제품들 역시 연구원들이 밤낮없이 일과 연구에 몰두한 결과물이기도 하다.

행복은 다른 사람과의 관계 속에서 사랑을 나누며 생겨난다. 우리나라 사람들은 첫째, 연인과 자녀, 배우자, 둘째로 부모, 형제, 친구들과 있을 때 행복하다고 한다. 또한 인간은 사회적 동물이다. 인간은 태어나면서 부모와 가족관계를 맺으면서 가족의 일원이 되고, 성장하면서 사회의 구성원으로 교육받고 취직하며 사회적 관계를 형성하면서 살아간다. 이에 따라 타인을 사랑하게 되면서 행복감을 느끼게 된다. 사랑은 사회 구성원과의 공생의 원동력으로 더불어 살고 싶다는 의욕이다. 이는 다시 남·여 간의 사랑, 친구 사이의 우정, 조직체와의 친화, 심지어는 모든 인간과 사회관계의 인도주의, 휴머니즘으로 확대되고 승화된다. 사랑의 극치는 자기희생에 있다고 본다. 세월호 사고가 발생했을 때 자기보다 먼저 제자들을 구출한 선생님들의 사례가 대표적이다.

우리나라 국민들의 행복지수는 매우 낮다. 세계 130개국 중에서 116위를 차지할 정도로 심각한 수준이다. 행복은 소득과 반드시 비례하는 것이 아니며 주관적이기에, 자살, 살인과 폭행 등 각종 범죄가 증가하여 사회적인 아노미(anomie)상태, 즉 공통된 가치나 도덕적 규범이 상실된 혼돈상태가 곳곳에서 발견되고 있다. 에드 디너교수는 대한민국의 불행 요소로 타인을 철저히 경쟁상

대로만 생각하며, 물질주의로 돈이 다른 어떤 가치보다도 중요하다고 생각하기 때문이라고 분석하였다.[13]

혜민 스님은 행복은 생각이 적을수록 함께 같이 나눌수록 지금 바로 이 순간에 마음이 있을수록 더해진다고 하면서, 행복의 지름길은 ①나와 남을 비교하는 일을 멈추고 ②밖에서 찾으려 하지 말고 내 마음에서 찾으며 ③지금 이 순간 세상의 아름다움을 찾아서 느끼라고 강조한다.[14]

사람은 봉사를 통하여 사랑을 실천함으로써 행복감을 느낀다고 한다. 선진 외국일수록 봉사를 통한 사랑을 실천하는 사람의 수가 많다. 기부활동도 같은 차원의 활동이다. 미국에서는 특히 IT분야의 고액기부자가 많은데 빌 게이츠가 20년간 36조원, 페이스북 CEO인 마크 저커버그가 2017년에만 2조 원을 기부하였고, 시카고시장을 역임한 블룸버그는 2018년에 모교인 존스 홉킨스대학에 18억 달러를 장학금으로 기부하였다. 한국에서도 1억 원 이상 고액 기부자클럽인 아너소사이어티[15]에 2019년 12월 현재 2,200명이 가입하였고, 누적 기부·약정 금액이 2,450억 원이라고 한다.

사람의 행복은 (그림 1-5)에서 보는 바와 같이 경제적인 소득과 일정수준(Y1)까지는 비례관계를 유지하나 그 이상의 수준으로 증가하면 오히려 행복이 감소한다고 한다. 이것을 후생경제학에서는 한계효용체감의 법칙이라고 한다. 재벌총수들이나 고소득 자영업자같이 어느 정도까지 소득이 늘어나게 되면 한계효용 즉 행복이 떨어지게 되고 기부를 통해 사회 구성원들로부터 존경을 받고

---

13) 김형석 외, 「전게서」, pp. 86~87
14) 혜민, 「멈추면 비로소 보이는 것들」, 수오서재, 2012, p.52
15) 2008년 6명이었으나 2019년 12월 현재 2,200명이고 그중 기업인이 11,043(47.4%)명으로 제일 많고 다음이 전문직 310명, 자영업자가 146명 순이다(조선일보, 2019. 12. 14).

싶어 한다. 유럽의 경우 역사적으로 노블레스 오블리주(Noblesse Oblige)[16]의 전통이 있다.

(그림 1-5) 한계효용체감의 법칙

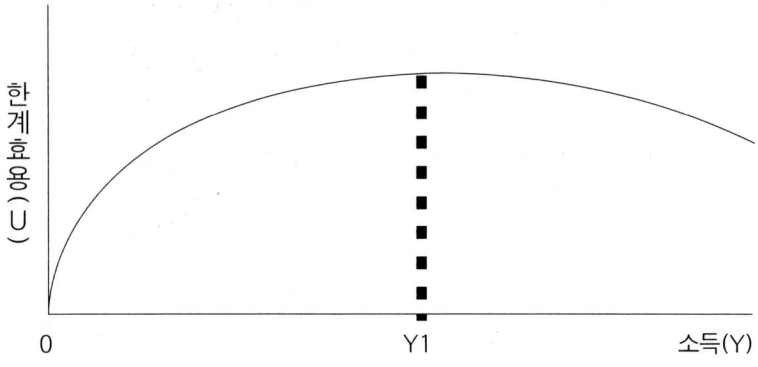

나. 사회적 행복(2차적)의 증대

인간은 사회적 동물로 사회적 관계를 형성하기 위하여 사회 구성원으로서의 기본적인 소양 즉 교양이 필요하다. 교양이란 상식으로 같은 시대를 사는 사람들이 일반적으로 갖고 있는 컴먼센스(common sense)로 이것을 갖지 못하면 사회로부터 배척되기도 한다. 동양의 고전인 「중용」과 그리스의 사상가 아리스토텔레스도 사회생활에 있어서 중용을 마땅히 지켜야 할 규범이라고 강조하면서 중용의 기준으로서 용기, 절제, 관후, 긍지, 온화, 진실, 재치, 친절과 지나친 경우와 모자라는 경우를 각각 열거하고 있다.[17]

---

16) 높은 신분에 따르는 도덕적 의무로 사회로부터 정당한 대접을 받기 위해서 자신이 누리는 명예(Noblesse)만큼 의무(Oblige)를 다하여야 한다. 경주 최부잣집, 유일한 유한양행 설립자 등이 대표적인 한국의 사례이다.
17) 아리스토텔레스(홍석영 풀어씀), 「니코마코스윤리학」, 풀빛, 2011. p.33

〈표 1-3〉 아리스토텔레스의 중용의 기준

내용	지나침	중용	모자람
두려움과 태연함	**비겁**	용기	무모
쾌락과 고통	**방종, 방탕**	절제	무감각
돈	낭비, 방탕	관후	**인색**
명예와 불명예	거만, 허영	긍지	**비굴**
노여움	**성급**	온화	무성미, 무기력
사교	**허풍**	진실	거짓 겸손
유쾌함	익살	재치(의젓함)	**무뚝뚝함**
	비굴, 아첨	친절	**심술궂음**

※ 중용과 더 대립되는 것은 굵은 글씨로 표기하였음

사람에게는 이루고자하는 욕구(needs)가 하나의 계층 피라미드를 이루는데 〈그림 1-6〉에서 보는 바와 같이 머슬로(Maslow)는 5단계설을, 엘더퍼(Elderfer)는 3단계설을 각각 주장하였다. 하위의 욕구가 어느 정도 충족되면 그다음의 상위욕구를 추구하게 되며, 동시에 추구하기도 한다.

〈그림 1-6〉 인간의 욕구단계설

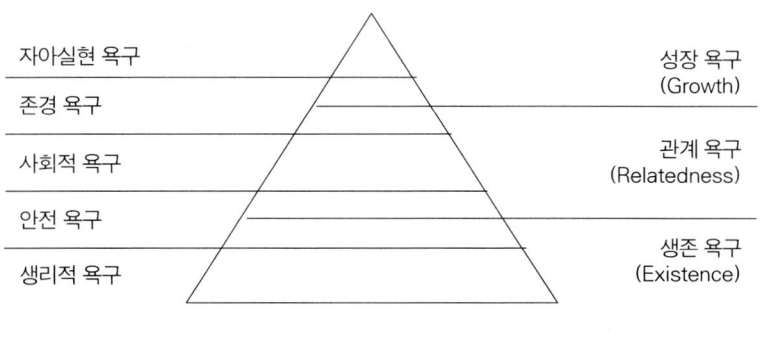

머슬로(Maslow)는 의식주와 같은 가장 하위의 생리적 욕구, 각종 인위와 자연 재난·사고로부터 안전을 추구하는 안전 욕구, 그리고 사회구성원으로 참여하고 싶은 사회적 욕구, 사회 및 구성원으로부터 존경을 받고 싶은 존경 욕구 또한 문화적으로 품격있는 자아실현의 욕구 5단계로 정형화하였다. 엘더퍼(Elderfer)는 머슬로의 생리적 욕구와 안전 욕구의 일부를 묶어 생존(existence)욕구로, 안전 욕구의 일부와 사회적 욕구 그리고 존경 욕구의 일부를 다른 사람과의 관계(relatedness) 욕구 그리고 존경 욕구의 일부와 자아실현 욕구를 합하여 미래에 대한 성장(growth)욕구로 3계층화하였다.[18]

사람의 행복 판단기준도 나이에 따라 달라지게 된다. 의료기술의 발달과 국민 영양개선에 따라 인생 100세 시대가 도래하였다. 인생을 농작물과 비교하여 같은 논과 밭에서 1년에 몇 번 농작물을 재배하느냐에 따라 〈표 1-4〉에서 보는 바와 같이 출생부터 결혼까지 부모가 돌보아준 30년을 1모작, 자신이 주체가 되어 취직하고 사회생활을 하는 30년을 2모작, 그리고 국가나 사회가 제도적으로 지원하는 3모작으로 구분해 볼 수 있다.[19] 서울시에서는 퇴직(평균 50세)을 기준으로 하여 50+(플러스)라는 개념으로 그 전과 이후로 구분하여 지원책을 마련하고 있다.

---

18) 유민봉, 「한국행정학」, 박영사, 2012, p.412에서 재작성
19) 김동기, 「인생 3모작과 나」 해드림출판사, 2019, pp. 12~15

〈표 1-4〉 인생 3모작과 행복 기준

구분	기간	주요활동	행복 기준
인생 1모작	출생부터 결혼까지	출생, 교육	친구, 성적
인생 2모작	취직부터 퇴직까지	결혼 및 직장생활	취직, 승진, 가정
인생 3모작	은퇴한 이후	노후생활	건강, 소득

　인생1모작 시기에는 학교 성적과 친구 관계가 가장 중요한 행복 기준이 된다. 학교에서 친구들로부터 소외되는 왕따가 사회문제가 되기도 한다. 2모작 시기에는 사회적 지위와 관련하여 좋은 직장에의 취직과 조직에서의 승진, 자녀의 출산 등 가정문제가 주요 기준이 될 수 있다. 3모작 시기에는 건강이 제일 중요한 화두가 되고 각종 연금과 보험 등 노후 소득의 안정적 확보가 개인적인 문제를 넘어 사회복지와 관련하여 국가적 과제가 되었다. 노후 생활비는 큰 질병이 없이 건강한 상태에서 표준적인 노후생활을 이어가기 위해 필요한 돈으로 개인기준으로 월 154만 원, 부부 기준으로 월 243만 원이라는 조사결과[20]가 있다.
　「무소유」의 저자인 법정 스님은 현대의 과도한 소유욕에 대하여 일갈한 바 있다. '현대인은 흔히 남과 상대적으로 비교하여 많이 가지려 하고 큰 것을 차지하려고 하는 경향이 있다. 수 십억 짜리 아파트, 몇억짜리 자동차, 몇억짜리 회원권 등을 고루 가져야 성이 찬다. 따라서 현대인들의 불행은 모자람에서가 아니라 오히려 넘침에 있다. 모자람이 채워지면 고마움과 만족할 줄은 알지만 넘침에는 고마움과 만족이 따르지 않는다. 우리는 지금 죽지

---

20) 송현주, 「국민노후보장패널조사」, 국민연금연구원, 2018.

않고 살아있다는 사실에 고마워해야 한다. 이 세상에 영원한 존재는 없다. 모두가 한때일 뿐이다. 살아있을 때 이웃과 따뜻한 가슴을 나누어야 한다.'[21]

2. 국가와 사회발전의 촉진

인문학은 국경과 시대를 넘어 모두가 향유할 수 있는 공공재이다. 공공재(public goods)란 바람, 물, 공기, 공원, 산, 바다 등과 같이 모든 사람이 제한을 받지 않고 함께 향유할 수 있는 권리라고 할 수 있다. 1997년 미국의 대통령 직속위원회인 'Creative America'의 보고서에서 "예술과 인문학은 명백한 공공재이며, 번영하는 문화는 생기가 넘치는 사회의 핵심적 요소이며, 민주주의를 건강하게 만드는 힘"이라고 한 바가 있다. 인문학은 거시적으로 국가와 사회발전을 촉진하는 토대를 제공한다.

역사의 뒤안길에는 새로운 역사를 창조하고 이끌어가는 창조적 소수가 있고, 많은 국민이 그들을 뒷받침하고 응원한다. 창조적 소수인 엘리트들이 국가와 사회에 대해 봉사한다는 공적인 마음을 갖고 순기능을 수행할 때 역사의 발전과 융성이 있어 왔다. 이들은 국민으로부터 국가의 주인이 아니라 위임을 받은 대리인(agent)라고 할 수 있다. 따라서 국민들은 통치자와 공직자, 각계의 지도자들이 역할을 제대로 수행하는지 적극적으로 참여하여 감시자(watch dog)로서의 기능을 수행하여야 한다.

---

21) 법정, 「홀로 사는 즐거움」, 샘터, 2004, pp.20~24

이들 엘리트들이 공적 이익을 저버리고 개인과 집단의 이익을 우선적으로 도모하는 경우 호랑이와 사자와 같은 큰 짐승이 잡은 먹잇감을 뒤치다꺼리를 하는 늑대나 이리떼와 같은 집단으로 전락하게 된다. 역사적으로 왕과 대통령, 총리 등 권력의 핵심에는 항상 간신[22]이나 비선실세[23]들이 몰렸다. 그러나 집권자인 왕과 대통령 등 통치자가 국가와 국민의 이익을 최우선적으로 생각하고 간신과 비선실세와 충신을 구분하는 혜안과 이들이 사적인 이익이나 불법과 부조리를 저지르지 않도록 감독과 감시를 철저히 하여야 한다.

가. 국격제고와 국민형성

과학자이자 저술가인 리처드 도킨스[24]는 인간에게는 문화가 있어 돌연변이 형태로 새로운 것을 출현시킨다고 한다. 젠킨스도 새로운 노래의 출현을 '문화적 돌연변이'라고 표현하였다. 문화도 유전과 마찬가지로 유사하게 진화한다고 보았다. 문화전달의 단위를 밈(meme : 모방 또는 기억)이라고 하면서 곡조, 사상, 표어, 의복의 양식, 단지 만드는 방법, 아치건조법 등을 예시하고 있다. 오늘날 K-팝, K-드라마, K-영화와 같은 K-문화가 세계로 확산되어

---

[22] 「한비자」는 간신들이 할 수 있는 간악한 행동으로 여덟 가지의 팔간(八姦)을 구체적으로 제시하였다. ①동상(同床):군주와 침실을 함께 하는 자들을 이용하는 방법 ②재방(在傍):군주의 최측근을 이용하는 방법 ③부형(父兄):군주의 친족들을 이용하는 방법 ④양앙(養殃):재앙을 기르는 방법 ⑤민맹(民氓):무지한 백성을 이용하는 방법 ⑥유행(流行):유창한 변설을 이용하는 방법 ⑦위강(威强):위세가 강한 것을 이용하는 방법 ⑧사방(四方):여러 나라를 이용하는 방법

[23] 함규진 교수는 「리더가 읽어야 할 세계사평형이론」(3-3-20)에서 비선측근으로 3가지 유형이 있는데 ①절친, 평생동지와 배우자의 사례로는 당 고종의 측천무후, 클리턴 전 미대통령 등과 우리나라의 조선 고종의 민비를 들고 있으며, ②최고권력자의 심복으로는 중국의 환관과 우리나라의 환관, 천민, 이교도 등으로 고려 목종때 유행간과 공민왕시절의 신돈, 조선 정조때 홍국영을 들고 있다. ③기묘한 방법으로 사리사욕을 추구한 예로 1768년 덴마크 크리스티안 7세 재위 시 독일인 주치의 슈트루엔제 등과 조선 고종 때 무당 진령군을 들고 있다.

[24] 리처드 도킨스(홍영남 옮김), 「이기적 유전자」, 을유문화사, 2010, pp. 330~349

세계인의 관심이 높아지고 있다. 이에 발맞추어 우리의 인문학이 발전하여 정치, 경제, 사회, 문화로 내재화될 때 한국의 표준이 글로벌 스탠다드가 될 것이다. 그리하여 한국의 국격은 제고되고, 한국인에 대한 인식도 선진국 사람들과 같은 수준으로 높아질 것이다.

우리나라는 지정학적으로 한반도에 위치해 있어 930여 회의 외침을 받았으나 국가로서의 정통성을 지키고 국민의 생존권을 지켜왔다. 그러나 세계의 최강대국인 G1인 미국, G2인 중국, G3 일본 그리고 러시아에 둘러싸여 언제든지 분쟁의 소용돌이에 휘말릴 수 있는 불안정한 지정학적 여건에 놓여있다. 따라서 남·북한 당사국 간의 의사 이외에도 정책적으로 한반도 주변에 있는 미국, 중국, 일본, 러시아의 4강 입장을 동시에 항상 고려하여야 한다. 게다가 중국과의 동북공정과 관련한 간도문제와 일본과는 독도문제 등 현안 사항까지 있는 형편이다.

우리나라 사람은 인종적으로 몽골 계층의 '몽골리안'으로 북방계[25]에 속하며, 단일민족이라는 믿음을 강하게 가져왔다.

한국인이 북방계 몽골리안이라고 하더라도 실제로 20~40% 남방계 인자가 들어와 있다고 한다. 예를 들어 북방계는 키가 크고, 눈이 작으며, 코가 길고 광대뼈가 튀어나와 영조나 반기문 前 유엔 사무총장, 배우 한석규 같은 사람들이다. 남방계는 얼굴이 네모나거나 동그랗고 눈이 크며 몸에 털이 많고 피부가 북방계보다 검으며 배우 장동건, 한가인, 야구선수 박찬호 같은 사람들이다.

그러나 동남아지역의 많은 외국인 여성이 내국인과 결혼하여 자녀를 출산하고 있고, 국내에 체류하고 있는 외국인이 2백만 명이

---

25) 최준식, 세계로 나갈 때 꼭 챙겨야 할 「한국문화오리엔테이션」, 소나무, 2014, p.56~58

넘었으며, 산업현장은 물론이고 농촌과 어촌의 생산 현장에서 외국인 근로자 없이는 일을 할 수가 없는 상황이 되었다. 따라서 한국도 다민족 국가가 빠르게 진행되어 한민족이라는 표현도 더 이상 사용하지 않기로 하였으며 의미가 없어져 버렸다.

우리나라는 반도라는 지정학적 위치 때문에 옛날부터 외국과 활발한 인적 그리고 물적 교류가 있어왔다. 가야 시대인 서기 48년 인도의 갠지스강 중류에 있는 아유타국 출신의 허왕후가 우리나라에 입국해 김수로왕과 결혼하였다. 또한 고려 고종 시대인 1226년 베트남의 리 왕조의 왕자인 리룡땡(이용상)이 권력교체기 살해의 위험을 피하기 위해 측근들과 함께 황해도 옹진군에 정착하였다. 이들이 당시 고려에 침입한 몽골군과의 전투에서 큰 전과를 올려 '화산이씨'를 하사받아 그 시조가 되었다. 고려 시대 때 특히 외국과 활발하게 인적 교류를 하고 무역을 하여 고려라는 이름이 외국에까지 널리 알려져 오늘날 국가의 명칭이 'Korea'가 되었다고 한다.

조선 시대에 들어와서도 1627년 네덜란드의 선원으로 일본으로 항해하다가 풍랑을 만나 제주도에 도착해 서울로 압송되어 훈련도감에서 총포를 제작하고 병자호란에도 출전했던 박연(벨테브레이), 그리고 하멜도 같은 네덜란드인으로서 박연처럼 일본으로 가다가 제주도 인근 해역에서 좌초되어 13년간 억류되었다가 탈출하여 하멜표류기를 저술하였다. 1886년 이후에는 미국선교회계통의 배재학당, 이화여학교, 경성학교 등의 신교육기관이 전국 곳곳에 세워지고 의료기관도 설립되었다. 이와 같은 교류를 통하여 현재 우리나라의 275개 성씨 중 귀화한 성이 136개에 이를 정도로 다양한 민족으로 구성되어가고 있다.

나. 자유민주주의체제의 유지

생리학자인 자렛 다이아몬드는 그의 저서 「총·균·쇠」에서 지난 천 년간 유럽의 유라시아인들이 호주 원주민, 사하라사막 이남의 아프리카인, 아메리카 원주민들을 정복한 것은 일반적으로 알고 있는 ①흑인·백인·황인종과 같은 유전적 요인이나 ②온대와 같은 기후적 요인이 아니라고 주장한다. 그는 문명발전의 원동력으로 ③총기·철기와 같은 진보된 기술, 중앙집권적인 정치조직, 가축·농작물, 언어와 문자 체계, 유전자와 전염병 등 인간이 만든 제도의 차이 때문[26]이라고 분석하였다. 따라서 우리는 지구상에서 살아남기 위하여 이와 같은 제도를 지속적으로 발전시켜야 한다.

우리나라는 헌법 전문에 "자율과 조화를 바탕으로 자유민주적 기본질서를 더욱 공고히 하여"라는 자유민주주의 기본이념을 선언함으로써 북한의 인민민주주의와 대칭된다. 자유민주주의는 다원적 민주주의라고도 하며 가장 이상적인 정치적 민주주의이다. 또한 제1조 제2항에서 "주권은 국민에게 있고 모든 권력은 국민으로부터 나온다"고 규정하고 있으며, 이를 위해 가장 많은 국민의 의사가 반영될 수 있도록 선거제도, 정당제도 등 여러 가지 제도적 장치를 마련하고 있다.[27]

영국의 정치학자인 어네스트 바커(Ernest Barker)경은 민주주의가 성립하기 위해 내적·정신적 조건과 외적·물질적 조건이 필요하나, 내적·정신적 조건이 더욱 중요하다고 보았다.[28] 우선 내적·

---

26) 자렛 다이아몬드는 1532년 스페인의 피사로 일행 168명이 페루에 도착하여 잉카제국의 아타움파 황제를 생포하고 대군인 8만 명과의 싸움에서 대승을 거둔 것을 강조하면서, 「총·균·쇠」이후 제도가 상이한 남·북한, 서독과 동독, 도미니카와 아이티, 이스라엘과 아랍 주변국 등을 계속 연구하고 있다고 한다.
27) 성락인, 「헌법학」, 법문사, 2018, p. 142
28) 이극찬, 「정치학」, 법문사, 1993, pp. 510~517

정신적 조건으로 ①다양성(agreement to differ)의 원칙이다. 사회적 문제를 해결하는 데 있어서 하나의 안이 아닌 A, B, C… 등 여러 가지 대안이 있을 수 있어야 한다. 단일한 안만이 있는 국가는 공산주의나 독재주의 체제이다. ②다수결(majority)의 원칙이다. 여러 가지 대안 중에서 최소한 51% 이상 또는 다수가 최선은 아니지만, 차선책으로 선택한다는 원칙이다. ③타협(compromise)의 원칙이다. 다수결의 이름으로 횡포를 부리지 않고 소수에 대하여는 승자로서 패자에 대하여 배려하라는 원칙이다.

또한 외적·물질적 조건으로 ①토론이 이루어지기 위하여 사회적·문화적 동질성이 필요하다고 한다. 우리나라는 국민들이 같은 언어를 쓰고 있으며 얼굴색도 비슷한 사람이 많으므로 다른 국가에 비하여 사회적·문화적 동질성이 높은 편이다. ②경제의 안정과 성장이다. 경제 규모도 지속적으로 커져야 하며, 경제도 안정되어야 한다는 것이다. 경제가 안정되지 못하고 만성적인 대량실업이 있는 경우 국가가 불안정해지고 민주주의가 위협을 받는다는 논리이다. 중남미와 아프리카의 여러 나라에서 보는 바와 같이 경제가 어려워지고 물가가 폭등하면 국민 생활이 어려워지고 민주주의가 발전할 수 없다.

우리나라도 다른 민주주의 국가와 마찬가지로 입법부와 행정부, 사법부가 서로 견제하고 균형을 이루는 삼권분립이 이루어지고 있으나, 사회발전에 따라 소위 제4부인 언론기관인 대중홍보매체와 제5부라고 일컬어지는 시민단체(NGO)의 적극적인 역할이 요청된다. 이들 기구 이외에도 종교단체와 노조 단체가 본래의 목표와 기능에 부합되게 작동함으로써 중앙과 지역의 발전과 함께 사회통합을 이루는데 빛과 소금과 같은 역할을 수행할 것이 요구된다. 이처럼 통치구조와 사회의 각 기능이 서로 견제와 균형의 기능을 수행할 때 국가와 사회가 발전한다.

우리나라는 자유민주주의 체제와 의식을 발전시키기 위하여 국민이 국가의 주인으로 국정운영에 적극적으로 참여하여야 한다. 1인당 국민소득이 세계 2위이고, 지니계수와 행복지수가 세계 2위인 스웨덴이 투표율이 세계에서 제일 높아 85%인 것을 비교해 봄 직하다. 또한 간접적으로 대통령과 국회의원, 지방자치단체장과 지방의원과 같은 공무원의 선출을 위한 투표 참여뿐만 아니라 직접적으로 국가와 지방자치단체의 중요한 정책을 결정하는 과정의 형태인 국민투표(referendum, plebiscite), 국민발안(initiative)과 국민소환(recall)[29]에도 적극적으로 참여하여야 한다. 더욱이 사회문제를 해결하는 데 있어서 단일한 안만이 있는 것이 아니라 현실적으로 여러 가지 다양한 대안(alternatives)이 있을 수 있음을 강조하는 국민교육과 함께 사회적 동질성을 유지하기 위한 정책적 노력도 병행되어야 한다.

다. 경제·사회 시스템의 발전

경제는 국가, 지역, 가정을 이루고 유지하는데 가장 기본적인 과제이다. 맹자도 일찍이 고정적인 생업인 항산(恒産)이 없으면 정상적인 마음인 항심(恒心)이 없어진다고 하면서 생활에 어느 정도의 필요한 재산 내지 소득이 있어야 한다고 강조하였다. 칼 마르크스도 경제를 하부구조로 보되 상부구조인 정치와 문화를 유지하는 데 중요하다고 보았다. 스위스에서 추진 중인 조건 없이

---

[29] 우리나라에서는 지방자치와 관련한 법률이 제정되어 국가보다는 지방자치단체 차원에서 주민투표, 주민발안, 주민소환이 더 활발하게 활용되고 있다.

인간다운 삶을 보장하자는 기본 소득 운동도 같은 맥락에서 세계적으로 큰 반향[30]을 일으키고 있다.

1991년 12월 소련의 붕괴와 동구권 공산국가의 몰락으로 자본주의 시장경제 체제가 인류 행복에 기여할 수 있는 보편적인 경제체제임이 역사적으로 입증되었다. 우리나라 헌법도 전체주의국가의 계획경제를 부인하고 시장경제 질서를 기본으로 하면서 자유방임이 아니라 국가의 규제와 조정을 통해 실질적인 경제의 민주화를 추구하는 사회적 시장경제 질서를 채택하였다. 자본주의의 생산양식, 시장 메커니즘의 자동조절기능이라는 골격은 유지하면서도 근로대중의 최소한의 인간다운 생활을 보장하기 위하여 소득의 재분배, 투자의 유도와 조정, 실업자 구제 및 완전고용, 광범위한 사회보장을 책임 있게 추구하는 국가, 즉 민주복지국가의 이상을 추구하고 있는 것이다.[31]

우리나라의 경제규모가 커지고 국민소득이 크게 늘어남에 따라 특히 제조업과 정보산업 분야에서는 세계적 수준의 경쟁력을 갖추게 되었다. 짧은 기간에 1인당 GNP가 2018년 3만 달러 시대를 실현하였으며, 무역규모도 1조 1,405억 달러로 세계 9위의 통상대국이 되었다. 미국 경제전문지 포춘이 매년 발표하는 세계 500대 기업에서 한국기업이 16개사가 포함되어 있고, 과학기술분야

---

30) 스위스에서는 2016년 국민투표로 기본소득제가 부결되었고(23.1%), 핀란드는 2019년부터 모든 국민을 대상으로 시행하는 것을 목표로 2017년부터 2년 동안 시험 운영 중에 있다. 우리나라에서는 2020년 총선을 앞두고 기본소득당이 창당을 하였다. 최소한의 인간다운 생활을 할 권리를 실현하기 위한 방안으로 매월 모든 국민에게 60만 원(정부의 기초생활수급제도상 1인 생계급여 월 52만 원보다 다소 많은)을 제공한다는 공약이다. 당원들의 평균연령은 22세로 주로 학생, 취업준비생, 무직자와 비정규직 종사자가 절대다수라고 한다. 재원은 시민배당(30만 원:종합소득세 15%) + 탄소배당(10만 원:탄소배출량 1t당 10만 원의 탄소세) + 토지배당(20만 원:개인 토지소유자들에게 매년 1.5~2%)를 구상하고 있다.

31) 성락인, 「전게서」, p.149

의 연구개발비 투자도 세계 5위권이다. 그러나 최근 미·중 간의 무역 갈등, 일본과의 통상마찰 등으로 우리 경제도 장기 저성장의 늪에 빠져 일본의 전철을 밟지 않을까 하는 우려가 커지고 있다. 또한 이면에는 제조업과 서비스업, 대기업과 중소기업, 수출기업과 내수기업 간의 균형적인 발전이 이루어져야 하는 과제를 안고 있다.

한편 영양개선과 국민의료체계의 정비로 100세 시대가 도래함에 따라 우리나라도 65세 이상의 노인인구 비율인 고령화율이 2018년에 14.3%가 되어 고령사회로 진입하였으며, 2026년에는 20.8%가 되어 초고령사회에 진입할 것으로 전망된다. 또 반면에 결혼연령이 늦어지고 합계출산율(2018년 0.98명)이 낮아지면서 우리나라의 인구가 2028년부터 줄어들어 세계에서 제일 먼저 없어질 수 있는 나라라는 비관론 역시 제기되고 있다.

지역 불균형 역시 심화되어 도시화를 거쳐 거대도시로 인구가 집중되면서 농촌이 공동화되고 지역의 생활과 산업기반이 붕괴되는 현상이 곳곳에서 벌어지고 있다. 30년 뒤 지역의 생활·산업기반의 붕괴로 전국 지방자치단체 중에서 43%인 97곳이 소멸위험지역[32]으로 추산되고 있다.

3. 세계화와 문명발전

콜럼버스 이전에는 주로 실크로드라 불리던 육로를 이용하여 도

---

32) 소멸위험 지역의 산출은 인구재생산의 토대인 20대와 30대 여성 인구를 만 65세 이상 고령자 인구로 나눈 수치로 0.5 미만이면 소멸위험 지역으로 분류한다.

자기, 차 등 중국의 지역특산품들을 유럽에 수출하였다. 그러나 시간이 오래 걸리고 사고가 속출하여 문명의 교류가 많이 지체되었다. 그러나 콜럼버스가 1492년 스페인 왕실의 경제적 후원을 받아 신대륙을 발견하고, 1497년 바스코 다가마가 아프리카 희망봉을 돌아 인도까지 항해하는 해로를 개척하여 바다를 이용하여 문명이 신속하고 대량으로 교류가 이루어지게 되었다.[33]

1492년 대서양을 횡단하여 다른 대륙을 발견한 콜럼버스는 '세계는 둥글다'고 주장하였으나 600년이 지난 2006년 미국의 칼럼니스트인 토마스 프리드만은 그의 저서「세계는 평평하다」(The World is Flat)에서 새로운 통신기술의 발달로 세계는 평평하다고 반대로 주장하였다. 그리고 그는 주체가 누구냐에 따라서 세계화를 3기로 구분하였다.

(표 1-5)토마스 프리드만의 세계화

구분	내용	시기	주도
1기	국가의 세계화	1492~1800	국가
2기	회사의 세계화	1800~2000	다국적기업
3기	개인의 세계화	2000년 이후	비서구인

제1기에서는 국가가 세계화를 주도하였으며 콜럼버스가 신대륙을 발견한 이후 1800년대까지로 세계는 둥글다고 주장하였다. 제2기인 1800부터 2000년까지는 GM, GE와 같은 다국적 기업들이 세계화를 주도하였으며 세계가 더욱 작아졌다고 한다. 제3기인 2000

---

33) 미야자키 마사카쓰(오근영 옮김),「공간의 세계사」, 다산북스, 2016. 제6장

년 이후에는 개인이 주도한 시기로 컴퓨터, 이메일, 네트워크, 화상회의 등을 통해 세계는 더욱 작아지고 평평화되고 동시화가 이루어졌다고 한다. 이 시기를 이끌고 있는 사람들은 서구인이 아닌 한국과 인도인 등 비 서구인이 중심이 되고 있다고 한다.

역사적으로 사회를 (표1-6)에서 보는 바와 같이 4개의 물결로 크게 구분해 볼 수 있으며, 오늘날의 사회에는 제3의 물결과 제4의 물결이 혼재되어 나타나고 있다. 즉 제3의 물결인 정보사회와 함께 제4의 물결인 창조사회가 혼재되어 중첩되어 나타난다고 보았다. 부의 원천을 정보사회에서는 정보로 보고 있으나, 창조사회에서는 문화력이라고 보고 있으며, 변화의 속도도 빨라지고 내용도 깊어진다고 진단한다. 즉 농업사회는 3×10^3(3000년), 공업사회는 3×10^2(300년), 정보사회는 3×10^1(30년) 그리고 창조사회에서는 3×10^0(3년)이라고 한다.

(표1-6) 인류역사상 변화의 물결과 내용

구분	사회	추세	국력	핵심단어	의식
제1 물결	농업사회	농업화	군사력	오곡풍성	우리는 공동체
제2 물결	공업사회	공업화	정치력	중후장대	우리는 분리
제3 물결	정보사회	정보화	경제력	경박단소	우리는 연결
제4 물결	창조사회	창조화	문화력	樂美愛眞	우리는 연결된 하나

현재 전개되고 있는 제4의 물결인 창조사회에 있어서 우리나라의 문화력은 어느 정도이고 문화사적인 측면에서 어떻게 기여할 수 있는지 점검하고 이를 전 세계적으로 확산하는 데 국민적 노력

이 필요한 시점이다.

현재 K-팝과 함께 K-드라마, K-영화가 전 세계에 보급되고 열풍으로까지 번져 한국과 한국제품의 대외 신인도가 크게 향상되었다. BTS[34] 노래의 대부분은 한국어로 된 가사임에도 불구하고 언어장벽을 뛰어넘어 우리의 글자와 문화를 세계에 확산하는데 기여하였고, 대장금을 비롯한 한국드라마는 우리의 음식과 의상 등 우리 문화를 세계화하는데 기여하였다. 또한 한국영화는 꾸준히 발전하여 봉준호 감독이 제작한 영화 '기생충(parasite)'[35]은 2020년 2월 열린 아카데미시상식에서 최우수작품상, 감독상, 각본상 최우수 국제영화상의 4부문을 수상하는 기염을 토하였다.

또한 1970년 4월 22일 시작된 새마을운동은 우리나라의 독특한 농촌근대화를 위한 개발철학으로 특히 동남아, 중남미, 아프리카 등 개발도상국에 큰 반향을 불러일으켰다. 매년 많은 개발도상국의 공무원과 언론인 등 지도층 인사가 성남에 있는 새마을연수원을 방문하여 새마을 교육을 이수하는 등 우리나라의 문화에 대한 근본적인 이해와 아울러 현지에서 우리나라 공산품의 수출에도 크게 기여를 하고 있다. 그리고 1991년 한국국제협력단(KOICA)[36]이 발족하여 개발도상국의 청소년들을 초청하여 연수하거나 우리의 청소년들을 제3세계에 파견하여 우리나라를 알리는 데 크게 기여하고 있다.

---

34) BTS(방탄소년단)는 미국 빌보드 200에 1위로 2번 올랐고, 일본의 오리콘 주간차트 1위에 올랐으며, 2018년 유엔총회에서 한국 가수로는 처음으로 연설하는 등 국위를 선양하였다.
35) 이어령 교수는 영화 '기생충'이 진화론적 측면에서 기생을 넘어서 상생으로 나가려는 함의가 있다면서, 한국문화는 지금까지의 햇빛을 받아 반사하던 달빛문화에서 이제는 스스로 빛을 쏘는 햇빛문화가 되어가고 있다고 평했다. (조선일보, 2020, 2, 12)
36) 개발도상국의 발전을 지원하고 자국의 수출을 지원하기 위하여 미국에서는 1961년 평화봉사단(Peace Corps)을, 일본에서도 1974년 청년해외협력대를 창설하여 운영하고 있다.

한국의 인구는 2018년 5,116만 명으로 세계 27위(북한 인구 2,561만 명을 포함하면 7,777만 명으로 세계 20위)이고, 경제적으로는 세계 10위권의 부국으로서 인류의 복지증진에 상당한 기여를 하고 있으며, K-팝과 K-드라마, K-영화 등을 통해 한국문화가 세계화에 기여하는바 역시 크다. 앞으로 우리 국민과 해외교포가 북한과 함께 거대한 한민족공동체를 이루어 역동적으로 작동할 경우, 한국인의 「빨리빨리」 근성은 초스피드를 요하는 제4의 물결인 창조사회에서 세계화를 선도적으로 이끌 수 있는 필요하고도 충분한 유전적 인자가 되어 세계화에 더욱 기여할 것으로 전망한다.

제3절
어떻게 인문학을 공부하고 지원할 것인가?

 인문학이란 사람을 대상으로 하는 학문으로 개인의 행복 증진을 위하여 또한 국가와 사회발전을 위하여 필요한 학문이다. 따라서 인문학에 관한 공부나 연구가 활성화되기 위하여 개인적, 학문적으로 또한 국가와 사회적으로도 다각적인 노력이 필요하다. 저자가 중앙과 지방자치단체에서 행정업무를 수행하면서 그리고 기업의 현장에서 CEO와 상임감사로 그리고 대학에서 오랫동안 공부하고 강의를 하면서 인문학의 융성과 대중화를 위한 여러 가지 전략들을 생각해 보았다.

1. 개인적 전략

가. 독서계획의 수립과 실천
 인문학은 자기성찰을 하는 학문이다. 따라서 인문학에 관한 독서계획을 수립하기 위하여 이 분야에 대한 나의 지식과 소양이 어느 정도인지 객관적으로 분석하는 것이 필요하다. 중국 회남자의 설림훈(說林訓)편에 "임하선어 불여결망(臨河羨漁 不如結網)"이라 하여, "물가에 가서 고기를 부러워하기보다는 집으로 돌아가 그물을 짜는 것이 낫다"라는 말이 있다. 즉 인문학을 두루 섭렵하면서 체계화하고 자신의 지식으로 내면화하기 위해서는 적극적이고 계획적인 노력이 필요하다고 볼 수 있다.

사회과학 분야에서 학계와 경영과 행정의 일선에서 가장 많이 쓰이는 실태에 관한 분석 방법이 SWOT 방법이다. 우선적으로 내가 가지고 있는 강점(Strengths)과 약점(Weaknesses)이 무엇인지를 분석하여야 한다. 또한, 미국과 중국, 일본 등 선진외국의 최근 흐름과 정부의 정책변화 등 국내외의 여건이 좋은 기회(Opportunities)인지 또한 위협(Threats)적인지 종합적으로 고려하여야 한다. 제4차 산업혁명의 핵심인 인공지능과 로봇, 빅데이터와 클라우딩, 3D 프린팅과 퀀텀 컴퓨팅, 나노와 바이오 기술 등 지식정보 분야에 관련된 기술은 발전을 위한 새로운 기회가 될 것이다.

〈표 1-5〉 SWOT 방법에 의한 인문학 공부 전략

외적 환경	내적 환경	인문학에 관한 개인적 관심 등	
		강점(크다)	약점(작다)
취업기회	기회 (증대)	○ (I, SO 전략) 전문화 전략	△ (III, WO 전략) 다양화 전략
	위협 (감소)	△ (II, ST 전략) 심화 전략	× (IV, WT 전략) 스케치 전략

〈표 1-5〉에서 보는 바와 같이 인문학에 관한 관심이 있으면서 현재와 같이 인문학에 대한 사회적 분위기가 고조되고 있는 여건(Ⅰ)에서는 공격적으로 문학, 역사학, 철학 등 특정 분야에 대해 원서를 읽는 등 전문가로서 깊이 있는 연구를 할 필요가 있다. 인

문학에 대한 관심은 있지만 취업 기회 등 사회 여건이 여의치 않은 경우(Ⅱ)에는 특정 분야를 중심으로 깊이 있게 공부하는 심화 전략이 필요하다. 또한 인문학에 대한 관심은 적지만 취업 가능성 등 외부기회가 좋은 경우(Ⅲ)에는 특정 분야에 대한 폭넓은 지식을 섭렵하는 다양화 전략이 유효하다. 한편 인문학에 대한 관심이 적으면서 취업 기회 등 외부 여건이 좋지 않은 경우(Ⅳ)에도 미래에 대비하는 차원에서 인문학에 관한 일반상식 수준의 지식을 습득하기 위한 스케치 전략이 필요하다.

인문학과 관련된 서적을 읽고 자기 지식으로 만드는 방법론을 제한하자면, '10년에 걸쳐 1,000권을 읽기' 같은 장기적이고 구체적인 계획을 세워 실천하는 것이 필요하다. 지하철이나 버스를 이용하여 핸드폰 대신 출퇴근할 때 책을 읽으면 1년에 100권, 1주에 2~3권씩 인문학 서적을 읽을 수 있다. 읽고 난 이후에는 내용을 잊어버리게 되므로 제2장 이하와 같이 배경과 시대적 상황, 주요 내용 그리고 책이 주는 교훈 또는 시사점 등을 여러 장으로 요약 정리하여 컴퓨터에 입력시켜 관리하면, 필요한 경우 출력할 수 있기 때문에 유용하다.

나. 여가시간의 생산적 활용

모든 사람에게 하루에 쓸 수 있는 시간은 24시간이 주어지며, 평균적으로 일하는데 8시간, 잠자는 데 8시간을 소요하며 8시간 정도 남는데 이를 나머지 8시간을 잔여시간(residual time) 또는 여가시간(leisure time)이라고 한다. 정부가 근로시간을 2019년부터 주 52시간으로 제한함으로써 여가시간이 더욱 늘어나면서 일과 생활의 균형을 이루는 워라밸(work and life balance)이 국가적으로나 개인적으로도 과제가 되었다. 프랑스의 경우 여가시간을 중요시 여겨 가족·친구들과 함께 많은 시간을 보내기 위해 평소 저축을 하고 재충전 기회로 삼는 바캉스(vacance)라는 용어가 별도로 있다고 한다.

문화관광부가 2016년 국민 여가활동을 조사한 결과에 의하면 대한민국 국민이 평일과 주말에 사용하는 휴가 시간은 3.1시간과 5.0시간이며, 월평균 여가비용은 13만 6천 원을 지출하고 있다. 국민들이 가장 많이 하는 여가 활동은 TV 시청이 46.4%로 제일 많고, 다음이 인터넷(SNS) 14.4%, 게임 4.9%, 산책 4.3%순으로 나타났다. 국민들이 운동 등 적극적으로 여가활동을 하기보다는 소극적인 여가활동에 주력하고 있는 것으로 나타났으며, 국민들의 문화여가에 대한 행복지수도 100점 만점에 66.7점으로 낮은 편이다.

따라서 여가시간의 생산적 활용과 함께 적극적 여가활동 그리고 인문학과 같은 분야에 대한 독서가 필요하다. 2017년 우리나라 성인의 연평균 독서량은 2007년 12.1권에서 2017년 8.3권으로 오히려 3.8권이 줄었고, 연간 독서율도 59.9%로 10명 중 4명은 1년에 책을 한 권도 읽지 않는다고 한다. 책을 읽지 않는 이유로 성인은 일 때문에 시간이 없어서(32.2%), 휴대전화 이용과 인터넷게임을 하느라(19.6%), 다른 여가 활용으로 시간이 없어서(15.7%), 책을 읽는 것이 싫고 습관이 들지 않아서(12.0%), 책을 읽을 만한 마음의 여유가 없어서(7.7%) 순이다.

학생의 경우는 학교나 학원 때문에 책을 읽을 시간이 없어서(29.1%), 책 읽기가 싫고 습관이 붙지 않아서(21.1%), 휴대전화·인터넷게임을 하느라 시간이 없어서(18.5%), 읽을 만한 책이 없어서(7.7%), 어떤 책을 읽을지 몰라서(6.9%) 순이다. 성인이나 학생들이 공통으로 일이나 공부 때문에 시간이 없어서 그리고 휴대폰 이용, 인터넷게임 등에 열중하다 보니 시간적으로나 마음적으로 여유가 없는 것으로 분석[37] 되었다.

  국민소득의 증대에 따라 국내외의 여행이 활성화되고 있다. 국내여행도 한국만이 갖고 있는 독특한 관광소재를 테마화하여 지역마다 특색있게 개발하여야 한다. 2000년부터 이탈리아에서 시작된 치타슬로[38] 즉, 슬로시티의 개념을 도입한 힐링형 관광개발 방식을 도입해야 한다. 또한, 각종 인문학 강좌를 스토리텔링 형태의 시청각교재로 개발하여 널리 보급할 필요가 있다. KBS의 2TV와 교육방송(EBS)2 등 공영방송을 특화하여 인문학 방송을 전문화하여 주제에 대해 심층적으로 소개하고 역사소설을 드라마화하는 등 다각화하여 국내외에 방영함은 물론 해외의 문화원 등에도 배포하여 인바운드 여행을 위한 한국에 대한 이해의 폭을 넓히고 관심을 제고할 필요가 있다.

  국외여행도 가이드의 일사불란한 안내에 따라 단기간에 휴식도 없이 여러 나라를 이동하면서 기념사진을 찍는 단체관광 형태에서 벗어나 주제를 사전에 설정한 후 여러 날을 한 장소에서 보내면서 전문가의 해설과 안내를 받아 관찰하고 연구하는 새로운 형태의 관광문화가 필요하다. 또한, 유럽인들처럼 한 곳에 여러 날을 가족과 함께 보내면서 생활에 찌든 스트레스를 완전히 날려버리고, 새로운 것으로 충전하는 바캉스식의 생활전환용 관광으로

---

[37] 문화관광체육부, 「2017년 국민독서실태조사」, 2018
[38] 치타슬로(Cittaslow)란 느낌의 철학을 바탕으로 지역이 갖고 있는 고유한 자연 환경과 전통을 지키면서 지역주민이 주체가 되는 지역살리기운동이다. 치타슬로의 요건으로 인구 5만 명 이하, 전통산업의 존속, 전국적 특산물 및 생태문화보유, 문화유산 및 마을 경관의 보존, 유기농법 및 슬로푸드 확보, 친환경에너지 정책, 도시 간 루트 형성 가능성, 홍보계획 및 주민주도의 지역개발의지 등이다. 우리나라에서도 전남 신안군 증도면 등 10개 지역이 선정되었다.

발전되어야 한다. 호주의 지질학적 탐사나, 중앙아시아의 고고학적 탐사 그리고 히말라야산맥의 체력단련용 트레킹 등 새로운 유형의 해외관광 프로그램의 개발이 활발하게 이루어져야 한다.

다. 밥상머리와 잠자리 교육

주로 3세 이전의 유아기 시절에 의식과 잠재의식 그리고 무의식이 주로 형성된다고 한다. 어린이들이 어렸을 때 무슨 경험을 하고 어떠한 환경 속에서 누구와 어떤 관계를 형성하면서 지내느냐가 그 아이의 성격 형성에 큰 영향을 미친다고 한다. 어린 시절에 들었던 이야기들은 무의식 속에서 깊이 스며들어 자라는 동안 그리고 그 이후에까지 몇 번이고 되새기며 가슴에 큰 울림을 준다. 과거 대가족 제도하에서는 식사를 하면서 조부모나 부모와 함께 식사를 하면서 또는 잠자리에 들 때 옛날이야기를 들려주거나 책을 읽어주면서 세대 간 비공식교육 또는 정서적 교감이 자연스럽게 이루어졌다.

그러나 핵가족화되고 여성의 사회적 참여가 증대하고 자녀들이 학원 등에서 많은 시간을 보내고 있어 자녀에 대한 가정교육이 거의 없어지고 대신 유치원과 어린이집과 같은 사교육 시장에 일임하는 상황이 전개되고 있다. 집에서 청소년들이 아버지와 대화하는 시간이 하루에 고작 37초에 불과하다고 한다.

유대인들이 2000년 이상을 전 세계에 흩어져 유랑생활을 하다가 1948년 적들에게 포위당한 상태에서도 중동의 사막지대에 이스라엘이라는 나라를 세울 수 있었고, 노벨상 수상자와 아이비리그 대학생의 30%를 차지하며, 세계의 정치, 경제, 법률, 언론 등 여러 분야에서 큰 성공을 거두고 막강한 영향력을 행사하고 있는 그 밑바탕은 이스라엘만이 가지고 있는 지혜의 창고인 탈무드와 특수한 교육방식인 하브루타 때문이라고 한다.[39]

(표 1-6) 한국인과 유대인의 비교[40]

구분	인구	국민 평균IQ 순위	국제수학올림피아드순위	노벨 수상자수
한국인	5,000만 명	2위	1위	1명(정치)
이스라엘인	840만 명	26위	33위	184명

탈무드(Talmud)는 약속, 또는 가르침의 교훈이라는 뜻으로 유대인들의 생활 지침서이자 이스라엘인들이 성경 다음으로 많이 읽는 책이다. 내용은 유대인의 법률, 역사, 전통, 생활규범, 문학, 과학, 지혜, 그리고 현명한 왕들의 이야기에 이르기까지 다양하다. 오랫동안 학식과 덕망을 갖춘 율법학자인 랍비(Rabbi)[41]들이 유대인의 일상생활에서 생길 수 있는 여러 가지 삶의 문제에 대해서 연구하고 토론하여 얻은 결론을 책으로 엮은 것이다. 전 세계에 흩어져 있는 유대인들은 역사와 전통, 종교와 생활규범이 담겨 있는 탈무드를 배우고 읽혀서 오늘날까지도 민족성을 잃지 않고 유지하면서 단결할 수 있었다고 한다.

하브루타(Havruta)는 금요일 저녁 안식일에 가족이 모여 식사를 하면서 또는 식사를 하고 짝을 지어 질문하고 대화·토론·논쟁하는 방식으로 가장이 랍비의 역할을 한다고 한다. 하브루타의 효

---

39) 김형석 외, 「우리는 무엇으로 행복해지나」, 프런티어, 2016, pp.286~333
40) 이지성, 「생각하는 인문학」, 문학동네, 2015.
41) 랍비란 '나의 선생님'이라는 뜻으로 유대민족의 역사와 전통을 연구하고 가르치는 유대인학교의 선생님이다. 유대인들은 어려운 일이 생기면 랍비를 찾아가 의논을 하고 랍비를 늘 존경하며 가르침에 따른다.

과는 ①뇌를 격동시켜 고등사고력을 기른다. 질문과 토론, 논쟁을 통해 뇌를 움직이게 하고 생각하게 한다. ②다양한 생각과 창의적인 사고를 하게 한다. 다양한 견해, 다양한 관점, 다양한 시각을 갖게 한다. ③자기주도학습, 자기동기학습이 가능하다. ④소통과 경청, 설득의 능력을 기른다. ⑤평생의 친구를 얻게 된다.[42] 이처럼 이스라엘에서 가정은 행복의 시작이고 끝으로 공동체 삶의 가장 기본적인 단위로, 건물이라는 물리적인 집(House)이 아니라 가족구성원에게 있어 정신적·정서적인 장소인 가정(Home)을 의미한다.

우리나라에서도 가족구성원에 대해 가정 단위에서 밥상머리 교육 또는 잠자리 교육 같은 비공식적 교육이 이루어져 가족구성원 간의 유대감을 깊게 하는 한편 족보 또는 문중 역사에 대한 교육적 접근과 연구도 필요하다. 또한 지금까지 전통적인 가족 형태가 혼인한 부부와 자녀로 이루어진 형태이었으나, 앞으로 이외에도 1인가구, 동거가구, 한부모가구 등 다양한 형태의 가족으로 가족의 정의도 사회변화추세에 따라 변할 것으로 전망되어 이에 대한 사회학적 연구와 전략이 요구된다.

2. 교육적인 전략

가. 인문학에 대한 체계적 교육

한국 학생들의 80%는 친구를 상급학교에 진학하고 취직하는데 경

---

42) 김형석 외, 「전게서」, pp. 322-325

쟁자 또는 적으로까지 생각함으로써 외국과는 정반대의 성향을 보이고 있다고 한다. 오늘날 한국의 대학생은 3포(연애, 결혼, 출산)하고 스펙 5종(인턴, 봉사활동, 수상경력, 자격증, 영어점수)을 쌓느라 친구를 사귈 수 없다고 한다. 따라서 친구가 서로 협동(collaboration)하여 보고서를 쓰거나 공동과제를 수행하는 것이 매우 어렵다고 한다. 따라서 대학이나 기업의 교육과정에서 개인적인 과제보다는 과제를 공동으로 연구하여 발표하게 하는 공동 프로젝트의 활용이 바람직하다.

미국 하버드대 의대에서 케네디 대통령을 포함해서 하버드대 출신 백인 남학생 268명에 대해 79년간 종적(縱的)으로 인생사례에 관한 계통적 연구를 수행하였다. 그런데 가족, 친구, 공동체와의 관계를 잘 맺고 있는 사람이 그렇지 않은 사람에 비하여 더 행복하고 육체적으로 건강하게 오래 살았다고 한다. 또한 친구가 몇 명인지보다 얼마나 질 좋은 관계를 맺고 있는지가 중요하다고 한다. 좋은 인간관계는 신체뿐만 아니라 두뇌에도 긍정적인 영향을 미쳤다고 한다.[43]

따라서 대학 과정에서 2학년까지 문학, 역사학, 철학 등을 모두 이수하도록 하여 기본적인 소양을 높일 필요가 있다. 일본의 대학[44]에서도 1991년 교양학부를 없애고 대부분의 대학에서 입학시험 자체를 전문학과별로 이루어지기 때문에 한국과 같은 상황이 벌어지고 있다고 한다.

그리고 민주주의의 기본원칙 중 하나인 다양성의 원칙을 인정하여 하나의 문제에 대하여 한 가지의 해결방안 이외에도 여러 가

---

[43] 조선닷컴, 「노후행복의 열쇠는 인간관계였다」, 2017.12.13
[44] 다치바나 다카시(이정환 옮김), 「도쿄대생은 바보가 되었는가」, 청람미디어, 2011, p.39

지(A, B, C, D…) 대안이 있을 수 있으며, 그것을 다수결로 결정할 때 소수자에 대하여 대화를 통하여 타협하거나 따뜻하게 배려하는 민주시민의식이 필요하고 이를 위한 교육이 요구된다.

또한 공공심의 함양이 요구된다. 공유지의 비극현상이 현실세계에서 만연하게 벌어지고 있다. 즉, 모든 사람이 사용할 수 있는 공유지인 초원에 적정한계를 넘어 경쟁적으로 가축을 방목할 경우 초원이 조만간에 황폐화해지고 더 이상 목축이 불가능해지는 경우를 말한다. 우리나라의 여러 도시에서 교통난을 해소하기 위해 공공자전거를 보급하면서 안전모를 동시에 비치하여 사용한 후 반납하도록 요구하였으나 대부분 한 달 이내에 분실되었다(대전시 70%, 세종시 33% 등)는 것이 이러한 점을 여실히 드러낸다.

선진국일수록 사회봉사가 생활화되어 있고, 봉사활동을 희망하는 사람이 많아 예약제로 실시되고 있다. 그러나 우리나라는 상급학교에 진학하기 위한 점수획득의 수단으로 변질되어 부모가 대신하여 봉사하는 경우까지 다반사로 벌어지고 있다. 우리나라에서도 사회봉사활동이 조직단위에서 개인단위로, 연말과 같은 특정 기간에 집중하기보다 일상생활의 일부분으로 보편화하여 연중 실시하는 것이 바람직하다. 활동이 특히 불편한 어린이나 노인들을 수용하고 있는 복지시설에 사회봉사를 다녀온 학생들의 행태가 크게 달라진다고 하니 적극 고려해 볼 만하다.

나. 인접학문 간 학제적 연구 강화

오늘날 우리나라 인문학의 현주소에 대한 연구가 필요하다. 독일의 철학자인 피히테(Fichte)는 「독일 국민에게 고함」이라는 저서에서 나폴레옹의 프랑스제국이 독일을 점령하자 독일의 민족주의를 옹호하기 위하여 국민교육의 중요성과 시대정신을 강조하였다. 지금까지 한국의 정신하면 홍익인간, 양반정신, 선비정신 등 다양한 견해가 있어왔다. 우리나라가 경제적인 면뿐만 아니라 정신적으로도 세계적인 리더 국가가 되기 위하여 전 국민적 참여하에 최근 유행하고 있는 K-팝 문화뿐만 아니라 새로운 인문학적 정신문화의 개발과 정립으로 국격의 제고가 필요하다.

인문학의 발전을 위하여 인문학 내부에서뿐만 아니라 사회과학과 자연과학을 연구하는 여러 학자들이 공동연구에 참여하여 내용을 폭넓게 다양화하고 깊이 있게 다루어야 한다. 다양한 연구방법(approach)을 활용하면 보다 심도있고 과학적이며 체계적인 연구가 가능하기 때문이다. 신도시를 설계하고 구체적인 계획을 만드는 사람들은 하드웨어만을 주로 다루는 공학도들이 담당하지만, 도시에 사는 사람들은 사회공학적 차원에서 편리성, 디자인 등 기능적인 측면인 소프트웨어를 보고 거주하게 된다.

카이스트가 2019년부터 정원 50명 규모로 전공이 없는 융합기초학부를 운영, 4년간 전공을 뛰어넘어 공부하고 연구하기를 계획하고 있다. 또한 서울대에서도 공대에 2022년 인문계·이공계의 구분이 없이 AI를 매개로 하여 소프트웨어(AI기술)와 하드웨어(로봇, 바이오, 재료)를 결합시키는 AI(인공지능)센터 설립을 추진하고 있다. 미국의 MIT에서도 AI단과대학인 '스티븐 슈워츠먼 컴퓨팅 칼리지'를 2019년 세웠다. 이는 융합인재를 키우려는 새로운 교육실험이라고 볼 수 있다.

미국의 도시계획대학원에서는 공학부인 엔지니어링과 사회과학 부문인 사회학이 융합된 대학원을 설립하여 운영하고 있다. 인구의 90% 이상(전 세계적으로는 인구의 50%)이 도시에 살고 있으므로 도시자체의 건물과 기반시설 등 물적 시설뿐만 아니라 미적 감각도 살리고 이용에 편리한 도시계획적 배려를 요구하고 있기 때문이다. 즉 도시의 하드웨어뿐만 아니라 소프트웨어를 종합적으로 고려하여 효과성을 높이고자 한다. 제4차 산업혁명이 곳곳에서 일어나고 있는 현실에서 무인자동차, 로봇 등 새로운 분야에 대한 학제적 연구가 더욱 필요한 이유가 여기에 있다.

우리나라에는 노벨상 수상자가 평화상 이외에는 한 명도 없다. 이는 학제적 연구가 부족하여 이공대학 평가에서 한국의 대학들이 특히 국제연구협력지표에서 하위로 평가되고 있기 때문이다. 2018년 조선일보·QS아시아대학평가에서 100대 이내 대학 중 중국 23, 한국 18, 일본 14, 대만 11개 대학이 위치해 있으나, 상위에는 서울대가 10위일 뿐 싱가포르, 홍콩, 중국 등의 대학들이 차지하고 있다.[45]

특히 싱가포르 난양(南洋)이공대의 경우가 1991년 설립되었으나 아시아 1위, 세계 10위권으로 세계적인 명문대학이 되었다. 이는 기업자원을 학내로 끌어들여 공동으로 연구하는 '코퍼레이션 랩(cooperation lab)'에 의한 것으로[46] 학제연구의 활성화와 외국 대학 교수들과의 공동연구가 보다 활성화되어야 할 필요성을 보여준다 할 수 있다.

다. 인문학 연찬 사회 분위기 조성

우리나라의 국가와 지방자치단체 등이 운영하는 공공도서관은 외국에 비하여 매우 부족한 실정이다. 미국은 9,057개소, 독일이

---

45) 조선일보, 2018 아시아대학 평가, 2018.10.23
46) 조선일보, 질주하는 세계-대학(5) '혁신 1위' 싱가포르 난양이공대, 2019.1. 8

7,414개소, 일본이 3,292개소이나 우리나라는 1,042개소인 실정이다. 또한 수도권과 비수도권, 지역별로도 큰 차이가 있다. 또한 기업이나 특수한 시설들이 운영하는 도서관도 매우 부족한 실정이다. 따라서 독서격차를 해소하기 위하여 기업도서관, 모든 국민이 쉽게 접근할 수 있는 직장이나 집 근처의 작은 도서관 그리고 장애인, 병영, 교도소 등 전문도서관이 많이 생겨 국민적 독서수요가 있는 곳에 찾아가는 다양한 독서공간이 제공되어야 한다.

각급 초등학교와 중등학교, 대학교 등 학교뿐만 아니라 읍면동의 주민자치센터, 동네책방, 아파트관리사무소, 전국의 교회·사찰·성당 등 종교단체 등에 독서클럽을 만들어 소규모 낭독모임[47]을 만들고 활성화할 필요가 있다. 이와 같은 모임을 통하여 좋은 시와 소설 등을 소리내어 읽음으로써 국민들의 인문학 수준을 고양시킬 수 있다. 이를 통하여 첫째, 개인적인 오감이 활성화되어 긍정적 사고를 갖게 되고 자신의 아픔을 자연스럽게 치유할 수 있다. 둘째, 도시화 과정에서 발생되는 이웃과의 단절을 극복하고 이웃과의 대화와 유대감을 높일 수 있다. 셋째, 선진국민으로서의 긍지와 자신감을 제고시키고 문화시민으로서의 에티켓을 진작시킬 수 있다.

여러 종교단체에서는 다양한 교육 기회를 활용하여 선진시민으로 요구되는 덕목을 강조하고 있다. 유교의 향교와 서원에서는 방학 기간을 이용하여 학생들에게 예절과 천자문, 소학과 대학 등 동양고전에 관한 교육을 실시하고 있다. 경북 북부지역의 여러 지방자치단체 도시에서는 양반문화에 대한 교육을 합숙 형태로 진

---

[47] 정여울 지음, 「소리내어 읽는 즐거움」, 홍익출판사, 2016

행하고 있다. 불교에서는 주요 사찰마다 1988년 올림픽을 앞두고 템플스테이 제도를 마련한 이후 2박 3일, 일주일 등 다양한 형태로 불교의 교리와 좌선과 우리의 전통문화와 관련한 프로그램을 마련하여 내외국인에 대한 교육을 실시하여 큰 호평을 받고 있다.

국민 영양상태의 개선과 사회복지와 의료체계의 완비로 100세 시대가 도래하였다. 또한 고학력화로 인하여 지역에 교수와 교사 등 인문학 관련분야에 관한 전문지식을 가지고 있는 인사들이 정년퇴직한 상태에서 전문적인 지식을 활용하지 못하고 사장되고 있는 경우가 많다. 이러한 인재들을 지방의 국립대학교에서 일정기간 교육을 받게 한 뒤 가칭 '인문학연구사'를 양성하여 유치원과 각급 학교에 출장식으로 인문학과 지역학에 관한 체계적인 교육을 실시함으로써 인문학의 보급과 지역발전을 도모할 필요가 있다.

신도시를 만들려고 하면 먼저 계획을 전체적으로 수립하고 책임을 지는 총괄계획가(커미셔너)가 신도시에 관한 큰 그림인 면적, 인구, 교통, 환경 등을 포함하는 발전지표와 개발전략을 수립한다. 그 이후 각 분야별로 토목, 건축, 다자인, 녹지, 복지, 환경, 안전, 교통, 재정 등 세부 계획을 마련하게 된다. 이와 같은 계획이 도시계획위원회에서 확정되면 공사가 이루어져 신도시가 만들어진다. 이와 같은 과정을 거쳐 우리나라의 여러 신도시들이 탄생되었고, 세종특별시도 탄생하게 되었다.

마찬가지로 저자는 전체적으로 인문학에 대한 개념을 정의하고, 각 분야별로 문학, 역사학, 철학에 관한 기본적인 이해를 돕기 위해 총론 형태의 해설을 덧붙이고, 그것을 다시 각론 형태로 한국문학과 해외문학, 한국사와 세계사 그리고 동양철학과 서양철학으로 다시 세분화하여 각각 우리에게 널리 알려지고 상을 수상한 작품 등 120편을 엄선하여 저자의 약력과 작품 배경, 주요 내용, 오늘날 우리에게 주는 교훈과 시사점을 중심으로 스케치하였다. 이와 같은 얼개 그림에 독자들이 살을 붙이고, 지붕을 이어서 인문학이라는 멋진 그림을 그려보기를 기대해 본다. 특정 분야에 보다 많은 관심이 있는 독자들은 완역된 작품을 읽을 수도 있고, 외국어에 자신이 있는 사람은 원서를 읽어 전문가의 수준으로까지 업그레이드할 수 있을 것이다. 이 책이 인문학에 대한 기본서 내지 가이드가 되기를 기대해 본다.

제2장

문학

읽고 참고한 국내·외의 문학서적들

제1절
문학에의 초대

1. 문학이란?

가. 문학의 의의

문학(literature)이란 과학과 반대되는 개념으로 예술 분야의 한 장르이다. 문학은 언어로 이루어진 예술이므로 음악, 미술, 건축, 사진 등과도 구별된다. 문학이란 인간의 생각과 감정, 사물과 사건에 관하여 쓴 글을 연구하는 학문의 한 분야로 함축적인 말 즉 언어를 사용하여 아름다움을 표현하는 것이다. 문학에서 사용하는 언어는 비유, 비약, 생략 또는 상징 등의 용법이 많이 사용된다.

또한 문학은 역사학·철학과 함께 인문학으로서 인간의 자아발견, 인간의 자기애, 인간의 본질을 해명하는 측면에서 동일하나, 접근하는 중점과 방향성 측면에서 (표 2-1)과 같이 근본적인 차이가 있다.

(표 2-1) 문학과 역사학·철학의 차이

구분	중점	방향성
문학	허구성 +개연성	인간은 이렇게도 살 수 있다(can)
역사학	과거의 사실	인간은 이렇게 살았었다(did)
철학	가치 + 당위성	인간은 이렇게 살아가야 한다(sollen)

- 문학은 가상의 인물과 가상의 현실 그리고 가상의 행위라는 허구성과 대개 그럴 수 있다는 개연성으로 '인간은 이렇게도 살 수 있는 존재'임을 추구한다.
- 역사학은 과거의 사실에 입각하여 '인간은 과거 이렇게 살았던 존재'임을 고증하는 것이다.
- 철학은 가치와 당위성에 중점을 두고 앞으로 '인간이 이렇게 살아가야 하는 존재'임을 규명하는 것이다.

즉, 문학은 이 세상에 있는 여러 가지 다양한 색들에 대하여 이야기하므로 흑백논리가 지배하는 오늘날의 세상에는 가장 불필요한 존재가 될지도 모른다. 또한 문학은 '예/아니오'라고 딱 잘라 말할 수 없는 이 세상의 수많은 가치들을 사랑하는 존재이다. 그리고 문학은 인간의 다채로운 삶을 담아내는 크기와 모양도 일정하지 않은 그릇이므로 인간이 꿈꿀 수 없는 그 모든 '만약의 가능성'을 향하여 '대답할 수 있다'고 대답한다.[1]

나. 문학의 기능

문학의 기능과 관련하여 다양한 견해[2]가 있다. 첫째, 모방론으로 고대 그리스의 플라톤과 아리스토텔레스가 주장하였으며, 사물의 외형을 있는 그대로 모방하는 것이라고 주장하였다. 둘째, 사람들에게 지식을 전달하고 도덕적 가르침과 쾌락을 주는 것이라는 효용론으로 공리설(교훈설)과 쾌락설(오락설)이 있다. 셋째는 작가가 현실에서 체험한 것을 언어를 통해 밖으로 나타낸 것이라

---

1) 정여울, 「정여울의 문학멘토링」, 에멘토, 2014, pp.16, 28~29
2) 김영구 외, 「문학의 이해」, 한국방송통신대학교출판부, 2000, pp.15~23

는 표현론으로 작가의 천재성이 발휘되었다는 영감설과 작가를 단순한 장인으로 보는 견해가 있다. 넷째로 문학이 믿을만한 작품이 되려면 언어로 믿을 만하게 꾸며야 하는데 역학적이고 동적인 구조가 되어야 한다는 존재론 등이 있다.

문학작품은 우리에게 교훈, 감동, 아름다움과 함께 그 시절의 생활상, 역사, 문화, 예술 등 모든 면을 보여준다. 또한 인생의 아름다움과 잔혹함, 기쁨과 슬픔, 인간의 위대한 드라마를 보고, 느끼고, 체험할 수 있다. 현실 세계에서 경험할 수 없는 수많은 사람들과 아찔한 사건들 그리고 다양한 삶의 지혜를 문학을 통해 배우기도 한다. 독자들은 「걸리버여행기」와 「로빈슨크루소」를 통해 미지의 세계에 대한 탐사 여행을 할 수도 있으며, 쥘 베른이 쓴 「해저3만리」에 나오는 잠수함(200년 전 당시에는 잠수함이라는 이름도 없었다.) 노틸러스호를 타고 5대양 6대주를 여행할 수도 있으며, 생텍쥐페리의 「어린왕자」[3]를 통해 우주와 지구를 포함한 여러 별을 탐사하는 꿈을 꾸게 될 것이다.

다. 문학의 역사

문학은 역사적으로 인류문명과 함께 그 궤적을 같이 하여왔으며 기원전 1,000년경 고대 그리스신화를 기원으로 본다. 최초의 시인인 호메로스는 장편서사시인 「일리아스」에서 여신들의 다툼에서 비롯한 트로이 전쟁을, 「오디세이아」에서는 트로이 전쟁에서 승리한 이후 고국으로 돌아가는 기나긴 여정과 모험이야기를

---

3) 법정 스님이 자신에게 읽고 싶은 책 2권을 추천하라고 요청이 들어오면 「법구경」과 「어린왕자」를 추천하고 싶다고 할 정도로 강추한 문학작품으로, 어른들에게 동심을 일깨워 주는 소설이라 극찬하였다.

담고 있다. 문학이 본격적으로 발전하고 생활의 일부가 되기 시작한 것은 르네상스 이후 17세기 고전주의가 발전하면서부터 이다. 고전주의는 그리스와 로마 시대의 문학을 토대로 하여 교양인을 위해 쓰인 문학양식으로 이성을 중시하고 질서와 규율을 강조하였다.

우리나라에서도 문학의 처음 형태는 민요, 설화로 소원을 빌던 내용을 노래와 말로 표현하였으며 구비문학이라고 한다. 시대순으로 보면 한국문학은 크게 구비문학, 고전문학, 현대문학으로 구분할 수 있다. 첫째, 구비문학은 민속문학이라고도 하며 가장 역사가 오래되었으며, 말로 존재하고 전달되어온 문학으로 설화, 민요, 무가(巫歌), 판소리, 속담, 수수께끼 등이다. 둘째, 고전문학은 문자로 기록되어오는 문학으로 19세기 말까지의 문학이다. 이에는 「공무도하가」와 「황조가」와 같은 고대가요와 「제망매가」, 「헌화가」와 같은 신라향가와 「가시리」, 「청산별곡」과 같은 고려가요와 고려 시대 말엽부터 발전한 시조가 있다. 그리고 조선 시대 전기에는 한문으로 된 시가(악장, 가사, 시조), 소설, 수필 등이 발전하다가, 후기 이후에는 한글로 된 국문학이 크게 발전하였다. 개화기에는 고전문학이 근대문학으로 넘어가는 과도기로 신소설 등 신문학이 개화한 시기이다. 셋째, 현대문학은 20세기 이인직의 「혈의 누」(1906년)가 발표된 이후의 작품들을 말하며 장르도 다양해지고 주제도 다양해졌다.

문학에는 시, 소설, 수필, 희곡, 비평 등 여러 가지 장르가 있으며 각각의 특색이 있다.

2. 문학의 장르

가. 시

시(poem/poetry)란 문학의 여러 장르 중에서 가장 오래되었으며 초기의 작품으로는 그리스 호메로스의 시와 우리나라 구비문학의 민요 등이 이에 속한다. 시는 언어로 이루어진 예술작품으로 고도의 상상력이 요구되는 영역으로, 상상력 이외에도 서정성, 주관성, 리듬, 상징, 비유, 이미지 등이 요구된다. 시조와 가사도 같은 장르에 속한다. 플라톤은 「국가」에서 호메로스가 가장 뛰어난 시인이라고 칭하고 시가 가장 아름답고 참된 것으로 보인다고 하였다. 아리스토텔레스도 「시학」에서 시가 인간의 행위를 다른 예술보다 더 잘 축약하여 표현할 수 있다고 설파하였다.

시는 직유와 은유의 방법을 통해 사물을 압축적으로 리듬을 살려 상징적으로 표현한다. 고전적인 시들은 음악적인 요소인 운률(rhythm) 즉 가락을 중요한 요소의 보며, 단어나 구절의 반복을 통해 운률을 살려낼 수 있다.

반면에 현대의 시는 이미지를 강조하는데 심리학에서 발달된 개념이다. 시는 이미지를 통해 독자가 직접 체험하는 것이 아니라 언어라는 매개체를 통해 간접적으로 환기시키게 된다. 또한 시는 이미지를 통해 사람들이 시를 해석하는데 중요한 영향을 미친다. 이미지에는 인간의 감각기관인 시각, 청각, 후각, 촉각 등을 통해 직접 전달하는 지각 이미지와 은유와 의인 등과 같은 여러 가지 비유법을 사용하여 추상적 의미를 함축하게 하는 비유적·상징적 이미지가 있다.

이백과 두보로 대표되는 당시(唐詩) 즉 중국의 고전 시는 한자를 쓰는 한국과 일본을 비롯한 동아시아 일대에서 오랫동안 문학적 표현모델이 되었다. 즉, 5자의 한자로 쓴 오언고시(五言古詩)와 7자의 한자로 쓴 칠언고시(七言古詩)로 발전하여 오늘날까지도 큰 영향을 미쳤다.

독특한 형태의 시를 하나 소개하자면, 벽보에 붙어있는 공문을 그대로 옮겨온 듯한 정지우 시인의 「벽」이 있다.

「벽」

예비군편성및훈련기피자일제신고기간
자 : 83.4.1 ~ 지 : 83.5.31

이 시에 대하여 '이것도 시야?' 하는 비(非)시적이고 반(反)시적이라는 반응이 있지만 이것도 시가 된다.[4]

고은 시인은 「자화상에 대하여」라는 시에서 한국현대사에서 있었던 사건마다 자기와 동일시하였다.

「자화상에 대하여」

나는 8.15였다
나는 6.25였다
나는 4.19 가야산중이었다
나는 곧 5.16이었다

---

[4] 오세영외, 「현대시론」, 서정시학, 2011, pp. 13~16

그 뒤
나는 5.18이었다

나는 6.15였다
그 뒤
나는 무엇이었다 무엇이었다 무엇이 아니었다

이제 나는 도로 0이다 피투성이 0의 앞과 0의 뒤 사이 여기

　또한 2014년 4월 발생한 세월호 사고를 보면서 친구를 다시 한 번 생각하게 하는 시가 바로 함석헌 시인의 「그 사람을 가졌는가」라는 시이다. 사고발생 당시 대부분의 승무원들이 자신만이 살기 위해 본분을 망각한 채 탈출할 때 일부 승무원과 선생님이 보여준 살신성인의 행동을 생각해본다.

「그 사람을 가졌는가」

만리 길 나서는 날
처자를 내맡기며
맘놓고 갈 만한 사람
그 사람을 그대는 가졌는가

온 세상이 다 나를 버려
마음이 외로울 때에도
"저 맘이야" 하고 믿어지는

그 사람을 그대는 가졌는가

탔던 배가 꺼지는 때
구명대 서로 사양하며
"너만은 제발 살아다오" 할
그 사람을 그대는 가졌는가

불의의 사형장에서
"다 죽여도 너희 세상 빛을 위해
저만은 살려두거라" 일러줄
그 사람은 그대는 가졌는가

잊지 못할 이 세상을 놓고 떠나려 할 때
"저 하나 있으니"하며
빙긋이 웃고 눈을 감을
그 사람을 그대는 가졌는가

온 세상의 찬성보다도
"아니" 하고 가만히 머리 흔들 그 한 얼굴 생각에
알뜰한 유혹을 물리치게 되는
그 사람을 그대는 가졌는가

나. 소설

　소설(novel)이란 풀어 헤쳐 드러낸 작은 이야기로 역사와 달리 실제로 있지 않았던 이야기를 실제로 있었던 이야기처럼 꾸며내어 서술적인 산문 형식으로 인생을 표현하는 창작문학의 한 장르이다. 주인공의 변해가는 모습을 보면서 '우리는 저래서는 안 되는데'하는 아쉬운 생각을 하게 되고, 나아가 '내가 저렇게 살고 있지는 않은가'를 되짚어보게 된다. 주인공이 겪는 변화와 갈등을 통해서 자신의 마음도 살펴보고 앞으로 자신에게 그런 상황이 닥쳤을 때 '어떻게 해야겠다'는 마음의 준비까지 하게 된다.

소설은 일반적으로 독자들에게 권선징악과 같은 교육적인 기능과 함께 즐거움 즉 재미와 감동을 주는 두 가지 기능을 함께 갖는다. 전자의 경우 금욕주의에 빠져 교양적인 지식습득을 주로 하는 경우가 많으며, 후자의 경우 감동을 주기 위해 사랑 이외에도 성적 일탈행동인 변태와 범죄적 일탈행위인 폭력, 살인, 절도, 사기 등 범죄를 다루기도 한다. 따라서 많은 소설들은 도덕적으로 위장하기 위하여 권선징악 이외에 비극적인 장엄미를 더하여 방탕하고 음란한 주인공은 비참한 최후를 맞이한다. 더불어 소설은 궁극적으로 창조적인 반항의 의미를 지닐 때에만 사회적 가치를 지닌다[5]고 할 수 있다.

소설에는 3가지 구성요소가 필요하다. 첫째는 플롯(plot) 즉 짜임새로 사건의 전개와 배열된 이야기이다. 소설의 주제를 보다 선명하게 하기 위하여 사건의 전개가 논리적이어야 하고 동시에 현실감이 있는 리얼리티가 있어야 한다. 둘째로 사건을 주도해 나가는 주인공과 부주인공 또는 조역같은 인물(character)이 필요하다. 주인공이 고대에는 신, 영웅, 귀족 등이었으나 근대소설 이후에는 우리 주변의 평범한 인물들로 바뀌었다. 셋째로 주제(theme)

---

[5] 마광수, 「마광수의 유쾌한 소설읽기」, 책읽는 구족, 2013, pp. 245~272

즉 작품 중에서 작가가 나타내려고 하는 중심사상이다. 생활의 주변에는 사건과 다양한 소재들이 산재해 있다. 이들 여러 가지 소재 중에서 작가가 특별한 의미를 지닌 것을 선택하여 소설을 만들게 되는데 이것이 주제 의식 또는 문제의식이라고 한다.

2000년대를 전후한 소설작품으로 여성인 엄마와 자신을 모티브로 한 「엄마를 부탁해」와 「82년생 김지영」 그리고 아버지의 냄새와 색깔을 체험하는 「아버지를 찾아서」가 사회적 문제의식을 각각 제기하였다. 또한 역사를 소재로 한 소설로 조정래 작가가 쓴 「아리랑」, 「태백산맥」, 「한강」 등과 김진명 작가가 쓴 「무궁화꽃이 피었습니다」와 같은 작품이 있으며, 2016년 맨부커상을 수상한 한강의 「채식주의자」는 5·18이라는 역사적 사건을 계기로 하여 폭력과 정의를 다룬 작품이다.

신경숙 작가가 쓴 장편소설「엄마를 부탁해」(2008년 발표)는 남편과 함께 서울로 올라와 아들 집에 가려다가, 지하철 문이 닫히면서 남편의 손을 놓쳐 실종된 치매를 앓고 있는 어머니를 찾는 가족들의 이야기로, 엄마의 과거 지나온 흔적들을 추적하고 기억을 복원하는 과정이 자식들과 남편 그리고 엄마의 시선으로 시점이 바뀌면서 전개된다. 이 책은 2008년 출판된 이래 245쇄를 찍고 212만 부가 팔렸으며 미국과 영국·폴란드 등 36개 국가로 번역·출간되었는데, 이처럼 각광받은 배경은 무엇일까? 바로 오늘날 고령사회에서 치매[6]가 가장 흔한 보편적인 노인질병으로서 가정을 어렵게 하고 있으며, 엄마의 실종사건으로 가족들이 엄마의 소중한 삶을 다시 되돌아보게 한다는 '가족의 소중함'이라는 공감

---

6) 2017년 65세 이상 치매유병율이 10.15%로 노인 10명 중 1명이 치매를 앓고 있다. 고령화가 빠르게 진행되면서 치매환자가 가파르게 증가하고 있다.

이 되었기 때문일 것이다.

또한 조남주 작가가 쓴 「82년생 김지영」은 남자들과 달리 지방에서 서울에 올라와 성장하고 교육받고 취직한 후 결혼하면서 겪는 어려움 즉, 출산하고 아이를 키우는 과정에서 겪는 여성의 사회적 참여의 한계문제를 제시한 장편소설이다. 또한 결혼 후 여성들의 경력단절, 저출산사회에 대한 여러 가지 문제들을 제시하고 있다. 이와 같은 문제는 사회적 공감을 일으켜 국내에서 밀리언셀러가 되었으며, 해외 16개국에서 출판되었고, 일본, 중국, 대만에서도 베스트셀러가 되었다고 한다.

조정래 작가는 3편의 역사소설을 통하여 우리에게 당시의 시대적 상황을 인식케 하고 주인공을 통해 역사 인식을 새롭게 한다.

- 「아리랑」(1995년)은 하와이 이민부터 일제 강점기를 배경으로 나라를 잃고 타국으로 강제징용, 위안부, 학도병으로 끌려가 '아리랑' 노래를 부르면서 조국이 광복되기를 기다린다.
- 「태백산맥」(1986년)을 통해서는 여순사건부터 한국전쟁과 분단에 이르는 전 과정이 지리산과 전남 순천을 중심으로 전개된다.
- 「한강」(2001년)은 해방 이후 광주민주화운동까지 한강의 기적을 기대하면서 정치, 경제, 사회 등 우리나라 현대사의 굴곡을 다룬 소설이다.

한강 작가의 「채식주의자」는 2005년 발표한 장편소설로 어린 시절인 1980년 광주민주화운동 당시 아버지의 사진첩을 통해 피비린내 나는 현장을 보고 그 회상에 바탕을 두고 추론형태로 전개하고 있다. 소설의 주인공은 꿈 때문에 냉장고에 넣어둔 고기와 장어 등을 버리고 채식주의자가 되고 국가폭력 앞에서 저항하는 메타포로 식물 즉 나무가 된다. 각종 모임에서 채식만을 고집하면서 사회적 여건에 적응하지 못하고 외톨이가 되며, 정신병을 앓으면서 점점 침묵의 나무 그리고 잎이 없는 나무가 되어간다.

다. 수필

수필(essay)이란 작가가 겪은 일상생활의 경험을 소재로 하여 특정한 형식에 얽매이지 않으면서 보고 듣고 느낀 체험을 붓이 가는 대로 써놓은 산문형식의 짤막한 글이다. 따라서 수필은 생활에 젖어있는 산문으로 쓰여지며, 길이가 비교적 짧고 작가의 의견이 들어있으며 교훈적 성격을 띤다. 수필에는 시적인 정서, 소설적인 구성, 희곡적인 대사와 비판의식이 함께 있어야 수필다운 수필이 될 수 있다. 수필은 크게 일기, 기행, 내간(內簡), 강연집, 논문집, 기타 잡필까지 포함하기도 한다.

수필은 서문(발단), 본문(전개), 결문(결말)의 3단으로 구성된다. 또한 간결한 문체로 적절한 비유와 인용을 통하여 주제를 드러낸다. 또한 내용이 길지 않으므로 차 한 잔 마시는 여유로 거실 등 어디에나 놓고 늦은 밤 어느 때라도 부담 없이 읽을 수 있다. 그러므로 인생을 배우고 삶을 풍요롭게 하는데 유용하다. 수필 속에는 생활철학이 있고, 전문적인 해박한 지식이 있고, 대자연, 전 세계와 천체우주가 있다.

수필은 중수필(essay 또는 formal essay)과 경수필(informal essay, miscellaneous)로 분류된다.[7] 중(重)수필은 ①문장의 흐름이 중(重)한 느낌을 준다 ②다소 딱딱한 문장이다. ③베이컨적인 수필이다

---
7) 김영우외, 전게서, pp. 168~169

④사회적·객관적인 표현이다 ⑤'나'가 겉으로 드러나 있지 않다 ⑥보편적 논리와 이성으로 짜여져 있다 ⑦소논문적이다 ⑧지적이고 사색적이라는 특징이 있다. 반면 경(輕)수필은 ①문장의 흐름이 경(輕)한 느낌을 준다 ②다소 부드러운 문장이다. ③몽테뉴적인 수필이다 ④개인적·주관적인 표현이다 ⑤'나'가 겉으로 드러나 있다 ⑥개인적인 감정과 정서로 짜여져 있다 ⑦시적이다 ⑧정서적이고 신변적인 것이 특징이다.

이처럼 수필은 부담이 없는 글이지만, 간혹 경수필 즉 미셀러니(잡문)형태의 글이 논란이 되는 경우가 있다. 정치인들이 각종 선거시기에 임박하여 정치자금을 모금하기 위하여 전업 작가에게 의뢰하여 대필형식으로 자신의 과거와 이력과 사진들을 모아 경수필 형태로 책을 제작하여 출판하고 출판기념회를 개최하는 경우가 많다. 이와 같은 경우는 순수한 의미의 수필이라기보다는 자신의 좋은 점만을 부각시킴으로써 사실을 왜곡하고 과장하기까지 하는데, 이로 인해 소송에 휘말리면서 사회문제로까지 발전하기도 한다.

라. 희곡

희곡(drama)이란 연극공연을 목적으로 작가가 상상하여 쓴 글로 연극 대본 또는 대본이라고도 한다. 연극 대본에 의하여 무대 공연을 하며, 인간의 행동과 대화를 통해 관객에게 직접 작가의 의도를 전달하려는 문학이다. 따라서 희곡은 첫째, 무대 위에서 공연될 것을 전제로 하므로 연극성을 띤다. 둘째, 배우가 행동을 통해 의미를 전달하며 관객과 만난다. 셋째, 인물의 성격, 사건의 발전, 심리의 변화 등이 모두 등장인물의 행동과 대사를 통해서만 전달된다.

　희곡의 3대 요소 중 첫째는 플롯(plot)으로 소설과 같이 주인공이 겪어야 하는 사건으로 3막(발달, 절정, 결말) 또는 5막(발단, 전개, 위기, 절정(climax), 결말)으로 구성된다. 둘째, 언어 즉 대사가 있어야 한다. 대사는 일반적으로 두 사람 이상의 인물이 등장하여 주고받는 대화, 등장인물 혼자서 하는 독백 그리고 직접 관객이나 무대 위 배우 중 몇 사람만 선택하여 말하는 방백의 형태가 있다. 셋째, 등장인물 즉, 극에 등장하는 사람들이 있어야 하며 개성있고 전형적인 소수의 인물을 등장시켜야 한다.

　희곡은 불행한 좌절과 패배로 끝나는 비극(tragedy), 위트와 유머로 행복하게 끝나는 희극(comedy), 그리고 희극적 요소와 비극적 요소를 함께 갖춘 희비극(tragicomedy)의 3가지가 있다. 고대 소포클래스의「오이디프스」, 중세 세익스피어의「햄릿」,「맥베드」,「리어왕」등의 연극, 근대 입센의「인형의 집」등이 전 세계적으로 시대를 불문하고 오늘날까지 지속적으로 공연되고 있는 연극들이다.

마. 비평

　비평(critique) 또는 평론이란 '문학은 무엇인가, 한편의 문학작품이 주는 의미는 무엇인가, 한 작가의 문학사적 위치는 어떠한가, 작품의 가치는 어떻게 평가할 것인가, 작품구조와 당대 사회구조는 어떠한 관련성을 맺는가, 작가는 어떠한 역할을 하는가' 등에 관해 논의하는 것이다. 시, 소설, 희곡, 수필 등의 문학 장르가 작가의 체험에 바탕을 둔 대상을 근거로 하는데 비하여, 비평이란 이미 글로 완성된 내용 자체를 대상으로 삼는다는 점에서 다르다. 비평이 이루어지기 위하여 대상에 대한 평가와 함께 그 평가에 대한 이론적 근거를 제시해야 한다.

문학비평방법론으로 다음과 같이 방법[8]이 있다. ①작품의 역사적 위상, 작품 텍스트, 쓰여진 언어 등을 해석하는 역사 전기적 비평, ②문학의 형식적인 측면에 역점을 두고 문학성이라는 형식성을 강조하는 형식적 비평, ③문학작품 속에 내재된 구조를 밝히고 구조적 전체속에 각 요소들의 한계를 조명하는 구조주의 비평, ④문학과 사회와의 관계에 관심을 갖고 작가의 계급 내지 지위, 직업의 경제적 조건을 대상으로 하는 사회·문화적 비평, ⑤프로이드의 정신분석학적 방법을 도입하여 작가의 창작심리와 문학작품을 해석하는 심리주의 비평 등이 있다.

비평은 말 그대로 문학작품에 대한 비판과 평가이며 새로운 담론이다. 따라서 작품을 읽고 발견하고 명명하고 지도를 그리는 것이므로 그 자체가 시이고 철학이고 정치라고 할 수 있다. 또한 문학이란 거대한 보물섬을 탐험하기 위한 가이드북이자 휴대용 지도가 될 수 있다. 문학이 좋긴 하지만 부담스러운 독자들에게는 문학과 친구가 되는 법, 그리고 문학을 좋아하는 독자들에게는 문학과 연애하는 법을 알려주는 다정하고 훌륭한 멘토가 될 수도 있다.[9]

---

[8] 김영우외, 「전게서」, pp. 110~150
[9] 백지은, 「독자시점:백지은비평집」, 민음사, 2013, p.17

3. 한국 현대문학의 과제

가. 문학의 세계화

한국문학은 한글로 표현된 언어예술이다. 문학은 음악·미술과 달리 세계화가 이루어지려면 번역을 통해서만 가능하다. 특히 문학번역은 일반번역과 달리 한 나라의 문학을 번역하기 위해서 그 나라의 언어에 대해 이해를 하여야 할 뿐만 아니라 그 나라만이 가진 독특한 문화와 역사까지 알고 숙성시키는 과정이 필요하다. 문학번역은 통역의 꽃이라고도 하며 특히 '시' 번역의 경우는 고도의 수련이나 기술이 필요하다.

1968년 「설국」으로 노벨문학상을 받은 일본의 가와바타 야스나리는 번역자 에드워드 사이덴스티커의 번역으로 받게 되었다면서 상금도 반씩 나누었다고 한다. 신경숙 작가의 장편소설 「엄마를 부탁해」는 2012년 맨아시아 문학상을 수상하고 미국뿐만 아니라 영국, 폴란드 등 36개국에서 출판되었다. 2016년에는 한국소설 최초로 스웨덴 노벨문학상, 프랑스 콩쿠르상과 함께 세계3대 문학상의 하나인 영국의 맨부커 국제상을 수상한 채식주의자 한강도 데버라 스미스가 「The Vegetarian」으로 번역하여 상을 받게 되었다. 이어 2018년에는 편혜영 작가가 「홀(The Hole)」이라는 소설로 한국문학 번역원의 지원을 받아 미국에서 출간하여, 한국인 최초로 미국문학상인 셜리잭슨상(Shirley Jackson Awards)을 수상하였다.

이처럼 한국문학을 번역·출판하고 세계화를 지원하는 국책기관으로 한국문학번역원이 있고, 사설재단으로 교보생명 산하의 대산문화재단이 있다. 한국문학번역원은 1996년 설립되어 2016년까지 40개 외국어로 1,500명의 한국작품을 번역 또는 출판하였으며, 장르별로는 소설, 시 순이다. 대산문화재단은 국내문학 번역지원 사업을 통해 한강의 「채식주의자」를 영국에 알리고, 맨부커상을 수상하는데 큰 역할을 하였다.

특히 한국문학번역원은 2008년부터 번역아카데미를 운영하고 있다. 한국문화 번역지원을 받은 번역가 중 원어민 비율은 총 824명 중 54%인 445명에 달한다. 번역가는 시대별로 세 부류로 나누어 볼 수 있는데 1세대 번역가라 함은 미군이나 봉사활동가로 들어와서 한국문학을 번역한 사람들을 말하고, 2세대는 한국에서 영어를 가르치던 원어민 교사들이며, 3세대는 K-POP이나 드라마 등 영상매체를 통하여 한국문화를 처음 접한 외국인들을 말한다.[10]

한국문학의 세계화를 위해 20~30년을 내다보는 중장기 전략을 수립하여 체계적으로 지원함이 필요하다. 이를 위해 번역가의 체계적 양성과 함께 세계의 각 지역에 살고 있는 해외동포와 중앙아시아의 고려인까지 포함하는 공간적 확장이 필요하다. 또한 서울 중심의 한반도에서 세계로 확장해야 한다. 남한지역의 문학만이 아닌 북한문학까지 포함하여 한국어 문학 또는 한민족문학으로 확대되어야 한다.

나. 월북작가와 작품

한국 현대문학의 식민지 시대에 중요한 분파였던 카프(KAPF:조선프로레타리아예술가동맹)나 6·25 이후 좌우 이데올로기의 첨예한 대립으로 인한 남·북한의 적대관계 속에서 월북작가와 작품들

---

10) 조선일보, "해외로 나가는 우리 문학, 그 뒤엔 이들이 있었다", 2019. 12. 26.

의 경우 논의조차 오랫동안 금기시되었다. 그러다가 88 서울올림픽을 앞둔 1988년 7월 19일 월북문인 120명이 해금되어 식민지 시대에 신문과 잡지에 발표되었던 월북문인들의 작품을 발굴, 발표한 바 있다.

문인들 중에는 「향수」의 정지용, 「목욕간」의 오장환, 「나와 나타샤와 흰 당나귀」의 백석, 「임꺽정」의 홍명희 이외에도 임화, 이기영, 한설아, 이태준, 박태원, 김남천 등이 있다. 북쪽으로 간 작가들은 세 범주로 분류되는데, 첫째, 홍명희[11] 경우처럼 본인이 자발적으로 월북한 작가, 둘째, 오장환의 경우처럼 자의적인지 타의적인지 불확실한 작가들, 셋째, 정지용의 경우처럼 타의로 북쪽에 끌려간 납북작가들이다.

한국정부는 2011년 납북피해자를 월북과 구분하고 이들의 명예회복을 천명하였다. 앞으로 남·북한간의 화해 분위기가 조성되고 교류가 활성화되면 남·북한을 아우르는 통합문학사를 새로 쓰게 될 것으로 전망한다. 월북이라는 꼬리표로 그간 언급하지 못했던 작가들이 일구어온 작품과 그 이후 북한 문학까지 아우르는 현대의 한국 문학사를 온전하게 복원하는 계기가 될 것으로 보인다.

다. 사실과 허구성

어디부터가 사실이고 어디까지가 '픽션'이냐는 문제가 소설 특히 역사소설에서 문제가 된다. 역사와 소설은 서로 이질적이고 어울리지 않는 두 영역이다. 즉 역사는 사건에 대한 사실을 대상으

---

[11] 홍명희 작가의 경우 월북하여 북한에서 부수상까지 역임하였으므로 충북 괴산에 있는 홍명희 생가의 복원과정에서 좌우 이념의 대립으로 홍명희 생가라고 명명하지 못하고 경술국치때 자결한 부친인 홍범식 의사의 생가로 복원한 후 일반에게 공개하였다.

로 하나, 소설은 개연성 또는 허구성이 있는 픽션이다. 그러나 사람들은 본질과 관련이 없이 사실로서의 역사보다는 픽션이 가미된 역사소설을 더 재미있어 하고 좋아하는 경향이 일반적이다.

역사소설은 역사적 사실과 함께 문학적 요소가 합해지고 역사의식이 가미되어야 한다. 역사소설이 쓰여진 것은 19세기 초 나폴레옹의 몰락 이후 월트 스콧의 역사소설로부터 시작된 것으로 본다. 우리나라의 근대역사소설은 서구적인 근대문학이 전통적인 야담, 군담소설, 전 등과 혼합되어 탄생하였다. 홍명희의「임거정전」(1928), 염상섭의「사랑과 죄」(1928), 윤벽남의「대도전」(1931) 등이다.

해방 이후에는 민족국가건설이라는 당면한 민족의 과제 앞에 대중의 관심을 끈 것이 역사소설이었고 대부분 신문에 연재소설형태로 발표되었다. 윤백남의「회천기」(1949), 박태원의「임진왜란」(1949)과「군상」(1949), 홍목춘의「취향정」(1949), 윤백남의「야화」(1952), 박태원의「태평성대」(1946), 박용구의「제물」등이 그것이다.

역사소설에서는 역사기록이 중요하고 개연성이 필요하다. 개연성이란 절대적으로 확실하지는 않으나 아마 그럴 것이라고 생각될 수 있는 가능성을 말한다. 역사는 개연성의 틀 안에서 서술된다면 상당 부분 객관적일 수 있다. 이에 따라 역사소설의 허구성으로 내용에 대하여 문중의 후손들이 명예를 훼손했다며 작가를

대상으로 소송을 제기하기도 한다.[12]

라. 저항성과 외설성

문학작품은 시대정신을 반영하게 된다. 대부분의 문학작품은 시대정신을 긍정적으로 담아내면서 현실을 그대로 드러내 보이는 경향이나, 지배적인 이념이나 가치에 도전하는 일부 작품들의 문학인들은 어려움을 겪기도 한다. 우리나라의 문학사를 볼 때 허균은 홍길동전을 통하여 민본사상과 국방정책, 신분 계급의 타파 및 인재 등용과 붕당 배척 이론을 전개하는 등 내정개혁을 주장하였다. 또한 사림파의 학자들과 일부 실학자들도 문학작품을 위한 활동보다 낙향하여 후학들을 양성하는데 집중하였다.

문학이 본격적으로 저항 성격을 갖게 된 것은 일제 치하라고 할 수 있다. 일제하에서 문학인들은 세 방향으로 저항하였다. 첫째로 침묵하면서 고의적으로 글을 쓰지 않는 경우가 제일 많았으며 김동리, 백석, 김기림 등이다. 둘째로 우회적인 글쓰기로 수적으로 그다음이며, 검열망을 피해가면서 일본의 식민주의를 비판한 한설야와 임순득, 오장환 등이다. 셋째로 외국으로의 망명이다. 고향과 조국을 떠나 문학 활동을 한 경우로 이육사, 김사량 등 소수이다. 그러나 최남선과 이광수는 한때 일제에 저항하는 최전선에 있다가 최남선은 1920년대 중반 이후, 이광수는 중일전쟁 이후에 각각 친일로 돌아서 일제에 협력해 문제가 되었다.

---

12) 2012년 '공주의 남자' 드라마가 KBS에서 방영되자 조선 전기의 문신인 신숙주와 신명의 후손들이 KBS와 드라마작가를 상대로 신숙주가 계유정난을 전후해 세조편에서 위법과 부당한 정사를 처리한 것처럼 묘사하고, 신숙주와 그의 아들 신민이 계유정난에 깊이 관여한 것처럼 묘사해 명예를 훼손했다며 3억 원의 소송을 제기하였으나 역사적 개연성이 있다면 명예훼손이 아니라고 원고패소 판결을 내렸다.

해방 이후에도 지배적인 정치이념이나 정치 권력으로부터 불온하다고 낙인이 찍혀 문제 된 경우가 많다. 공산주의 계열의 문학작품뿐만 아니라 자유민주주의체제를 전면 부정하거나 체제전복 활동을 고무 또는 선동하여 국가의 안전이나 공공질서를 뚜렷이 해치는 내용인 경우 유해간행물이 되어 출판이 금지되었다. 김지하는 권력형 부패의 주범들인 재벌, 국회의원, 고급공무원, 장성, 정부각료 5부류를 적(賊)으로 규정한 「5적」(1970년) 시를 『사상계』에 발표하여 투옥되었으며, 1972년에는 『창조』지에 '에잇 개 같은 세상!'이라고 한 마디 내뱉은 사람이 유언비어유포죄에 걸려 사형에 처해지는 현실 등 우리 사회의 갖가지 부당한 일들을 풍자한 시 「비어」(蜚語)를 내놓아 연행되었다. 조정래는 소설 「태백산맥」(1986년)을 통해 6·25전쟁에서 여순반란사건과 지리산의 빨치산운동으로 이어지는 공산당 유격 활동의 실상을 한국 사회 내부의 근원적인 것에서부터 사실적으로 파헤침으로써 소송에 휘말리기도 하였다.

오늘날에는 블랙리스트[13]라고 해서 문인들이 정부와 기업, 단체 등을 부정적으로 묘사하여 문인들의 활동이 감시를 당하거나 경제적인 불이익을 당하기도 하였다. 그러나 이와 반대로 긍정적인 측면에서 우호적인 인사들에게 경제적 이익이나 각종 특혜를 주기 위하여 작성되는 화이트리스트(Whitelist)도 있다.

---

13) 정부, 기업, 단체 등이 감시나 경계가 필요한 인물들을 대상으로 하여 작성한 인물의 명단으로 대상을 감시하거나 불이익을 줄 목적으로 작성하는 경우가 많다. 살생부라고도 한다. 비공식적으로 만들 경우 대상자들에게 알리지 않는 것이 일반적이다. 블랙리스트라는 단어가 쓰이기 시작한 것은 유럽에서 청교도혁명 이후인 17세기에 쓰이기 시작하였으며, 18세기에는 기업들이 파업노동자를 대상으로 블랙리스트를 만들어 취업을 막았다. 20세기 중반에는 미국에서 정치적 목적으로 블랙리스트가 만들어졌다. 즉, 정치적 신념이나 가입조직 등을 이유로 각본가, 배우, 감독, 제작자 등 문화예술인의 활동을 제한한 할리우드 블랙리스트(Hollywood Blacklist)가 1947년 만들어졌다.

외설성은 문학작품의 내용이 음란한 내용을 노골적으로 묘사하여 사회의 건전한 성도덕을 뚜렷이 해치는 경우를 말하며 시대에 따라 나라에 따라서 그 기준이 다르다. 내용이 어느 정도일 때 외설이라고 볼 수 있느냐 하는 잣대 기준은 우리나라의 경우 형법 제22장 성 풍속에 관한 죄와 출판문화산업진흥법에서 구체적으로 규정하고 있다. 해방 후 역사적으로 볼 때 정비석의「자유부인」(1954년)[14]이 신문소설의 윤리성과 창작의 자유 문제를 처음으로 제기하였다. 마광수는「즐거운 사라」(1991년)의 외설논란으로 구속되었으며, 장정일은「내게 거짓말을 해봐」(1997년)로 재판에 회부되기도 하였다. 외설성은 작품의 판매 부수를 늘리기 위한 작가와 출판사의 고의적인 의도에 기인하는 경우도 있었다.

이와 대비하여 '미투'(Me Too)운동이 문학계에 널리 확산되기도 하였다. '나도'라는 뜻의 이 운동은 사회관계망서비스(SNS)에 자신의 성범죄피해 사실을 밝힌 캠페인으로 2017년 뉴욕타임즈가 헐리우드의 거물 감독인 하비 웨인스타인에게서 여배우 애슐리 주드가 성추행을 당했다는 내용을 보도하면서 시작되어 미국을 넘어 전 세계로, 영화계를 넘어 교육·정치 등 다른 분야로 퍼져나갔다. 미국에서는 폭로에 그치지 않고 '타임즈업'(Time's Up)이라는 단체를 만들어 양성평등과 피해자보호 지원에 나서고 있다. 미국의 타임(Times)지는 2017년 올해의 인물로 미투캠페인을 벌인 여성을 뽑고, 이들을 '침묵을 깬 사람들"(The Silence Breakers)이라

---

14) 정비석이 1954년 1월 1일부터 같은 해 8월 9일까지 서울신문에 연재한 소설로 한국전쟁 이후 피난 수도 부산과 환도후의 서울을 무대로 우리 사회 상류층의 일그러진 생활상과 윤리의식을 다룬 작품으로, 이와 함께 비슷한 시기인 1954년 4월부터 1955년 6월까지 1년 사이에 대학생을 포함한 70여 명의 젊은 여자를 농락한 박인수 사건이 발생하여 법정에서 "법은 정숙한 여인의 건전하고 순결한 정조만 보호할 수 있다"는 유명한 말을 남겼다.

고 명명하였다.

한국에서는 2016년부터 SNS를 타고 '#00… 내… 성폭력'이라는 해시태그 운동이 시작되었고, 문화예술계 전반으로 퍼져나갔다. 이어서 2018년 여검사가 검찰조직 내에서 성추행을 당했다고 주장하면서 증폭되었다. 문학계에서는 한 여류시인이 노벨문학상 후보로까지 거론되었던 원로시인에 의해 과거 성희롱을 당했다고 주장하면서 확산되었다.[15] 이어 미투를 외치는 피해자를 응원하고 지지하는 의미를 담은 '위드유(With You)' 바람도 점점 확산되고 있다.

---

15) 최영미 시인이 2017년 겨울에 발간된 문학지 '황해문화' 제97호에 게재된 시 '괴물'에서 한 원로시인으로부터 과거 성추행을 당했다는 내용을 고발하면서 알려지게 되었으며, 법원의 재판부에서는 '원로시인이 부적절한 행위를 했다'고 폭로한 내용이 사실이라고 판시했다.

제2절

국내문학

2-2-1 「향가 서정 여행」(신재홍)

【배경】

향가란 신라 때 생겨나 고려 초기까지 불려지다가 없어진 노래로 삼국유사에 14수, 균여전에 11수가 지금까지 남아 전해지고 있다.

향가는 이두형식으로 4줄로 된 4구체, 8줄로 된 8구체, 10줄로 된 10구체가 있으며, 내용으로는 불교적인 노래가 특히 많다.

14편의 향가를 4개의 지역으로 구획하여 관련 사진과 함께 해설을 수록하였다.

【주요 내용】

1부 '서라벌의 안과 밖'에서는

- 서동요-국경(백제:신라)과 신분(평민:공주)을 초월한 사랑이야기는 부여의 궁남지와 경주의 읍성, 익산의 미륵사지에서 전개된다. 서동은 나중에 백제의 무왕이 된다.
- 처용가-울산 처용암을 통해 입국한 페르시아인인 이슬람 상인이 서라벌에 정착하여 화랑으로도 동참하고 급감이라는 관직도 얻어 활동한다.
- 혜성가-융천 스님이 혜성가를 지어 부르자 혜성의 변괴가 사

라지고 일본 군사도 돌아가자 3화랑이 삼척을 잇는 7번 국도를 따라 금강산을 유람한다.
- 헌화가-순정공이 강릉태수로 부임하여 가는 동해안 길에서 수로부인이 철쭉꽃을 꺾어주기를 부탁하자 소를 끌고 지나가던 노인이 산기슭에 있는 진달래꽃을 꺾어 헌정한다.
- 우적가-지리산으로 은둔하러 가다가 60여 명의 도적을 만나 향가를 지어 훈계를 하였더니 감화를 받고 제자가 되어 지리산에 함께 입산한다.

2부 '서라벌의 궁전'에는
- 원가(怨歌)-신충이 태자의 측근으로 활동하다가 왕이 되었으나 논공행상에서 누락되자 자신의 처지를 표현한다.
- 도솔가-월명이 해가 둘이 나타나는 현상이 10일간 계속되자 이를 물리치기 위해 부른 향가다.
- 안민가-충담이 지은 향가로 '임금답게, 신하답게, 백성답게' 해야 나라가 태평하고 민생('아궁의 불'로 우회 표현)과 정치가 안정된다.

3부 '서라벌의 사찰'에서는
- 원왕생가-광덕이 서방극락 세계에 왕생하기를 염원한다.
- 도천수관음가-희명이 5살 아이가 갑자기 눈이 멀자 천수관음 앞에 나아가 기도를 드린다.
- 풍요(風謠)-민요, 노동요로 남녀가 부처를 만들 진흙을 날라다 주면서 부른 노래다.
- 제망매가-월명이 누이동생의 천도재를 지내면서 왕생극락을 빌어준다

4부 '서라벌 부근'에는

- 모죽지랑가-득오가 오봉산의 부산성에서 노역에 시달리고 있을 때 화랑인 죽지(단양 죽령 출신)를 그리워한다.
- 찬기파랑가-기파랑이라는 화랑이 죽자 대종천에 낭도가 모여 추모한다.

【평가와 시사점】

신라 시대 선조들이 발전시킨 향가를 음미하면서 해당 지역을 테마여행하고 그 시대의 역사성과 향가의 작품성을 음미해 볼 수 있다.

- 지역별 향가분포도

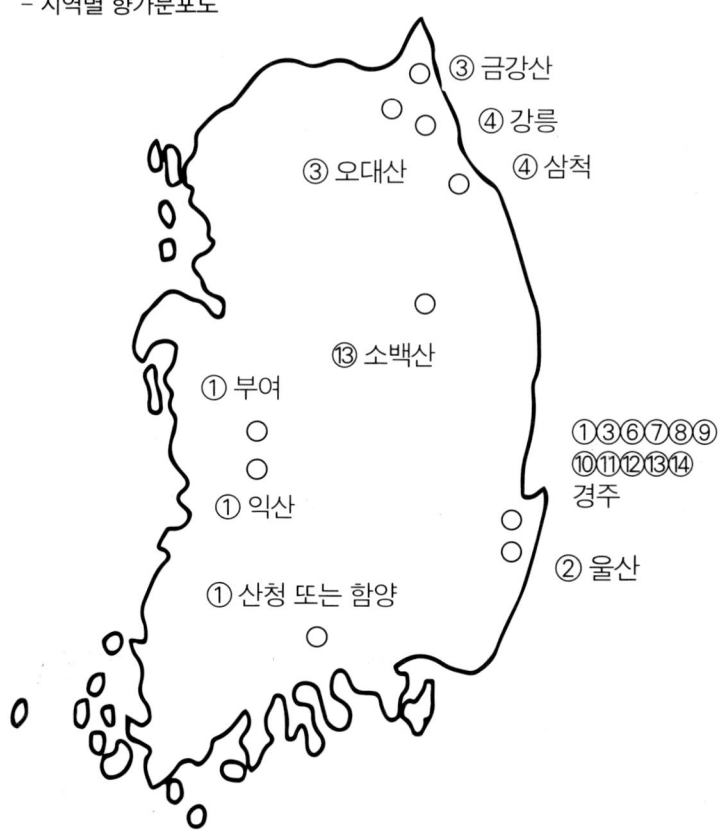

①서동요(부여 궁남지, 경주, 익산), ②처용가(울산), ③혜성가(경주, 오대산, 금강산), ④헌화가(삼척), ⑤우적가(산청 또는 함양), ⑥원가(경주 안압지), ⑦도솔가(경주 월성), ⑧안민가(경주 남산), ⑨원왕생가(경주 분황사), ⑩도천수관음가(경주 분황사), ⑪풍요(경주 석장사 등), ⑫제망매가(경주 사천왕사), ⑬모죽지랑가(소백산 죽령, 경주), ⑭찬기파랑가(경주)

2-2-2 「금오신화」(김시습)

【배경】

매월당 김시습은 생육신 중 한 명으로 어려서부터 총명하여 신동으로 이름을 떨쳤으며 세종대왕이 좋아한 학자로 세조가 단종을 폐위하고 왕위에 오르자 전국을 방랑하면서 많은 글을 남겼다.

금오신화는 한국 최초의 한문소설로 꿈속에서 만난 여인과의 안타까운 사랑 이야기, 지옥 용궁과 같은 외계 이야기의 5편으로 구성되어 있다.

【주요 내용】
사랑과 관련된 이야기
- 만복사저포기 : 남원 만복사의 뒷방에 사는 '양생'이라는 노총각이 부처님과의 저포놀이에서 승리하여 처녀귀신과 며칠을 지내고 귀신이 준 은술잔이 계기가 되어 혼백과 결혼하게 된다.
- 이생규장전 : 개성에 '이생'이라는 청년이 최대감댁 규수를 만

나 사랑하다가 이생이 과거 공부는 안 하고 연애하자 경주로 쫓겨났으나 규수와 결혼, 그러나 홍건적 난이 발생, 사별하고 상사병으로 죽는다.
- 취유부벽정기 : 평양 영명사 부벽정에 '홍생'이 친구들과 술에 취해 밤세워 놀다가 하늘나라에서 온 여인을 만나 하늘나라로 가 견우성의 부하가 된다.

현실을 타파한 이야기
- 남염부주지 : 경주 땅 '박선비'는 구리와 쇠로 된 이상한 섬나라에 가 염부주(지옥)를 다스리는 왕이 되며, 위치가 남쪽에 있어 남염부주라 부르고 여기서 염라대왕을 만난다.
- 용궁부연록 : 송도 천마산에 '한생'선비가 용왕님의 외동딸과 결혼하면서 쓸 별궁의 상량문을 쓰고 잔치를 받는다. 게와 거북 그리고 도깨비가 벌이는 쇼를 본 후 용왕님이 준 선물(구슬과 빙초)을 갖고 귀환한다.

【평가와 시사점】

금오신화는 금오산에 머물면서 쓴 최초의 한문 소설로 새로운 장르를 개척하였으며 소설을 통해 세조가 재위한 당시의 현실세계를 비판하고 자신이 이루지 못한 꿈을 그리고 있다.

작품 내용이 귀신과의 사랑 이야기 등 비현실적이라는 평과 함께 주인공이 비극적인 결말(죽거나 간 곳을 모름)로 끝나며, 명나라 구우가 쓴 전등신화의 모방작이라고 폄하하기도 한다.

2-2-3 「난중일기」(이순신)

【배경】

난중일기는 1592년 임진왜란이 일어난 해부터 7년간 옥포, 당포, 한산도, 명량 등 40여 회의 해전을 승리로 이끌면서 날짜별로 쓴 진중일기이다.

정치, 경제, 사회, 군사뿐만 아니라 전쟁상황, 가족관계, 장수 및 부하와의 갈등 문제 등을 폭넓게 다루고 한문 초서체로 작성하였으며 2013년 유네스코 세계기록유산으로 등재되었다.

【주요 내용】

이순신은 거북선의 제조, 지속적인 훈련, 둔전경작 등으로 군량미를 확보하는 등 유비무환의 자세를 보여주었으며, 철저한 자기관리를 하면서 어머니의 안부를 수시로 묻는 등 효자였다. 이순신은 검에 '한번 휘둘러 쓸어 버리자 피가 강산을 물들었네 석자 칼로 하늘에 맹세하니 산과 물이 떠는도다'(一揮掃蕩 血染山河 三尺誓天 山河動色)를 새겼다.

특히 원균과의 관계에서 원균이 흉포, 패악, 음흉하다고 보고 하는 일에 미친 짓이 많다고까지 평하였다. 그러나 선조는 원균에 대하여는 긍정적이나, 이순신에 대해서는 부정적으로 보았다.

정유년에 '반드시 죽고자 하면 살고, 반드시 살고자 하면 죽는다'(必死卽生 必生卽死), '한 사람이 길목을 지키면 천명도 두렵게 할 수 있다'(一夫當逕 足懼千夫)고 훈시하면서 전쟁을 독려하여 진도 앞바다 해전에서 적선 130여 척과 싸워 승리하였다.

소서행장의 간계와 원균의 모함으로 충무공이 한양으로 압송되고 원균이 삼도수군통제사로 부임했으나 한산도에서 대패(180척에서 10척만 남음)했다. 조정대신들과 장수들의 노력으로 백의종군의 명을 받고 풀려나 어머니 장례도 치르지 못하고 남해로 출발, '지금 신에게는 아직 12척의 전선이 있으나 죽을힘을 다해 싸우면 할 수 있다. 전선이 비록 적으나 미천한 신하가 죽지 않는다면 적이 우리를 함부로 모멸하지 못할 것입니다'는 장계를 올린다(적선은 133척).

명량해전은 한산도 대패의 치욕을 씻고, 왜군의 북상을 차단하고, 조선의 수군을 재건한 대전으로 12척으로 133척의 왜적과 싸워 31척을 격파하여 대승을 거둔 전투이다.

왜적들이 명량해전의 패배에 대한 보복으로 아산의 집에 방화하고 이에 대항하던 셋째아들 면이 전사한다. 노량해전에서 적탄을 맞고 전사하면서도 '전쟁이 한창 급하니 나의 죽음을 말하지 말라'라는 유언을 남기며 전쟁을 독려하였다.

【평가와 시사점】

선조의 부정적인 시각과 원균와의 갈등에도 불구하고 오직 애국심과 살신성인 그리고 유비무환의 자세로 유사시 '지금 신에게 12척의 전선이 있다'는 긍정적 사고로 전쟁을 대승으로 이끌었다.

전쟁중에도 항상 심부름꾼을 보내 어머니의 안부를 확인하는 효자로서의 극진한 모습과 자식에 대한 사랑을 보이고 있다.

2-2-4 「파발 : 충무공의 일급비밀문서」(김진일)

【배경】
파발은 전통적인 군사정보 전달체계인 봉수제를 대신하여 선조대에 개발한 새로운 시스템이다.

【주요 내용】
선조는 삼국시대부터 내려온 군사첩보 방식인 봉수제를 대신할 새로운 시스템으로 파발을 광해와 대신들의 반대를 무릅쓰고 신설하였다. 한승겸이 창시하고 병조판서 박승종만이 구체적 내용을 안다.

파발은 ①한양에서 동래에 이르는 남파발(김성태사맹, 34개 참, 선조·이순신을 돕고 보부상으로 위장) ②한양에서 북쪽 경흥으로 향하는 북파발(사달수사맹, 64개 참, 기방서 문지기로 광해를 도움) ③한양에서 의주에 이르는 서파발(이주영사맹, 36개 참, 상단의 호위무사로 중립적)의 3갈래가 있다.

파발은 7명이 1조를 이루고, 참의 위치도 비밀에 부치고, 구성원은 신분을 속이고 활동, 피각대에 관인을 찍은 서찰을 넣어 말을 타고 빨리 전달하며 왕만이 열어볼 수 있도록 시건장치를 철저하게 한다.

누르하치가 청을 세워 중국을 점차 점령하던 시기, 칸의 둘째딸이 명사수 양굴리를 데리고 조선에 입국하여 남파발의 사맹인 김성태의 아들인 김인성을 만나 좋아하게 된다.

임진왜란이 발발하자 이순신 장군이 피각대에 '왜적퇴각' 서찰을 보냈으나, 광해는 북파발 사맹, 암행어사 수장인 '심보' 그리고 내금위장과 모의하여 이순신 사망일을 11월 19일보다 5일 늦춘 서찰을 바꿔쳐 전달한다.

역모를 모른 남파발 사맹 김성태는 남파발꾼과 함께 궁궐에 진군하여 선조의 침실까지 도달하나 광해의 역모에 걸려들어 역으로 쿠테타 세력으로 몰려 도망한다.

김성태는 아들, 부인과 함께 선조가 하사한 명마를 타고 탈출, 이때 누르하치의 딸과 함께 대륙으로 도망간다. 그러나 광해가 북파발 사맹을 시켜 서파발코스로 도망가는 김성태를 추격한다. 서파발 사맹은 측면 지원한다.

부인이 죽고, 김인성은 어머니를 죽인 자를 용서하지 않겠다고 다짐한다.

【평가와 시사점】

새로운 군사정보 전달체계의 개발은 비밀리에 이루어져야 하며, 현대전에도 IT기술의 발달에 따라 지속적으로 새로운 군사정보전달체계의 개발이 필수적이다.

파발도 정보의 특성상 견제와 균형의 원리를 적용하여 선조파, 광해군파, 기타 파 등으로 운영되어 왔음을 알 수 있다.

2-2-5 「남한산성」(김훈)

【배경】

김훈은 1948년 서울 출신의 소설가·문학평론가로 1994년 소설 「빗살무늬토기의 추억」으로 데뷔하여 「칼의 노래」,「자전거여행」

등의 소설을 쓰고 동인문학상, 황순원문학상, 이상문학상을 수상하고, 2007년에는 세상을 밝게 만든 100인에 선정되기도 하였다.

소설을 통해 조선시대 후금과의 최대 전쟁인 병자호란에 대해 문약으로 허약해진 조정의 모습을 그대로 보여주고 있다.

【주요 내용】

1636년(인조 14년) 12월 병자호란이 일어나 용골대·마부대를 앞세워 15만 후금군이 침입하여 강화도로 파천할 계획이었으나 적군으로 길이 막히자 남대문에서 송파나루를 거쳐 왕과 세자는 남한산성으로 피신한다.

후금의 칸 누르하치는 조선에게 명의 연호를 버리고 청의 연호를 쓸 것과 조선의 파병 철회와 군신의 예를 갖출 것을 요구한다.

청의 부대는 큰 저항 없이 파죽지세로 개경, 한성을 거쳐 삼전도에 도착하여 본진을 치고 주둔한다. 그중 1만여 명의 군대는 남한산성 남문 앞에 주둔하면서 주변 정탐과 도발을 가끔 감행한다.

남한산성에서는 주화파인 최명길(이조판서)과 척화파 김상헌(예조판서) 간의 대립이 심화되고, 임금이 최명길을 은밀히 불러 삼전도에 다녀오도록 지시하여 군막 안에서 용골대를 만난다.

한편 김상헌은 전쟁에 대비하여 개천의 돌을 모아 준비하고, 대장장이 서날쇠에게 밀서를 휴대하여 지방의 목사들에게 보내 병사들을 동원하여 남한산성으로 진격하도록 독려하였으나 산발적으로 도착한다.

정월 초하루 행궁이 보이는 망월봉에 진을 치고 인조와 백관들이 북경을 향해 행하는 망궐례를 바라본다. 왕이 보낸 고기와 술도 거절한다.

주화파와 척화파가 계속 대립하고, 시위가 잇따르자 김상헌은 목을 매 자살을 시도했으나 실패, 교리 윤집과 부교리 오달제가 척화신으로 자청하여 최명길과 함께 삼전도로 가 항복문서를 칸에게 전달한다.

임금과 세자는 인조 15년 1월 30일 새벽 삼전도 칸에게 가 세 번 절하고 아홉 번 머리를 조아리는 예를 하며 항복하고, 그날 창경궁으로 환궁한다.

칸과 청군사들이 철수하자 왕이 전송하고 세자 일행이 심양으로 끌려가고, 김상헌, 최명길까지 심양에 끌려가 투옥된다.

【평가와 시사점】

평소 전쟁 등 유사시에 대비하지 않고 있다가 사태가 발생하자 우왕좌왕하고 있어 국가 안보의 중요성과 유비무환의 필요성을 강조하고 있다.

2개월의 초단기 전쟁이었음에도 불구하고 전시 계획이 없이 피난하였다가 항복 시에는 단 며칠 분량의 식량만이 남고, 국권이 무자비하게 짓밟히는 수모를 당하였음을 보여주고 있다.

2-2-6 「조선의 마지막 황녀 : 덕혜옹주」(권비영)

【배경】

일제 강점기인 1912년 고종과 양 귀인 사이에서 막내딸인 덕혜옹주가 태어난다.

아버지인 고종의 의사와 상관없이 일제의 압박으로 시녀와 함께 일본에 가서 유배 형태의 이국 생활을 하게 된다.

【주요 내용】

이토가 하얼빈역에서 안중근에게 저격당하자 고종에게 폐위를 강요하고, 순종이 즉위하는 등 정치 상황이 암울해진다.

고종은 옹주가 볼모로 일본으로 가기 전에 시종의 조카인 김장한을 덕수궁으로 불러 사위로 삼겠다고 선언한다. 고종은 전날 옹주를 업어줄 정도로 건강했으나 일본이 나인을 매수하여 독살했다는 소문이 궁궐에 널리 퍼졌다.

옹주는 독립군의 딸인 복순을 데리고 볼모로 일본 유학길에 오른다. 순종과 어머니까지 돌아가시자 우울증 증세로 정신병원에 입원한다. 이미 영친왕도 마사코와 일본에서 강제로 결혼하여 생활 중이다.

일본은 대마도 번주의 아들 '다케유키'와 강제로 결혼을 호텔에서 하기로 하였다가 낭인 침입설로 장소를 저택으로 바꿔 결혼식을 올린다.

김장한은 일본으로 밀항한 후 박무영으로 위장하고 허송 등과 모의, 호텔 결혼식에 급습하여 옹주를 납치하려다 실패한다.

시녀 복순은 영친왕 저택에 인력이 부족하다면서 빼내 낭인들이 겁탈하고 숲속에 버린다. 동경 시내 국수집 총각이 간호하여 회복하고 아이까지 갖게 되었으나 낙태하고 일본 여자와 함께 스시집을 차린다.

옹주는 딸 정혜(일본명 마사에)를 낳았으나 정혜는 조선인이기를 거부하고 자살한다. 남편은 일제 항복 후 경제적 지원이 끊어지자 저택을 팔고 하인들을 내보내고 작은 집으로 이사하면서 옹주를 정신병원에 입원시킨다.

　복순은 구국청년단의 도움으로 옹주가 입원한 정신병원의 청소부로 위장 취직하여 열심히 일하면서 옹주를 병동 밖으로 모시고 산책하다, 옹주로 변장하여 탈출 과정에서 총에 맞아 사망하고 옹주는 탈출에 성공한다.

　옹주는 37년 만에 대한민국에 영구 귀국하여 "나는 낙선재에서 오래오래 살고 싶어요. 전하, 비전하 보고 싶습니다. 대한민국 우리나라"라고 감격해하면서 말한다.

【평가와 시사점】

　국제적 역학관계에 의하여 본인의 의사와 관계없이 일본의 대마도 번주 아들과 정략결혼을 하나 고국에 대한 향수병으로 우울증까지 앓게 된다.

　국가가 없는 나라의 황녀도 일반 국민과 크게 다르지 않으며, 귀국 후 '대한민국 우리나라'를 외쳤다.

2-2-7 「감자/배따라기」(김동인)

【배경】

　김동인은 1900년 평양 출신 소설가로 1919년 소설 「약한 자의 슬픔」으로 데뷔하였으며, 「젊은 그들」 등 많은 단편소설을 집필하였다. 사실주의적 수법을 사용하여 예술지상주의를 표방하고 순수문학을 지향하였다.

　1920~30년대 작품으로 자연주의적 사실주의에 입각하여 가식

없는 탐미성을 통해 인간의 성적 욕구를 사실적으로 묘사하고 있다

【주요 내용】

- 감자(1925) : '복녀'는 15세에 나이가 20세나 많은 동네 홀아비에게 80원에 팔려 시집간다. 홀아비는 게을러 평양성 안에서 막벌이하다가 빈민굴로 들어간다. 복녀는 송충이를 잡는 인부로 취업했다가 일은 안 하고 감독과 성적 관계를 맺으면서 품삯을 받는다. 왕서방의 채마밭에 감자를 훔치다가 발각돼 정을 통하기도 하는데, 왕서방이 새색시를 들이자 질투심으로 복녀는 난입하고 왕서방의 낫에 죽임을 당한다. 이후 왕서방은 복녀 남편에게 30원을 주고 사건을 무마한다.
- 광염소나타(1930) : 음악가인 백성수는 술로 요절. 아들은 직공이 되어 어머니의 장례를 치르기 위한 돈을 마련하기 위해 절도하여 6개월 교도소행. 출소한 이후 건물에 방화를 하면서 교회당에서 소나타를 작곡. 방화와 사고를 낼 때마다 야성이 깃든 소나타를 작곡한다.
- 발가락이 닮았다(1932) : 노총각 M은 젊은 시절 방탕 생활을 하다가 32세에 늦게 결혼. 온갖 성병으로 자식을 출산할 수 없다고 생각하였으나 2년 후 아이를 출산하여 병원에 데리고 가 '발가락이 닮았다'고 하자 의사가 '얼굴도 닮았다'고 맞장구를 치면서 의혹과 희망을 보낸다.
- 배따라기 : 삼월 삼진날 대동강 모란봉 기슭. 뱃사람인 그는 어촌에 살면서 장에서 거울을 사 집에 도착하니 아내와 아우가 옷이 흐트러져 있어 '쥐를 잡느라고 그랬다'고 변명하자 폭력을 행사하여 아내는 바닷가에 가서 죽는다. 10년후 형이 탄

배가 서해에서 난파되었으나 동생이 구조하고 형이 탄 배가 강화를 지나다가 방랑길에 나선 아우가 부르는 '배따라기'노래를 듣는다.
- 붉은 산(1932) : 병을 조사하기 위해 의사 '여'가 만주를 여행. 정익호는 '삵'으로 투전과 싸움꾼으로 소문났으며, 송첨지 노인이 만주국 노인에게 소작료를 내려고 갔다가 죽자 삵은 지주에게 따지고 오다가 죽임을 당한다. 죽으면서 붉은 산(고국), 흰옷(동포)이 보고 싶다 하면서 의사에게 애국가를 불러 달라고 한다.

【평가와 사사점】

감자를 통하여 인간의 성적 욕구를 억압하는 사회의 가식과 위선을 냉소적으로 비꼬고 있다.

1930년대 이후에는 김동인의 가정이 안정되면서 역사소설과 야담류의 작품을 위주로 썼다(마광수 교수).

2-2-8 「토지」 1-20 (박경리)

【배경】

작가는 1926년 경남 통영에서 출생하였으며, 2008년까지 80년이 넘는 기간 동안 「토지」,「성녀와 마녀」,「표류도」,「김약국의 딸들」등 다수의 작품을 발표하였으며, 금관문화훈장을 수상하기도 하고, 한때 환경운동연합의 공동대표를 맡기도 하였다.

그중 「토지」는 조선말인 병인양요부터 일본 왕이 항복하기까지

농업사회의 기반인 땅을 중심으로 우리나라의 근·현대사를 통찰한 대하소설이다. 하동을 중심으로 서울, 진주, 지리산 등 국내뿐만 아니라 해외의 만주에 이르기까지 4대에 걸쳐 독립군자금지원, 독립운동전개, 인재장학금과 싼 임대료 등 자선활동 전개 로 한국형 노블레스 오블리주를 구현하였다.

【주요 내용】
등장인물

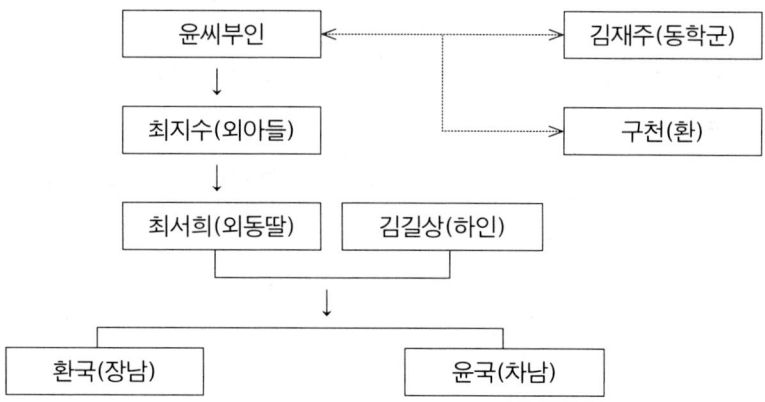

윤씨부인은 최참판댁의 만석꾼 대가족을 이끌면서 큰 어른으로 역할을 수행하며, 연곡사에 불공을 드리러 갔다가 주지 동생인 동학군의 김재주에게 겁탈을 당해 절에서 구천(환)을 출산하고, 많은 주민들과 함께 창궐한 호열자로 사망한다.

외아들 최지수는 부인인 별당 마님과 관계가 좋지 않고, 하인으로 변장하여 입주한 구천이가 부인과 함께 지리산에 애정행각으로 도피하자 사냥총을 구입하여 구천을 죽이려고 2번 지리산에 찾아갔으나 실패한다. 주민에 의해 타살된다.

외동딸 최서희는 할머니가 돌아가시고 외척 조준구가 부인 홍씨 꼽추아들과 들어와 주인행세를 하자 용정으로 이주한다. 하인 김길상과 미곡상 '길서상회'를 차려 큰돈을 벌고, 교통사고를 계기로 신분 차이로 인한 주위의 반대에도 불구하고 길상과 결혼하여 두 아들을 출산한다. 길상이만 만주에 남고 아들과 함께 진주로 이사하여 조준구로부터 하동집과 땅을 되찾고, 한편으로는 품위를 지키면서 때론 친일적 행각을 보이기도 하면서 가족과 재산을 지켜낸다.

남편이 된 김길상은 2번 수감되고, 계명회 사건에 연루되어 간도에서 체포되어 서대문형무소에 이감되고, 다시 사상범으로 해방될 때까지 재수감된다. 서희가 옥중뒷바라지를 한다. 진주에 있을 땐 도솔암 탱화를 혼신을 다해 그리던 미술 재능이 장남에게 전수된다.

아들 두 명 중
- 장남 환국은 동경미술학교를 나와 서울의 사립중학교 미술 교사가 되어 방직회사 사장 딸과 결혼하였으나, 부인과 관계는 좋지 않다.
- 차남 윤국은 진주고 재학 중 광주학생사건 관련 맹휴에 연루되었다가 일본대학에 진학하였다가 학도의용군으로 징집된다.

한국은 농민을 타국보다 우대하여 역사적으로 동학혁명도 가능 할 정도여서, '토지'의 의미도 그만큼 크다 할 수 있다.
한국-사농공상(士農工商), 일본-商>農(돈바쿠쇼), 미국-흑인노예 종사, 소련-농노가 재산의 기준, 서구-장원제도, 노예

【평가와 시사점】

남성주의 사회인 일제 강점기에 윤씨부인, 며느리이자 서희의 어머니인 별당아씨, 딸 최서희의 3대에 걸친 여성들의 활약상을 보여준다. 민족주의(조준구의 악행), 생명주의(강포수, 천애고아 출신 몽치 등)를 추구하고 있다.

경남 하동에 박경리 문학관과 토지의 배경인 최참판댁이, 원주에는 작가가 토지를 집필했던 옛집을 박경리 문학공원으로 꾸며 놓았다.

2-2-9 「아리랑」 1-10(조정래)

【배경】

작가는 1943년 순천 출신으로 동국대 국문과를 나와 1970년 소설 「누명」으로 등단한 이후 단재문학상, 올해(2013)의 최우수 예술가상을 수상하였으며, 부인이 김초혜 시인이다.

해방부터 6·25전후 지리산을 중심으로 한 빨치산 활동을 다룬 「태백산맥」(1989년), 1960~80년대 현재의 대한민국의 발전과정을 담은 「한강」(2001년)과 함께 조정래 작가의 대표적인 대하소설이다.

1부는 '아! 한반도, 2부는 '민족혼', 3부는 '어둠의 산하', 4부는 '동트는 광야'의 10권으로 되어있으며, 일제 치하를 시대적 배경으로, 하와이 이민부터 중국, 일본, 미국, 러시아 등 동남아일대를 장소적 배경으로 하고 있다.

- 아리랑을 쓰기위해 중국 2, 미국 3, 동남아 3, 아시아 2, 일본 3번 여행을 했다고 한다.

【주요 내용】

주인공 : 김제 출신 방씨와 감골댁

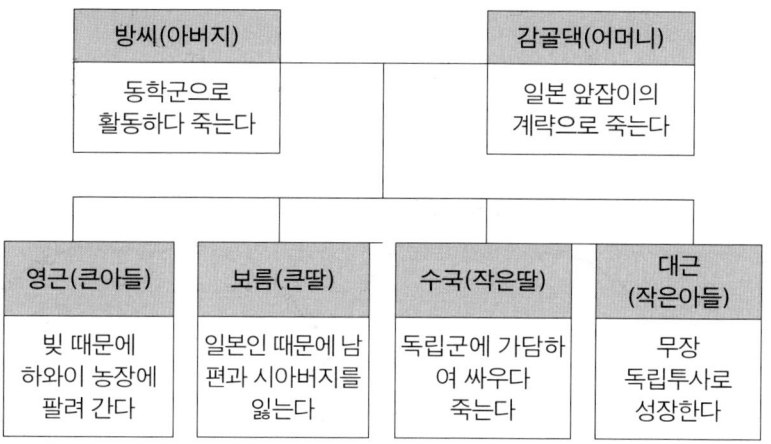

감골댁의 큰아들 방영근은 1902년 11월 집에서 진 빚돈(20원)에 팔려 121명과 함께 군산, 인천, 일본, 하와이로 건너가 사탕수수를 채취하는 등 노동력착취를 당하면서도 독립자금을 헌금한다.

토지조사사업, 호남선 철도건설 등 일본의 한반도 침탈사업을 사실적으로 묘사하고, 젊은이들이 만주 청산리전투와 봉오동전투에도 가담하였으나 일제에 의해 학도병과 정신대원으로 미얀마 등 외국에까지 끌려가 탄광 등에서 노동력 착취를 당하는 모습까지 그려내고 있다.

개화사상을 지닌 토착지주인 신세호와 사위인 송중원(송수익의 아들)은 김제와 군산 일대에서 농민과 부두·정미소의 노동자들을 계몽하면서 각종 저항운동을 전개한다.

한편 동생인 방대근은 신흥무관학교를 졸업하고 중국의 의혈단원으로 활약한다. 큰딸 보름이는 무주로 시집을 갔으나 일본인 때문에 남편과 시아버지를 여의자 어린 아들과 함께 군산으로 간다. 작은딸 수국은 공허 스님과 함께 만주로 가 독립군에 가담하여 싸우다 죽는다.

송수익은 만주로 건너가 독립군으로 활동하며, 한편 공허 스님은 만주와 국내를 오가면서 독립군 자금을 모금하고 전달하며 활동한다.

소련은 한인들이 일본의 스파이노릇을 했다고 하면서 20만 명을 단 2일의 여유를 주고 1937년 9월 중순부터 11월말까지 화물열차에 실어 중앙아시아의 타슈켄트로 집단으로 강제 이송한다.

【평가와 시사점】

일제시대 강제징용 160만 명, 위안부 30만 명, 학도병 4,500명 등 400만 명이 희생되었음에도 불구하고 이에 대한 고찰과 보상대책이 빈약함을 질타하였다.

친일파 민족반역자들이 얼마나 나쁜 짓을 했고, 왜 단죄되어야 하는지를 밝히고, 이스라엘처럼 반민족행위자특별법제정이 안 될 것 같아 아리랑을 집필했다고 한다.

일제 강점기의 일본의 식민지정책의 실상을 볼 수 있으며, 위안부 할머니와 강제징용자들에 대한 보상문제가 해방 후 70여 년이 지났음에도 불구하고 해결되지 못하고 있는 현안 사항이다.

한국경제사를 전공한 서울대 이영훈 교수가 역사소설을 쓰면서 역사적 사실과 다르게 조작까지 하였다고 폄하하였으나, 역사가 아닌 소설로서 가치가 있다고 생각된다.

- 2005년 김제에 조정래 아리랑문학관이 건립되었다.

2-2-10 「태백산맥」 1-10 (조정래)

【배경】

여순반란사건부터 한국전쟁과 분단에 이르는 과정을 1부 한(恨)의 모닥불, 2부 민중의 불꽃, 3부 분단과 전쟁, 4부 전쟁과 분단으로 나누어 벌교와 순천을 중심으로 이야기를 풀어낸 대하소설이다.

치열한 좌익세력(큰아들인 염상진 남로당 보성군당 위원장, 동조자 하대치, 안창민 등)과 우익세력(계엄군사령관 심재모 중위, 동생인 염상구 건달패와 청년당원 등)간의 대립을 지리산과 벌교읍을 중심으로 그려내고 있다.

【주요 내용】

주인공인 양조장집 아들인 정하섭은 무당 월매의 딸 소화를 사랑하고, 광주사범 출신인 염상진 위원장과 동학과 관련된 하대치와 함께 벌교 일대에서 좌익군인, 민간인으로 구성된 무리를 이끌고 1948년 경찰서를 폭파하였다.

지휘부는 교사 등 지식인이, 아래로는 농민인 소작인(80%)을 중심으로 이루어졌으며 지리산과 조계산에 들어가 주로 밤에 관공서 등을 기습적으로 공격하였다.

일본강점기 말 학병과 징용을 피하려고 200여명이 지리산으로 도망하였으며 그것이 모태(빨치산)가 된다. 자신들은 공기와 땔감만 있으면 타오르는 공산혁명의 불씨로 자처한다.

- 1948년 10월 2,500여 명이 지리산에 입산하나, 1950년 7월 200여 명만이 생존하였다.

　공산당원, 간도 만주독립군인 중 일부, 자생적공산주의자, 소작인, 학병동원도망자들로 3개도에 6만 명 정도가 입산하였고, 인천상륙작전으로 북진하면서 일부는 지리산으로 들어가 투쟁하였다.
　시대적으로 해방구와 토벌대, 임진왜란 시 의병, 갑오농민전쟁 시 항쟁, 일본강점기 학병 피난, 여순사건, 6·25로 이어지면서 평지 → 야산 → 깊은 산 → 지리산(오대산, 태백산, 지리산이 빨치산의 3대 거점)으로 이동하면서 투쟁하는 모습을 보인다.
　죽산댁 장남 염상진은 광주사범을 나와 빨치산위원장이 되어 마지막까지 쫓기자 부하들과 수류탄으로 자폭하고 토벌대가 벌교역 앞마당에 머리를 전시한다. 동생 염상구는 깡패로 청년단장이 되어 토벌에 앞장섰으며 재산도 모았다. 경찰의 강력한 반대에도 불구하고 청년단원들과 함께 형의 장례를 치러 준다.

【평가와 시사점】
　6·25를 자유민주주의와 세계 공산주의의 대결로 규정하고, 미국이 유엔군의 이름을 빌려 전쟁을 벌였다고 규정하며 해방 후 미국의 남쪽 점령을 제국주의의 세력 확장과 이데올로기의 충돌로 본다.
　지역적으로 벌교 중심이고, 무리한 상황설정, 그리고 사실과 다른 내용으로 비판적인 시각이 있다.

- 보성군 벌교읍에 2008년 태백산맥문학관이 개관하였다.

검찰은 1994년 이승만 전 대통령의 양자인 이인수 씨 등이 "태백산맥이 이적표현물"이라며 조정래 작가를 국가보안법 위반혐의로 고발한 사건에 대해 결론을 내리지 못하던 중 11년만인 2005년에 무혐의로 종결처리하였다.

2-2-11 「한강」 1-10(조정래)

【배경】
  1960년 4·19혁명에서 1980년 해방 이후 광주민주화운동까지 1부 격랑시대, 2부 유형시대, 3부 분단시대의 3부 10권으로 정치, 경제, 사회 등 우리나라 현대사의 굴곡을 다룬 대하소설이다.
  조정래가 「아리랑」, 「태백산맥」과 함께 쓴 3대 장편소설로, 라인강의 기적처럼 한강의 기적을 기대하면서 집필하였다고 한다.

【주요 내용】
  전남 강진 출신 유일표와 일민형제는 서울의 일류대학과 고등학교 진학을 위해 상경한다.
  유일표는 대학생으로 아버지가 월북하여 연좌제로 취직도 안되고 넝마주이의 관리인으로 생활하면서 야학의 선생으로 어렵게 생활한다.
  유일민은 가정교사로 들어간 월남한 사업가의 딸 채옥의 도움으로 작은 술 도매상을 시작하나 조총련계 남자로부터 아버지 편지가 왔다는 소식을 듣고 만남을 거절하다가 경찰의 수사를 받는다.
  서독으로부터 광부와 간호원의 월급을 담보로 은행지급을 보증

한 상업차관으로 1억 5천만 마르크를 빌려오면서 경제개발을 추진하고, 광부 5천 명과 간호사 2천 명을 서독에 파견하는데, 월남파병, 서독광부와 간호사 파견(간호장학금), 사우디아라비아 기술자 파견 등으로 이어진 해외기술인력의 수출과정을 사실적이고 구체적으로 기술하고 있다.

광부가 독일에서 공부하면서 사상적 유혹 그리고 귀국하여 대학의 경제학 교수로 겪은 좌·우간의 이념(사상), 갈등, 영·호남간의 지역갈등을 적나라하게 기술한다.

파독 간호사들은 언어상의 갈등을 겪으면서도 성실과 인내로 현지에 성공적으로 적응하고 소득의 상당 부분을 한국에 보내 국가경제부흥은 물론 가족들의 생활 향상에도 크게 기여하였다.

【평가와 시사점】

오늘날의 풍요인 한강의 기적은 부존자원이 부족함에도 불구하고 서독광부와 간호원, 월남파병, 중동의 기술자 파견 등의 인력수출로 외화를 벌어들여 이룩하였다.

오늘날 그들이 귀국하여 경남 남해 등 곳곳에 독일마을을 조성하여 편안한 삶터가 되었으며, 지역의 특색 있는 관광자원으로 개발되고 있다.

2-2-12 「정글만리」 1-3 (조정래)

【배경】

세계 경제의 중심이 되어 G2 국가로 발전하고 있는 중국의 역동적인 변화속에서 한국, 중국, 일본, 미국, 프랑스 비즈니스맨들의 치열한 경제전쟁을 묘사한 장편소설이다.

중국의 비즈니스에 가장 중요한 대인관계인 '관시', 공해 문제, 인명경시 세태, 저소득층인 농민공 등 중국 발전의 이면모습을 그리고 있다.

【주요 내용】

중국에 발령받아온 부장 전대광은 권력을 쥔 세관의 주임이며 중국정치의 중심인 상하이방의 일원인 '샹신원'과의 관시로 한국에서 의료사고로 퇴출당한 성형외과 의사 서하원을 중국에 불러들여 성업을 이룬다.

베이징대에서 경영학을 공부하던 20대 청년 조카 송재형은 중국의 역사와 문화에 눈을 뜨고 삼촌을 찾아 사학과로 전과하여 공산당과 중화사상을 연구한다.

급속한 경제개발로 건설업이 호황을 누리는 와중에 상해에 진출한 골드그룹의 젊고 섹시한 여 회장 '왕링링'은 대대적인 건설사업을 벌여 재계의 큰손이 되고 일본, 한국, 독일의 철 가공업체가 각축전을 펼친다.

수주사고로 서부 시안으로 좌천 온 김현곤은 전대광의 연락으로 상해에 초대형 종합병원의 철강납품을 의뢰받고, 골드그룹도 시안에 진출하여 건축총괄 사장 '앤의 박'이 김현곤을 찾는다.

프랑스 명품회사의 이사인 '자크 카방'은 광저우의 큰손 리왕식이 가공한 옥과 보석을 납품받아 프랑스 본사가 제2의 전성기를 맞는다.

베이징 역사학과 리엔링은 광저우 거부의 딸로 송재형과 역사

탐방을 하면서 사랑하여 결혼에 골인한다. 이로써 학문과 돈이라는 두 마리 토끼를 잡게 된다.

전대광은 직장을 박차고 나와 중국 칭다오에서 노인들을 돕고 종업원에게 존경을 받는 사업자 허경민 사장의 뒤를 밟게 된다.

【평가와 시사점】

소설의 형식을 빌린 중국소개서, 기행문, 설명문, 논설문, 중국정보종합지라는 부정적인 시각도 있다.

우리의 최대 무역파트너인 중국에 대해서 좀 더 쉽게 설명해주고 더 깊이 알 수 있게 해주었다.

- 중국에서 관시가 중요하며 '중국에서 비즈니스는 상품으로 하는 것이 아니라 인간관계로 하는 것이다'라고 하면서 '사람의 마음을 얻으면 천하를 얻는다' (得人心者 得天下)를 강조한다.

2-2-13 「무궁화꽃이 피었습니다」 1-2 (김진명)

【배경】

김진명 작가는 1958년 부산 출신으로 1993년 이 소설로 등단하여 대한민국에 대한 사랑으로 「천년의 금서」, 「10·26」, 「고구려」, 「직지」 등 거시적인 안목으로 국가를 대상으로 한 장편소설을 잇달아 출간하여 독자에게 역사의식을 불어넣고 있다.

이 소설은 박정희 대통령의 재직말기인 1970년대 핵개발을 둘러싼 미스터리와 독도문제를 연결시켜 현실과 소설의 경계를 넘나드는 흥미진진한 서술체계를 이루고 있다.

【주요 내용】

　서울시경을 출입하는 고참 기자인 권순범은 서울지검 부장검사가 제공해준 정보에 따라 구치소에 수감되어 있는 잔나비파 조폭 두목으로부터 15년 전인 1978년 12월 밤 북악스카이웨이에서 발생한 뺑소니 교통사고를 위장한 사망사고를 자신들이 저질렀고, 현재 국립묘지의 국가유공자 묘역에 안장되었다고 실토한다. 이 사람은 플라자호텔에서 납치·살해되었다.

　권 기자와 종로경찰서 형사는 도면에 의한 현장 조사와 경찰서 자료를 토대로 사망자가 박정희 대통령의 해외두뇌유치계획에 따라 귀국한 물리학자 이용후 박사임을 밝혀내고 외동딸이 미국에서 살고 있음을 확인한다. 이 박사의 실존 모델은 이휘소 박사로, 시카고대 교수로 있으면서 아인슈타인에 비견되는 인물이자 노벨물리학상 후보로도 지명되었던 인물로, 미정부도 모르게 다리뼈 속에 원자탄 설계도를 감추고 1977년 입국했다.

　권 기자는 남북한 UN 동시가입에 따른 대통령의 UN총회 기조연설 취재차 미국을 방문하여 이 박사의 연고지인 보스턴에 가 외동딸인 이미현(하버드대 의대 교수)을 만난다. 이 양은 핵무기를 개발하기 위해 아빠가 한국에 갔고, 미국과 한국 정부가 죽였다고 주장한다. 또한 아버지가 사위 될 사람에게 주라고 한 시계를 권 기자에게 주었으며, 시계 안에는 스위스은행에 이 박사 명의로 입금된 6천만$의 예금확인증이 있었다.

　이 박사가 죽은 지 1년이 안 되어 박정희 대통령이 피살된다. 1980년 8월 15일 실시하기로 한 지하핵실험은 박 대통령의 사망으로 중단된다. 그러나 일본은 날로 우경화·보수화하여 핵 재무장을 위해 에너지 수급계획인 Japan Plan으로 미국을 능가하는 전자유도

장치를 탑재한 핵탄두를 개발하면서 농축우라늄과 플로토늄을 수입한다.

　스위스은행에서 돈의 일부가 인출된 것을 확인하기 위하여 권 기자와 딸이 이 박사의 친구인 라프로 간다(인도가 세계 6번째 핵무기를 개발)를 만나기 위하여 인도를 거쳐 파리로 가서 만난다. 간다 박사는 이 박사의 요청으로 인도가 확보한 플루토늄의 일부(80kg)를 한국에 팔도록 특별히 요청하여 검은 코끼리 석상으로 포장하여 비밀리에 보냈으며, 그 대금으로 3천 5백만 달러를 인출했다고 한다.

　박정희 대통령은 안기부장에게 지시하여 비밀리에 평양에 들어가 김일성에게 핵무기의 공동개발과 영세중립을 제의한다.

　권 기자가 국방부의 국방계획에 대한 지정 공모에 1등 상을 받으면서 안기부장의 주선으로 대통령을 면담하고 우리나라의 형편에 꼭 필요한 무기체계가 핵무기임을 강조한다. 그동안 코끼리 조각상을 찾아다녔는데 나오면서 청와대 별관의 연못에 있는 돌로 만든 코끼리 조각상을 발견하고 감동을 받는다.

　일본은 내각회의를 열어 독도를 점령하고 전면전을 하기로 결의한다. 5척의 일본군함이 1999년 12월 22일 17명의 독도경비대가 지키고 있는 독도에 상륙하여 전원 사살하고, 자위대 다케시마 수비대의 현판을 걸고, 18명의 대원을 주둔케 한다. 또한 군사시설에 이어 포철과 울산공단 등 산업시설에 대한 공격을 하여 피해가 엄청나게 발생한다.

　이에 대해 한국은 국무회의에서 시세론과 현실론이 대립하고, 일본과의 전면전을 피하기 위해 군사대응 자제와 침공행위 규탄 및 원상회복을 요구한다. 한편 국제사회는 양국 간의 영토분쟁이라면서 냉담한 태도를 취하고 미국도 중립적 입장을 견지한다.

이때 헬기를 통해 북한의 지도자가 내려와 1시간 이내에 동경 등 5개 도시에 히로시마 급 원자탄보다 5배 위력을 가진 핵폭탄을 투하하겠다고 일본에 통지하였으나 한국의 핵무기 보유주장은 속임수이며, 방공요격망에 대한 자신감으로 한국공단을 철저하게 파괴한다.

그러나 태백산 중턱에서 발사된 세계 최고급의 초고속 장거리 핵탄두 미사일이 5대 도시를 폭격키로 발표하자 일본 전역에 공습경보가 발령되고 큰 혼란에 빠진다. 그중 하나가 동경 남쪽 무인도를 명중하여 초토화시킨다.

【평가와 시사점】

강대국인 일본, 중국을 상대로 끝없는 재래식 군비확장에만 매진할 수 없으므로 우리나라 현실에 꼭 필요한 것은 바로 핵무기임을 강조한다.

작가는 우리 정부와 사회가 북한의 붕괴를 염두에 둔 과감한 통일 마스터플랜의 수립과 우리 겨레의 공동체적 의미에 눈을 뜨고 민족사적 시각에서 지금의 한반도를 바라볼 것을 촉구하고 있다.

2-2-14 「소금」(박범신)

【배경】

박범신 작가는 1946년 충남 논산 출신으로 1973년 중앙일보 신춘문예에 소설 「여름의 잔해」로 데뷔한 이래 「유리」, 「당신」 등의 작품이 있고, 김동리문학상·만해문학상 등과 2010년 올해의 최우수예술가 문학부문을 수상하였다.

「소금」은 데뷔 40년 되는 해인 2011년 펴낸 40번째 장편소설이다. 자본주의의 빨대와 깔때기의 거대한 네트워크 아래서 부랑하는 아버지를 조망한다. 한편 자식의 과외비를 벌기 위해 거리로 내몰린 어머니의 이야기를 다룬 2010년 발표작 「비즈니스」도 있다.

【주요 내용】

선명우는 강경의 염부의 자녀 중 유일하게 대학을 졸업하고 중동에 진출한 건설회사에 5년간 현지 근무를 거쳐 음료회사 상무까지 진급한 인물이다.

부친은 집안 대들보인 명우의 대학졸업식에 참석하기 위해 전날 무리하게 폭염에서 일하다 염분 부족으로 염전에서 급사한다.

여름방학 때 염전 일을 도우러 집에 갔다가 아버지에게서 야단맞고 100리 길을 걸어서 대전으로 돌아오다 실신하고, 여중 3년생이던 세희의 극진한 간호로 회복하지만 세희 할머니는 다음날 돌아가시고 장례까지 치른다. 그녀는 후에 마포에서 재봉사로 일하면서 미혼으로 살다가 강경에서 사망한다.

부인 '혜란'과 세 딸은 아버지에게 불만이 있고, 자본주의적인 소비의 단맛에 길들여져 빚을 내면서까지 호화맨션에 살면서 명품을 사용하고 딸 생일잔치에 일식주방장을 집으로 초청하여 파티를 여는 등 '빨대' 역할을 한다.

셋째 딸 '시우'의 20세 생일날에 줄 선물을 찾으러 가다 비탈길에서 뒷걸음치는 소금트럭에 치이는 사고를 당하고, 차에서 생활하는 김승민(사고로 불구가 됨), 윤선희(불구자), 신애(구루병환자)와 지애(기아)를 만난다.
  선명우는 췌장암 진단을 앞두고 가출하여 이름도 김승민으로 바꿔 트럭에서 김승민 등과 같이 전국의 축제 현장을 돌아다니며 취식도 하고 행상도 하면서 야인처럼 산다.
  선명우는 가출 전과 후에 인생이 달라졌다. 가출 전에는 핏줄이라는 빨대에 반론하지 않았으나, 가출 후 건강도 좋아지고 적극적인 사람이 되었다.
  선명우가 가출하자 혜란은 미치다시피 하여 교통사고로 죽고, 가정은 빚더미에 앉아 풍비박산이 되고, 세 딸도 싸워 뿔뿔이 분산된다.
  선명우는 아버지가 염전을 하던 곳에 경제성은 크게 없으나 건강에 좋은 토판염을 생산하기 위한 시설을 갖추고 죽염 생산을 준비한다. 구원해 주었던 여중생이 살던 곳에 집을 짓고 노래를 부르면서 생활한다.
  아버지를 찾아 나선 셋째 딸 시우는 강경에서 선명우를 추적하던 시인(아내 '우희'와 이혼)을 만나 아이를 임신, 시인은 시우 아버지와 함께 가정으로 귀가한다.

【평가와 시사점】

  소금은 대표적인 양념으로 생명을 살리는 천일염에서 토판염, 죽염, 송화소금, 도라지소금, 강화소금, 매실소금 등으로 다양화되고 있다.
  아버지들은 자본주의사회에서 가족의 부양을 위한 소금을 얻기 위해 가족을 떠나 가출하여 유랑인으로 살아가고 있다.

2-2-15 「82년생 김지영」(조남주)

【배경】

조남주 작가는 1978년 출생한 소설가로 이대 사회학과를 졸업하고 2011년 「귀를 기울이면」으로 등단, 2017년 오늘의 작가상을 수상하였다. 「사해맨션」, 「가출」, 「그녀 이름은」, 「현남오빠에게」 등의 소설을 썼다.

82년생인 여성이 성장하고 교육받고 취직하고 결혼하고 아기를 낳고 생활하는 등 여성의 보편적인 삶을 그리고 있는 장편소설이다. 국내서 120만 부를 찍은 밀리언셀러 소설이며, 해외 16개국에서 출판되고 중국, 일본, 대만 등에서도 베스트셀러에 오를 정도로 관심이 높다.

【주요 내용】

어머니가 부산서 국민학교를 졸업하고 15세에 이모와 함께 서울로 올라와 먹고 자지도 못하고 번 돈으로 삼촌들은 선망하는 의사, 경찰, 교사가 되었으나 현재에는 상호왕래가 없다. 어머니와 이모도 주경야독으로 고등학교까지 졸업한다.

김지영은 딸을 낳고 임신과 육아우울증으로 추석 때 부산 시댁에 내려갔다가 시아버지에게 "사돈어른…" 하면서 정신이상증세를 보인다.

김지영은 공무원인 아버지와 식당을 운영하는 어머니 사이에 3남매의 둘째로 태어나 사회적으로 아들 선호 경향이, 가정적으로는 남동생을 우대하는 풍토 하에서 학교를 다녔다. 아버지도 IMF 때 명예퇴직했다.

김지영은 서울 소재 대학 인문학부에 진학한 후 홍보대행사에 합격하여 근무하다가 여자라는 이유로 주무부서인 기획팀에서 배제되고 회식 등 여러 가지 남녀를 차별하는 직장 내 현상을 목격한다.

　IT 중견기업에 다니는 정대현 씨와 결혼하여 서울에서 24평 아파트에 전세로 살면서 임신하여 심한 입덧을 하고 출산과 동시에 퇴사, 딸을 출산했으나 산후와 육아후유증으로 신경정신과에 다닌다.

　딸이 오전 어린이집에 가 있는 시간에 할 아르바이트자리를 알아본 후 커피를 들고 공원에 갔다가 남자들이 "맘충 팔자가 상책이야…"라는 말에 충격을 받고 집으로 돌아온다.

　김지영은 다니는 신경정신과 상담사가 임신한 동료상담사가 그만두자 여직원은 육아 문제로 여러 가지 어려움이 있으므로 미혼인 여직원을 뽑아야겠다는 원장의 말에 기혼여성의 재취업의 한계를 실감한다.

【평가와 시사점】

　김지영은 1982년에 태어나 평범하게 자란 대한민국 보통여성을 대표하는 인물로 결혼 후 경력단절, 저출산사회에 결혼과 육아에 관한 문제 등을 다각적으로 제시하고 있다.

　2019년 영화로까지 만들어져 성(性) 대결 논란을 야기하였으며, 일부 남성들로부터 페미니즘적 주제에 대하여 상당한 반발심을 불러일으키기로 하였다.

2-2-16 「엄마를 부탁해」(신경숙)

【배경】

　전북 1963년 정읍 출신의 소설가로 서울예술대 문예창작과를 졸업하였다. 1985년 문예중앙에 「겨울우화」로 등단하여 2012년 맨 아시아문학상, 2013년 호암상 예술상 등을 수상하였다. 「풍금이 있던 자리」, 「외딴 방」, 「감자떡」, 「리진」, 「습지의 숨·쉼」 등을 펴냈다.

　2008년 발간된 장편소설로 앞의 3장은 큰딸, 큰아들, 아버지의 고해를, 마지막 1장은 엄마가 떠도는 영혼으로 세상과 인사를 나누는 것으로 구성되었다. 200만 부 이상이 팔린 베스트셀러로 세계 36개국에서 출판되었다.

【주요 내용】

　서울의 자녀들이 아버지 칠순잔치를 서울의 남동생 집에서 차려주겠다고 하여 전라도에 살던 부부가 여름 토요일 오후 상경하였는데 지하철 서울역에서 아버지만 탄 지하철이 먼저 떠나버리는 바람에 엄마 혼자 남겨져 실종되었다.

　아파트 건설회사 홍보부장인 큰아들과 소설가인 큰딸이 전단지를 만들어 서울역, 30년 전 첫 근무지였던 동사무소, 옛날 살았던 동네까지 찾아가 돌렸으나 제보만 있었을 뿐 성과가 없었다.

　엄마(69세, 박소녀)는 뇌졸중을 앓으면서도 가족도 모르게 소년원에 매월 45만 원을 후원하면서 아이들을 목욕시키고 빨래도 해주고 농사를 지어주었다. 아들이 낸 신문광고를 보고 여직원이 찾아와 '박 여사가 딸이 쓴 소설책을 읽어달라고 하여 집으로 찾아왔다'고 한다.

　엄마는 남편이 무심하고 숱한 출타를 하고, 시골서 온갖 생명을 기르고, 시동생 균의 사망으로 우울증과 유방암을 앓았으며 김치를 담그다가 멍하니 앉아 있고 자주 쓰러지기도 하는 등 치매증세까지 있게 된다.

　약사 출신인 둘째 딸은 로마에 가족과 함께 출장을 가서 엄마가 이야기한 장미묵주를 사면서 '엄마는 엄마가 할 수 없는 일까지도 다하며 살았던 것 같아. 단 몇 시간만이라도 함께 보내고 싶고 엄마를 사랑하고 존경한다고 말하고 싶다'고 말한다.

【평가와 시사점】

　우리 어머니들이 이루어낸 가슴 아픈 사랑과 열정과 희생을 복원해보려고 소설을 썼다고 한다.

　'너는 깨달았다. 전쟁이 지나간 뒤에도 밥을 먹고 살만한 후에도 엄마의 지위는 달라지지 않았다'는 것을. 노인의 치매가 심각한 사회문제가 되고 있어 전 세계적 반향을 불러일으킨 것으로 보인다.

2-2-17 「채식주의자」(한강)

【배경】

　한강 작가는 1970년 광주 출신으로 연세대 국문학과를 졸업하고 1994년 서울신문 단편소설 「붉은 닻」으로 데뷔하였다. 이상·동리·만해·황순원·김유정문학상을 수상하였으며, 작품으로 「내 여자의 열매」,「작별」,「흰」,「검은 사슴」등의 작품이 있다.

　채식주의자로 2016년 영국의 맨부커 인터내셔널상을 수상하였으며, 어렸을 때 광주사태의 사진을 보면서 구상했다고 한다. 그녀가 꾼 꿈에 의한 트라우마로 고기를 먹지 못하고 채식을 주로 하게 된다(채식주의자까지는 아님).

【주요 내용】
1. 채식주의자
　여자주인공인 영혜는 만화출판사에서 아르바이트를 하다가 8년 전 결혼하여 자녀 지우를 둔다.

　꿈(숲에 고기가 막대에 매달리려 있는 끔찍한 느낌) 때문에 냉장고에 넣어둔 장어, 굴비, 고기를 버리고 채식주의자가 된다.

　남편과 함께 회사의 부부동반모임에 가서 채식만 하고 따돌림을 당하고 점점 못 자며 야위어 간다.

　가족모임에서 아버지가 고기를 먹이려고 윽박지르고 입을 열어 고기를 입에 넣으려고 하자 칼을 들고 난동을 부린다.

2. 몽고반점
　영혜는 신경성 거식증으로 조현병이면서 채소만을 먹으면서 식사를 거부한다.

　남편은 처제인 영혜의 몸에 페인팅을 칠하고 자신의 직장 동료인 총각과 섹스신을 연출한다. 남자는 도망가고 자신이 섹스하면서 전 과정을 캠코더로 촬영한다.

　부인이 아침에 처제의 집에 와 처제와 남편이 자는 광경을 보고 신고하고 남편은 도망, 처제는 정신병원으로 이송된다.

3. 나무 불꽃

　조현병으로 남양주의 축성산 입구의 정신병원에 입원한다. 그곳은 행려자들과 정신지체환자들을 수용하는 사회복지시설이다.
　물구나무를 서고 스스로 나무라고 이야기하기도 하고, 식사를 거부하며 위경련으로 석 달을 굶어 30kg까지 몸무게가 대폭 줄어든다.
　여기서는 치료가 불가하다고 판단하여 서울에 있는 종합병원으로 이송된다.

【평가와 시사점】

　영혜는 가장 가까운 가족들조차 존재(채식주의자:육식주의자)의 차이를 인정받지 못하고, 집에서 집으로, 집에서 병원으로, 병원에서 병원으로 죽음을 향하여 나간다.
　오늘날 영양 과잉으로 인하여 발생하는 질병이 사회문제가 되고, 따돌림이 학교뿐만 아니라 가정에서까지 문제가 됨을 보여준다.

2-2-18 「초혼」(고은)

【배경】

　고은 시인은 1933년 군산 출신으로 세계한민족작가연합회장 등을 역임하였고, 노르슈드국제문학상, 심훈문학대상, 국제시인상 등을 수상하였다. 작품집으로 「어느날」, 「깊은 곳」, 「함께 걸어가는 사람」, 「산산이 부서진 이름이여」 등이 있다. 노벨문학상 후보로도 거론되었으며, 미투(Me Too) 운동을 촉발시킨 장본인이기도

하다.

「초혼」은 2016년 펴낸 시집으로 특색이 있는 내용으로 구성되어 있다.

【주요 내용】

그는 "자화상에 대하여"라는 시에서 역사적인 사건이 있을 때마다 자기와 동일시하였다.

「자화상에 대하여」

나는 8.15였다
나는 6.25였다
나는 4.19 가야산중이었다
나는 곧 5.16이었다
그 뒤
나는 5.18이었다

나는 6.15였다
그 뒤
나는 무엇이었다 무엇이었다 무엇이 아니었다

이제 나는 도로 0이다 피투성이 0의 앞과 0의 뒤 사이 여기

그는 짧은 상징적인 시만 수록한 것이 아니라, "초혼(招魂)에서는 62페이지에 이르는 하나의 장편 굿 시를 통하여 수 천 년 우리

의 역사에 나타나는 혼들을 불러 노래하고 있다.

【평가와 시사점】

자화상을 통해 저자가 맞이한 역사적 사건과 하나가 되고, 초혼을 통해 역사에 나타난 혼들을 불러서 위로하고 있다.

고은의 작품은 압축성과 포괄성, 암시성과 단순성을 생명으로 하고, 시간(과거-현재-미래), 공간(한국, 인도네시아, 카자흐스탄 등), 종교(불교, 유교, 모슬렘, 유대교 등)를 떠나 미지의 행복을 추구한다.

2-2-19 「무소유」(법정)

【배경】

법정 스님은 1932년 전남 해남에서 태어나 효봉 스님을 만나 그 자리에서 삭발하고 출가하여 2010년 77세에 열반한 수필가이다. 송광사 뒷산에 불일암을 지어 홀로 살기 시작하였다가 명성이 알려져 사람이 모여들자 다시 강원도 산골에 오두막을 지어 17년간 살면서 무소유를 몸소 실천하였다. 한때는 민주화운동에도 참여하였으며 많은 수필집을 저술하는 등 당대의 정신적 스승이었다.

「무소유」는 1972년 동아일보에 실린 법정 스님의 수필로 자신의 체험을 바탕으로 소유욕이 가져다주는 문제들을 적나라하게 파헤친 작품이다. 아름다운 마무리와 함께 대표적인 저술로 이 세상에 가지고 온 것도 아니고 이 세상을 하직할 때 가져가는 일도 아니므로 순례자와 여행자의 모습으로 살면서 처음으로 돌아가는 것이며 내려놓고 비우는 것이라고 한다.

【주요 내용】

불국사가 4년에 걸쳐 과학적인 고증에 의해 거의 원형대로 복원했다고 하나 그윽한 풍경소리 대신 씩씩하고 우렁찬 새마을 행진곡이 울려퍼진 것 같았다(1973년).

가을에 양서 즉 술술 읽히는 책 말고 읽다가 자꾸만 덮어지는 그런 책을 골라 읽을 것이다. 그와 같은 책은 지식이나 문자로 쓰여진 게 아니라 우주의 입김 같은 것에 의해 쓰여졌을 것 같다.

인간의 역사는 소유사(所有史)처럼 느껴진다. 보다 많은 자기네 몫을 위해 싸우고 있다. 소유욕에는 한정도 없고 휴일도 없다. 그저 하나라도 더 많이 갖고자 하는 일념으로 출렁거리고 있다.

본래무일물(本來無一物)! 본래 한 물건도 없다. 이 세상에 태어날 때 가지고 온 것도 아니고 이 세상을 하직할 때 가져가는 것도 아니다. 인연따라 있었다가 그 인연이 다하면 흩어지고 마는 거다.

우리는 필요에 의해서 물건을 갖지만 때로는 그 물건 때문에 마음에 쓰이게 된다. 따라서 무엇인가를 갖는다는 것은 다른 한 편 무엇인가에 얽매이는 것. 그러므로 많이 갖고 있다는 것은 그만큼 많이 얽혀있다는 뜻이다.

나의 유서는 남기는 글이기보다 지금 살고 있는 '생의 백서(白書)'가 되어야 한다. 세상을 하직하기 전에 내가 할 일은 먼저 인간의 선의지(善意志)를 저버린 일에 대한 참회다.

책임을 질 줄 아는 것은 인간뿐이다. 이 시대의 실상을 모른 체 하려는 무관심은 비겁한 회피요 일종의 범죄다. 사랑한다는 것은 함께 나누어 짊어진다는 뜻이다. 우리에게는 우리 이웃의 기쁨과 아픔에 대해 나누어 가질 책임이 있다. 우리는 언행이 아니라 살아 움직이는 인간이다. 우리는 끌려가는 짐승이 아니라 신념을 가지고 당당하게 살아야 할 인간이다.

구시화문(口是禍門) 즉, 입이 재앙의 문이다. 이는 말이 의사소통의 구실을 하지만 때로는 불필요한 잡음의 역기능도 하고 있기 때문이다. 그러나 말을 해야 할 경우에도 침묵만을 고수하려는 사람들이 있다. 그것은 미덕이 아니라 비겁한 회피다. 비겁한 침묵이 우리 시대를 얼룩지게 한다.

어린 왕자!(생텍쥐페리의 소설). 세상에 '버섯'과 같은 사람이 있는데 네가 여우한테서 얻어들은 비밀처럼 가장 중요한 것은 잘 보이지 않아. 잘 보려는 마음으로 보아야 한다. 사실 눈에 보이는 것은 빙산의 한 모서리에 불과해. 보다 크고 넓은 것은 마음으로 느껴야지….

어린 왕자는 나에게는 단순한 책이 아니라 하나의 경전, 누가 나더러 한두 권의 책을 선택하라면 화엄경과 함께 너를 고르겠다. 네가 나를 흔들고 있는 까닭은 네 영혼이 너무도 아름답고 착하고 조금은 슬프기 때문일 것이다. 사막이 아름다운 건 어디엔가 샘물이 고여 있어서 그렇듯이.

그들은 모르고 있어. 감추는 데서 오히려 나타난다는 예술의 비법을. 현대인들은 그저 나타내는 데만 급급한 나머지 감추는 일을 망각하고 있어. 겉치레에만 정신을 파느라고 속을 다스릴 줄 모른단 말야. 이런 점을 우리 춘향이나 심청이한테 배워야 할 거다.

기독교와 불교가 발생된 그 시대와 사회적인 배경으로 인해서 종교적인 형태는 다르다고 할지라도 그 본질에 있어서는 동질의 것이다. 종교는 인간이 보다 지혜롭고 자비스럽게 살기 위해 사람이 만들어 놓은 '하나의 길'이다.

인간의 말은 침묵에서 나와야 한다. 인간은 침묵 속에서만이 사물을 깊이 통찰할 수 있고 또한 자기 존재를 자각한다. 이때 비로소 자기 언어를 갖게 되고 자기 말에 책임을 느낀다. 그러기 때문에 투명한 사람끼리는 말이 없어도 즐겁다.

불교가 사회적인 실천윤리의 바탕으로 삼고 있는 것은 자비다. 중생을 사랑하며 기쁨을 주는 것을 자(慈)라 하고, 중생을 가엾이 여겨 괴로움을 없애주는 일을 비(悲)라 한다. 그러므로 자비는 인간 심성의 승화라고 할 수 있다.

국제간 경제적인 균등한 분배 없이는 그 어떠한 평화도 없다. 과거 평화를 깨뜨린 원인들을 상기해 볼 때 절대다수의 뜻에서가 아니라 소수지배계층의 행동방식이 결정적인 구실을 했다. 더구나 핵무기가 등장한 현대전의 결과는 어느 쪽에도 승리란 있을 수 없게 됐다.

【평가와 시사점】

법정 스님은 내 삶을 이루는 소박한 행복 3가지는 스승이자 벗인 책 몇 권, 나의 일손을 기다리는 채소밭 그리고 오두막 옆 개울에서 길어다 마시는 차 한 잔이라고 할 정도로 무소유 정신으로 산 선승이었다.

스님에게 소유가 범죄처럼 생각되고, '크게 버리는 사람만이 크게 얻을 수 있다'는 말이 있다면서 아무것도 갖지 않을 때 비로소 온 세상을 갖게 된다고 한다.

2-2-20 「못 가본 길이 더 아름답다」(박완서)

【배경】

 개풍출신으로 1931년~2011년 생존한 소설가로 6·25때 서울대 국문과에 입학하였으나 6·25전쟁으로 학업을 중단하고 1970년 소설「나목」으로 등단한 이후 여러 작품을 발표하고 예술원회원을 지냈으며, 금관문화훈장까지 수상하였다.

 등단 40년, 80세에 쓴 작품으로 자연에 대한 경이로움, 사람이 사는 세상 속에서의 깨달음, 세상에 대한 따뜻한 관심과 애정 등 일상생활에서 겪은 일들을 담백한 필체로 엮은 에세이집이다.

【주요 내용】

 소리 없이 나를 스쳐간 건 시간이었다. 시간이 나를 치유해줬다. 나를 스쳐간 시간 속에 치유와 효능이 있었던 것은 많은 사람들의 사랑이 있었기 때문일 것이다. 내가 놓친 꿈에 대해서 현실이 초라하며 못 가본 길에 대한 새삼스러운 미련이 생겼다 : 노망 또는 집념인가?

 양평 두물머리와 수종사(水鐘寺)의 은행나무, 다산 유적지 등을 돌아보면서 남한강과 북한강변이 개발되고 있어 위대한 강의 원형이 훼손되지 않았으면 싶다고 토로한다.

 김훈의 남한산성을 읽고 병자호란과 6·25를 대비시켜 보면서 이념이라면 넌더리가 나고 좌·우도 싫다. 백범은 "오직 가지고 싶은 것은 부강한 나라, 강력한 나라가 아니라 높은 문화의 힘이다"라고 주장하였다.

 식사는 햇반보다 집에서 해준 집밥을 먹이고 싶다. 요즘 아이들은 흙냄새가 물씬 풍기는 감자, 고구마 등 구황(救荒)식물이 어디서 나는 줄 잘 모른다. 오직 어떤 음식이 몸에 좋은지 어떻게 요리해야 보기에 좋은지만 관심이 있다.

아무리 걸출한 여성에게도 어머니를 극복하고자 하나 극복되지 않는 악몽인 동시에 결국은 그리로 돌아갈 수밖에 없는 의지처라는 생각이 든다. 깊고 깊은 산골에서 세금 걱정 안 하고 대통령이 누군지 얼굴도 이름도 모르고 살고 싶다.

바티칸은 지구상에서 가장 작은 나라다. 이 작은 나라가 전쟁을 위해 할 수 있는 일은 제로에 가깝지만 평화를 위해 할 수 있는 일은 거의 무한대다(김수한 추기경 어록).

【평가와 시사점】

원로 소설가·수필가로서 생전의 마지막 작품집으로 삶의 주변에서 느낀 것을 수필로 엮어냈다.

늙어 보인다는 소리가 제일 듣기 싫고, 누가 나를 젊게 봐준 날은 기분이 좋은 평범한 늙은이지만 글에서만은 나잇값을 떳떳하게 하고 싶다고 한다.

제3절

해외문학

2-3-1 「어린왕자」(생텍쥐페리)

【배경】

프랑스 리옹 출신 조종사로, 항공회사의 책임자로 활동하면서 문학작품을 썼으며, 1943년 「어린왕자」를 출간하였다. 파리와 사이공 간을 비행하다가 리비아사막에 추락했다가 구조, 1944년 2차 대전 중 군용기 조종사로 출격 후 실종되었다.

친구인 레옹 베르트를 위로해주기 위해 썼으며, 프랑스 문학에서 가장 많이 읽히며 80개 언어로 번역되었다.

【주요 내용】

어른을 위한 동화로 보아 구렁이, 양, 여우 등을 등장시켜 연약하고 순결한 어린이의 눈을 통해 잊혀지고 등한시 되었던 진실을 일깨워 주고, 어른들의 상상력 결핍, 꿈의 상실 등을 나무란다. ①눈으로는 보이지 않고 마음으로 보아야 한다. ②길들인 것에 대해서 책임을 져야함을 강조한다.

어린왕자의 별에는 3개의 화산과 한 송이의 장미꽃이 있었는데 장미꽃은 아름다우나 교만하고 투정부림에 쓸쓸하고 불행하게 느껴져 어느 날 자기별을 떠나 7개의 별을 차례로 방문한다.

- 1별에는 왕(끝없이 남에게 군림하려고 드는 어른),
- 2별에는 허영꾼(위선 속에 사는 어른),
- 3별에는 술꾼(허무주의에 빠진 어른),
- 4별에는 상인(물질 만능의 어른),
- 5별에는 1분마다 한 번씩 불을 켜고 끄는 점등인(자기 일에 아무런 의미를 찾지 못하는 어른),
- 6별에는 지리학자(이론 속에서만 사는 행동이 결여된 어른),
- 7별에는 우리가 사는 지구

어린 왕자가 지금까지 하나밖에 없는 꽃을 가진 부자라고 생각했는데 아름다운 장미가 많이 피어있는 정원을 보고 우는데 여우를 만나 친구가 되자고 제안하나 "관계를 맺고 서로가 필요하면 친구가 될 수 있다" 한다.

어린왕자가 갈증이 나 사막에서 우물을 찾으러 나서면서 "별들이란 보이지 않는 꽃 때문에 아름다운 것이고, 사막이 아름다운 건 어디엔가 우물이 있기 때문"이라면서 지구에 떨어진 지 꼭 1년이 되는 날 두고 온 장미를 책임지기 위하여 자기별로 돌아갈 것을 결심한다.

아저씨가 밤에 하늘을 바라보면 내가 그 별 중의 한 별에서 살고 있고… 모든 별들은 도르래가 있는 우물이 되어 내게 마실 물을 퍼줄 거야 하면서 나무가 넘어지듯 조용히 쓰러져 갔다.

【평가와 시사점】

법정 스님이 「어린왕자」는 단순한 책이 아니라 경전이며, 자신에게 읽고 싶은 책 2권을 추천하라고 하면 「법구경」과 「어린왕자」

를 추천하고 싶다고 할 정도로 어른들에게도 울림을 주는 작품이다.

숫자를 좋아하고 화려한 겉치레를 중요시하는 등 순수함을 잃어버린 어른들에게 동심을 일깨워준다. '정말로 중요한 것은 눈에 보이지 않는 법이다'면서 어른들을 비난한다.

2-3-2 「양치는 언덕」(미우라 아야꼬)

【배경】

「빙점」으로 노벨문학상을 수상한 미우라 아야꼬(三浦綾子)의 소설로 사랑에 대해 섬세하고 날카로운 문장으로 전개하고 있다.

자신도 기독교 신자로 가게를 운영하면서 나보다 못한 위치에 있는 사람을 배려하는 마음을 실천하고 남는 시간을 할애하여 원고를 집필하였다.

【주요 내용】

주요등장인물

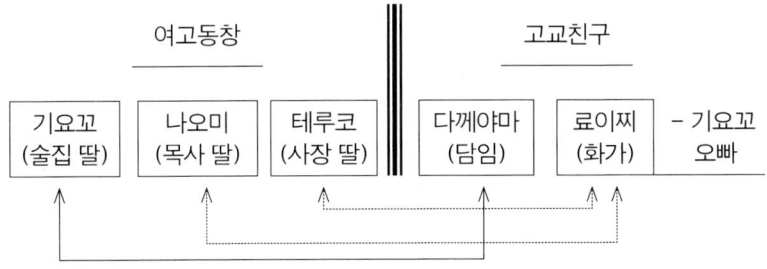

삿포로의 미션스쿨인 기다미즈(北水)여고의 나오미 등 3명의 친구들과 담임선생인 다께야마와 그의 친구인 료이찌와의 3각관

계에서 전개된다.

　주인공 나오미는 아름답고 영어회화 실력이 뛰어나 영어교사인 다께야마로부터 주목을 받는다. 그러나 기요꼬와 가깝게 지내다가 그녀의 오빠인 료이찌의 단순하고 솔직한 모습에 빠져 결혼을 결심한다. 부모의 반대로 료이찌가 교통사고를 당해 혼수상태에 빠지자 가출하여 간호를 하다가 살게 된다.

　료이찌는 신문기자로 나오미를 부인으로 맞이한 이후에도 테루코와의 관계를 유지하다가, 나오미가 주머니에서 용돈제공과 임신메모를 발견하고 친정으로 돌아간 후 료이찌도 나오미 집에 가서 폐병을 요양. 크리스마스 선물로 나오미에게 줄 그리스도의 자화상을 그린다.

　테루코는 기요꼬가 술집의 딸이라고 무시한다. 졸업 후 홋카이도청에 취직하고 다께야마를 수시로 찾아가 사랑을 고백하나 오빠의 방탕에 죄책감을 느끼고 다께야마와 결혼하기로 약속한다.

　테루코는 나오미의 미모를 질투하고 료이찌에게 용돈을 주고 관계를 맺고 기요꼬 어머니가 아버지의 첩이라고 항의. 크리스마스 이브에 료이찌를 집으로 유혹해 수면제를 탄 술을 권해 귀가 도중에 동사케 한다.

　다께야마는 나오미의 미모에 이끌려 료이찌와의 신혼생활이 불행한 것을 알고 구애하다가 어려워짐을 느껴 기요꼬와 결혼하기로 약속한다.

　나오미의 아버지가 과거 이모와의 불륜 사실과 어머니의 용서를 고백하면서 료이찌를 용서하도록 나오미를 설득하고, 료이치의 사망으로 재혼을 포기하고 비행소년들을 돌보는 학원에 가기로 결정한다.

【평가와 시사점】

인간은 누구나 원죄를 짓고 있어 모두 죄인일 수밖에 없다고 하면서 사랑, 애증, 고통을 하나님의 사랑으로 승화시켰다.

인간은 양떼들보다 더 가냘프고 어리석은 존재라고 생각하면서 생활에서의 사랑과 용서를 강조한다.

2-3-3 「상실의 시대 : 원제 노르웨이의 숲」 (무라카미 하루키)

【배경】

저자는 1949년 교토에서 출생하여 와세다대학 연극과를 졸업하고, 체코의 프란츠 카프카상(2006년), 이스라엘의 예루살렘상(2009년)을 수상하였다. 「태엽 감는 새」, 「해변의 카프카」, 「어둠의 저편」 등의 작품이 있으며, 그의 작품들은 세계 40여 개 나라에서 출간되어 베스트셀러가 되었다.

37살에 함부르크공항에 도착했을 때 비행기의 배경음악인 비틀즈의 "노르웨이의 숲(Norwegian Wood)"을 듣고 몰입되어 유럽에서 작품을 완성하였으며, 자신의 연애과정을 그린 자전적 소설이다.

【주요 내용】

도쿄의 사립대 학생인 와타나베는 그의 기숙사 친구인 기즈키가 자살하고, 그의 애인인 나오코가 교토에 있는 요양소(노르웨이의 숲처럼 산속에 위치)에 입원, 편지로 초청하자 찾아가면서 연인으로 발전한다.

나오코와 같은 방을 쓰는 레이코 여사는 13살 여학생이 피아노 교습을 받고 싶다고 간청하여 지도하던 중 동성애를 하면서 주위에 소문을 퍼트리자 이명·환청·불면 증상으로 이혼을 하고 요양소에 입소한다.

와타나베와 연극사강의를 같이 듣는 미도리는 서점상의 딸로 어머니가 돌아가시고 아버지마저 병원에 입원하자 병원에 문병을 가 잠시 간병을 하는데, 아버지가 와타나베에게 딸을 잘 부탁한다고 말하고 며칠 후 사망한다.

1969년 겨울방학이 시작되고 와타나베는 나오코가 있는 요양소를 다녀온 후 단독주택으로 이사한 후 나오코는 환청으로 건강이 악화되어 자살한다.

미도리는 애인과 헤어지고 와타나베에게 돌아왔으나, 와타나베는 나오코에 대한 인간으로서의 책임 때문에 헤어질 수 없어 시간을 달라고 간청한다.

나오코가 요양소에서 자살하자 와타나베는 충격으로 여러 도시를 여행하고, 레이코 여사는 와타나베를 찾아와 좀 더 강해지고 성장해서 어른이 되라고 충고하고 섹스를 즐긴 후 떠난다.

와타나베가 미도리에게 전화를 해서 '처음부터 다시 시작하고 싶다'고 한 후 '나는 지금 어디 있는가'하고 자문한다.

【평가와 시사점】

오늘날 현대인들에게 고독 속에서 꿈과 사랑, 정든 사람을 잃어가는 상실의 아픔 그리고 재생의욕을 불어넣어 주는 청춘들을 위한 장편소설이다.

2-3-4 「아Q 정전」(루쉰)

【배경】

루쉰은 중국 저장성 사오싱현 출신 소지주의 장남으로 태어났으나, 어려서부터 할아버지가 감옥에 가고 아버지가 병사하는 등 잇따른 불행을 겪은 인물로, 신해혁명을 전후하여 중국인의 민족혼을 일깨운 문필가이자 신문화의 선구자가 되었다.

아Q 정전은 미장이라는 농촌 마을을 배경으로 출신이 분명하지 않고 성과 이름도 모르는 떠돌이 아Q에 대한 이야기를 '정전'(실제로 있었던 일을 쓰는 것)의 형식을 빌려 쓰고 있다.

【주요 내용】

아Q는 혼자 사당에서 살며 날품을 팔아 생활하는 30세 정도의 남자로 누구의 관심도 받지 못하면서 사람들의 일손이 모자랄 때 일을 거들어주며 사는데, 사람들은 그를 무시하나 본인은 자신의 생각이 가장 옳고 가장 멋지다고 생각한다.

조씨네 집에서 일하면서 자신이 조씨 가문 또는 증조할아버지뻘이라고 말하면서 다니고 조씨 집 하녀 오마한테도 같이 자자고 하며, 여승을 아내로 삼고자 볼을 꼬집기까지 하다가 크게 혼이 나 아무도 그에게 일을 주지 않는다.

그러자 도성으로 들어가 도둑질을 해서 6개월 후 은화와 동전을 가득 지니고 나타나자 마을사람들로부터 존경을 받게 되고, 신해혁명의 바람이 불어 혁명당이 들어오자 아Q도 가담할 기회를 엿보고 변발을 틀어 올린다.

지주 조씨의 집이 혁명당으로부터 습격을 당하고 아Q가 도난 사건의 범인으로 지목되어 경찰에 끌려가 심문을 받고 그들이 시키는 대로 난생처음 붓을 잡고 동그라미 서명을 한 뒤 총살을 당한다.

(광인일기)

중학교 친구인 형제를 방문하여 동생의 투병소식을 묻자 형이 이제는 다 나은 동생이 쓴 일기를 보여준다. 일기에는 정신병 환자로서 주변 사람들과 동물까지도 자기를 잡아먹으려 한다는 피해망상의 내용이 들어가 있었다.

4,000년 동안 사람을 잡아먹는 식인종을 저주하고 '반성하라! 사람을 잡아먹는 인간은 참다운 인간이 아니다! 아직 사람고기를 먹지 않는 아이들을 구하라'고 외친다.

(고향)

도시에 나가 관리로서 출세한 컴퍼스가 어머니와 조카를 데리고 이사를 가기 위해 20년 만에 고향에 돌아와 구질구질하고 옛날 친구였던 하인인 망원을 보니 모습이 형편없고 나리라고 하여 거리감을 느낀다.

그 아들 윤토도 8살 조카에게 선물(조개껍데기, 깃털)을 주어 옛날 향수를 자극하나 남은 짐을 처분하고 배편으로 이사하면서 새로운 세상에서 꿈꾸고 있는 생활을 하도록 조카에게 부탁한다.

【평가와 시사점】

아Q를 통해 과거에 매달려 현실을 바로 보지 못하고 모욕을 당해도 자기 합리화하여 무마시켜 버리고, 혁명세력에 가담하지도 못하고 억울하게 처형되는 모습을 보여준다.
　당시 중국이 강대국에 대항할 힘을 갖추지 못하여 거의 무방비 상태로 침략을 당한 후에도 중화사상에 젖어 중국이 최고라고 고집하는 모순된 모습을 비유하면서 중국을 비판하고 있다.

2-3-5 「춘희」(뒤마 피스)

【배경】
　프랑스 파리에서 1924년 재봉사인 마리 카트린느 테블레의 사생아로 태어난 프랑스 작가 뒤마 피스가 25세에 발표한 논픽션 작품으로, 실존인물인 마리 뒤플레 라는 당시 유명한 창녀를 모델로 하여 자신의 처지를 투영하여 작품화하였다.
　춘희(동백아가씨)라는 별명이 붙은 것은 그녀가 극장에 갈 때마다 동백꽃을 한 아름씩 들고 갔기 때문이며, 이탈리아의 베르디가 '라 트라비아타'라는 이름으로 오페라를 만들어 큰 인기를 모았다.

【주요 내용】
　파리의 창부인 마르그리트 고티에(20세)가 폐결핵으로 죽자 몽마르트 언덕에 있는 묘지를 순수한 청년 아르망(24세)이 부담하여 하얀 동백꽃으로 치장하였고, 이로 인해 '춘희'라는 별명이 붙었다. 나중에는 경찰의 허가를 받아 고티에의 시신을 자기의 집 근처로 이장하게 된다.
　원래 아르망은 마르그리트를 짝사랑하였으나, 마르그리트는 공작의 경제적 후원으로 대저택에서 하인을 두고 오페라를 자주 관람하는 등 호사 누리기를 좋아하였다. 파리 외곽의 부지발이라는 지역의 저택으로 이사를 한 후에도 매일 밤에 손님들을 초대하였고, 결국 빚이 늘어나고 공작과의 육체적 관계도 소원해지자 공작이 경제적 후원을 중단한다.

이에 따라 마르그리트는 소유하고 있는 마차, 골동품 등을 매각하고, 파리로 이사를 와 아르망과 함께 전셋집에서 생활하기 시작한다. 아르망은 고티에의 부채를 어머니의 유산으로 갚기로 공증을 하는 등 여인에게 몰입한다. 이 시기 그의 아버지가 지방에서 파리로 올라와 아르망에게 이별하도록 명령하는 한편, 마르그리트에게도 아들의 결혼, 가족의 행복을 위해 아르망과 이별하도록 종용한다.

- '이상의 생활도 좋지만 한편에서는 물질의 생활도 기다리고 있는 거예요' 시녀인 프류당스의 말

마르그리트는 결국 헤어져 파리의 화류계에 재진입하고 공작의 도움으로 다시 별장과 마차, 골동품을 구입하는 등 옛날로 다시 돌아가는 듯하면서 아르망을 냉담하게 대하자, 아르망은 마르그리트에게 욕설을 퍼부으면서 보복을 하고 새로운 연인으로 마르그리트의 친구인 창부 오랑프를 만나 마차와 보석을 사준다.

드디어 아르망은 파리를 잊기 위해 동양으로 출항하는 배의 선단에 승선하여 떠나가고, 마르그리트는 죽는 날까지 일기를 쓰면서 아르망을 목을 놓아 부르면서 죽는다.

【평가와 시사점】

통속적 연애소설로 비극적 결말로 끝나는 러브스토리이다.
남들에게 축복받는 당당한 사랑보다 이룰 수 없는 불륜의 사랑이 더 애틋하고, 결혼하고 골인하는 사랑보다는 미완의 사랑이 더 아름답다고 한다.

2-3-6 「돈키호테」(세르반테스)

【배경】

스페인의 소설가·시인·극작가인 세르반테스는 떠돌이 외과의사인 아버지를 따라 불안정한 상태에서 자랐으며, 전쟁참여, 노예생활, 사업실패 등 자신이 체험한 떠돌이의 삶을 소설화하여 「돈키호테」를 59세(1605년)에 완성하여 성경 다음으로 많이 읽히는 세계적인 문학작품을 완성하였다.

「돈키호테」는 시골 라만차 지방의 몰락한 귀족인 돈키호테가 기사도소설을 탐독한 나머지 정신이상을 일으켜 착한 농부 '산초 판사'와 함께 그의 말인 로시난테를 타고 떠나면서 겪는 모험을 담은 작품이다.

- 라만차에는 지금도 10여 개의 풍차가 있으며, 마드리드에는 세르반테스의 동상, 돈키호테, 그의 말인 로시난테, 하인인 산초의 동상이 있다.

【주요 내용】

라만차 마을에 50세의 가난한 시골귀족 '돈키호테'가 하녀, 조카딸과 함께 살았다. 그는 기사도소설을 좋아해 소설의 거짓말을 모두 진실이라고 믿는다.

여관 주인에게 기사임명식을 해달라고 간청하여 정식기사가 되었다고 생각하고, 둘시네아를 영원한 마음의 여인으로 삼고 방랑 여행을 떠난다. 풍차를 거인이라고 생각하고 풍차를 찌르기도 한다.

여행 도중 움막의 염소치기와 함께 자면서 객주집을 영주의 성이라고 생각하고, 양떼를 병사들이라고 오해하여 돌격하고, 이발사의 놋대야를 머리에 쓰고 '맘브리노의 투구'라고 하는 등 기행을 한다. 닭장에 갇혀 두 손이 묶인 채 고향으로 돌아온다.

돈키호테는 둘시네아의 집을 찾아서 또 다른 모험을 떠나는데 숲에서 사자 우리를 열라고 지시하고, 산초가 마법을 풀기 위해 3,300대를 맞기로 하고, 산초는 섬을 1주일 다스리는 통치자가 되기도 한다.

하얀 달의 기사(동향 사람 대학생)와 결투하여 돈키호테가 지면 마을에 돌아가 1년 동안 무기를 잡지 않고 보내기로 하고, 이기면 무기와 말은 돈키호테의 것이 되면서 명성이 올라가는 것으로 하였으나 돈키호테는 져서 고향으로 돌아간다.

돈키호테는 대문 앞에서 하녀와 조카딸을 만나고, 6일이나 침대에 누워 있다가 제정신이 돌아와 산초에게 빚을 졌으므로 자신의 돈을 모두 산초에게 주라고 명령한 후 세상을 떠난다.

【평가와 시사점】

세상일을 익살스럽게 표현해 사람들의 웃음을 자아내는 해학소설의 백미로 원제목은 '라만차의 재치가 있는 시골양반 돈키호테'이다.

현실과 환상, 정신 이상세계와 온전한 세계, 슬픔과 기쁨, 지혜와 어리석음, 보호와 파괴 등 인간이 가지고 있는 보편적인 두 가지 삶의 모습을 그대로 보여주고 있다.

2-3-7 「노인과 바다」(어니스트 헤밍웨이)

【배경】

　미국의 소설가로 「노인과 바다」를 통해 노벨문학상(1954년)과 퓰리처상(1953년)을 수상하였다.
　사냥과 낚시에 몰두하였으며, 전쟁에도 관심을 가져 스페인 내전과 2차 세계대전에도 참전하였다.

【주요 내용】

　멕시코 만류에서 노인(산티아고)이 홀로 작은 배를 타고 먼바다로 나가 큰 청새치를 잡아 항구로 돌아오면서 겪는 노인의 외로운 싸움을 그린 작품이다.
　84일간 고기를 한 마리도 잡지 못하자 소년(마놀린)의 부모는 노인의 운이 다했다고 생각하고 다른 배를 타도록 하였으나 소년은 노인이 최고의 어부라고 평가한다.
　노인이 항상 빈 배로 돌아오나 소년은 도구를 챙겨주기도 하고 식사를 조달해주기도 하며, 소년이 노인과 다시 고기잡이를 하려고 하지만 노인은 소년의 장래를 생각해서 거절한다.
　노인은 85일째 소년이 구해온 정어리 미끼를 갖고 바닷가로 나가 10파운드나 되는 배보다 큰 청새치 한 마리를 잡았으나 미끼를 물고 노인의 배를 날이 밝도록 끌고 다녔으며, 노인과 고기는 서로 지쳐갔지만, 노인은 끝까지 포기하지 않았다.

2일째 밤이 되어 배의 옆에 고기를 묶었으나 상어가 계속 습격하여 물고기를 물어뜯어 머리와 뼈 그리고 꼬리만 남겨진 물고기를 끌고 깜깜한 항구로 돌아온다.

사람들은 노인이 잡아온 고기를 보고 그 어마어마한 크기에 놀라지만 노인은 기력이 쇠하여 긴 잠에 빠지고, 소년은 노인의 상처투성이 손을 보고 울음을 터트린다.

【평가와 시사점】

청새치를 잡아 귀환하는 과정을 통해 인생의 시련을 극복하는 모습을 사실적으로 보여주고 있다.

귀환하면서 바다가 변화가 없는 것 같지만 '매일 새로운 날이다'라고 말하면서 변화하는 세상에 평소 대비하여야 함을 주문한다.

2-3-8 「무기여 잘 있거라」(어니스트 헤밍웨이)

【배경】

헤밍웨이는 미국 시카고출신으로 「노인과 바다」로 퓰리처상과 노벨문학상을 수상했으며, 「무기여 잘 있거라」, 「누구를 위하여 종은 울리나」 등의 작품이 있다.

헤밍웨이는 1918년 제1차 세계대전에 자원하여 적십자 야전병원의 구급차 운전사로 참전해 오스트리아-이탈리아전쟁에서 중상을 입고 밀라노병원에 입원했다. 이때 훈장을 받고 간호사와 사랑에 빠지지만 그녀가 결혼을 거절했다. 이러한 경험을 기반으로 한 자전적 소설로 무기(arms)는 전쟁과 여인의 품을 뜻하며, 소설의 결말이 전쟁과의 결별, 연인과의 사별을 암시한다.

【주요 내용】

　프레드릭 헨리는 1차 세계대전의 의용군으로 이탈리아 전선에서 부상병 운반부대의 중위로 근무하는 미국인이다. 우기가 되어 오스트리아군이 일시 공격을 중단하자 휴가를 다녀온 헨리에게 동료 리날디 중위가 영국인 간호사 캐서린을 소개시켜준다. 처음엔 진지하게 만난 사이는 아니였지만 두 사람은 점점 서로에게 관심을 갖게 된다.

　헨리가 적의 박격포 공격으로 부상을 당하고 밀라노병원으로 후송되자 캐서린도 그곳으로 옮겨오고 두 사람 사이에 진정한 사랑이 싹튼다. 헨리의 다리 수술이 성공적으로 끝나고 몸이 어느 정도 회복되어 다시 전선으로 나가고 캐서린은 임신 3개월임을 알려준다.

　헨리가 부대에 복귀 후 독일군의 대대적인 공격으로 이탈리아군이 후퇴할 수밖에 없고, 후퇴하는 도중 그는 부하들을 잃어간다. 헨리 역시 독인군의 스파이란 누명을 쓰고 총살당할 위기에 처하자 강에 뛰어들어 탈출에 성공한다.

　겨우 목숨을 건진 헨리는 전쟁에 대한 혐오감으로 무기를 버리고 계급장을 떼어낸 뒤 밀라노로 가서 캐서린과 함께 스위스로 갈 준비를 한다. 그러던 중 잘 알고 지내던 사람의 은밀한 도움으로 헌병을 피해 캐서린과 함께 스위스로 도망간다.

　스위스의 아름다운 자연 속에서 행복한 나날을 보내고 시간이 흘러 봄이 되어 캐서린의 출산이 임박해오자 병원이 있는 로잔으로 이사하여 아기의 출산을 준비한다. 그러나 캐서린은 난산 끝에 출혈로 아기와 함께 세상을 뜬다. 혼자 남은 헨리는 비를 맞으며 쓸쓸하게 호텔로 돌아온다.

【평가와 시사점】

비인도적인 전쟁의 참상을 매우 사실적으로 묘사함으로써 전쟁의 비정함과 허무함을 생생하게 전달하고 있다.

전쟁의 비인간성에도 불구하고 인간의 본성인 사랑의 의미를 되새겨본다. 유일한 분단국인 우리에게 주는 의미는 남다르다.

2-3-9 「로빈슨 크루소」(대니얼 디포)

【배경】

런던 출신 대니얼 디포가 59세인 1719년에 발표한 소설로 상관의 미움을 사서 혼자 무인도에 버려졌다가 4년 4개월 만에 구조된 알렉산더 셀커크를 모델로 하였다.

당시 중상주의 정책으로 유럽의 각국이 식민지개척에 열중하였으며, 해적들이 바다에 자주 출몰하여 무역선을 약탈하고 사람을 죽이던 시기였다.

【주요 내용】

영국 요크태생인 크루소는 18세가 되자 부모의 반대를 무릅쓰고 런던으로 가 여러 가지 모험을 한 후 기니로 가는 배를 탔다가 난파를 당해 서인도제도의 한 무인도('절망의 섬'이라고 명명)에 정착한다.

　난파된 배에서 식료품과 옷, 무기 등을 운반하고 샘물이 흐르는 언덕에 오두막을 짓고 벼와 보리를 심으며 염소를 키우는 등 자급자족 생활을 시작한다. 탁자와 의자를 만들어 일기도 쓰고 총으로 사냥도 한다.

　18년이 지난 어느 날 해안선에서 사람의 발자국을 보고는 놀라워한다. 그러나 곧 신앙심으로 마음의 안정을 되찾고 사람의 뼈를 보고 그곳이 야만인들이 포로를 끌고 와 잡아먹는 곳이란 것을 알게 된다.

　25년째 식인종들이 또 한 명의 포로를 끌고 와 죽이려고 하자, 그 흑인 포로는 크루소가 살고 있는 곳으로 도망쳤고, 크루소가 그를 구해주고 '프라이데이'라고 이름을 지어주고 하인으로 부렸다.

　얼마 후 또 식인종들이 에스파냐인들과 프라이데이 아버지를 잡아 그 섬에 나타나자 그들을 구하고, 영국 배가 나타나자 선상반란을 일으킨 선원들로부터 선장을 구해내고, 35년 만에 같이 고향인 영국으로 돌아왔다.

【평가와 시사점】

　일기형식과 주인공이 실제 겪은 이야기를 자서전형식으로 엮은 소설로 사회현실을 문학작품화하여 리얼리즘을 개척했다는 평이다.

　크루소는 무인도에서의 생활을 통해 '칼자루가 산처럼 쌓인 돈보다 낫겠다'고 하면서 현실을 직시하면서도, '부정보다는 긍정을, 내게 없는 것보다는 갖고 있는 것을 즐기는 법을 배웠다'는 낙천적인 생각을 갖게 되었음을 보여준다.

2-3-10 「걸리버 여행기」(조너선 스위프트)

【배경】

아일란드 더블린에서 태어나 목사를 거쳐 토리당을 대표한 정치가와 작가로, 타락한 귀족사회를 비꼬는 풍자소설을 많이 썼다. 당초 어른들을 위해 로빈슨 크루소보다 7년 늦게 1726년 쓴 작품으로 표류기형식을 빌려 여러 나라에서 겪은 이상한 체험들을 소설로 엮었다.

【주요 내용】

1. 소인 나라

걸리버는 영국 브리스항을 출발하여 희망봉을 돌아 남양(수마트라섬)행 무역선의 선상의사가 되어 출발하였으나 태풍을 만나 배가 두 동강이 나 표류하다가 포로가 된다.

밧줄에 묶인 상태에서 키가 15cm 되는 작은 사람들의 조사를 받고 수도까지 수레에 끌려간다. 왕국에서 걸리버를 '사람산'이라고 칭한다.

왕국에서는 i)구두 높이에 대한 당파싸움 ii) 옆 나라와 삶은 달걀 껍데기를 깨는 순서를 놓고 전쟁 중에 있었다. 걸리버가 전쟁에 투입되어 적의 군함을 빼앗아 돌아왔으나, 오히려 죽이려고 해 이웃 나라로 탈출한다. 이후 영국 상선에 옮겨 타고 다운스항에 도착한다.

2. 거인 나라

인도행 상선의 선상의사로 승선하여 희망봉에서 배 수리를 마치고 가다가 폭풍우를 만나 섬에 도착한다. 낫을 든 거인 농부가 손수건에 걸리버를 싸서 집에 가 소인이라고 부른다.

　농부가 장날에 데리고 가자 사람들이 모여들었고, 궁전에 팔려가 유럽의 제도에 대해 설명한다. 거인 나라에서 3년이 되자 고국이 그리워졌고 상자에서 잠을 자다가 독수리가 낚아채 날아올랐다가 떨어져 표류한다.

　같은 크기의 사람들에 의해 구조되었다가 미친 사람으로 생각하자 거인 나라의 여러 물건들을 보여주었고, 인도에 들렀다가 4년 만에 집에 돌아온다.

3. 하늘을 나는 섬나라

　집에 온 지 2달이 지나 동인도로 가는 배에 승선하여 인도차이나 가까운 섬으로 장사를 나갔다가 폭풍우를 만나 해적선의 추격을 받고 무인도에 도착한다. 하늘을 나는 거대한 섬이 무인도에 접근하여 내려진 의자에 올라타 위로 올라간다.

　섬 모양이 둥글고 섬사람들은 생김새도 다르고 옷도 이상하고 깊은 생각에 빠져 있으며 막대로 쳐서 깨웠다. 임금님은 유령들과 지내고 죽은 사람들은 사실대로 말하였다.

　일본으로 갔다가 네덜란드의 배를 타고 암스테르담에 갔다가 3년 8개월 만에 고향으로 돌아온다.

4. 말의 나라

　귀국한 지 5개월이 지나 선장이 되어 서인도를 향해 포츠머스 항을 떠난다. 그러나 새로 고용된 선원들이 반란을 일으켜 배에 갇히게 되고, 해적선이 되어 에스파냐 배를 습격하는 계획을 세우다가 외딴 섬에 귀양을 간다.

섬에는 보기 흉한 짐승들이 많았으며 일반 말과는 다른 말이 지배하고 있었다. 마구간 같은 방에서 자고 사람의 말을 이해하지 못했다. 하지만 점차 말의 영향을 받아서 추악한 인간 세상에 다시 돌아가는 것이 싫어지게 된다.

그럼에도 2달간 작은 배를 만들어 무인도로 출발하였고 큰 배를 만나 포르투갈 리스본을 거쳐 영국에 귀국한다. 일 년 동안 인간들의 냄새가 싫어 마구간을 짓고 말 2마리를 사서 친구가 된다.

【평가와 시사점】
16년간의 여행 이야기로, 원래 어른들을 위해 쓴 소설이며 당시의 정치 현실을 풍자하고 있고, 높은 덕을 갖춘 사람다운 사람이 되기를 바라는 마음에서 썼다고 한다.

걸리버와 함께 겪는 갖가지 모험과 새로운 체험은 풍자의 목적을 떠나 어린이와 청소년들에게는 미지의 세계에 대한 탐험과 모험의 장이기도 하다.

2-3-11 『빌헬름텔』(프리드리히 폰 실러)

【배경】
독일의 시인이자 극작가인 실러는 우정을 나눈 괴테와 함께 위대한 국민시인으로 추앙을 받고 있으며, 베토벤교향곡 9번 합창의 『환희에 붙여』도 실러의 작품이다.

『빌헬름텔』은 실러의 마지막 작품으로, 주인공 텔은 폭군과 불의에 대항해 싸워 억압받는 사람들을 폭정으로부터 구한 영웅으로 사랑을 받고 있다.

【주요 내용】

　1800년대 전후 스위스의 옛 지역은 아름다운 풍경과는 달리 오스트리아 등 폭군의 억압이 가혹해서 사람들이 고통 속에 신음하며 살던 곳이었다.
　장대에 걸어놓은 모자 앞을 지나가는 모든 사람들은 머리를 숙여 인사를 하도록 했으며, 누구든 총독의 명령을 따르지 않으면 벌을 주었다. 더구나 오스트리아 황제의 임명을 받아 파견된 총독들은 자신이 통치하는 지역을 오스트리아 황제에게 바치려고 수단과 방법을 가리지 않았다.
　슈비츠, 우리, 운터발텐 3주(州)의 주민들은 오스트리아 황제의 폭정에 대항할 계획을 세웠다. 세 지역에서 온 대표들은 한마음 한뜻으로 뭉쳐 이방인 게슬러 총독의 지배 아래에서 벗어날 것을 맹세하였다.
　이 무렵 텔은 큰아들 발터와 함께 장인을 만나기 위해 처가로 가다가 모자에 인사를 하지 않고 그냥 지나갔다. 그러자 반역죄로 텔을 체포하려다가 소란이 벌어지고 게슬러 총독이 지나다가 보게 되었다.
　총독은 용서를 구하는 텔에게 아들 발터의 머리 위에 사과를 올려놓은 뒤 80걸음 떨어진 곳에서 화살을 맞히면 목숨을 살려 주겠다고 말했다. 텔은 여러 번의 망설임 끝에 화살을 명중시켰다.
　이어서 게슬러는 텔이 화살을 2개 뽑은 것을 트집을 잡아 텔을 배에 태워 압송해가다가 총독과 텔을 태운 배가 풍랑을 만나 텔은 도중에 구사일생으로 바위로 뛰어올라 살아나고, 총독의 배도 풍랑을 헤치고 가까스로 항구에 도착한다.

텔은 총독보다 빨리 가로질러 좁은 고갯길에서 지키고 있다가 총독이 지나가자 화살을 쏘아 죽였다. 오스트리아 황제도 조카에 의해 살해되어 평화가 찾아온다. 이후 슈비츠 주와 알프스 산을 따 스위스라고 명명하고 독립을 선언한다.

【평가와 시사점】

세계의 역사를 바꾼 3개의 사과 중 하나로 전 세계인에게 민주주의와 민족주의를 일깨워준 정치성이 짙은 문학작품이다.

2-3-12 「동물농장」(조지 오웰)

【배경】

조지 오웰은 영국의 소설가·비평가로 인도에서 태어나 영국에서 학창시절을 보냈으며, 옛 소련으로 들어가 공산당이 무자비하게 탄압하는 것을 보고 반공주의자가 되었다.

『동물농장』은 인간을 농장의 동물들에 빗대어 표현하였는데 동물농장은 공산주의를, 나폴레옹은 스탈린을 상징하여 인간들의 그릇된 모습을 비판하고 있다.

【주요 내용】

존슨 씨의 매너 농장에 돼지, 말, 등 많은 동물이 사는데, 상을 탄 수퇘지 '메이저'의 유언에 따라 돼지가 중심이 되어 반란을 일으킨다(외양간 전투).

　가장 영리하다고 인정받는 돼지들이 중심이 되는데 농장의 주인이 된 동물들은 희망에 부푼다.

- 동물의 7계명 : ①두 발로 걷는 자는 적이다. ②네 발로 걷는 자와 날개를 가진 자는 모두 친구다 등

　그중에서 스노볼과 나폴레옹이 가장 뛰어났으며, 풍차를 세우는 문제와 농장 지키는 문제로 대립하다가 스노볼이 나폴레옹의 음모로 쫓겨나고 반대하는 돼지, 암탉, 거위 등이 처형되었다.
　동물 중 말인 '복서'가 묵묵히 자신이 할 일을 부지런히 일하면서 은퇴하기 전 풍차가 완성되는 모습을 보고 싶다 하고, 도살업자에게 끌려가면서도 '앞으로 나아가시오, 동지들'하고 주문하였다.
　그 뒤로 나폴레옹은 마음대로 권력을 휘두르고 풍차는 인간들에 의해 폭파된다(풍차 전투). 곡식의 생산량은 늘어가지만 동물들의 생활은 좀처럼 나아지지 않으며, 오직 돼지들만이 배부른 생활을 한다.
　돼지들은 비만해지고 동물들이 늘어나고 있으나 인간인 이웃농장 주인들과 술잔치를 벌이고 카드놀이를 즐긴다. 이때 누가 인간이고 누가 돼지인지를 구분할 수 없는 상황에 이른다.

【평가와 시사점】
　동물농장을 통해 공산주의 사회의 타락한 모습을 보여준다. 농장주인 존슨씨(러시아 차르황제)를 몰아낸 동물들은 평등사회를 지향하나 나폴레옹(소련의 옛 지도자 스탈린)은 정치적 반대자를 처형했다.

국가와 사회는 자유와 평등이 보장되어야 하나 공산주의는 흑백논리로 적과 친구로 나누고, 온갖 작전과 책략으로 상대방을 제압한다.

2-3-13 「바람과 함께 사라지다」(마가렛 미첼)

【배경】

마가렛 미첼은 미국 조지아주 애틀랜타에서 태어났으며 1936년 출간 이후 1년 만에 150만 부가 팔리고 이 작품으로 퓰리처상을 받았으며, 영화로 제작되어 오스카상의 8개 부문을 휩쓸었다.

이 작품은 미국의 남북전쟁 당시의 사회상을 보여주고 있으며, 대공황기 강인하고 꼿꼿한 여주인공 스칼렛을 통해 좌절하지 않는 인간의 불굴의 투혼을 그려냈다.

【주요 내용】

전쟁발발 직전 발랄하고 아름다운 소녀 스칼렛(16세)은 대지주의 맏딸로 누구에게도 지기 싫어하고 오만하지만 마을청년들에게는 선망대상이었다. 그러나 그녀의 마음엔 오직 애슐리뿐이었다. 그러나 그가 그녀를 외면하고 그의 사촌인 단아한 멜라니와 결혼하게 되자 스칼렛은 분한 마음을 억제하지 못하고 홧김에 멜라니의 오빠인 찰스와 급히 결혼한다.

결혼 후 얼마 되지 않아 참전했던 찰스가 죽고 애슐리는 귀향하지만 스칼렛에게 남은 것은 가난과 공포뿐이었다. 가장이 되어 버린 그녀는 더욱 강인하게 변해갔다. 지주에게 부과되는 세금을 해결하기 위해 여동생의 약혼자인 프랭크(제재소 경영)와 재혼하지만 6개월 만에 죽는다.

 이어 그 지역에서 암상인 활동을 하는 레트와 세 번째 결혼하여 사업수완을 발휘하여 대단한 부를 축적한다. 그러나 애슐리에 대한 미련 때문에 레트와의 관계는 점점 꼬여간다. 그러던 중 레트와의 사이에서 태어난 딸 보니가 말에서 떨어져 죽자 레트가 정신이상 증세까지 보인다.

 멜라니가 임신중독으로 죽자 스칼렛은 애슐리에 대한 자신의 사랑이 환상이고 진정한 안식처는 레트임을 깨닫는다. 스칼렛이 레트에게 사랑을 고백하지만 스칼렛을 향한 마음은 이미 정리가 된 후였다. 레트가 외국으로 떠나고 홀로 된 스칼렛은 새 출발을 위해 고향 타라로 떠난다.

 스칼렛은 레트의 둘째 아기를 임신하고 레트가 다시 돌아오기를 기대하며 '무슨 일이든지 내일 타라에서 다시 생각하자. 내일은 또 내일의 해가 뜨는 법이니까!'라고 선언한다.

【평가와 시사점】

 제목처럼 전쟁(바람)으로 인해 스칼렛이 행복을 모두 잃었지만(사라지다), 국민들에게 내일이라는 용기와 희망을 주는 긍정적 메시지가 담긴 작품이다.

 사랑 없이 돈만 고려해서 결혼하면 불행해질 수밖에 없다. 스칼렛은 홧김에 찰스와 처음 결혼하고, 돈 때문에 두 번째 프랭크 그리고 레트와 재혼한다.

2-3-14 「올리버 트위스트」(찰스 디킨스)

【배경】

찰스 디킨스는 1872년 영국 포츠머스에서 태어났으며, 그의 아버지는 하급관리로 사치와 낭비가 심하여 가족이 궁핍한 생활을 했다. 12세 때 구두약공장에서 일을 하고 15세에 학교를 그만두고 변호사사무실의 사환, 법원의 속기사로도 일했다.

당시 영국은 산업혁명으로 많은 사람이 도시로 밀려들었고 빈민으로 흡수되었다. 따라서 자신의 어린 시절에 겪은 빈곤과 도시하층민들의 삶이 잘 드러나 있다.

【주요 내용】

보육원에서 한 여인(아그네스)이 아이(올리버)를 낳고 죽는다. 올리버는 보육원을 거쳐 9살에 빈민수용소로 넘겨져 자란다. 이런 시설들은 외부기관에서 경제적인 도움을 주지만 관리자들이 중간에 돈을 떼어먹어 수용된 어린이들이 헐벗고 굶주린다.

빈민수용소에서 죽 한 그릇을 더 달라고 했다는 이유로 올리버는 장의사에게 팔려갔다가, 그곳에서도 노동력을 착취당하고 사람들에게 시달리다가 런던으로 도망을 간다. 이 과정에서 소매치기 두목 페이긴을 만나는데 어린아이들에게 소매치기 기술을 가르쳐 앵벌이를 시키는 악한이다.

소매치기를 하는 도저와 찰리를 따라나섰다가 경찰에게 붙잡히고, 브라운로씨(아버지 친구)를 만나 아버지가 그린 어머니의 초상화가 거실에 걸려있는 것을 보고 애착을 보인다. 행복도 잠시 책방에 심부름을 가다가 다시 페이긴에게 끌려가고 사이크스에게 이끌려 부잣집을 털러가 총을 맞아 죽을 고비를 넘긴다.

총을 맞고 깨어나 다시 그 집으로 달려가 집 앞에서 쓰러진다. 메일리 부인과 수양딸 로즈양의 간호로 안정을 되찾고 올리버는 어엿한 소년으로 자란다. 로즈양이 매우 아파 메일리 부인의 외아들인 할리가 런던에서 와 청혼을 하나 어머니가 반대하고 로즈양도 자신이 귀족 출신이 아니라고 기피한다.

브라운로씨의 맹활약으로 올리버의 이복형인 멍크스의 탐욕스러운 꿍꿍이속셈이 밝혀진다. 그 과정에서 올리버에게 도움을 준 낸시가 사이크스에게 맞아 죽고, 그 죄값으로 사이크스가 도망치다가 지붕에서 죽고, 페이긴은 감옥에 갇혀 사형된다.

올리버는 자신의 출생에 얽힌 비밀이 아버지가 죽으면서 쓴 2통의 편지로 풀려서 아버지의 유산을 받게 되고, 이모 로즈도 귀족 아들인 할리와 결혼하여 행복한 결말을 맞게 된다. 할리는 브라운로씨 집 근처에 교회를 짓고 목사로 부임하며, 올리버는 어머니를 위해 교회 뒤편에 하얀 대리석 십자가를 세우고 자주 찾아가 기도를 올린다.

【평가와 시사점】

주인공의 모진 시련을 겪은 후 행복한 결말을 맞는다는 희망적인 메시지가 국민들에게 큰 감동을 주었다.

인간성의 대비(악한-페이간과 사이크스 : 선인-브라운로씨와 로즈양)로 인간의 선한 의지가 사회문제를 해결할 수 있다는 믿음을 보여주고 있다.

2-3-15 「폭풍의 언덕」(에밀리 브론테)

【배경】

에밀리 브론테는 영국의 여류작가로 소설가이자 시인으로 언니인 샬럿 브론테와 여동생 앤 브론테와 함께 시집을 내기도 하였다. 농장을 세낸 록우드가 집주인이 사는 워더링하이츠(폭풍의 언덕)를 방문하면서 가정부 넬리에게 이야기를 듣게 되는 회상적 형식으로 사랑과 복수에 관한 이야기이다(1847년 출판).

【주요 내용】

주요 등장인물

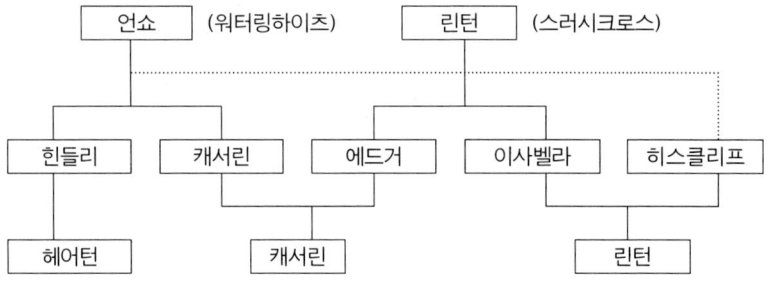

언쇼가 리버풀에서 돌아오다가 거리를 헤메던 소년 '히스클리프'를 데리고 와 자기 아이들인 힌들리, 캐서린과 함께 키운다. 히스클리프는 캐서린과는 잘 지내면서 사랑하는 감정을 갖게 되나, 힌들리와는 항상 다투며 미워한다. 언쇼부부가 죽자 힌들리는 히스클리프를 머슴처럼 부리며 학대하기 시작한다.

그러다가 캐서린이 에드거와 결혼하자 히스클리프는 갑자기 사라진다. 3년 후 히스클리프는 교양을 갖춘 부유한 신사가 되어 워터링하이츠로 돌아와 캐서린에 대한 사랑과 힌들리와 에드거에 대한 복수심을 갖게 된다. 히스클리프는 힌들리를 꼬여 재산을 빼앗고 워터링하이츠를 차지했을 뿐만 아니라 힌들리가 죽은 후 그의 아들 헤어턴을 학대한다.

　복수심으로 에드거의 누이동생인 이사벨라와 결혼하지만 결국 이사벨라는 집을 나가 린턴을 낳고 몇 년 뒤 죽는다. 캐서린은 히스클리프의 애증에 휩싸여 정신병을 얻어 아이를 낳다가 숨을 거둔다. 히스클리프는 린턴가의 재산을 차지하기 위해 이사벨라와의 사이에서 낳은 아들 린턴과 에드거의 딸 캐서린을 강제로 빨리 결혼시킨다.

　하지만 린턴은 곧 병사하고 세월이 흘러 혼자 남은 히스클리프도 캐서린의 망령에 시달리다가 4일 동안 굶다가 죽는다. 결국 언쇼가의 헤어턴과 린턴가의 캐서린이 사랑하여 히스클리프에게 빼앗긴 재산을 되찾고 평화가 찾아온다.

【평가와 시사점】

　캐서린의 가치인 황무지적인 자연성과 린턴가의 가치인 세련된 교양이 충돌하여 캐서린의 죽음을 가져오고 파국을 맞는다. 히스클리프가 양가를 복수하고자 하나 망령에 시달리다가 죽고 해피엔딩으로 끝난다.

2-3-16 「레미제라블」(빅토르 위고)

【배경】

　빅토르 위고는 프랑스의 낭만파 시인·소설가·극작가로 아버지는 나폴레옹 휘하의 장군이었고 어머니는 왕당파 집안 출신이었다. 그는 나폴레옹 3세에 반대하여 저항하다 국외로 추방되어 19년간 망명생활을 하였다.

「레미제라블」(불어로 '비참한 사람들')은 「장 발장」으로도 널리 알려졌으며, 낭만주의 시대를 대표하는 역사소설로 배경이 나폴레옹의 등장과 몰락으로 작품에 자유·평등·박애의 정신이 깃들어 있다.

【주요 내용】

주인공 장발장은 굶주린 7명의 조카를 위해 빵을 훔치고 5년형을 선고받은 후 4번 탈옥하였다가 19년 동안 감옥생활을 한다. 46세가 되어 감옥에서 나온 그는 나그네가 되어 여관, 선술집, 교도소, 움막까지 찾아갔으나 쫓겨났으며 모두 냉대하였다.

미리엘 주교의 보살핌으로 새 인간이 되어 마들렌으로 이름을 바꾸고 사업을 하여 재산도 모으고 시장이 되어 선정을 베푼다. 그러나 자베르 경감의 끈질긴 추적 끝에 전과자라는 사실을 의심받는다. 이때 장발장으로 누명을 쓴 사내를 위해 스스로 정체를 밝히고 다시 감옥에 간다.

그 후 장발장은 탈출하여 어린 코제트(여직공 팡틴의 딸)와 함께 숨어산다. 이때 파리에 대학생, 노동자 들이 중심이 된 'ABC 동지들'이 모였다. 이 모임에 참가한 '질 노르망' 노인의 외손자이면서 워털루전투의 유공자인 아버지(대령, 남작, 훈장)의 사위인 마리우스는 장발장과 성장한 코제트를 만나 사랑하게 된다.

또한 자베르 경감이 끼어들고, 혁명의 물결 속에 장발장의 도움으로 목숨을 건졌던 자베르는 양심의 가책으로 스스로 강에 투신하여 목숨을 끊고 코제트와 마리우스도 결혼에 성공한다. 홀로 남은 장발장은 점점 몸이 약해져 자리에 눕게 되고 코제트와 마리우스가 지켜보는 가운데 숨을 거둔다.

【평가와 시사점】

　법이 없으면 사회질서를 유지할 수 없다. 그러나 법이 반드시 모든 사람에게 평등하게 적용되는 것이 아닌 것 같다. 사회질서를 유지하기 위한 최선의 장치가 동물과 달리 인간의 양심이라고 보았다.

　사랑이 이 세상에 제일 중요하다고 보았으며, '비참은 누구의 책임인가?'라고 자문하면서 무관심의 결과이므로 있는 자들이 자비의 손을 내밀을 것을 강조한다.

2-3-17 「알프스 소녀 하이디」(요하나 슈피리)

【배경】

　요하나 슈피리는 스위스의 시인이자 아동문학가로 어린 시절부터 문학에 관심이 많고 특히 시 쓰기를 좋아했으며, 고아원과 비행소년수용소, 여학교에서 상담역을 맡아 자라나는 아이들의 고민에 귀를 기울였다.

　하이디는 30여 개국의 언어로 출판되었으며, 영화화되기도 하면서 세계아동문학의 고전이 되었다. 이 작품은 아이들에게 희망을, 어른에게는 깊이 있는 삶의 의미를 되새기게 한다.

【주요 내용】

　스위스의 작은 도시에 사는 이모가 좋은 일자리가 생겨 4~5살의 조카 하이디를 알프스 고원에 홀로 사시는 할아버지에게 맡긴다. 할아버지는 혼자 살면서 마을 사람들과 왕래가 없으며 고집이 세고 괴팍한 노인으로 알려졌다. 하이디의 밝고 건강한 웃음으로 할아버지의 생활자세도 변하고 하이디도 건강한 소녀로 자란다. 이웃의 염소 치기 소년 페터와 그의 눈먼 할머니도 하이디의 덕으로 활기찬 생활을 한다.

　하이디가 8살이 되자 갑자기 이모가 프랑크푸르트의 부잣집으로 데려간다. 휠체어에 의존한 채 생활하는 외동딸 클라라에게 말동무가 되어주기 위해서이다. 3살 많은 클라라는 언니처럼 친절하게 대해주고 글도 배우지만, 하이디는 알프스 고원에 대한 향수로 몽유병까지 걸린다. 이때 클라라 아버지의 친구인 의사선생님이 하이디를 고향으로 돌아가도록 한다.

　고향으로 돌아온 하이디는 할아버지와 페터네 가족 그리고 염소들과 어울려 건강을 회복하고 웃음을 되찾는다. 하이디를 데리고 온 의사선생님은 아픈 마음과 몸이 다 나은 것 같다고 자연의 치유력에 감탄한다. 그러나 클라라는 건강상의 이유로 하이리에게 방문하는 것을 봄까지 기다린다. 겨울이 되어서는 마을로 임시 내려와 학교도 다니고 페터도 하이디의 권유로 공부를 한다.

　6월이 되어 클라라와 할머니가 하이디의 집으로 찾아간다. 클라라는 알프스의 신선한 공기를 마시고 염소 젖을 2그릇씩 먹는 등 건강이 많이 좋아졌다. 할아버지와 하이디의 부축을 받고 풀밭에가 걷기 시작한다. 클라라의 할머니와 아버지가 와서 보고 놀라면서 할아버지에게 감사를 표시한다. 이어 클라라는 할머니, 아버지와 함께 스위스로 여행을 떠난다. 의사선생님은 고원에 이사를 와서 하이디를 양녀로 삼는다.

【평가와 시사점】

하이디는 기적처럼 행복을 전이시키는 촉매제와도 같다. 일찍부터 자연의 경이로움과 순박함을 알고 주변에 전파한다.

고도의 도시화와 고령화로 점점 삭막해져 가는 현대사회에서 청량제와 같이 어린이뿐만 아니라 어른들까지 읽어야 할 문학작품이다.

2-3-18 「죄와 벌」(표도르 도스토옙스키)

【배경】

도스토옙스키는 톨스토이와 함께 러시아문학의 대가로 1821년 러시아 모스크바에서 태어났다. 사회주의를 신봉하는 단체에 가입하여 혁명가들과 교류하여 총살형을 선고받았다가 사면되어 시베리아 강제노동으로 감형되어 4년 동안 유형생활을 하였다. 가족의 사망과 잡지발행으로 거액의 빚을 져 외국으로 피신해 전전하다가 러시아로 돌아와 집필한 것이 「죄와 벌」이다. 이 작품으로 세계적인 작가가 되었다.

이 소설은 자신이 겪은 유형생활을 모티브로 하여 살인죄를 저지른 주인공의 참회에 따른 심리적 변화를 드러내고 있고, 환경과 범죄, 선과 악, 신과 인간의 문제를 심오하게 다루고 있다.

【주요 내용】

　러시아 페테르부르크 빈민가에 사는 가난한 대학생 라스콜리니코프는 특별한 인간과 보통 인간의 2부류가 있다고 보았다. 즉 보통 인간들은 현재의 질서를 유지하며 규범을 벗어날 수 없다. 그러나 특별한 인간은 인류를 위해 새로운 일을 도모할 수 있는 사람들이어서 범죄를 행할 권리가 있다고 한다.

　그는 물건을 저당 잡혀 잘 아는 전당포 노파(알료나)를 더럽고 '남의 피를 빨아먹는' 사회의 유해한 존재로 여기고 무자비하게 살해한다. 그리고 그 현장을 목격한 노파의 여동생까지 살해한다. 그리고 전당포에서 훔친 돈과 물건을 아무 가치가 없는 것으로 생각하고 돌 밑에 숨겨둔다. 이 살인사건을 담당한 예심판사 포리피리는 라스콜리니코프가 쓴 논문 <범죄론>을 읽고 그를 유력한 용의자로 보고 심리적 압박을 가한다.

　라스콜리니코프는 우연히 술집에서 하급 공무원인 마르메라도프를 알게 된다. 마르메라도프가 마차에 치여 죽는 사고를 당하자 소냐와 만나게 된 라스콜리니코프는 장례식을 위해 돈을 소냐의 계모인 카체리나에게 전한다.

　그 사이 라스콜리니코프의 어머니와 여동생 두냐가 그를 찾아온다. 두냐는 변호사인 루진의 청혼을 받은 상태였으나 라스콜리니코프는 그의 오만한 성품을 문제 삼아 결혼에 반대한다. 그 때 두냐가 가정교사로 있던 때의 집주인이던 스비드리가일로프가 등장하여 두냐에게 치근댄다. 그러나 두냐는 이기적인 루진과 결별하고 라스콜리니코프의 친구인 라주미힌과 결혼하기로 마음을 굳힌다.

　라스콜리니코프는 소냐의 순수한 마음에 이끌리어 자신의 살인

범죄를 고백한다. 이때 스비드리가일로프가 그들의 대화를 엿듣고 이것을 무기로 두냐에게 청혼한다. 그러나 두냐가 완강히 거부하고 그는 그녀의 마음을 살 수 없음을 알고 자살한다. 소냐의 권유로 라스콜리니코프는 경찰서를 찾아가 자수한다.

재판과정에서 라시콜리니코프는 자수를 하였고, 훔친 물건과 돈을 사용하지 않은 점 등을 감안하여 관대한 판결이 내려져 8년의 시베리아 유형을 선고받는다. 소냐도 라스콜리니코프를 따라서 시베리아로 떠난다. 라스콜리니코프는 유형생활을 하면서도 자신의 죄를 깨닫지 못하다가 소냐의 사랑과 희생으로 참회하고 마침내 새로운 인간으로 태어난다.

【평가와 시사점】

1866년 발표된 이 소설을 통해 당시 러시아가 봉건주의 사회이었음에도 불구하고 일찍이 사회혁명에 관한 이론적 연구와 사회주의 신봉단체가 있었음을 알 수 있다.

라스콜리니코프는 '선택된 강자는 인류의 행복을 위해 죄를 범할 권리가 있다'는 논리로, 자신의 살인죄를 정당화하려는 범죄심리는 사회정의의 실현측면에서도 용인될 수 없다.

세상을 변화시키기 위하여 라스콜리니코프는 대학생으로서 폭력에 대한 보복을, 반대로 소냐는 매춘녀이지만 가족을 위해 사랑에 의한 구원을 다른 방향으로 실천하였다.

2-3-19 「안네의 일기」(안네 프랑크)

【배경】

안네는 1929년 독일 프랑크푸르트의 유대인 부모에게서 태어났다. 1933년 나치스의 히틀러가 권력을 쥐면서 유대인을 탄압하기 시작하자 네덜란드의 암스테르담으로 이사를 가 사업을 한다. 1942년 독일군은 수많은 유대인들을 체포해 강제수용소로 끌고 갔다.

- 제2차 세계대전 때 아우슈비츠 등 수용소에서 600만 명의 유대인이 학살됨.

안네의 가족은 1942. 7. 6~1944. 8. 4 수용소로 끌려갈 때까지 2년 넘게 아버지 사무실 3.4층에 마련된 비좁은 비밀공간에서 다른 가족 8명과 함께 지낸다. 이 은신처에서 안네가 쓴 일기는 아버지 회사직원의 손에 들어가 간신히 살아남은 아버지에게 전달되어 1947년 출판되었다.

【주요 내용】

안네는 1942년 6월 12일부터 일기를 쓰기 시작하여 '키티'라는 이름을 붙이고 친구와 대화하듯 일기를 쓴다. 누구에게도 털어놓을 수 없는 이야기들을 솔직하게 털어놓았으며, 자신만의 은신처가 되기를 소망했다.

안네는 나치스 친위대가 언제 들이 닥칠지 모르는 상황에서 공포와 두려움이 밀려왔으며, 날카로워지는 사람들의 모습, 썩은 감자와 양상추·시금치로 연명하는 굶주림, 앞날에 대한 불안 등 은신처에서의 생활을 적나라하게 사실적으로 표현하고 있다.

안네는 감수성이 예민한 사춘기 소녀로 은신처에 와서 생리를 시작하고, 자주적으로 살아갈 수 있다고 하면서 자신이 성숙했다는 생각에 기쁨과 알지 못하는 뿌듯함을 느낀다. 피터 판 단에게는 착하고 멋지다고 생각하는 등 사랑의 감정을 느낀다.

안네는 미래에 대한 꿈을 잃지 않고 그리스 로마신화, 역사, 어학 등에 관한 공부를 꾸준히 하면서 장래 저널리스트와 작가가 되는 꿈을 키워간다. 안네는 절망 속에서도 희망의 끈을 놓지 않고 최선을 다하는 한 소녀의 용기가 곳곳에 서려 있다.

1944년 6월 6일 미국과 영국군대가 프랑스해안을 공략하는 상륙작전을 전개하고 소련군이 참전하는 등 전쟁이 하루빨리 끝날 것을 기대한다. 안네는 15번째 생일을 맞이하면서 겉으로 잘난 체하고 주제넘은 행동을 하지만 안으로는 좋은 안네가 되고자 다짐한다.

안네의 일기는 1944년 8월 1일 끝난다. 안네는 그로부터 며칠 후 나치의 친위대에 체포되어 이듬해 3월 이슬처럼 사라진다. 안네는 전쟁이 끝나고 10년 후 '은신처'라는 제목으로 책을 펴내겠다는 생각을 한다.

1944. 8. 4. 밀고로 권총을 든 독일 경찰 등 5명이 사무실에 들이닥쳐 은신처 사람들이 독일 비밀경찰본부로 끌려가고, 청소부가 방을 치우러 올라가 바닥에 떨어져 있던 공책을 발견하고 직원에게 전달하였다. 이것이 바로 '안네의 일기'이다.

안네의 아버지 프랭크는 네덜란드의 강제수용소에 끌려가 도로공사장에서 일을 하다가 병이나 병원에 입원하고, 안네의 어머니도 이송 도중 죽고, 안네와 언니 마르고트도 독일로 끌려가 수용소로 옮겨져 장티푸스에 걸려 언니 마르고트가 먼저 죽고 안네도 며칠 뒤 숨을 거두었다.

안네의 아버지 프랑크가 암스테르담으로 돌아오고 직원으로부터 안네의 일기를 전해 받았다. 안네의 일기를 읽고 전 세계 사람들에게 민족, 인종, 종교를 초월해서 인생과 평화와 전쟁에 대해 깊이 생각하고 다시는 우리와 같은 고통을 겪는 사람이 없도록 해야겠다고 생각했다.

【평가와 시사점】

안네의 일기는 유대인 출신의 한 소녀의 비극적인 삶을 담은 일기이지만, 우리가 절망 속에서도 희망을 놓지 말아야 하며, 인생과 평화와 전쟁에 대해 깊이 반성할 것을 촉구하고, 인간을 파괴하는 학살 및 제3의 전쟁이 발생해서는 안 된다는 귀중한 깨달음을 던져주고 있다.

일제치하에서도 우리의 애국열사들이 연행되어 감옥에 갇히고 처형되었으며, 젊은 남자들은 강제 동원되어 전선 및 군수공장에 내몰리고, 젊은 여성들은 강제 연행돼 일본군의 위안부로 고초를 겪었으므로 안네의 삶은 우리에게 남다르게 다가온다.

2-3-20 「뿌리」(알렉스 헤일리)

【배경】

알렉시 헤일리는 미국 뉴욕주 이타카에서 태어나 2차 대전에도 참전하고 플레이보이지의 기자로 활동하였다. 「뿌리」를 저술하기 위해서는 12년간 자료조사와 현장답사를 하였으며, 이 작품으로 인해 퓰리처상과 전국도서상을 받았다.

「뿌리」는 1976년 발표된 장편소설로 노예로 납치되어 미국으로 팔려간 아프리카 소년 쿤타에서부터 200년간 7대에 걸쳐 그 후손들이 겪은 뼈아픈 역사를 담았다. 37개국의 언어로 번역되었으며, 1977년 ABC TV에서 방영되어 미국 국민 1억 3천 만명이 시청하였다.

【주요 내용】

알렉스 헤이리의 가계도 : 할아버지 쿤타 킨테+야이사 → 아버지 빈타 킨테+오모로 → 1대 쿤타+벨 → 2대 키지(딸)+톰리(백인 쥔님) → 3대 치킨 조지+마틸다 → 4대 버질(딸)+릴리 수 → 5대 신티아(딸)+월 파머 → 6대 버타 조지(딸)+사이먼 알렉산더 헤일리 → 7대 알렉스 헤일리

주인공 쿤타는 1750년 아프리카 감비아해안의 주프레마을에서 태어났다. 가뭄이 들어 노예로 팔려가기도 하고 풀뿌리 등으로 연명하기도 하였다. 아프리카 해안에서는 도자기, 향료, 옷감들을 내륙에 보내고, 내륙에서는 상아, 가죽, 보석 등을 가져오는 상거래가 이루어졌다.

쿤타는 어른이 되기 위해 또래 아이들과 함께 야간행군과 사냥술 등 생존훈련을 받았으며 아버지와 함께 먼 지역에 큰아버지가 만든 마을을 여행하기도 하였다. 마을 인근 숲에 북을 만들 나무를 베러 갔다가 노예 사냥꾼 3명으로부터 공격을 받고 쇠사슬로 손발이 뒤로 묶인 채 노예선 화물칸에 실려 1달 반 만에 미국의 아나폴리스에 도착하였다.

쿤타는 도착 7일째 날에 850$에 버지니아주의 목화재배 농장의 백인에게 팔려가 4번 탈출을 시도하였으나 모두 실패하고 마지막

에는 백인이 휘두른 도끼에 발이 잘려 불구의 몸이 된다. 처음에는 정원지기, 34세에는 주인 월러박사(의사)의 마부가 된다. 39세에는 주인 저택의 요리사로 일하는 벨과 결혼하여 딸 키지를 출산한다.

감리교회와 퀘이커교회가 노예제를 반대하고 흑인폭동계획이 발각된다. 쿤타는 키지에게 조상과 고향에 대하여 시간이 있을 때마다 가르친다. 남자 노예 노아가 북부를 향해 도망가다가 붙들리고 쿤타의 딸 키지가 가짜통행증을 발급한 것이 발각되어 16세인 키지가 백인 리에게 팔려가 강간을 당하여 치킨 조지를 낳는다.

치킨 조지는 백인 아버지 리의 유명한 투계 훈련사로 리와 함께 여러 닭싸움장에도 간다. 자녀가 8명이나 되고 넷째인 톰은 전문 직업인으로서 대장장이로 일한다. 치킨 조지와 아들 톰은 노예해방을 위해 돈을 모으기로 하고 투계로 9년간 2천$를 모았으나 주인 리가 영국인 도박사와 거액도박을 하면서 자유를 약속하자 전액을 투자하여 날린다.

리는 파산하고 땅과 노예를 내놓자 노인들만 남겨놓고 치킨 조지는 영국으로, 아들과 딸들은 담배를 경작하는 머리에게 팔려간다. 치킨 조지는 영국에 투계 훈련사로 갔다가 귀국 후 거의 폐인이 된 리와 술을 마신 후 금고를 깨어 노예해방문서를 들고 가족에게 간다. 노예제에 대한 찬반으로 남북전쟁이 발발하고 링컨이 미국 대통령이 된다.

자유인이 된 67세의 치킨 조지와 대장장이 아들 등 전 가족들이 29대의 마차를 타고 새로운 정착지인 테네시주 헤닝 마을로 이사한다. 치킨 조지의 다섯째 딸인 신티아는 목재회사를 경영하는 윌 파머와 결혼하여 버타 조지를 낳고, 버타 조지는 사이먼 알렉산

더 헤일리를 만나 저자인 알렉스 헤일리를 낳는다.

【평가와 시사점】

   7대인 알렉시 헤일리에 이르기까지 쿤타 킨테 할아버지와 고향인 아프리카의 지리, 언어 등을 가르치면서 '네가 누구이고 어디서 왔는가' 하는 정체성을 계속 불어넣어 주었다.

   인류 최대의 오점, 역사가 자행한 만행에 대하여 통곡하고, 역사가 승자독식으로 심하게 치우친 시각에서 쓰여진데로 과거의 유산을 보완하는데 도움이 되기를 바라면서 이 소설을 썼다고 한다.

- 조정래의 장편소설「아리랑」과 주제와 전개과정이 매우 유사하다.

제3장

역사학

조선 시대 500년간 정치의 중심이었던 경복궁의 근정전

제1절

역사학으로 초대

1. 역사학이란?

가. 과거의 기록

역사(History)란 헤로도토스의 「역사」에서 유래하였는데 탐구 또는 과거의 기록이라는 의미로 과거 일정한 시간 속에서 인간이 활동한 모습을 역사가가 기록하여 탐구한 결과물 또는 책이다. 역사란 그의 이야기(His+story)이면서 나와 선조들의 이야기이며 우리 모두의 이야기이기도 하다. 따라서 역사는 ①시간적으로 과거를 대상으로 하며, ②주체면에서는 주인공이 인간이며, ③공간적으로는 정치·경제·문화 등이 복합적으로 어우러져 실제 존재했던 모습의 3가지 요소가 필요하다.

또한 역사에 있어서 과거는 단순한 과거가 아니라 '살아있는 과거'로 과거의 사례로부터 교훈을 얻기도 하고, 미래에 맞이하게 될 다양한 문제를 풀 수 있는 방향을 제시해준다. 로마의 정치가이자 철학자 키케로는 '과거에 어떤 일이 이루어졌는지 알지 못한다면 항상 어린아이처럼 지내는 셈이다. 과거의 노력을 무시한다면 세계는 늘 지식의 유아기에 머물러 있을 것이다'라고 설파하였다.[1]

---

1) 장하준(이순희옮김), 「나쁜 사마리아인들」, 부키, 2017, p. 98

2차대전 중 히틀러는 수 백만 명의 유대인과 폴란드 지도자, 히피, 동성연애자들을 대량으로 학살하였다. 홀로코스트의 현장인 폴란드 아우슈비츠 수용소 박물관 입구의 현판에는 '역사를 기억하지 못하는 사람은 역사를 되풀이하면서 살 수밖에 없다(The one who does not remember history is bound to live through it again)'라는 말이 새겨져 있다.

역사라고 하면 어린이는 자연스럽게 "옛날 옛적에…"로 시작되는 할머니와 어머니가 들려주는 옛날이야기나 '아름다운 이 땅에 금수강산에 단군할아버지가 터잡으시고…'로 시작하는 "한국을 빛낸 100명의 위인들"과 같은 노래를 불러서 알게 된다. 초등학교 시절에는 만화나 위인전 등을 통해 만나고, 중학교부터 고등학교까지는 상급학교에 진학하기 위해 역대의 왕들과 주요 내용을 외우는 등 수동적으로 공부한다. 일반 국민들은 대장금, 왕의 남자, 세종대왕 등 최근에 방영된 드라마나 상영된 영화를 보면서 당시의 시대적 상황이나 주인공에 대한 내용을 보다 자세하게 알게 된다.

홍길동, 임꺽정 등 일부 주인공들은 스토리텔링의 대상이 되어 연관성이 있는 지방자치단체가 공원이나 관광지로 조성하기 위하여 명소화사업을 추진하고 있다. 또한 인천, 목포, 군산 등에는 주요 근대유적지를 옛날형태로 리모델링하여 역사자원으로 개발하여 일반에게 공개하고 있다. 또한 주요 역사유적지에는 문화해설사를 배치하여 내방객에게 역사적 사실을 자세하게 설명하기도 한다. 앞으로 주 52시간 근무제가 본격적으로 시행되고 테마여행이 보편화되면 이와 같은 답사와 탐사 등이 활성화될 것으로 전망된다.

일반 국민이 역사를 이해하고 여가를 생산적으로 보내기 위해서는 문화유적지를 돌아보고 답사를 하는 것이 제일 좋은 방법이

라 할 수 있다. 유홍준 전 문화재청장은 이러한 답사에도 급수가 있다고 주장한다.[2)]

초급은 어디에 가든 무엇 하나 놓치지 않기 위해 발걸음을 바삐 움직이며 골똘히 살피고 안내문도 꼼꼼히 읽으며 개별 유물의 절대적 가치를 익히는 수준이다. 중급은 문화재뿐만 아니라 주변의 풍광을 둘러보는 마음의 여유를 갖고 유물의 상대적 가치를 확인해간다. 고급은 돌아다니기보다는 눌러앉기를 좋아하고 많이보기보다 오래 보기를 좋아하고 문화유산을 총체적 안목에서 검토한다. 사찰에 대한 답사코스에서도 초급은 경주 불국사, 합천 해인사, 순천 송광사같이 입장료를 내고 들어가는 유명한 절을 선정한다. 중급은 남원 실상사, 안동 봉정사, 강진 무위사와 같이 입장료를 내지 않고 들어가는 절을 선정하다. 고급은 지리산 피아골의 연곡사터, 여주 혜목산의 고달사터 등 절도 중도 없는 폐사지를 선택한다고 한다. 일리가 있는 견해이다.

나. 역사학

역사학에서 취급하는 사실은 역사적 사실이다. 따라서 역사적 사실이 되기 위해서는 ①과거에 일어난 사실 또는 사건이어야 한다. 모든 사실 또는 사건이 아닌 역사적으로 중요하거나 의미가 있는 것이어야 하고, 그중에서 문자와 기록으로 서술된 것이어야 한다. ②원인과 결과간에 인과관계가 있어야 한다. 즉 하나의 사건이 전체와 관련이 있어야 하고 큰 영향력이 있는 경우이다. ③일정한 기준에 의하여 평가되어야 한다. 역사가들이 공통적으로 인정하

---

2) 유홍준, 「나의 문화유산답사기」 1권, 창비, 2011, pp. 257~9

는 판단이나 의견으로 해석하고 평가하게 되는데 이를 역사가들의 사관 또는 이론이라 한다. 이와 관련하여 역사를 객관적인 자료에 의하여 평가해야 한다는 실증주의와 존재하는 현재의 시점에서 재해석을 해야 한다는 현재주의가 대립되어 있다.

고대에는 과거로부터 내려오는 소재를 이야기 형태로 책으로 기술하였다. 대표적인 것이 그리스의 작가 호메로스가 쓴 「일리아스」와 「오디세이」이다. 「일리아스」는 그리스와 트로이 사이의 10년간의 전쟁을 소재로 한 이야기이고, 「오디세이」는 전쟁에 참가한 영웅인 오디세우스가 고향으로 돌아오면서 겪은 여러 가지 모험들을 쓴 내용이다. 19세기 후반 독일의 고고학자인 하인리히 슐리만(Heinrich Schliemann)이 트로이 유적을 발굴함으로써 이와 같은 이야기가 역사상으로 실제 존재하였음을 확인하였다.

역사를 기술함에 있어서는 사료가 빈약한 경우 답사가 필요하다. 헤로도토스는 10년간 동으로는 우크라이나 지방을, 남으로는 이집트 등 초원지대를, 동으로는 4대 문명발상지를, 서로는 이탈리아까지 답사하면서 그리스와 페르시아간의 전쟁을 「역사」로 저술하였다. 중국의 사마천도 3년간 천하를 주유하고 답사하면서 중국 고대의 오제(五帝)부터 시작해 하(夏) → 은(殷) → 주(周) → 진(秦) → 한(漢) 왕조 초, 자신이 살았던 무제까지 역대 왕들에 대한 역사인 「사기」를 기전체[3)]로 저술하였다.

중세시대 우리나라의 대표적인 역사서로 「삼국사기」와 「삼국유사」가 있다. 「삼국사기」는 고려 인종 때 김부식이 저술한 역사서

---

3) 기전체는 역대 왕들의 치적을 연대별로 기술한 「본기(本紀)」와 봉건 제후들의 치적을 중심으로 한 「세가(世家)」 제후 이외의 인물을 대상으로 한 개인 전기인 「열전(列傳)」 인간사회의 여러 측면을 8개의 주제로 나누어 그 변화과정을 소상히 정리한 「서(書)」, 왕조의 여러 왕과 봉건 제후들의 통치시기를 서로 비교한 「표(表)」의 5개 영역으로 구분하였다.

로 형식은 사마천이 「사기」를 저술한 기전체를 따랐고, 왕조 중심으로 신라, 고구려, 백제, 3국의 역사와 신라통일을 이끈 김유신을 열전의 맨 처음에 소개하였다.

중세에는 역사학을 철학과 종교의 영역으로 취급하였다. 고려 인종 때 김부식은 「삼국사기」를 사마천이 「사기」를 저술한 방법인 왕조 중심의 기전체를 본 따 고구려·백제·신라의 3국의 역사를 저술하였다. 반면에 일연스님은 삼국사기와 달리 편년체로 서술하면서 삼국사기가 수록하지 못한 고조선부터 삼국시대에 내려온 야사 및 향가 등 다양한 내용들을 수록하였다. 조선 시대에 들어서는 유학공부와 역사 공부를 하나로 보고 경사일체(經史一體)라 하여 함께 교육하였다.

근세에 들어 19세기 독일의 사학자 레오폴드 폰 랑케(Leo pold von Ranke)는 작가의 상상력에 의해 쓴 이야기인 문학과 달리 역사는 사실을 밝히는 학문으로 역사적인 사료를 과학적인 방법으로 비판하고 해석할 것을 주창하였다. 즉 역사를 실증적 기초위에 과학으로 발전시켜 실증주의 역사학을 주창하였다. 영국의 사학자 카르(Carr)는 "역사란 시간적으로 현재와 과거의 끊임없는 대화로 있는 그대로의 사실과 그에 대해 현재의 관점에서 해석하는 것"이라고 정의하였다. 문명사학자 토인비는 역사 단위를 민족이나 국가가 아닌 규모가 큰 문명으로 보고, 역사를 움직이는 힘은 도전과 응전으로 보았다. 단재 신채호는 역사를 자신[我:조선]과 다른 사람[非我:일본제국주의]과의 투쟁이라고 하였으며 "역사를 잊은 민족에게 미래는 없다"고 하였다.

현대의 미시사(Micro History) 또는 신문화사(New Cultural History)적 입장에서는 역사에서 중요한 것은 그 시대를 살아온 사람들과 개인들의 삶을 파악하는 것이라고 한다. 주로 문화를 통하여 피지배층이었던 농민, 노동자, 여성 등이 어떻게 과거에 삶을 살아왔는지를 추적하고 기술하고 있으며, 오늘날에는 이들이야말로 왕과 같은 지배계층과 함께 평범한 삶을 살아가는 사람들로 소중하고 동등한 인간이라고 보는 입장이다.

2. 역사의 주인공과 대상

가. 주인공 : 왕 등 지배층 → 전 국민

역사의 주인공인 현생인류는 일반적으로 4~5만년 전에 출현했다고 한다. 지구가 46억년 전에, 생물이 35억년 전에, 포유류가 1억 5천만년 전에, 영장류가 7천만년 전에 탄생하였다. 인간과 비슷한 존재는 390만년 전에 처음 출현했고, 오스트랄로피테쿠스(390만년 전, 남방원숭이) → 호모 하빌리스(250만년 전, 직립보행과 도구사용) → 호모 에렉투스(200만년 전, 직립보행과 불사용) → 호모 사피엔스(20만년 전~3만년)로 발전하였다. 호모 사피엔스도 아프리카에서 출현하였다는 '아프리카 기원설'과 세계 여러 지역에서 다발적으로 출현했다는 '다지역 기원설'이 있다. 이처럼 인류의 출현이 오래되었음에도, 인류가 역사를 기록하게 된 것은 문자를 발명한 이후로 수천 년을 넘지 못한다.

역사란 과거의 사실에 기초하며 그 중심에 사람이 있다. 그리고 사람은 지금까지 알렉산더, 카이사르, 태조, 세종과 같은 왕, 지배자와 같은 인물을 중심으로 영웅적인 이야기를 후세에 대한 교육적인 측면에서 기술하였다. 이와 같이 위인 전속에 등장하는 인물들에 대하여 보통사람과 달리 뛰어난 자질을 중점적으로 부각하거나 왕과 지배층을 중심으로 한 승자의 역사를 서술하였다. 이처럼 근대까지는 왕 중심의 편년체로 역사책을 기술하는 것이 보편적인 서술방식이었다.

우리나라에서도 역사의 주인공이 삼국시대 이전에는 씨족과 부족중심으로, 삼국시대에는 왕족과 왕비족을 중심으로, 통일신라시대에는 육두품과 호족 중심으로, 고려 시대에는 귀족중심으로 되었고, 조선 시대에는 양반중심으로 점차 더 많은 사람이 역사의 주체가 되었다. 그러다가 17세기 후반에는 전체의 반이 양반이 되었고, 현대 민주주의 시대에 와서는 전 국민이 역사의 주체로 등장하였다.

이러한 역사의 주체 중에는 반역자와 임꺽정, 홍길동과 같은 패배자도 있고, 노동자, 농민, 여성 등 평범한 민중도 있었다. 이들은 소극적으로 전국에 정처 없이 유랑하면서 살기도 하고, 적극적으로 세력을 조직화하여 반란을 일으키기도 하였지만 동학혁명, 3·1운동, 4·19혁명 등을 거치면서 점차 지배세력이 되었다.

현대의 미시사와 신문화사에서는 역사에서 중요한 것은 사람이라고 하며, 바로 그 시대를 온몸으로 처절하게 산 개인의 삶을 중요시하고 추적하는 것이라고 주장한다. 사람뿐만 아니라 인간을 둘러싼 물질, 환경, 건축, 도시, 기후, 음식, 패션 등에 주목하여 정치사가 아닌 사회사, 경제사, 문화사에 이르는 모든 분야까지 망라한다.

나. 사료 : 문헌과 유물·유적

사료는 과거 사람들이 글로 남긴 기록과 같은 문헌과 유물·유적

등이 객관적인 증거로, 역사학은 사료에 근거하여 연구가 이루어진다. 선사시대에는 곳곳에 산재해 있는 유물·유적 그 자체가 사료가 된다. 그러나 문자가 발명된 이후의 역사시대는 문헌으로 전해오고 있으며 이것이 가장 널리 이용되고 있다. 문헌 사료는 실제로 일어났던 일을 직접 보고 기록한 것뿐만 아니라 이전의 사료를 보고 그 내용을 다시 기록하여 전하기도 한다.

실증주의 역사학자들은 사료의 내용을 분석하고 내용의 각각에 대하여 신뢰할 수 있는 근거와 이유를 조사하게 된다. 문헌에는 지배층 중심의 정치·사회적인 제도에 관한 자료뿐만 아니라 당시 사회와 시대적 상황과 상호구조적인 관계 그리고 환경, 물질, 의식주도 중요한 역할을 한다. 곡물뿐만 아니라 음식, 차와 커피와 같은 기호품도 중요한 사료가 된다.

우리 조상들의 우수한 문헌기록능력을 보여주는 것으로 일본 동대사의 보물창고인 정창원에서 발견된 신라 시대의 서원경 관내 4개 촌의 조사문서(3년마다 실시한 센서스결과)[4]와 고려 우왕 3년인 1377년에 세계최초로 금속활자로 인쇄한 「직지심체요절」(독일의 구텐베르그가 발간한 성서보다 76년이 앞섬) 등이 있는데, 이처럼 우리 조상들은 예전부터 기록과 인쇄술을 발달시켰다. 특히 고려 시대와 조선 시대에 걸쳐 역대 왕들의 일거수일투족을 기록으로 남겼으며, 그중 조선왕조실록은 우리의 훌륭한 기록문화로 UNESCO 세계기록유산으로 등재까지 되었다. 이와 같은 철저

---

[4] 정창원 (正倉院)은 일본 나라현 동대사 (東大寺) 경내에 있는 고대 일본 왕실의 보물창고로 1933년 10월 창고의 선반 위에 보관되어있던 화엄경전 커버의 파손 부분을 수리하던 중 발견되었다. 이에는 서원경(오늘날의 청주) 관내 4개 촌의 촌명, 촌의 둘레 및 면적, 호구, 우마, 토지, 수목. 호구의 감소 등이 수록되어있어 당시 서원경 주변의 신라 농민들의 생활상을 추측해 볼 수 있는 중요한 자료이다. (청주문화원, 「청주의 역사와 사람들」, 2009, pp. 117~124)

한 기록문화는 세계사에서 매우 드문 경우이며 고려왕조가 34대 왕 474년, 조선왕조가 27대 왕 505년 장기간 존속할 수 있게 한 버팀목이었다는 것이 학계의 일반적인 평가이다.

유적과 유물이 일반에게 공개되기까지 우연하게 발견되는 경우가 많다. 1966년 불국사 석가탑을 해체하여 수리할 때 목판인쇄로 찍은 세계에서 가장 오래된 "무구정광대다라니경'이 발견되었고 1971년 배수구공사를 하던 중 백제무령왕릉이 발굴되어 4,600여 점의 유물이 대량으로 발견되었다. 1978년에는 미군 병사인 그랙 보웬(Greg Bowen)이 연천군 전곡리의 한탄강 백사장에서 구석기시대의 도구인 주먹도끼를 발견하였다.

또한 1982년 충북 청주시 청남대 부근의 두루봉동굴에서 석회석 광산을 캐다가 4만 년 전 어린이 유골화석인 '홍수아이'를 발견하였고 현존하는 세계에서 가장 오래된 '직지'도 1985년 청주 운천동에서 대규모택지를 개발하는 과정에서 흥덕사를 알리는 청동 불발과 치미, 기와 등 유물이 대량으로 발굴되어 인쇄를 한 장소인 흥덕사지가 확인되었다. 1997년 서울에는 아파트공사를 위해 인근 토지를 정리하는 도중에 풍납토성이 발견되어 보존하게 되었다.

역사에 등장하는 문헌이 가짜로 평가되는 경우[5]도 있다. 우선 1930~40년대 박창화라는 사람이 일본 궁내성 왕실도서관에 근무하면서 원본을 필사한 신라 화랑에 관한 이야기인 필사본 "화랑세기[6]"와 1911년 그때까지 전해지던 5종의 책을 묶어서 편집

---

5) 김한종, 「10대에게 권하는 역사」, 글담출판, 2017, pp.113~134
6) 화랑의 최고 우두머리인 풍월주 전기로 화랑도의 기원, 조직과 운영, 계파 그리고 왕실 사람들의 출생, 왕위의 계승, 왕실의 혼인관계, 역대 풍월주의 이름과 생애, 활동, 화랑들의 사랑 이야기와 성생활 등이 수록되어 있으며 진위의 논쟁이 있다.

한 "환단고기" 등이 가짜로 평가를 받고 있으며 논란이 있어왔다. 또한 중국 지린성 광개토대왕비 역시 조작문제가 제기되었는데, 이는 일본 육군 중위 사가와가 탁본하여 공개하는 과정에서 비문의 일부를 조작하였다는 것이다. 2010년 금속활자로 찍었다는 증도가자(證道歌字)도 현존 최고의 금속활자본인 직지보다 138년 이상 앞선다고 주장을 하나 현재 목판본만 전해지고 있을 뿐 실물을 제시하지 못하고 있다. 그리고 다소 다를 수 있지만 황현의 매천야록도 역시 당시 장안에 널리 퍼져 있었던 풍문들을 기록한 책으로 진위를 가리기가 어려운 부문이 있어 역사로서의 객관성에 한계가 있고 역사적인 사료로 인용하기에도 한계가 있다.

이에 대하여 가짜냐 진짜냐의 판별은 문헌의 경우에는 글자모양이나 책의 내용(관직, 지명 등)으로 판별이 가능하다. 유물은 물건에 남아있는 방사성탄소가 줄어드는 기간을 계산하여 연대를 측정하는 방사선탄소연대측정법과 같은 발달된 최신 과학기술을 활용하여 진위에 대한 보다 정확한 판별이 가능하다. 향후 더욱 발달된 과학기술을 통하여 보다 정확한 판별이 이루어지기를 기대해본다.

3. 역사학과 우리 외교관계

가. 중국과의 관계

한국과 중국과의 관계는 멀리 기원전 3세기 말 부여가 지린성, 랴오닝성, 헤이룽장성 일대에 자리를 잡으면서 시작하여, 고구려, 백제, 신라, 삼국시대에 와서는 당나라 등과 활발한 문화와 무역

교류가 이루어지게 되었다. 고려는 정치적으로 송나라와 밀접한 우호 관계를 맺고 북방민족을 견제하면서 문물을 교환하였다. 조선은 외교정책의 하나로 명·청과는 사대정책을 취하면서, 한편으로 조공과 회사(回賜)라는 관무역과 사무역을 통해 양국간의 접촉과 교류를 활발히 하였다. 명·청의 교체기인 인조 때에는 정묘호란과 병자호란으로 우리나라가 수모를 당하기도 하였다. 1948년 중화민국(지금의 대만)과 수교하고, 이어서 1992년 중화인민공화국과 수교함으로써 오늘날 중국이 우리나라 무역대상국의 1위 국가가 되었다. 그러나 아직도 해결되어야 할 역사적 과제가 남아 있다.

첫째, 간도문제이다. 간도라 함은 압록강 상류와 두만강 북쪽지역으로 현재의 연변조선족자치주 지역이며 두만강 북쪽인 연변지역을 북간도(또는 동간도), 그 서쪽인 압록강 북쪽 지역을 서간도라고 한다. 이 지역은 단군조선 이래 고구려와 발해에 이르기까지 10세기 초까지 한민족의 주 활동무대이었으며, 일본강점기에는 우리의 애국지사들이 활동한 장소로 현재도 조선족이 많이 살고 있는 지역이다.

그러나 청나라의 강희제가 집권한 이후부터 백두산·압록강·두만강 이북지역을 청조의 발상지라 하여 봉금지로 정하고 타민족의 거주와 개간을 엄금하였다. 이후 조선인이 월경하여 점차 이주자가 늘어나자 1712년 실지를 답사한 후 백두산정계비를 설치하였고 백두산정계비에 한·중경계표시를 "서위압록(西爲鴨錄), 동위토문(東爲土門)"이라고 하였는데 토문(土門)을 두고 해석차가 발생하였다. 토문에 대한 해석을 두고 중국 측은 두만강으로, 조선은 두만강과 별개의 강이라고 주장하였다.

그러한 문제가 있던 이 지역을 청나라와 일본이 당사자인 조선(대한민국)을 배제한 채 북경에서 1909년 9월 4일 '간도협약'을 비밀리에 체결하여 일본이 남만주에 대한 철도부설권을 얻는 대가로 토문강을 한·청양국의 국경으로 규정하여 간도를 청의 영토로 인정함으로써 간도에 대한 우리의 영유권이 상실되었다.

하지만 1960년대 중국의 모택동 주석과 주은래 총리가 북한 지도부를 만난 자리에서 간도 일대가 원래 조선 땅임을 인정하였던 사실이 있는 바,[7] 조약이 체결된 이후 100년이 지났고 대한민국 헌법 제3조에 대한민국의 영토는 '한반도와 부속도서로 한다'고 규정하고 있어서 법적으로 효력의 문제가 발생될 수 있으나 국가적인 차원에서 정책적인 배려와 함께 국민들의 관심이 필요하다.

둘째, 동북공정문제이다. 중국에서는 2002년부터 5개년 사업으로 동북공정을 국가적인 정책적인 연구과제로 선정하여 동남공정, 서북공정, 서남공정과 함께 추진하였다. 동북공정은 동북지방에 대한 프로젝트로 중국은 옛날이나 지금이나 다민족으로 이루어진 통일국가라는 '통일적 다민족국가론'과 현재가 옛날의 기준이라는 영토지상주의인 금위고용론(今爲古用論)[8]에 기초하고 있다. 즉, 고구려와 발해는 통일적 다민족 국가였던 중국의 한 지방정권으로시 현재의 중국영토 내에 존재하기 때문이며, 또한 '현재'를 기준으로 중국의 현재 영토 내에 존재하는 민족의 과거 역사는 모두 중국사의 일부라는 것이다. 동북아시아 전반의 역사와 지리가 포함되며, 주요과제는 고조선사, 고구려사, 발해사, 중세의 한·중 관계사, 한중국경문제, 조선족 문제 등과 같은 한국사와 관계사이다.

---

7) 1963. 6. 28. 북한 '조선과학원대표로' 20여명과 만난자리에서 발표 「주은래 발언록」
8) 장의식, 「역사 이야기」, 대구대학교출판부, 2017. pp.211~2

문헌연구뿐만 아니라 조사와 유적의 발굴과 정비, 박물관 신축 또는 증축, 주변 경관의 정비 등과 함께 이루어지고 있다.

이와 같은 연구는 유사시 일어날지 모르는 영토분쟁을 사전에 대비하려는 의도로 예상된다. 조선족이 중국 국민으로서의 정체성을 확고히 하여 동요되거나 이탈하지 않도록 사전조치하자는 것이다. 또한 고조선, 부여, 고구려, 발해의 역사가 중국사임을 이론화하여 만주는 한민족과 역사적으로 관계가 없다고 부정하고자 한다. 북한 사람들의 대규모 탈북이나 북한 정권의 붕괴와 같은 한반도의 정세변화가 생기게 되면 동북지방의 안정에 어떤 영향을 미칠지 조사하는 것이다. 일례로 한반도의 정세변화가 일어났을 때 제기될 수 있는 국경이나 영토상의 문제들을 확실히 해두자는 의도인 것으로 풀이된다. 동북3성에 배치되어 있는 중국군 대규모 병력의 배치와 수시로 이어지는 군사훈련과도 연계된다고 볼 수 있다.

이에 대한 일환으로 2004년 7월에는 졸본(환인), 국내성(집안), 평양성(평양)에 있는 고구려유적이 유네스코 세계문화유산에 동시에 등재되었다. 따라서 북한에 있는 고구려 고분 63기와 중국에 있는 국내성, 환도산성, 광개토왕비, 왕릉 13기 등 고구려유적이 동시에 세계문화유산으로 등재되었다. 우리나라도 고조선사, 고구려사, 발해사 분야를 연구하는 학자를 적극적으로 양성하고, 중국 내에 있는 고구려 유적에 대한 국가 차원의 체계적인 답사·연구와 함께 국민에 대한 역사교육을 강화하고, 동북공정식 주장이 국제적으로 확산되지 않도록 외교적인 노력이 필요하다.

나. 일본과의 관계

한일관계는 지리적으로 인접한 관계로 기본적으로 교린(交隣) 정책을 유지하면서 정치와 군사, 경제, 사회, 문화 등 다양한 분야에서 서로 지대한 영향을 주고받았다. 한국은 고대로부터 벼농사, 불교, 철·종이의 생산기술, 한의학 등 선진문화를 일본에 전해주었으며, 특히 백제가 일본에 미친 영향은 절대적이었다. 반면에 일본은 우리나라에 대하여 임진왜란을 일으켜 전라도를 제외한 전국토를 유린하였으며, 35년간 한반도를 강점하기도 하였다. 이와 같은 두 나라의 과거는 한국과 일본뿐만 아니라 아시아사의 전개 과정에서도 중요한 사건이 되어왔다. 앞으로 선린관계 속에서 양국의 발전과 번영을 위해 해결해야 할 역사적 과제가 산적해 있다.

첫째, 독도 문제이다.

독도는 지리적으로 울릉도에서 87.4km에 위치해 있으며 육안으로도 볼 수 있을 정도로 가까이 위치해 있으나, 일본의 시마네현 오키섬으로부터는 157km의 거리에 있다. 독도가 「세종실록지리지」와 조선 시대의 관찬문서인 「만기요람」(1808년)에도 "독도가 울릉도와 함께 우산국의 영토였다"고 기록되어있다. 1900년 대한제국 칙령 제41호도 "울릉군수가 울릉도 본섬과 함께 독도를 관할한다"고 하였다.

이에 반해 일본은 과거 공문서부터 독도가 조선의 영토임을 인정하였다. 1696년 도쿠가와(德川)막부의 '울릉도 도해금지(渡海禁止)문서', 1870년 메이지정부의 '조선국교제시말내탐서', 1877년 '태정관(일본 메이지시대 최고행정기관)지령' 등은 17세기 말 도쿠가와막부의 울릉도 도해금지사실을 근거로 '울릉도 외 1도(독도)는 일본과 관계없다는 사실을 명심할 것'이라고 지시하였다.

일본은 1904년 9월, 러일전쟁 초·중반까지도 독도침탈을 주저하고 있었다. 이후 1905년 1월 일본은 러일전쟁을 일으켜 승리하자 한반도 침탈의 첫 희생물로 독도를 자국의 영토로 편입하였다. 그러나 제2차 세계대전에서 일본이 패하자 카이로선언에 따른 전후 연합국의 조치로 독도는 당연히 한국의 영토로 회복되었다. 그러다가 돌연 2005년 일본의 시마네현이 2월 22일을 죽도(독도의 일본명)의 날로 정하면서부터 독도의 영유권을 주장하고 있다.

그 후 2008년 일본 문부과학성이 중학교 사회과 학습지도요령 해설서에 독도에 관한 내용을 기술하고, 2013년 정부 내에 '영토주권대책 기획조정실'을 설치하고, 2014년 중·고학습지도요령 해설과 교과용 도서검정기준을 개정하는 등 독도에 관한 홍보교육을 더욱 강화하고 있다. 이와 같은 일본의 독도에 대한 영유권주장은 20세기 초 제국주의 침략과정에서 침탈했던 독도와 한반도에 대해 과거의 점령지권리, 나아가 과거 식민지 영토권을 주장하는 것이라고 볼 수 있다.

그러나 독도가 지리적으로 우리나라와 가까이 위치해 있고, 현재 대한민국이 실효적으로 지배하고 있으며 한국의 경찰, 공무원 그리고 주민 40여 명이 거주하고 있고, 매년 20만 명 내외의 국내외 관광객이 독도를 평화롭게 드나들고 있는 엄연한 한국의 고유영토이다.

둘째, 위안부 및 강제징용피해자 소송문제이다.

위안부란 1931년 일본의 만주침략이래 일본 육·해군이 창설·관리한 군위안소에 상당 기간 구속된 상태에서 군인·군속을 대상으로 성노예가 될 것을 강요했던 여성을 말한다. 일본군은 점령지 중국을 비롯하여 인도네시아, 싱가포르, 파푸아뉴기니 등 광범위한 나라와 지역에 위안소를 설치하고, 조선인, 대만인, 중국인, 인도네시아인, 동티모르인, 필리핀인 등 일본의 식민지 및 점령지 여성과 네덜란드 여성 그리고 일본 여성들을 위안부로 동원했다. 위안부로 동원된 여성은 5만 명 전후이며, 일정기간 감금되고 강간당한 여성을 포함하면 20만 명으로 추정된다.

위안부 문제가 국제문제로 부각된 것은 1990년 한국 여성단체들이 일본 정부에 정신대문제에 대한 진상규명과 사죄를 요구하면서 본격적으로 제기되었다. 1992년 일본 정부가 정부관여는 인정하였으나 강제연행은 입증자료가 없다고 발표하였으며, 1993년에도 중대한 인권침해로 사죄하였으나 운영주체가 민간업자라고 떠넘겼다. 이에 따라 1995년 7월 '여성을 위한 아시아평화국민기금'을 발족시켜 피해자에 대한 위로금 지급과 의료복지사업을 추진하다가 2007. 3. 31. 해체되었다.

2000년 12월에는 일본 도쿄에서 '일본군 성노예전범 국제법정'이 열려 민사재판과 형사재판을 진행하여 관련자인 히로히토천황과 고위관료, 군부지도자 등 9명에 대한 유죄판결과 피해자에 대한 배상을 권고하였다. 2007년에는 미국 하원이 일본 정부에 사과와 책임을 받아들일 것을 요구하는 결의안을 채택하고, 2008년에는 유엔인권이사회도 일본 정부에 위안부 문제의 해결을 촉구하는 보고서를 채택하였다.

일본 정부는 위안부 문제에 대한 역사적 사실을 인정하고 책임을 통감한다고 밝혔음에도 불구하고 강제연행과 성노예 사실을 부정하고 있다. 또한 박근혜 정부 때인 2016년 일본군 위안부문제를 치유하기 위해 여성가족부 산하에 화해·치유재단을 설립하고 일본이 10억 엔을 재단에 출연하여 민간차원의 위로금형태로 보상함으로써 위안부 문제를 최종적으로 종결키로 약속하였으나 실제 피해 대상인 분들과 교감 없이 진행된 결과 재단업무는 사실상 중단되었다. 이에 대해 문재인 정부는 위안부 피해 할머니와 국민의 반대로 화해·치유재단이 정상적 기능을 수행하지 못하고 있으므로 재단을 해산하겠다는 뜻을 일본에 통보함으로써 한·일간의 갈등이 고조되고 있다.

현대의 정의론에 관한 세계적 석학인 하버드대 교수인 마이클 샌델(Michael J. Sandel)에 따르면, 부정행위에 대하여 공개적으로 사죄하고 손해를 배상하는 문제와 관련하여 독일은 유대인 대학살책임을 인정해 생존자와 이스라엘을 상대로 수백억 달러 상당의 배상금을 지불하고 사죄하였지만, 일본은 1930~40년대에 일본군이 한국과 다른 아시아 여성과 여자아이들을 강제로 끌고 가 성노예로 이용했음에도 1990년대 이후 일본은 세계 각국의 압력에도 불구하고 공식사죄와 배상에 인색하다[9]고 평하였다.

셋째, 불법반출 문화재 환수이다.

우리나라의 귀중한 문화재가 2018. 4. 1. 현재 20개국에 172,316점이 반출되어 있는 것으로 파악되고 있다. 국가별로는 일본이 전체의 43.38%인 74,742점이 도쿄국립박물관 등에 수장되어있으며, 이어서 미국이 46,488점(26.98%), 독일이 10,876점(6.31%), 중국 10,696점(6.21%), 영국 7,638점(4.43%), 러시아 5,633점(3.27%), 프랑스 3,600점(2.09%) 등이다.

문화재에 대한 불법반출은 로마 시대부터 전쟁전리품의 형태로 시작되었으며, 제국시대에는 강대국들이 식민지를 개척하는 과정

---

[9] 마이클 샌델(이창신 옮김), 「정의란 무엇인가」, 김영사, 2010, pp.293~294

에서 피점령국의 문화재를 약탈하였다. 특히 임진왜란과 정유재란 당시에 조선을 침략한 왜군(일본군)은 다수의 문화재를 약탈하여 무단으로 일본에 가져갔다.

　문화재의 소유권분쟁과 관련하여 국제적으로 상반된 2가지 입장이 있다. 문화국가주의는 대한민국, 그리스, 이집트, 중국 등 문화재의 반환을 주장하는 국가들이 주장하는 논리로 한 국가의 문화재는 그 문화재를 창조한 국가에 귀속한다는 논리이며, 전쟁과 식민착취 등 정당하지 않은 방법으로 획득한 문화재는 원소유국에 반환되어야 한다는 논리이다. 반면에 문화국제주의는 프랑스, 영국, 이탈리아, 미국 등 과거 제국주의 시기에 문화재를 발굴하여 현재 소유하고 있는 국가들이 주장하는 논리로 문화재가 특정 문화나 국가의 소유가 아니라 모든 인류의 것이라는 입장에서 원산지 국가가 아니더라도 문화재를 유지하고 보존할 더 나은 환경의 국가가 문화재를 소유하여야 한다는 주장이다.

　국제적으론 불법으로 해외에 반출된 문화재 환수문제는 1960년대 UN 총회에서 제기되었고, 유네스코에서 1964년 문화재 불법 반·출입 및 소유권 양도금지와 예방수단에 관한 권고, 1970년 문화재의 불법 반·출입 및 양도금지와 예방수단에 관한 협약, 1995년 도난 또는 불법 발굴된 문화재에 대한 반환의 틀은 마련해놓고 있으나 강제력이 없는 국제법이고, 1970년 이후 거래된 문화재만 그 대상으로 하고 있어 적용에 한계가 있다. 2014년 6월 현재 국내로 반환된 해외반출 문화재는 전체의 5.6%인 9,760점에 그치고 있다.

　넷째, 광개토대왕비의 조작과 임나경영설 문제이다. 광개토대왕비는 그의 아들인 장수왕이 선왕의 업적을 기리기 위하여 414년 중국 지린성 지안시에 세운 높이 6.39m의 비석으로 4면에 44행 1,775자의 고구려 건국신화와 주요 왕들의 활동 그리고 광개토대왕의 업적이 적혀있다. 이 비가 일반에게 알려지게 된 것은 만주에서 군사정보를 수집하던 일본 육군 중위 사카와가 탁본한 내용을 공개하는 과정에서였는데 이때 비문의 일부 문자를 조작하였다고 의심을 받고 있다.

그 문제되는 내용은

倭以辛卯年來渡 海破百殘○○○羅而爲臣民
(왜이신묘년내도 해파백잔○○○라이위신민)

일본의 역사학자들은 '왜가 신묘년에 바다를 건너와서 백잔(고구려가 백제를 낮춰 부른 명칭)과 ○○○라를 격파하고 신민으로 삼았다'고 번역하여 임나경영설의 근거로 삼았다. ○○○와 라(羅)와 연결하면 신라, 가라(가야)로 추측된다는 논리이다.

이에 대하여 우리나라 학자들은 일본의 식민사학자들과 달리 광개토대왕비는 고구려의 입장에서 쓴 것이므로 주어를 고구려로 보아서 '왜가 신묘년에 건너와서 (광개토대왕이)격파하였다. 그리고 백제와 ○○라를 신민으로 삼았다'는 것이다. 광개토대왕비의 글자가 실제로 변조되었는지는 명확하지 않다. 이에 대해서 한국과 중국, 그리고 일본학자들의 의견이 다르며 각국의 내부에서도 학자들 사이에 다양한 견해가 나오고 있다.

4. 우리 역사학계의 과제

가. 식민사관 청산문제

일본으로부터 우리나라가 해방을 이룩한 지 70여 년이 경과하였음에도 불구하고 우리가 일반적으로 쓰는 언어에서부터 일상생활에 이르기까지 일제 강점기의 잔재가 곳곳에 그대로 남아 있다. 그 가운데에도 빨리 청산해야 할 것이 역사학계에 아직도 남아있는 식민사관[10]이다. 식민사관이란 일제가 한국에 대한 식민정책을 합리화하기 위한 방안으로 한국민족의 자주정신과 독립정신을 말살하기 위하여 고의로 왜곡시킨 한국사관이다.

이 사관이 제시하는 이론적 근거는 ①지리적 결정론 또는 반도적 성격론으로 한국은 대륙에 붙어 있는 작은 반도로 대륙이나 섬나라에 의하여 타율적으로 전개되어 올 역사였다. ②한민족은 선천적·숙명적으로 당파적 민족성을 지니고 있으며 이것이 민족적 단결을 파괴하여 독립을 유지할 수 없게 되었다. ③한국의 문화는 독창성이 없는 모방적인 것이었다고 주장한다.

그러나 현대에 들어와 이와 같은 식민사관에 대하여 한국사 발전을 민족의 정신적 측면에서 설명하는 민족주의사학, 경제적으로 일정한 공식에 의하여 역사가 발전하였다고 주장하는 사회경제사학 그리고 실증적이고 객관적인 사실로 접근하는 실증사학들이 발전하여 식민사관을 비판하고 있다.

즉, 지리적 결정론에 대하여 역사의 주체는 인간이며 우리 민족은 930여 회의 외침에도 불구하고 오늘날까지 민족과 역사를 지

---

10) 이기백, 신수판 「한국사신론」, 일조각, 1990, pp.1~9

켜왔다고 주장한다. 또한 당파적 민족성에 대하여도 오늘날 가장 보편적인 정치체제인 민주주의 기본원리도 다양성의 원리에 기초한 다당제임을 강조하고 있다. 또한 한국문화의 모방성에 대하여 문화란 근본적으로 보편성에 기초하여 자기 민족의 창조적 노력으로 발전한다고 보는 입장이다. 세계최초의 금속활자로 발간한 직지와 오늘날 K-Pop 등의 한류 등이 대표적 사례이다.

나. 고조선 문제

고조선과 관련하여 중국과 일본 그리고 식민사관에서는 소극적으로 왜곡하여 해석하고 있으며, 우리나라와 민족사관에서는 적극적으로 해석[11]하고 있다. 주요한 쟁점사항을 정리하면 (표 3-1)과 같다.

(표 3-1) 고조선에 대한 견해차이

쟁점	소극적 해석 (중국, 일본, 식민사관)	적극적 해석 (한국, 민족사관)
단군조선	신화	환인·환웅까지는 신화로 볼 수 있으나, 단군부터는 역사적 사실
기원전 24세기 단군조선의 건국	신뢰할 수 없다	신뢰할 수 있다
근거	국가는 청동기시대가 되어야 성립하는데, 기원전 2333년은 신석기시대이므로 국가가 성립할 수 없다	기원전 24세기 이전에 청동기 문명이 시작되었으므로 국가가 성립할 수 있다

---
11) 성삼재, 「고조선:사라진 역사」, 동아일보사, 2015, pp.248~249

쟁점	소극적 해석 (중국, 일본, 식민사관)	적극적 해석 (한국, 민족사관)
우리나라의 청동기 시대 시작연대	기원전 10세기경	기원전 25세기경
단군	허구의 인물	역사적 실존인물
고조선의 영역	대동강 중심 평안도 지방	북경 만리장성에서 송화강 유역, 만주지역과 한반도 전체
고조선의 중심지	평양지방	요동지방
한사군 설치지역	평양을 중심으로 한 한반도 북부지역	요동지방
사마천의 사기에 나오는 패수의 위치	오늘날의 대동강	북경 근처에 있는 난하
북한의 단군릉에서 나온 인골의 측정연대	신뢰할 수 없다	신뢰할 수 있다 (5011±267년)
인골측정 때 사용한 전자상 자성공명법	신뢰할 수 없다	신뢰할 수 있다
규원사화	신뢰할 수 없다	신뢰할 수 있다
환단고기	신뢰할 수 없다	일부분이라도 가치 있는 기록이 포함되어 있는지 적극적으로 연구해야 한다

다. 역사교과서 국정화 문제

원칙적으론 현대사에는 보는 시각에 따라 달라질 수 있으므로 이에 대한 평가는 후대의 역사가에게 맡기고, 이를 교과서에 수록하지 않는 것이 원칙이다. 그러나 2015년 박근혜 정부 때 역사교과서의 국정화를 추진하는 과정에서 현대사에 대한 해석을 놓고 극심한 찬반갈등이 일어나기 시작했다. 즉, 2017년 3월 학기부터 중·고등학교에 입학하는 학생부터 사용할 역사교과서에 대하여 정부와 역사학계, 여당과 야당 그리고 이념과 노선을 달리하는 사회집단 간에 현대사 해석과 교과서 국정화를 놓고 큰 사회적 논란이 야기됐던 것이다.

역사교과서를 국정화하여야 한다는 입장은 박근혜 정부와 당시 여당인 자유한국당 등이 주장하는 입장이었다. 기존의 대부분의 한국사교과서가 '좌편향'적으로 서술됐기 때문에 이승만과 박정희대통령을 지나치게 부정적으로 서술하고, 반재벌적으로 서술되었다고 주장한다. 국정화에 반대하는 더불어민주당과 역사학계, 교육계 그리고 시민단체의 입장에서 국정화는 정치적 목적이 깔린 것으로 교육을 정치에 예속시킨다고 비판하면서 친일이나 독재를 미화하고 있다고 주장[12]한다. 2017년 3월까지 이 교과서를 사용하는 학교는 한 곳도 없었다.

반면 문재인 정부에서는 국정역사교과서를 공식적으로 폐기하고 기존의 검·인정제도를 그대로 유지하고 있다. 그러나 2020년 3월부터 각 학교에서 쓰일 고교 한국사 교과서의 내용을 살펴보면 전근대사 비중은 대폭 줄어들고 근현대사 비중이 과도하게 커진

---

12) 김한종, 「전게서」, pp. 221~233

것으로 나타났다.[13] 즉 선사시대부터 조선 시대까지 4000여 년을 다루는 전근대사는 78페이지(25.5%)인 데 비해, 조선 고종 즉위(1863년)를 전후한 150년간의 근현대사는 228페이지(74.5%)에 이른다.

하지만 현대사는 역사와 시사의 경계부터 모호하고 주인공이 생존해 있거나, 사료가 다 공개되지 않은 경우도 있기 때문에 학계에서도 협의가 안 된 부분이 적지 않다. 과연 이처럼 첨예한 쟁점이 즐비한 현대사를 교과서에 반영해야 하는지 의문이며, '역사의 정치화'가 우려된다. 비록 검인정 제도라 하더라도 최소 한 세대 전인 '30년 이전'을 기술 대상으로 삼는 등의 합의된 기준이 필요할 것으로 보인다.

물론 외국에서도 국가주도의 교과서 논쟁이 있어왔다. 미국에서는 1990년대 초등학교부터 고등학교까지 학년별로 학생들이 성취해야 할 국가표준(National Standard)에 국사를 포함하여 기준을 정하였고, 영국에서도 1991년 국가교육과정(National Curriculum)을 개발하여 국가주도로 역사교육을 실시하고자 하였으나 학계와 교육계에서 비판하여 수정되기도 하였다.

[13) 조선일보, "평가 안 끝난 150년 근현대사가 75%… 그 이전 수천 년 역사는 25%" 19. 12. 17]

제2절
한국사

3-2-1 「고조선 : 신화에서 역사로」(이종호·이형석)

【배경】

중국은 55개 소수민족을 포함한 다민족역사관을 내세우면서 동북방의 우하량 홍산 등의 유적을 근거로 기원전 5,500년 전 '신비의 왕국'이라는 고국(古國)이 존재했다고 주장한다.

우리나라는 반대로 실증사학자들이 기원전 2,333년에 건국한 단군조선을 단순한 신화로 본다.

【주요 내용】

중국은 황하문명이 중국문명의 시원이라고 주장하여 왔으나 1980년경부터 기원전 3500년~3000년경 만리장성의 외곽인 요하 부근에서 시작하여 내몽고에 이르는 넓은 지역에서 발견된 홍산문화(요하문명)가 중국문화의 시원이라고 발표하면서 중화 5천 년 시대를 표방한다.

중국의 영토에서 일어난 역사를 모두 중국의 역사라고 주장하면서 동북공정을 추진, 하(夏) 이전에 등장하는 삼황오제(三皇五帝)가 전설의 인물이 아니라 실존의 인물로 모두 중국인의 시조라고 한다.

하지만 그중 치우는 동이의 수장으로 홍산(紅山)문화를 꽃피웠던 한민족의 근간이다. 또한 요동 최초의 국가인 신비의 왕국(여왕국) 역시 그동안 중국이 자기 민족이라고 간주했던 화하족이 아닌 동이족이 세운 국가로, 동이족은 중국의 동북지방은 물론 한반도로 남하하여 그 주류는 고조선과 고구려, 부여 등 한민족의 선조가 되었다.

한편 한국에서 일제의 영향을 받은 이병도 등 실증사학자들을 고대사일수록 과학과 사료를 기초로 해야 한다며 기원전 2333년에 건국되었다는 단군조선을 신화로 보면서 그 역사적 실체를 부정하고 청동기시대부터 국가가 성립되었다고 주장한다.

고조선의 강역은 하북성(서쪽), 흑룡강성(북쪽), 한반도(남쪽)에 이르며, 고조선의 도읍지는 ①요동 중심설 ②대동강(평양) 중심설(5천 년 전, 1993년 단군릉 발견 이후 북한이 주장) ③초기에는 요동에 있다가 대동강유역으로 이동했다는 중심지 이동설(비파형동검 등 출토)이 있다.

단군조선의 수도인 아사달은 ①평양설 ②구월산설이 있다. 구월산은 백악산, 의무려산으로 불교와 도교의 도래지이다. 낙랑군은 대동강의 평양이 아니라 대능하지역에 있었다.

「한서」'지리지'에 고조선과 조선현, 그 도읍지인 험독, 고구려, 진번, 대방현, 패수현, 서안평 등 우리나라 역사와 관련된 지명이 요동군, 낙랑군, 현도군 편에 기록되어 있다.

기자조선의 기자는 은나라 출신으로 조선으로 망명하여 조선의 제후로 봉해졌으며, 기자조선은 본래 고죽국이었는데 기원전 1100년경 건국하여 기원전 195년 위만에게 멸망될 때까지 900년간 존속하였다.

【평가와 시사점】

　우리의 상고사는 자료가 절대적으로 불충분하고, 고대 영토였던 만주지방이 중국의 영토가 되고, 한반도가 분단되어 정확하게 기술하는 것이 매우 어렵다.
　중국의 홍산문화유적은 한민족의 선조인 동이족이 세운 것으로 추정되는 우하량의 제단, 여신묘, 적석총, 빗살무늬토기, 비파형 동검 등을 과학적으로 확인하였다(저자는 30여 회 고조선 지역을 답사하였다).

3-2-2 「고조선 : 사라진 역사」(성삼재)

【배경】

　2001년 일본의 역사교과서 왜곡사건이 발생했을 때 우리 정부의 실무반장으로 있으면서 수집한 자료를 바탕으로 중국과 일본의 고조선역사 왜곡내용을 체계적으로 분석한 책이다.

【주요 내용】

　고조선에 대한 견해 차이(pp.248-249, 본서 p.15)
　고조선 건국연도에 대하여「동국통감」,「해동이적」,「동국역대총록」은 기원전 2333년,「삼국유사」는 기원전 2308년, 제왕운기는 기원전 2357년으로 상이하게 기록하고 있다.
　일본은「삼국유사」"임신본"의 환국을 환인으로 변조하여 "아사달이-관성의 동쪽에 있다고 전해진다"에서 일제는 아사달을 개성의 동쪽으로, 한국은 산해관(만리장성의 동쪽 끝 관문)으로 본다.

고조선은 역사가 아니라 신화일 뿐이라고 주장한다.

【평가와 시사점】

우리나라의 역사교과서 문제 특히 고조선 문제는 일본, 중국과 관계되므로 쉽게 해결될 수 있는 문제가 아니다. 따라서 장기적이고도 과학적인 연구가 필요하다.

특히 일본의 역사교과서 왜곡과 중국의 동북공정에 대처하기 위하여 정부와 학계 등의 유기적인 협조와 국민적 공감대 확대가 필요하다.

3-2-3 「조선상고사」(신채호/박기봉 옮김)

【배경】

신채호는 충북 청주가 고향인 애국지사로 감방에서 우리 역사를 집필하였으며, 「안네의 일기」처럼 서거하면서 역사기술이 중단되었다.

사대주의적으로 기술한 「삼국사기」의 문제를 제기한 역사책으로 일본과 중국의 왜곡된 역사의식에서 기술했다고 질책하였다.

【주요 내용】

단군3경 : 상경(하얼빈, 아사달), 중경(안시성, 아리), 남경(평양, 펴라)

3조선 : 신조선(동북3성) 解씨, 왕검의 자손 불조선(요동반도) 箕씨, 기자의 자손 말조선(압록강 이남) 韓씨

南3韓 : 馬韓(종주국) + 진한, 변한

고구려(가우리)

주몽은 소서노의 재산에 의지하여 왕업의 기틀을 마련하였다.

동부여에서 예씨가 와 원후가 되자, 소서노는 비류와 온조 두 아들과 오간 등 10명의 신하를 데리고 마한으로 왔다.

비류는 미추홀(인천) 메주골에, 온조는 위례성(하남) 오리골에 건국하나, 하나의 나라로 통일되어 백제를 건국하여 마한은 멸망한다.

고구려의 역대제왕 - 北進主義 또는 南北竝進主義를 취하였으나 장수왕 이후 - 北守南進主義로 방향을 선회하였다.

- 이에 따라 신라, 백제, 임나, 아라가 40년간 동맹을 유지

바보 온달과 평원왕의 딸 공주가 결혼, 또한 백제왕손 '서동(위덕왕 증손자)'과 신라공주 '선화(진평왕 둘째딸)'가 결혼하고 서동은 중으로 사칭하여 신라의 행사에 입궐하였으며 양국은 동맹관계를 유지하였다.

연개소문은 북진남수주의(征唐說)를 취하면서 당을 공격하였으나 고구려왕들(영류왕과 장수왕)은 북수남진주의를 취하여 대립 발생으로 연개소문이 쿠데타를 일으킨다. 이에 백제를 공격하고 천리장성을 쌓았다.

고구려는 당과 요수전쟁(1차), 안시성전투(2차)를 벌이고, 여기서 당태종이 눈을 잃게 된다.

고구려가 신라와 당의 연합군이 백제를 침공했을 때와 백제에

서 의병(복신 등)이 봉기하였을 때 지원을 하였다면 고구려도 위태로워 지지 않고 국가를 유지하였을 텐데 결국 멸망에 이르렀다.

【평가와 시사점】

 중국학계의 역사공정 8대 목표 [단대공정(하 상 주), 탐원공정(삼황오제), 서남공정(티베트), 동북공정(한반도), 서북공정(위구르, 신장), 북방공정(몽골), 남방공정(운남, 태국, 미얀마, 베트남 접경지역), 해양변강공정(대만, 오키나와, 필리핀 해역)]는 중국이 G2 시대 대두에 맞추어 새로운 역사관을 정립하는데 필요한 국가적 프로젝트이다.

 단재 신채호가 오랫동안 생존하여 상고사 이후의 역사를 새로 썼으면 우리나라의 고대역사가 전면적으로 다시 쓰였을 것이다. 역사에 가정은 없지만, 장수왕 이후에도 역대 제왕들처럼 대외적으로 북진주의나 남북병진주의를 취하였다면 오늘날의 한반도 영토가 많이 달라졌을 것으로 보인다.

3-2-4 「광개토대왕의 위대한 길」(김용만)

【배경】

 고구려 19대 왕인 광개토대왕은 18세에 즉위하여 22년 동안 통치하다가 39세에 사망하였다.

 광개토대왕은 영토를 확장하고 국방을 튼튼히 하였으며, 영락(永樂)이라는 연호를 써서 중국과 대등한 입장을 보였다.

【주요 내용】

　광개토대왕비는 아들인 장수왕이 길림성 집안시에 세운 높이 6.39m, 무게가 37톤이나 되는 거대한 석비로 광개토대왕의 거란, 백제, 숙신, 신라, 가야, 왜, 후연, 동부여 등에 대한 정복활동을 상세하게 기록하고 있다. 이는 백제, 동부여, 신라, 가야 등을 복속시키고, 태왕호와 연호(영락)를 사용해 고구려가 천하의 중심이자 동방의 패자라는 사실을 널리 알리기 위한 목적에서였을 것으로 추정된다.

　그러나 대왕이 활발한 정복활동을 펴서 고구려영토를 크게 넓히는 등 뚜렷한 업적을 남겼음에도 불구하고「삼국사기」에 약간 기록되었을 뿐 고려나 조선 시대에 거의 기억되지 않고 있다가, 비로소 광개토태왕비(1,775자)가 1893년 일본 육군 밀정에 의해 발견되어 일반에 알려지게 되었다.

　금석문을 통해 '태왕'이라는 호칭을 사용하였음을 알 수 있는데, 세계의 지배자, 우주 질서를 주관하는 황제, 천자와 같은 의미를 지니며, 최고 지배자의 호칭이다(황제, 칸 등과 같은 의미임).

　광개토대왕(담덕)의 아버지는 소수림왕의 동생인 고이연으로 고국양왕이다. 그는 할아버지인 고국원왕이 모용선비(후연)와의 싸움에서 패하고 백제와의 싸움에서 패해 죽자 수모를 극복하기 위해 왕에 즉위하자마자 정복 길에 나서, 이후 아들인 광개토대왕에 이르러 대업을 세우는데 토대를 만들었다.

　게다가 소수림왕과 고국양왕은 불교공인, 태학설립, 율령반포 등 개혁정책을 펴 내치를 튼튼하게 하여 고구려가 제국으로 발전하는 기반을 닦음으로써 광개토대왕이 편하게 정복활동에 나설 수 있었다.

　대왕은 먼저 거란을 정벌하고, 남으로 진격하여 세 갈래로 아리

수를 건너 한성에 있는 백제 수도를 포위하였다. 왜가 신라 금성을 공격하여 고구려에 구원을 요청하자 남해안 금관가야까지 대원정을 가서 격파하였다. 또한, 신라왕을 두 번이나 교체하고 고구려군을 신라에 주둔시키기도 하였다.

장수왕은 19세에 즉위하여 79년간 다스리다가 98세의 나이로 죽었다. 평양 천도를 하는 등 주로 내치에 치중하였으나, 남진하여 백제를 정벌하는 등 영토를 확장하고 중원고구려비를 건립하기도 하였다.

【평가와 시사점】

오늘날 중국과 간도문제, 일본과 독도 문제 등 한반도를 둘러싼 국제문제를 해결하는데 있어서 광개토대왕의 지혜를 연구할 필요가 있다.

3-2-5 「삼국사기」 1·2 (김부식/이강래 옮김)

【배경】

김부식이 인종의 명을 받아 고려 인종 23년(1145년)에 삼국시대의 역사적 사실을 기전체 형식으로 편찬한 우리나라 정사 역사책이다.

송나라 사마광의 자치통감을 모델로 하고, 고구려의 유기와 신집, 백제의 서기(書記), 신라의 국사(國史)를 활용하여 50권으로 편찬하였다.

【주요 내용】

①本紀(신라, 고구려, 백제 순으로 왕과 연대별로 기술) ②年表(중국과 3국을 연도별로 도표로 비교) ③雜志(제사, 음악, 지리, 복식, 지리 등) ④列傳(주요장군, 효자, 학자, 견훤과 궁예의 업적) 순으로 기술하였다.

중국의 수와 당나라, 왜 그리고 고구려, 백제, 신라의 3국의 합종연횡 등 당시 한반도를 둘러싼 역사전개과정을 기술하였다.

특히 왕조의 멸망을 다루면서, 신라는 진성여왕이 평소 각간 위홍과 정을 통하고 몰래 젊은 미남 두 세 명을 끌어들여 음란하게 지내고, 그들에게 요직을 주어 국정을 맡기는 등 기강이 무너졌음을 경고하였다.

고구려도 연개소문이 죽고 아들 간의 싸움으로 장남이 당으로 도망가 고구려 침탈 시 지원하는 등 내분과 중국과 백제, 신라와 수시로 전쟁을 하면서 내치와 외교의 문제(수와 당의 교체 시기임에도 사신을 가두고 조서와 칙명을 거역)를 편찬자가 평한다.

백제도 개로왕이 고구려의 첩자인 승려 도림과 바둑과 장기를 두면서 건의한 무리한 궁성축조로 민심이 이반하고, 의자왕이 음란하고 쾌락에 빠져 성충이 자제를 간하였으나 듣지 않아 멸망하였다고 지적한다.

삼국시대에도 특히 경주 부근에 지진이 자주(2~3년마다) 발생하였으며, 가뭄, 홍수 등의 재해에 대하여 대비책을 강구하였다는 기록이 특이할 만하다.

【평가와 시사점】

'천시와 지리가 인화(人和)만 못하다'는 맹자의 말을 인용하면서 국민의 마음을 얻고, 주변의 외국과 탄력적인 외교를 펼치는 것이 국가의 안녕을 위하여 중요함을 편찬자로서 논평을 통하여 강조한다.

경주의 귀족 출신 관변역사가로서 정사와 집권자 중심으로 역사를 기술하고 삼국 이전의 고조선과 발해 등의 민족사를 배제한 한계가 있다.

3-2-6 「삼국유사」(일연/이가원 허경진 옮김)

【배경】

일연스님은 고려중엽인 1200년경 경북 경산 출신으로 국존으로 추대되었으며 전국의 여러 사찰에 주석하였고 70세가 넘은 나이에 군위 인각사에서 삼국유사를 집필하였다.

유사(遺事)란 잃어버린 사실, 남겨진 사실이라는 뜻으로 「삼국사기」에서 빠진 이야기를 중심으로 전국의 여러 절에서 수집한 자료를 모아 편찬하였다.

【주요 내용】

「삼국유사」는 잃어버린 사실을 중심으로 「삼국사기」인 정사에서 취급하지 않은 이야기들을 모아 재미있게 9편으로 취급한 野史이다.

①왕력(王歷) ②기이한 이야기를 기록하다(紀異, 고조선 단군신화부터 가락국가) ③불법을 일으킨 이야기(興法, 순도, 마라난타, 아도 등) ④탑과 불상을 만든 이야기(塔像, 황룡사9층석탑 등) ⑤

의리와 해석에 관한 이야기(義解) ⑥밀교의 신통한 주문(神呪) ⑦감응한 이야기(感通) ⑧세상을 피해 숨어산 이야기(避隱) ⑨효도와 착한 행실 이야기(孝善)

가락국 김수로왕 왕후 허황옥(許黃玉)은 나이 16세로 고대 인도 왕국인 아유타국의 공주로 남중국을 거쳐 가야로 들어 왔다.(2016년 한국을 방문한 인도 수상이 허 왕후 탄생지의 주지사 출신으로 이에 대한 깊은 관심을 표명하였다).

백제의 서동과 선화공주, 고구려의 평강공주와 온달장군, 선덕여왕을 흠모하다가 불에 타죽은 신라의 지귀 등 사랑 이야기는 오늘날까지 회자되고 있다.

화랑 5계 등을 구체적으로 기술하고 있다.
- "임금을 섬기되 충성으로 하라"
- "부모를 섬기되 효성으로 하라"
- "벗을 사귐에 신의가 있으라"
- "싸움에 임해서 물러서지 마라"
- "살생을 하되 가려서 하라."

육재일(매월 8, 14, 15, 23, 29, 30)과 봄철과 여름철에는 죽이지 마라. 번식기 등에는 살생을 하지 말라는 메시지로 이점을 특히 강조하고 있다.

【평가와 시사점】

자칫 잃어버릴 수 있었던 신화와 향가 14수 등 문화사 및 문학사적으로 중요한 자료로 평가되고 있는 내용들을 수록하고 있다.

스님으로서 불교와 사찰 관련 내용이 많고, 지정학적으로 한반도로 한정시킨데 한계가 있다.

3-2-7 「한 권으로 읽는 고려왕조 실록」(박영규)

【배경】
　신라가 외세인 당을 이용하여 불안정하게 삼국을 통일하였다면, 고려는 왕건의 리더십과 홍유 배현경 신숭겸 복지겸과 같은 부하들의 살신성인으로 이룩한 자주적인 통일이었다.
　제8대 현종부터 실록을 편찬하기 시작하였고 474년간 34대 왕이 재위하였다.

【주요 내용】
　진성여왕 때 가뭄과 세금징수로 곳곳에서 반란이 발생하고 지방군벌이 대두하였다. 사벌(상주) 아자개, 죽주(안성)의 기훤, 국원(청주)의 청갈, 북원(원주)의 양길, 중원(충주)의 원희 등이 대표적이다. 사벌 아자개의 장남 견훤은 무진주(광주)를 장악하여 후백제를, 궁예는 송악(개성)을 도읍으로 정하고 후고구려를 각각 세웠다.
　고려는 6촌 이내의 족내혼으로 왕족을 중심으로 왕권을 안정시키기 위하여 왕들이 이복동생과 결혼하였는데 이자연의 경우 문종에게 세 명의 딸을 시집보내기도 하였다. 그러나 유학자들의 근친혼에 대한 부정적 시각으로 숙종 때부터 6촌 이내 결혼을 금지하였다.
　고려사회는 신라나 조선 시대와 달리 왕의 아들이 어린 경우 동생이 왕위를 잇는 경우가 많았고, 태조는 29명의 왕비에서 25남 9녀를 두었으나, 그 이후 역대 왕들의 부인과 자녀들도 조선 시대에 비해 적은 편이다.

4대 광종은 호족의 경제력을 약화시켜 왕권을 강화시키기 위하여 노비안검법을 마련하고, 조정에서 호족의 전횡을 막는 새로운 세력을 키우기 위해 후주 출신 쌍기의 건의를 수용하여 과거제를 도입하였다.

유행간은 7대 목종과 동성연애를 하며 '합문사인'의 벼슬에 올랐으며, 항상 목종곁에서 왕을 조종하여 정사를 농단하고 인사를 좌우하였다. 유행간은 오만하고 방자한 행동을 일삼으며 백관들을 경멸하여 턱과 눈빛으로 지시하고, 목종은 좀처럼 편전에 나가지 않았으며, 만나기를 청하는 신하가 있어도 결코 만나주지 않았다. 30세에 강조에 의해 충주로 쫓겨 가다가 살해되었다.

인종 때 이자겸이 딸 2명을 왕비로 보냈으나 오히려 왕비가 왕을 독살하려고 올린 떡을 까마귀에게 던져주었으며, 독이 든 약을 고의로 넘어져 엎지르게 하여 왕을 구출하였다. 서경천도(묘청중심)를 추진하였으나 김부식 등 개경파의 반대로 좌절되었다.

의종은 문신 및 환관들과 어울려 정사를 등한시(환관정치)하며 잦은 주연을 열었고, 정중부 등 무인들은 주변을 지키고 무시를 당하자 불만이 쌓여갔다. 마침 수박회 시합 때 젊은 문신 한뢰가 대장군 이소응의 뺨을 때리는 사건으로 무관들의 불만이 폭발하였으며, 의종을 경주로 유폐한 후 살해하였다.

무신정권 후 100여 년 동안 충렬왕부터 원의 부마가 되고, 祖와 宗대신 왕을 쓰고 충(忠)자를 넣도록 하며, 왕들이 중원에 잡혀가 오랫동안 머무르는가 하면, 행정체제를 몽골식으로 개편하고 몽골어를 쓰며 몽골풍속이 만연하였다.

충렬왕 때 원의 쿠빌라이는 정동행성을 설치하고 2차에 걸쳐 일본 원정을 도모하였으나 태풍을 만나 본토정벌은 실패하고, 일본에서는 이때 자신들을 지켜준 태풍을 '가미가제'(神風)라고 불렀다.

공민왕은 전민변정도감(신돈 주도)을 설치하고 배원정책을 추진하였으나, 두 차례에 걸쳐 홍건적의 난이 일어나 고려로 침입해오자 개혁 정책을 지속할 수 없었고, 후퇴하고 왕비가 산고로 죽자 절망하고 신돈에게 정권을 맡겼다. 후계자가 없자 홍륜과 한안들을 시켜 왕비를 강간토록 하였다.

- 이성계의 요동정벌 4불가론 : ①소국이 대국을 거역 ②여름의 군사동원은 농사에 지장 ③원정을 틈타 왜적이 침입 우려 ④장마로 인해 활에 먹인 아교가 풀릴 염려가 있고 군사들이 병에 걸릴 우려가 있다.

【평가와 시사점】

후삼국시대는 한국 역사상 유일한 전국시대이었지만 궁예와 견훤에 대한 기록이 변변치 못하다.

고려는 삼국시대와 조선의 징검다리 이상의 의미가 있으며, 조선왕조실록도 고려왕조실록을 모범으로 만든 것이다.

7대 목종 측근의 국정농단은 2016년 박근혜 대통령 재임 시 최순실의 국정농단 사태와 매우 비슷하다.

3-2-8 「한 권으로 읽는 고려왕조 실록」(박영규)

【배경】

조선 왕들의 실록을 중심으로 구성하였으며, 27대에 걸친 왕들의 세계도(世系圖)를 한 장으로 정리해 부모와 자매 등 가족관계를 쉽게 이해할 수 있으며, 동시대의 세계약사를 통해 상호비교해 볼 수 있다.

경제생활, 토지관리, 세금징수, 인구동향, 신분변화, 화폐정책, 주민감시책, 시장형성 등 일반백성들의 삶을 많이 다루어 보다 생동감이 있는 자료가 수록되어 있다.

【주요 내용】

태종은 거북선을 만들기 시작하고, 정도전이 구상한 문신과 재상이 중심이 되는 정치를 극복하기 위하여 신문고를 설치하고, 호패법을 실시하였으며, 명목화폐제도(저화:종이돈)를 도입하였으나 백성들은 사용을 기피하였다.

성종과 폐비 윤씨와의 장남인 연산군은 어머니 윤씨가 후궁들을 독살하기 위하여 비상을 숨겨두고, 성종의 얼굴에 손톱자국을 내자 폐출되어 사약을 받고 죽은 사실을 알게 되자, 사화(무오, 갑자)를 일으켜 사림파를 격파하고, 정언 등 언권도 혁파하는 등 패륜적 행위를 자행하였고, 이에 본인도 폐출되어 31세로 생을 마감했다. 장록수와의 사이에 1녀를 두었다.

광해군은 왕권 강화를 위해 임진왜란 시 소실된 궁을 복원하고, 민생경제를 일으키려 애썼으며, 외관상으로는 명나라를 도와주는 것처럼 하다가 후금에 투항하도록 하는 등 실리외교를 펴고, 임진왜란 이후 중단된 대일외교를 재개 : 정씨왕조설(정감록) 유포에 대비하여 파주 교하로 천도계획을 수립하였으나 시행되지는 않았다.

병자호란이 끝나고 청에 8년간 볼모로 잡혀간 봉림대군(후 효종)은 북벌계획을 추진하였으나 청의 세력이 강해져 북벌을 이루지 못하였다. 속오군을 증강하고, 2번에 거쳐 나선을 정벌하여 흑룡강 이북으로 격퇴시키고, 표류해 온 네덜란드인 하멜을 훈련도감에 수용하여 조총과 화포 등의 신무기를 개발하였다.

원래 세도정치(世道政治)란 조광조가 도학의 원리를 정치사상으로 승화시켜 주장한 것으로 천리를 밝히고 인심을 바르게 하여 성향을 북돋우는 일을 뜻하나, 조선 후기의 세도정치(勢道政治)는 순조이후 집권하는 일족만이 정권을 독점하는 독재정치로 변질되었다.

【평가와 시사점】

역대 왕들의 실록을 중심으로 구성한 것이나, 조선 후기에 오면 사색당쟁으로 정권이 수시로 교체되어 편수 과정에서 당시의 왕에게 긍정적인 방향으로 수정이 이루어졌고, 고종과 순종실록은 책임과 감수를 일본인들이 하였으므로 많이 왜곡되었을 가능성이 높다.

3-2-9 「정도전을 위한 변명」(조유식)

【배경】

정도전은 고려말 조선 초기의 사상가·정치가로 이성계를 만나 조선건국을 주도한 일등공신이자 최고 권력자로서 민본주의를 바탕으로 조선왕조의 기틀을 다졌다. 그러나 요동정벌계획을 세워 외교마찰을 빚다가 제1차 왕자의 난 때 살해되었다. 태종 이방원에 의해 만고역적이 되었다가 고종 때가 되어서야 경복궁 재건과 더불어 복권되었다.

정도전이 조선의 문물제도, 경복궁과 종로, 태평로 등 서울 도심의 기본설계, 4대문과 4소문, 그 안의 모든 동네 이름이 그의 손으로 만들어졌다. 그러나 600년간 역적으로 낙인찍혀 있던 젊은 개혁가의 삶과 죽음에 관한 기록을 기자의 입장에서 사실적으로 담아내고 있다.

【주요 내용】

개국공신 정도전은 호가 三峯이고 경북 봉화사람으로 외가가 단양이며, 아버지 정운경은 고려 충숙왕 때 과거에 급제하여 형부상서를 지냈다.

정도전은 20세 공민왕의 피난지인 청주행지소(임시 궁전)에서 대과에 급제하였다.

정몽주, 이숭인, 권근 등과 함께 이색 스쿨(school)의 동창생이며, 정도전에게 사상적으로 큰 영향을 미친 동시대 인물은 5살 연상인 정몽주이고 시대를 초월하여 사상형성에 큰 영향을 미친 인물은 공자·맹자였다.

승려 출신 신돈이 전민변정도감을 설치하여 불법 점유토지를 원주민에게 돌려주고 억울하게 노비가 된 자를 풀어주는 등의 개혁정책을 시행하자, 신진사대부들이 지지하고 뒷받침하여 역성혁명의 징검다리가 되었다.

공민왕은 노국공주가 산고로 죽자 상실감으로 신돈에게 정사를 맡기고 온갖 패륜을 일삼다 44세 때 피살되고, 9세 우왕이 즉위하였으나 실권을 쥔 이인임 등 친원파 권문세족들은 친원 정책을 고수하고 사대부들을 배척하였다.

이성계는 1335년 충숙왕 때 함남 영흥에서 태어나 친화력이 뛰어난 데다 무예가 출중하여 왜구를 무찔러 공을 세우고, 수구파 영수 이인임을 우왕에게 간하여 숙청하고 수문하시중까지 되었다.

　정도전은 동북면 함주막사로 찾아가 이성계를 만나 의기투합한 후, 이성계는 요동정벌 4불가론을 제기하고 위화도에서 회군였다. 이후 이에 반대한 72세 최영을 처형하고, 우왕을 강화도로 보내고 8세 창왕을 즉위시켰다. 곧이어 무능한 데다가 왕이 오르기를 사양한 공양왕을 옹립하였다.

　이에 이성계가 문하시중, 정도전이 우군총제사로 실권을 장악하고, 전제개혁운동, 사병혁파운동, 척불론과 유교진흥책, 한양천도, 요동정벌을 역점적으로 추진하였다.

　조선 개국 후 이성계의 경처인 강씨의 2남 방석이 세자로 책봉되자 다섯째 아들 방원이 불만을 토로하였다. 결국, 이방원은 1차 왕자의 난을 일으켜 경처 강씨의 2남 방석을 죽이고 정도전도 56세에 반란 예비음모죄로 참수되었다.

【평가와 시사점】

　개국공신 정도전은 조선왕조 내내 천대를 받아 묏자리가 어디인지 확실하지도 않다. 그러나 조선개국을 반대하다가 죽은 정몽주의 묘는 조선왕조의 관심 아래 왕릉이 무색할 정도로 잘 보존되어 오늘까지 전해진다. 역사의 아이러니다.

　정도전이 함경도 함주막사로 찾아가 이성계를 만난 것은 조선 역사의 일대 전환점이었으며, 시와 운이 중요한 역사의 요인임을 다시 생각하게 한다.

3-2-10 「세종이라면 : 오래된 미래의 리더십」(박현모)

【배경】

세종은 1397년 태조 6년에 이방원과 여흥민 씨의 셋째 아들로 태어나, 1450년 54세로 재위 32년에 운명하였다. 국정운영에 올인하고 창조경영을 하여 조선 시대 최고 융성기를 만들었으며 휴식과 치료를 위해 멀리 충북 초정 약수까지 2번 행차한 기록이 있다.

책은 ①세종시대 업적으로 한글창제, 합리경영, 강점경영, 민생경영, 은위외교, 북방경영, 인의경영 ②세종의 리더십으로 생생지략, 경연토론, 줏대경영, 문화경영, 공정조세, 실용외교 ③국운융성 리더십으로 정도전, 태종, 세조, 정조, 링컨과 비교하였다.

【주요 내용】

새를 어떻게 울리는가?

유형	일본	한국
울지 않으면 죽여 버림	오다 노부가나	수양대군(세조)
새가 울도록 만들음	도요토미 히데요시	태종
울 때까지 기다림	도쿠가와 이에야스	세종

소통의 군주 : 집현전 설치

- 세종이 초정에 행차할 때 경기감사 이선이 어가 앞에서 주민들이 시위를 할 것을 걱정하여 미리 종자와 양식을 골고루 나누어 주도록 지시했으나, 세종은 하지 말도록 지시하였다.

세종의 개혁

한글창제, 여진족 대마도 정벌, 4군 6진 개척

넓게 백성의 목소리를 들음(광문), 과학기술발전 : 측우기 등 발명

- 生生之樂 – 살맛나고 올바른 나라, 밥은 백성의 하늘이다. 먹는 문제를 해결하지 못하는 수령과 임금은 자격이 없다. 「농사직설」을 간행하여 배포

- 대장금도 여자 의사 출신이었다.

세종의 정신
詳考 – 옛일을 상고하라
實驗 – 무기, 농사를 테스트
異別 – 중국과 다름

오랜 기간 전쟁이 없이 지내고 있지만, 그것을 태평성대로 인식하고 안일하게 지내서는 안 되며, 외환을 대비해야 할 때임을 강조하였다.

- 4군 6진 설치, 사민정책(전라, 경상, 충청도민)을 통해 조선의 땅을 압록강, 두만강까지 확대, 대마도를 정벌

소통정치 경연 : 월 5회(총 1,898회), 국정토론의 중심지, 언관과 재상들이 왕 앞에 앉아서 고전을 놓고 공부하면서 당면과제를 함께 풀어가는 독특한 회의방식

정조는 세조를 벤치마킹하였다.

구분	세종	정조
싱크탱크	집현전	규장각
어전회의(경연)	찬반, 직언	지시
리더십	정치적 리더십	지적 리더십

【평가와 시사점】

저자는 일반적으로 동양의 리더십 텍스트로 「정관정요」를 꼽는 경우가 많은데, 이를 뛰어넘는 것이 「세종실록」이라고 평가한다.

세종은 남북한 모든 사람들에게 가장 존경받는 훌륭한 지도자이다. 따라서 광화문광장에 동상이 서 있고, 1만 권 화폐 인물로 도안되어 널리 유통되고 있다.

3-2-11 「류성룡, 나라를 다시 만들 때가 되었나이다」 (송복)

【배경】

류성룡은 32년간 대제학, 우의정, 좌의정 등 요직을 지내고 영의정 5년 동안 전시 수장으로 임진왜란을 치렀으며, 이순신을 7등급의 단계를 뛰어넘어 발탁, 육군이 아닌 해군에 배치하여 해전을 승리로 이끌고, 조선의 붕괴를 막은 명재상이었다.

징비록은 죽기 3년 전 저술한 책으로 '지난날의 잘못을 징계해서 후일의 어려움에 대비한다'는 의미로 자강 즉 우리가 강해야 하고 중흥해야 하며, 남을 믿어서도 안 되며, 우리가 독립해야 된다는 논지이다.

【주요 내용】

임진왜란은 왜와 명과의 전쟁이고, 조선은 전쟁터(마당)일 뿐이었고, 오직 바다에서만 조선의 전쟁, 아니 왜와 이순신의 전쟁이었다. 임진왜란은 바다에선 이순신의 외로운 싸움이었고, 육지에서는 류성룡의 분골쇄신이었다.

　왜군은 부산에 상륙하여 20일 만에 한양을 함락시키고, 60일 만에 평양까지 진군하였다. 조선은 군량미가 부족하자 매관매직의 형태인 공명첩을 1,500장을 발행하여 곡식을 조달하였다.

　명은 벽제관 전투에서 패하고 평양으로 후퇴하여 임진강을 중심으로 조선 분할을 왜(4도 분할요구)와 협상하기 시작하였다. 그러나 류성룡은 명의 강화요구에 반대하였으며, 명의 책봉사들이 본국에 허위보고하자 격노한 히데요시가 재침략하였다.

　명은 나라를 나누고(分割), 임금을 바꾸는(逆治) 명황제의 칙서를 선조에게 내리니, 류성룡은 망론이라며 반대함에도 선조는 사직서를 직접 써서 사신에게 전했으나, 결국 독립국으로서 있을 수 없음을 결의하고 다시 협상하여 없던 일로 하였다.

　임진왜란 시 명은 왜와의 전투에서 15전 13패 2승(평양, 소사 전투)하였으나, 이순신은 11전 전승을 거두었다. 임진왜란으로 조선은 본격적인 쇠망의 길로 접어들고 自彊派(류성룡, 이순신, 의병)와 依明派(선조와 대다수 신하:후에 숭명파, 사대당으로 바뀜)로 나뉘고 사색당쟁으로 이어진다. 이순신이 노량앞바다에서 최후의 날을 맞던 날 류성룡도 영의정에서 파직되었다.

　선조는 명의 직할통치를 두둔하고 명과 명의 군대에 절대신뢰를 보내고 의존했으며, 조선의 군대와 백성들을 불신하였다. 선조는 왜가 철수했음에도 신의주에서 6개월이 지난 다음에야 한양으로 환궁하였다.

　이순신의 수군이 왜를 제압했기 때문에 평양에 주둔(6개월)한 고니시 유키나가를 의주까지 쳐들어가지 못하게 하고, 명나라 군대가 육로로 쉽게 내원할 수 있도록 했으며, 호남의 곡창지대를 지켜내 나라의 재정고갈을 막았다.

【평가와 시사점】

류성룡과 이순신이 없었다면 오늘날 우리가 어떤 우리로 존재하고 있을까. '한민족의 우리'가 아닌 '중국화된 우리' 혹은 '일본화된 우리'로 존재하지 않을까, 한국말이 아닌 중국말 혹은 일본말을 쓰며 살아가고 있지 않을까?

류성룡은 육지에서 군량전쟁과 분할저지전쟁을 지휘하였고, 이순신은 조선의 보루인 호남을 보존케 하고 요동연안을 보호해 명군의 육로이동과 보급수송을 가능케 하였다.

3-2-12 「다시 읽는 하멜표류기」(강준식)

【배 경】

1653년 네덜란드 동인도회사의 상선인 스페르베르호를 타고 대만을 떠나 일본 나가사키로 가다가 태풍을 만나 제주도에 표류되어 13년간 억류되었다가 귀국하여 밀린 임금을 받기 위해 쓴 일기체 기행문이다(하멜은 20세 서기로 승선).

새로운 교역지를 개척하던 네덜란드, 영국이 조선과 직교역을 추진하였던 시기로 조선을 모르던 유럽에 큰 반향을 일으켜 불어판, 영어판으로 번역되었다.

【주요 내용】

스페르베르호는 1천 톤 규모의 범선으로 돛 5개, 대포 30문을 장착하고 승무원 64명 중 28명이 죽고 36명이 살아남아 제주 강정마을에 표류, 제주목사 이원진에게 끌려가 조사를 받았다. 배에는 사슴가죽, 명반, 조총, 창 등 무기와 물품이 실려 있었다.

  조사를 하는 과정에서 26년 전 표류하여 조선에 정착한 화란인 베테프레(박연)가 통역을 담당하였으며, 광해군이 살던 집에 수용되어 식사제공을 받는 등 후한 대접을 받았다.

  이원진이 서울로 영전하여 떠나고 후임이 보리쌀을 주는 등 푸대접을 하자 선박을 구입하고 남해 인근 섬을 항해하는 등 탈출을 시도, 14일 걸려 서울로 올라와 훈련도감에 소속되어 효종의 근위병으로 어가호위를 담당하였다.

  청나라 사신에게 고국으로 보내달라고 청원하자 3일간 조정회의가 열려 전라도에 유배키로 결정, 여수 우수영에 7년간 억류되었다가 8명이 배를 사서 일본 나가사키에 있는 네덜란드 상관으로 탈출하였다.

  하멜 일행 8명은 14년 만에 스프리우프호에 승선하여 1달 후에 네덜란드에 도착하여 동인도회사 본부에 가 자기들의 밀린 월급을 지급해 달라고 요구하였으며, 증빙자료로 하멜일지를 포함한 보고서를 제출하고 하사금 명목으로 2년 치의 급료를 지급받았다.

【평가와 시사점】

  조선에 상륙하여 조선의 내부정보를 서양에 처음 알린 책으로 하멜일지와 조선왕국기는 정치, 지리, 농임어업, 교육 등 여러 가지 정보를 담고 있으며, 객관적으로 기술하고 있다.

  하멜 일행이 표류한 지 13년이 지났음에도 조정은 어느 나라사람인지 모르다가 왜의 항의를 받고 알 정도로 당시 정보수집력에 문제를 드러냈다. 당시 네덜란드와 직교역을 추진하고 상사관계를 개설하였으면 조선의 운명도 많이 달라졌을 것이다.

- 네덜란드 출신 히딩크 축구감독은 2002년 한·일 월드컵에서 한국축구를 4강까지 진출시켰다.

3-2-13 「열하일기」(상·중·하)
(박지원/고미숙·김진숙·김풍기 옮김)

【배경】
 연암은 영·정조 때 명문 반남박씨 집안의 둘째 아들로 태어났으며 일찍이 2살 때 아버지가 돌아가시고 할아버지 손에서 자랐다. 당시 실학자들인 박제가, 이덕무, 유득공, 이서구 등 대부분 서울 출신과 어울렸으며, 「연암집」, 「허생전」, 「호질」과 같은 책을 펴냈다.
 열하일기는 44세 때인 1780년 청나라 건륭황제 탄생 70주년을 경축하는 사절단(단장:정사 박명원, 8촌 형)의 개인수행원자격으로 압록강을 넘어 북경과 다시 열하까지 6개월간(1780. 5. 25.~10. 27) 다녀오면서 일기형태로 쓴 해외여행기로, 이동 거리(3천리), 특이한 풍물(몽고, 위구르, 티베트 등 중국변방의 이민족, 코끼리, 낙타 등 기이동물), 경승, 요술 등을 수록하였다.

【주요 내용】
 열하(熱河)는 북경에서 420리 떨어진 청 황제의 여름철 피서지로 집무를 보고 외국사절도 맞이하는 곳으로, 그곳을 다녀온 이야기는 물론 「양반전」, 「허생전」 등 소설과 시(총석정 해돋이 등),

건의(수레를 만드는 방식 등), 수필과 시화, 실화 등을 다양하게 수록하고 있다.

우리의 현실을 개혁하기 위하여 형식주의를 배격하고, 사실주의에 입각한 이용후생 측면에서 다른 나라의 좋은 점을 배울 것을 강조하였다. 성벽, 가마, 두레박, 벽돌을 쌓는 법, 주택, 퇴비쌓기, 담장, 교통 등 사회 전반이 망라되어 왔다.

실학자적인 입장에서 地光說(땅이 빛을 발한다), 지동설 등 새로운 학설을 주장하기도 하였으며, 자명종, 악기(기타인 듯) 등 새로운 문물과 질환에 따른 여러 가지 한약도 소개한다.

중국이 21대 3천 년 동안 천하를 다스리는 방법을 유정유일(惟精惟一) 즉 중용주의로 보고 분야별 대표적인 인물들을 소개한다.

- 다스리는 자-요 순임금
- 치수사업-하우
- 정전-주공(周公)
- 학문-공자
- 재정과 조세-관중(管仲)
- 법제-상앙(商鞅)

청나라 어선이 서해안에 자주 침범하여 방풍과 해삼을 채취하자 청측에 단속을 요구하였고, 효과가 없자 그냥 못 본 척하기도 하고 퇴각하기를 기다리는 등 국경수비의 허술함을 질타한다. 오늘날과 비슷한 상황이다.

【평가와 시사점】

당시 해외여행하기가 매우 어려웠음에도 불구하고 조선의 혈맹국가이면서 선진국인 중국에 육로로 다녀온 여행일기로 저자가 본 특이사항을 구체적으로 기술하고 있다.

당시에도 서해안에서 수산물을 마구 채취하여 단속을 중국에 요구하였으나 단속이 제대로 이루어지지 않았음을 지적하고 있어 오늘날과 비슷한 상황이었다.

- 사절단은 정기사행(1년 1회)과 임시사행으로서 ①청나라에 정책이나 외교에 감사의 뜻을 표하는 사은사(謝恩使) ②국가중대사에 대해 청원하기 위해 보낸 주청사(奏請使) ③황제의 칠순이나 팔순 등 경사가 있을 때 보내는 진하사(進賀使) ④청 황실에 상이 났을 때 가는 진위사(進慰使) ⑤황제나 황태자 등의 국장이 있을 때 가는 진향사(進香使) 등이 있었다.

3-2-14 「오동나무 아래에서 역사를 기록하다」
(황현/김종익 옮김)

【배경】
오하기문(梧下記聞:오동나무 아래에서 역사를 기록하다)은 매천 황현이 조선 시대 말 동학혁명을 전후하여 1862년(철종 13년)부터 1895년 3월 29일(고종)까지 직접 보고 듣고 경험한 내용을 3편(수(首), 2, 3)으로 구분하여 편년체로 기술한 역사기록이다.

삼정의 문란과 대원군과 민비의 권력쟁취와 후퇴, 청일전쟁, 동학혁명, 갑신정변, 임오군란 등 한반도를 둘러싸고 벌어지는 격변의 정치 상황을 그대로 기술하고 있는 한 편의 드라마와 같은 역사서술서이다.

【주요 내용】
대원군이 경복궁을 재건하면서 재원이 부족해지자 매관매직(벼슬을 삼), 과거(합격증을 삼), 석탄채굴, 홍삼독점매매, 별입시(임금이 사적으로 사람을 불러 만나는 일:400~500명), 기부금, 탄신 축하선물 등의 행위를 일삼고, 이로 인해 탐관오리가 생기고 민란이 발생했다고 본다.

민비가 임오군란 시 충주에 머물면서 무당(진령군)과 자주 왕래했다. 그 무당은 길흉화복을 기막히게 알아맞혔다. 왕비가 몇 월 며칟날 복위할 것이라고 예언했는데 그대로 들어맞았다. 왕비는 그 무당에게 홀딱 반해 마침내 서울로 불러들여 기도를 주관하게 했다. 무당은 왕비가 머리가 아프다고 하면 머리를 쓰다듬고 배가 아프다고 하면 배를 쓰다듬었는데 그 손길을 따라 통증이 가라앉았기 때문에 잠시도 서로 떨어져 있지 않았다. 왕비는 그 무당을 "언니"라고 불렀다. 무당은 궁중을 출입한 지 겨우 1년밖에 안 되었지만, 날이 갈수록 더욱 막강한 영향력을 행사했다. 윤영신, 조병식, 이용직 등이 그 무당과 의형제를 맺고 '누이'라고 불렀다. 이들은 모두 그녀의 도움으로 관찰사 자리를 꿰찼다.

당시 정감록엔 王씨가 송악에 도읍하고, 이어서 李가가 한양에 도읍하고, 鄭씨가 계룡산에 도읍하고, 이어서 조(趙)씨가 가야산에 도읍하며, 이어서 범(范)씨가 칠산(금강산)에 도읍하는 것으로 끝나는 내용이 담겨 있었다.

조선 시대 말 갑오개혁과 홍범14조 등을 통한 각종 제도개편과 기구개편이 일본의 압력으로 이루어졌다는 내용과 지방관에 대한 근무평가가 주기적(매년)으로 이루어졌으며 중 이하인 경우에 교체한다는 기록도 있다.

【평가와 시사점】

매천도 당시 지식인 중의 한 사람으로서 동학교도를 도적이라고 표현하는 등 부정적인 시각과 집권자 내지 양반의 입장에서 기술하고 있으나, 신도간의 평등한 관계를 부각시키고 자율적으로 질서유지를 위해 노력한 점, 관군과 일본군의 만행을 폭로하는 등 가능한 객관적 시각으로 이해하고자 노력하였다.

황현이 조선 말기 재야 사학자로서 당시 소문을 중심으로 역사를 기록하여 증빙자료에 한계가 있으므로 정사로서 문제가 제기될 수 있다. 그러나 많은 내용이 역사적 사실과 부합하고 정사를 뒷받침할 수 있는 야사로서의 소중한 가치가 있다.

3-2-15 「조선을 홀린 무당 : 진령군」(배상열)

【배경】

무당(진령군)은 민비를 홀린 비선실세로 권력의 문고리가 되어 대궐을 제집 안방처럼 드나들고 언제든지 왕과 왕비를 만날 수 있게 되었다.

민비는 무당에게 홀린 나머지 나라를 망국으로 이끌고서는 '내가 조선의 국모다'라고 외치면서 일제의 총칼에 쓰러져갔다.

【주요 내용】

철종이 후사가 없이 서거하자 12세에 왕위에 오른 고종을 대신하여 대원군이 섭정하면서 왕권 강화를 위해 임진왜란 이후 73년이나 폐허가 된 경복궁을 재건하고, 쇄국을 강화하였다.

민비가 세자(순종)의 건강을 기원한다는 명목으로 금강산 일만이천 봉우리에 갖은 재물을 바치고 5백 석의 쌀밥을 한강 강가에

뿌린다는 소문이 퍼지자 민심이 들끓고 이반하기 시작하였다.

임오군란이 일어나고 청의 이홍장이 일본군의 10배가 넘는 3천 명의 군대를 조선에 파견하자 민비는 충주 목사 민응식의 도움으로 충주로 피신하고 마침 인근에 사는 무당이 찾아와 8월 1일 환궁을 예언한다.

대원군이 청으로 납치되어가자 민비는 상경하고, 청은 조선과 무역장정을 체결하면서 천진주재 독일영사 "묄렌도르프"를 외교차관으로, 마건상을 의정부 참의로 임명토록 압력을 행사한다.

민비를 따라 도성으로 돌아온 무당은 관우의 딸이라고 자신을 소개하고, 조선 역사상 유일무이한 '진령군'이라는 군호를 받았다. 삼국지에 나오는 중국 장수 관우를 모시는 북관묘를 건립하고 주인으로 앉는다.

군(君)이란 왕의 아들, 왕실과 지근 거리에 있는 종친 또는 관료의 경우 영의정 등 역사에 이름을 남기고 공을 많이 세운 사람만이 받을 수 있는 영광스러운 직위였다(경국대전).

김옥균 등 개화파가 갑신정변을 거사하였으나 실패하자 고종과 민비는 북관묘로 대피하였다. 몸이 좋지 않을 때마다 무당을 수시로 불러 주무르게 했으며 무당의 영향력이 민비의 정신·육체에까지 작용하였다.

청일전쟁에서 청이 패퇴하자, 민비는 러시아에 접근하였고 일본은 낭인들을 보내 경복궁에 침입하여 민비를 참살하고 고종으로 하여금 폐위토록 하였으며, 결국 무당도 북관묘에서 쫓겨났다.

역사에 관한 기록을 쓰고 있는 황현에게 귀부인(무당)이 찾아와 자료와 자금을 지원하겠다고 간청했으나 정중히 사양하고, 매천은 역사책을 저술하고 소주에 많은 아편을 타 먹은 후 자결하였다.

【평가와 시사점】

'나라를 망친 요망한 계집을 죽이라'는 상소와 주청이 줄을 이었다(지석영 서한도 포함).

조선 시대 말 열강의 침탈앞에서 무당에게 홀린 나머지 조선은 무당의 나라가 되었고 불법도 무당을 통하면 합법으로 유통되고 국정농단과 국기 문란으로 이어졌다.

3-2-16 「역사 속의 또 다른 역사 : 한국의 야사」(김형광)

【배경】

야사는 역사의 이면에 흐르는 이야기로 설화도 있지만 정사에서 기록하지 않는 민초들의 삶의 모습이 담겨있다.

입에서 입으로 전승되는 이야기이므로 생명력을 가진 역사적 실체일 수 있다.

【주요 내용】

신라 47대 헌안왕은 성군이었으나 후손이 없다. 그러다 늦게 들인 후궁 중 한 명이 임신하여 사가에서 해산하고 아이의 이름을 궁예로 지었으나, 운세가 불운하다 하여 죽이라고 명하였다. 이에 내관이 다락 아래로 아기를 던졌으나 유모가 몰래 받다가 아기의 한쪽 눈을 찔러 애꾸눈이 되었고, 이내 아기를 안고 세달사로 도주하였다.

송악의 호족인 왕융은 송악산에 마주한 벌판인 금돼지터에 자신의 집을 짓는 공사를 한창 진행 중이었는데, 도선 대사가 지나

가다가 '내년에 태어날 아들을 건(建)이라 지으시오. 그리하면 후일 대대손손 영광을 누릴 것이오!'하고 예언하였다. 왕융은 이듬해 아들을 낳아 이름을 왕건이라 했다.

　왕건은 처음에 궁예를 모셨는데, 궁예는 자신을 미륵불이라 하고 직언을 하는 왕후와 두 왕자를 죽이고 거울에 비친 글귀를 관심법이라 하면서 왕건까지 죽이려 하자 죽기 전날 밤 복지겸, 홍유, 유금필, 신숭겸 등 네 사람이 왕건의 집에서 거사를 협의하여 도모하였고, 궁예는 강원도 평창에 피신하다가 보리 이삭을 훔쳐먹다가 발각되어 죽었다.

　목종의 어머니인 헌애왕후 황보씨는 경종이 죽자 정부인 김치양을 대궐로 불러들여 자신의 곁에 두고 온갖 행패를 부리고 아기까지 낳아 왕으로 추대하려 했으나, 서경의 강조가 중도에 진군하여 궁궐을 장악하고 씨가 다른 왕자인 대량원군을 왕으로 추대하여 충주로 가다가 피살되었다.

　강감찬은 작은 키에 추남이었다. 한성 판관으로 있을 때 호랑이가 나타나 부윤이 제거를 부탁하자 노승으로 변한 호랑이에게 5일 안에 퇴거토록 조치하였고, 소손녕이 지휘하는 거란족이 침입하자 소가죽으로 개울물을 막았다가 물을 터 적을 몰살하여 고려군을 대승리로 이끌었다.

　세조가 조카인 단종을 죽이자 이에 반대한 의숙공주가 속리산으로 피신해 가다가 이미 피신하여 와 살고있는 김종서의 손자를 만나 결혼하고 정착하였다. 세조가 부처님께 참회하기 위하여 법주사를 찾아가는 도중에 동네 앞을 지나가다가 아이를 보고 한양으로 불렀으나 거절하고 어디론가 떠나가 버렸다.

　천하난봉꾼이었던 백사 이항복이 문하생 시절 율곡에게 사람의 생식기를 남자아이의 그것은 자지라 하고 여자아이의 그것은 보지라 하다가, 어른이 되면 각각의 명칭이 남자는 좆, 여자의 그것은 씹으로 변하는 까닭이 무엇인지 물었다. 이에 율곡은 '여자의 보지는 걸어 다녀야 감추어진다는 뜻의 보장지(步藏之)라는 말이 잘못 발음된 것이며, 남자의 자지는 앉아야 감추어진다는 뜻의 좌장지(坐藏之)를 잘못 발음한 것이다. 또한 좆과 씹은 마를 조(燥)와 습할 습(濕)을 뜻하는 것일세'라고 답하였다.

【평가와 시사점】

정사보다도 더 흥미진진한 내용이 많아 자주 TV 드라마 등에도 소재로 활용된다.

- 세조의 딸 의숙공주와 김종서의 손자와의 러브스토리는 한국판 로미오와 줄리엣으로 2011년 KBS2에서 TV 드라마 '공주의 남자'로 방영되었다.

역사에 관한 관심과 이해심을 높이기 위하여 정사와 야사를 동시에 아우르는 학문적 여유가 필요하다.

3-2-17 「역사전쟁 : 권력은 왜 역사를 장악하려 하는가?」 (심용환)

【배경】

해방전후사의 재인식 출간, 교과서포럼의 대안교과서 파동, 교학사의 한국사 교과서 파동, 한국사 교과서 국정화 파동 등이 정치적 논리로 이어졌다.

역사논쟁은 필연적이고 대한민국의 국격문제로 역사가 권력의 시녀로 전락하지 않기 위하여 학계의 자유로운 담론을 통한 역사의 평가가 이루어져야 한다.

【주요 내용】
3가지 역사모델

① 서구형모델 : 학계가 중요한 역할을 수행하며, 화해와 평화, 사회통합과 역사인식 성장을 통한 과거청산(나치), 각국의 정체성과 민족적 정체성과 연관, 미래세대와의 대화에 중점을 둔다.

② 동아시아적 모델 : 국가가 역사논쟁을 주도하고 중국의 동북공정, 일본의 후소사 역사교과서가 대표적이다.

③ 북한형 모델 : 국가권력이 과도하게 개입하며 국가가 교육에 개입, 정치가 모든 것을 좌지우지하고 역사교육의 자율성을 파괴한다.

한국의 역사논쟁
- 학계의 성장에 따른 자연스러운 논쟁
- 재야 사학계가 중심이 된 고대사 논쟁(영토확장)
- 뉴라이트 진영논쟁(권력과 연계)
- 민족주의 역사학 : 신채호의 「조선상고사」 → 정인보(「여유당전서」, '얼') → 문일평의 '조선심(心, '혼)' 민중혁명 → 1960년대 안재홍, 손진태의 신민족주의 역사학

- 백남운 : 실증사학자 1945년 해방 이후 월북하여 최고인민회의 의장을 역임

- 민중사관 : 1980년대 민중을 역사의 주체로 보고 역사학은 사회변혁에 기여하는 실천적 학문으로 본다. 한성훈의 '전쟁과 인민' 염인호의 '또 하나의 한국전쟁'이 대표적이다.

역사학계의 성장
- 세계체제론 : 전 지구적 차원에서 접근, 중심부+주변부
- 조각난 역사론 : 세분화, 사생활 역사, 풍속사 등
- 포스트모던 역사학 : 역사학 존재 자체를 부정
- 뉴라이트 역사학
- 근거 없는 비판, 맹목적 찬양(이승만, 박정희), 냉전 시대의 사고(이승만 비판 ⇔ 김일성 옹호), 일방적인 이념논쟁(한국사 교과서), 반복되는 정치논리

【평가와 시사점】
역사는 과거의 기록을 넘어 현재 진행형이고 미래를 예측하게 하므로 다양한 시각에서 볼 필요가 있다.

3-2-18 「우리 안의 식민사관」(이덕일)

【배경】
한국은 조용하나, 일본은 평화헌법 제9조의 개정을 추진 중에 있으며, 중국은 동북공정을 추진하고 있다.
조선사편수회(조선총독부 직속), 중국 동북공정, 한국식민사학의 3각 편대가 한국사를 유린하고 한국사회를 지배했다.

【주요 내용】

해방 후 친일파 청산과 재산을 국유화하겠다고 했으나 친일파들이 권력을 잡으면서 실현되지 않았다.

- 2010년 6월 문창극 중앙일보 주필(국무총리 후보자)의 발언

식민사학의 주장(조선사편수회, 중국 동북공정, 이병도) - 고조선을 신화로 보고 삼한사로부터 한국사를 시작한다.

고조선 중심지 이동설, 한사군 한반도 설-고조선과 한사군이 한반도(황해도)에 위치, 낙랑은 평양이 수도

「사기」, 「삼국지」, 「진서」, 「후한서」에서도 요동 즉 북경 근처 유주 산하라고 한다.

임나일본부설 「삼국사기」 초기 기록 불신론 : 일본 쓰다 소키치
 - 한강 남쪽에 삼한이라고 불리는 78개 소국이 있었으며, 한반도 남부에 왜가 지배 「일본서기」, 「고사기」. 그러나 「삼국사기」 신라본기에는 없다.

- 식민사학은 실증사학(랑케의 실증주의)의 입장이나, 야콥 부르크하르트(Jakob Burkhardt)는 고대사는 사료만으로는 역사연구에 한계가 있으므로 직관에 가치를 부여한다.

중국이 주장하는 동북공정의 주요 내용
만주에 4개의 민족이 있었는데 하화(夏華)족, 동호(東胡)족, 예맥(濊貊)족, 숙신(肅愼)족이 있었다고 하면서도 모든 민족의 뿌리인 고조선을 부인한다.

중국 동북공정의 주요 내용
대동강 유역은 고조선과 낙랑의 지역임 - 고조선은 한강 이북

에 있던 작은 소국이었고 그 자리에 한사군이 설치되었다.

고구려는 중국의 지방봉건정권 한강 이북, 북한은 중국의 역사 영토였다.

- 1712년(숙종 38년) 조선과 청나라는 백두산정계비를 건립(西爲鴨錄 東爲土門)
  - 토문강의 비정을 두고 차이(중국-두만강, 한국-만주의 어느 강)

- 프랑스의 당빌(1737)과 본(1771)은 조선과 청의 국경이 압록강-두만강보다 훨씬 북쪽이라고 비정한다.

고인돌은 고조선의 표지유물이며, 고조선의 강역이었거나 동이족의 거주지역이었다는 뜻이다.

현재 일본은 평화헌법 제9조를 개정하여 전쟁을 할 수 있는 나라가 되었고, 중국은 동북공정을 추진하면서 고조선을 부정하고 기자조선이 중국의 지방정부라고 궤변한다.

일본인 이나바 이와기치(이병도 스승)는 진(秦)의 장성 동쪽 끝이 황해도 수안(태강지리지에 하베이성 창리현)이라고 주장한다.

【평가와 시사점】

현재에도 식민사학이 건재하고 있으며, 우리의 일상생활에도 식민사관적 사고가 침식되어 있어 씻어내야 한다.

역사학의 발전을 위해 실증주의에 입각하여 역사자료가 논증되어야 하되, 고조선 등 선사시대는 사료의 제약과 옛 고토가 중국에 위치해 있는 관계로 현실적 고려가 있어야 할 것이다.

3-2-19 「한국혁명 : 불평등 해소의 새로운 길」(박세길)

【배경】

저자는 서울대 철학과를 나와 대학생 시절 민주화운동에 참여한 이후 재야단체에 머물러 있으면서 진보적인 사회단체와 연구단체에서 활동을 해오고 있다.

한국의 4월 혁명 등 여타의 혁명이 창조적이지 못하여서 새로운 가치와 질서를 창조하고 이를 통해 세계사를 선도하지 못하였다고 한다. 촛불시민혁명은 마르크스주의와 케인스주의를 뛰어넘는 새로운 한국혁명을 알리는 신호탄이라고 보았다.

【주요 내용】

2016. 10. 29~2017. 3. 27 헌재의 탄핵 결정 다음날까지 134일 동안 20회의 대규모 촛불집회에 1천 5백만 명이 참여하였으며, 70~90%가 자발적으로 참여한 비폭력 평화집회였다.

촛불집회는 2002년 의정부 두 여중생이 미군의 장갑차에 치여 사망하자 매주 토요일마다 모인 것을 시작으로, 2008년 미국산 광우병 위험으로 소고기 수입이 결정되자 확산, 300만 명이 참여하였다.

촛불시민혁명은 보수 내부의 분열과 잇따른 폭로, 그에 분노한 시민들의 궐기로 만들어진 것으로, 앞으로 보수가 변화하지 않으면 다시 집권하는 것이 영원히 어려워 질 것이다.

1990년대 이후 과거 성공으로부터 자유로운 청년세대의 존재 보수·청년세대와 시민으로부터의 혁신 압력으로 합리적 보수층이 적극적으로 합류할 가능성이 있다.

한국혁명은 마르크스주의와 케인즈주의 모두를 뛰어넘는 전혀 새로운 방식으로, 사람중심경제로 전환하여 다양한 경제주체들 사이에 수평적 협력관계를 형성하고 그 과정에서 불평등을 원천적으로 해소하고자 하였다.

한국혁명은 다양한 분야의 구조적 변화로 창의적인 교육혁명, 복지(충분한 실업급여 등 생활보장과 집중적인 재교육을 통한 새로운 일자리에 대한 적응력 제고), 금융의 공공성 회복(생산기능에 투자)을 이끌어낼 수 있다.

아울러 재벌개혁과 사회적 통제 그리고 경제민주화가 필요하다. 재벌기업은 중소기업과 벤처기업과 함께 동반 성장할 수 있도록 클러스터를 형성이 바람직하다(예로 K뷰티벨트:충북 오송 등에 131개 화장품업체가 입주).

나아가 세계적으로 미·일:중·소의 신 냉전질서 속에 등거리 자주외교 통일 프로젝트 지속추진, 동북아 무대로 예측 가능하면서도 지속 가능한 새로운 국제협력모델의 창출이 필요하다.

한국혁명은 공감리더십, 역발상리더십, 현장리더십이 필요하다.

【평가와 시사점】

촛불시민혁명으로 시작된 한국혁명을 이전에 없던 새로운 유형의 혁명이라고 평가하였다. 이는 정치권의 교체를 가져와 문재인 정권이 출범하게 되었다.

그러나 2019년 조국 법무부 장관의 임명을 두고 문제의 본질을 외면한 채 중국의 문화혁명 당시 홍위병과 같이 진보세력은 정권의 대리인과 같은 역할을 수행하였다. 새로운 시대정신에 맞는 역사적 재평가가 이루어져야 한다.

3-2-20 「국가의 배신 : 실미도에서 세월호까지 국민을 속인 국가의 거짓말」(도현신)

【배경】

저자는 1980년 수원태생으로 순천향대 국문과를 졸업했다. 2004년 소설 「마지막 훈족」를 전자책으로 출간했고, 「원균과 이순신」, 「전쟁이 요리한 음식의 역사」, 「옛사람에게 전쟁을 묻다」 등 전쟁 관련 저서가 있다.

한국 현대사에서 국가의 말을 그대로 믿었다가 목숨을 잃었거나 수난을 당한 사례가 많았으므로 시민들의 비판과 감시를 강조한다.

- 모든 정부는 거짓말을 한다(All gov'ts lie) : 미국 언론인 I.F.Stone

【주요 내용】

1. 배신국가

- 거짓 라디오방송 : 이승만 대통령은 6·25 때 미국대사의 반대에도 불구하고 대구에 피난을 가 수도 서울을 사수하겠다고 3번 거짓 방송하였다.
- 국민방위군사건 : 중공군의 인해전술에 맞서기 위해 17~40세 남자 65만 명을 모병하였으나, 예산 부족으로 식량 장비가 부족하여 많은 아사자가 발생하였다.
- 실미도사건 : 1.21 무장공비 침투사건에 대한 보복으로 1968년 인천 실미도에 김일성 암살목표로 부대를 창설하였으나 1971년 부대원이 탈출하여 난동을 부렸다.
- 4대강정비사업 : 이명박 대통령 공약사업인 한반도대운하

사업의 일환으로 22조 원이 투입되었으나 녹조가 발생하고 막대한 정부부채가 증가하였다.

2. 폭력국가

- 국민보도연맹사건 : 1949년 6월 좌익에서 우익으로 전향한 사람들을 중심으로 조직, 관대 처리 약속을 깨고 6·25때 20만 명을 처형하였다.
- 거창 산청양민학살사건 : 1951년 육군이 지리산 공비를 토벌하면서 주민들을 잠재적 공비와 빨갱이로 판단하고 1,400명의 양민을 학살하였다.
- 삼청교육대 : 전두환 정권 시절 국보위는 조폭 불량배뿐만 아니라 양민 6만 명을 끌어갔고, 7,478명을 5년 동안 군에서 강제교육시켜 인권을 유린하였다.

3. 무능국가

- IMF 구제금융사태 : 1997년 한보·기아·대우 등 대기업 연쇄 부도, 11월 5일 가용외환보유액 20억 불, IMF에 600억 불 국제금융을 신청하였다.
- 저축은행 연쇄부도사태 : 2011년 2월 17일 부산저축은행 영업정지, 파산 직전 VIP 고객과 은행임직원만 예금인출, 서민만 피해를 보았다.
- 세월호 참사 : 2014년 4월 진도해역에서 세월호 침몰로 300여 명 사망, 승객에겐 '가만히 있으라' 방송하고는 선장고위 승무원만이 탈출하였다.

【평가와 시사점】

　정치의 본질이 바른 것(正)임에도 불구하고 역사적으로 거짓과 위선으로 점철되어 왔다. 우리나라도 예외는 아니고 현대에도 있어왔다.

　국민들은 대리인에 불과한 정치가들에 대한 보다 철저한 감시자(watch dog)로서 역할을 다하여야 한다.

제3절

세계사

3-3-1 「누구를 기억할 것인가 : 화폐 인물로 만나는 시대의 도전자들」(알파고 시나씨)

【배경】

터키의 한국 유학생인 저자가 세계의 화폐를 연구하여 책으로 발간하였다.

현대국가들은 국민통합, 사회안전을 위해 각국의 영웅 등 상징적 인물이나 이야기를 화폐에 사용하고 있다. 세계에서 통화 이름으로 달러를 제일 많이 사용하며 34개국에서 20가지의 유형이 있다.

【주요 내용】

달러는 네덜란드어인 '탈러(thaler)'서 유래하였으며 남·북전쟁 때 처음 발행되었으며 세계에서 가장 큰 영향력을 가진 국제통화이다. 100$(벤자민 플랭크린 프랑스대사, 전 국회의사당),50$(그랜트 대통령), 20$(잭슨 대통령), 10$(초대 재무장관 해밀턴, 재무부), 5$(링컨 대통령), 2$(제퍼슨 대통령), 1$(워싱턴 대통령, 피라미드+독수리)이 도안되어 있다.

인도는 루피로 1,000루피(인도양 시추하는 배, 컴퓨터를 쓰고 있는 학생, 중공업공장의 노동자, 우주를 돌고 있는 위성 등 발전하고 있는 인도 모습), 500루피(간디), 100루피(히말라야 산맥), 50루피(인도 국회 산사드), 10루피(코뿔소, 호랑이, 코끼리), 5루피(트랙터 운전농민)가 있다.

일본은 엔(Yen)으로 1만엔(게이요대학 설립자 '후쿠자와 유키치, 불교사원 平等院의 봉황), 5천엔(메이지 유신 작가 히구치 이치요, 제비붓꽃), 2천 엔(2000년 G8기념 오키나와 슈리성 정문인 守禮門, 최고 고전 작품「겐지 이야기」의 작가 무라사키 시키부), 1천엔(노구치 히데요(세균학자), 후지산과 벚꽃)이다.

중국의 위안화는 1, 2, 5, 10, 20, 50, 100위안 8종의 지폐가 있으며, 모든 지폐의 앞면에는 모택동의 사진이, 뒷면에는 자연경관과 만리장성 등 문화재가 수록되어 있다.

유럽의 유로는 달러 다음으로 가장 많은 국가가 사용한다. 그리스 신화의 에우로페(Europe) 여인의 이름에서 유래하고 유럽통합을 상징하는 건축문화와 연계된다. 5유로(고전주의 건축), 10유로(로마네스크 건축), 20유로(고딕건축), 50유로(르네상스 건축), 100유로(바로크 & 로코코 건축), 200유로(철제와 유리의 시대), 500유로(현대건축)이다.

【평가와 시사점】

화폐는 그 나라의 얼굴로서 제일 존경하는 인물 중심으로 수록하는 경향이 있다.

화폐를 사용하면서 그 화폐 속 영웅들의 이야기를 생각하면서 사용하는 것도 의미가 있고, 깨끗이 쓰는 계기도 될 것이다.

3-3-2 「미로 : 길의 인문학」(김재성)

【배경】

인간은 호모 비아리우스(Homo Viarius), 즉 길을 만들고 길 위에 서있는 인간이다.

도시에는 2개의 축 즉 공간(집, 회사 등)과 길(路, 道, 管, 網, 線 등 다양한 이름을 가짐)이 필요하다. 건축물 등 모든 시설은 길과 관계된다. 보이지는 않아도 하늘, 바다, 숲, 우주 어디든 길로 가득하다.

【주요 내용】

세계적으로 동·서횡단축은 2개 : 초원길(채도길)과 오아시스길(비단길)

① 채도는 사람 얼굴이나 물고기, 사슴 등 다양한 그림을 새겨 넣은 토기로 기원전 7세기 스키타이족에 의해 서역에서 시작되어 청동기문화와 함께 북방 초원지대를 통해 한국까지 이어졌고, 그 길을 '채도길'이라 한다.

② 오아시스 길은 실크로드로 잘 알려져 있으며 3개의 산맥과 2개의 사막을 거쳐 기원전 6세기부터 중국, 우즈베키스탄, 이란, 로마와 교류하였다.

남·북길은 5개로 ①마역로(티베트 라사-인도 갠지스강)는 북방민족과 한족이 말과 생필품을 교역하던 장사길 ②라마로(티베트 라마-인도의 갠지스강)는 교역로 ③불타로(카자흐스탄 등 서역-한국)는 불교가 세계로 뻗어 나간 경로 ④

메소포타미아로(유프라테스강유역)는 문명이 세계로 뻗어 나감 ⑤호박로(발트해-보스포루스해협-이집트)이었다.

③ 한국의 조선 시대 길은 X축으로 ①의주대로는 중국과 무역하고 사신 왕래하던 길로 제일 먼저 정비되었다. ②두만강까지의 경흥대로이다. ③영남대로는 통신사 길과 과거길 ④삼남대로(해남까지 400Km)는 육로교통의 중심이었으며 유배길이었다.

로마의 역사를 보면 세력이 뻗어 나갈 때는 길을 만들었지만, 힘을 잃었을 때는 성을 쌓았다. 즉 힘이 약하면 성을 쌓고 강하면 길을 만들었다.

【평가와 시사점】

길은 빠른 이동을 위해 헌신하는 공간의 시녀로 전락하고 거리와 광장, 소통과 화합에 기여하던 길의 의미는 소멸되었다.

우리가 사는 도시가 지향하는 공간과 길은 등가이어야 하고 길도 빠른 길에서 쉬고 싶은 길로, 자동차를 위한 길에서 사람을 위한 길로, 위험한 길에서 아늑하고 안전한 길로 만들어야 한다.

3-3-3 「사피엔스」(유발 하라리/조현욱 옮김)

【배경】

저자는 1976년 이스라엘의 하이파에서 태어나 옥스퍼드대학에서 중세전쟁사로 박사학위를 받은 뒤 예루살렘 히브리대학교 교수로 있다. 「호모데우스」, 「초예측」, 「21세기를 위한 21가지 제안」,

「르네상스 전쟁회고록」 등의 저서가 있으며, 폴론스키상을 2회 수상하고, 2011년 군대역사에 관한 논문으로 '몬카도상'을 수상했다. 2012년에 '영 이스라엘 아카데미 오브 사이언스'에 선정되었다.

생명이 40억 년, 인간이 7만 년 전 출현하여 자연선택의 법칙에 따라 진화해 왔으며, 앞으로 과학기술에 의한 지적설계로 완전히 바뀔 것이다. 한국이 다른 어느 지역보다 오늘날 우리가 직면한 딜레마(전쟁, 식민지배, 짧은 기간의 성장, 기술발전 등)를 압축적으로 잘 보여주므로 인간 이해에 도움이 될 것이다.

【주요 내용】

우주 나이 135억 년, 빅뱅으로 물질과 에너지, 시간과 공간이 존재. 38억 년 전 생물이 탄생. 250만 년 전 동부아프리카에서 진화해 유럽엔 네안데르탈인, 아시아에는 직립원인(에렉투스) 등 6종의 호모(사람) 종이 지구상에 살았으나 오늘날 현 인류인 호모 사피엔스만이 남아있다.

호모 사피엔스(뇌 크고, 직립보행, 언어사용)는 3혁명을 통해 진화

1. **인지 혁명(우리가 똑똑해진 시기)-7만 년 전, 대약진(리치 다이아몬드)**
   - 배, 전투용 도끼, 아름다운 예술(벽화)을 발명, 수렵으로 생활
   - 언어를 통한 의사소통, 집단과 집단간의 협력

2. **농업혁명(자연을 길들여 우리가 원하는 일을 하게 만든 시기)-12천 년 전**
   - 가축(양, 돼지 등) 사육과 농작물(밀, 옥수수, 쌀 등) 재배, 문자발명

- 제국출현, 교역망 확대, 돈·종교와 같은 상상의 질서를 만듦

3. **과학혁명(우리가 위험한 정도의 힘을 갖게 된 시기)-5백 년 전**

  i)산업혁명(250년 전) ii)정보혁명(50년 전) iii)생명공학혁명(진행형)

  산업혁명 이전 이슬람, 인도, 중국이 세계 총생산의 2/3를 차지하였으나 과학혁명·제국주의·자본주의 융성으로 세계권력이 아시아에서 유럽으로 이동하였다.

  문화는 끊임없이 변화(메가문화의 개수는 적어지고, 점점 커지고, 복잡해짐)하여 오늘날 고유문화가 없어졌다. 1세기에 나타난 ①화폐(경제적) ②제국(정치적) ③종교의 출현으로 인류가 통합되었다.

  인간의 행복은 월급, 사회관계, 정치권력과 같은 외부변수에 의해 결정되는 것이 아니라 신경, 뉴런, 시냅스 그리고 세로토닌, 도파민, 옥시토신 등의 다양한 생화학 물질에 의해 결정된다.

  21세기 사피엔스는 생명공학(DNA 조작 등), 사이보그공학(생물+무생물, 몸에 칩 삽입), 비유기물공학(무생물, 인공두뇌)으로 신까지 업(UP)될 것이다.

【평가와 시사점】

  호모 사피엔스는 인지혁명, 농업혁명, 과학혁명의 3혁명으로 지구 전체의 주인, 생태계의 파괴자가 되었으며 집단신화를 믿는 독특한 능력을 가진 덕분에 지구를 정복할 수 있었다.

오늘날 인간은 신이 되려고 한다. 인간은 현재 생명공학혁명으로 신으로 업그레이드하고 있으나 개인의 복지는 개선시키지 못하고 다른 동물에게는 큰 불행을 되풀이하고 있다.

3-3-4 「호모데우스 : 미래의 역사」
(유발 하라리/김명주 옮김)

【배경】
저자는 1976년 이스라엘의 하이파에서 태어나 옥스퍼드대학에서 중세전쟁사로 박사학위를 받은 뒤 예루살렘 히브리대학교 교수로 있다. 그는 역사와 생물학의 관계, 호모 사피엔스와 다른 동물과의 본질적 차이, 역사의 진보와 방향성, 역사 속 행복의 문제 등 광범위한 질문을 주제로 연구하고 있다. 유튜브를 통해 세계사 강의가 알려지면서 주목받고 있다.

호모데우스는 호모 사피엔스의 종말을 예언하는 묵시록으로 미래의 역사를 낙관도 비관도 하지 않고 그대로 보여준다. 근대과학은 계획도 목적도 없는 진행형 과정이다. 이 책을 통해 우리 앞에 놓인 선택지 등에 대해 생각하고 미래를 상상하게 한다.

【주요 내용】
수천 년 동안 기아, 전염병, 전쟁문제는 어느 정도 해결되었다.
① 기아-보험, 정부와 국제기구들이 생존에 필요한 칼로리를 제공
② 전염병-예방접종, 항생제, 위생개선, 의학 인프라로 감소
③ 전쟁-국지전쟁, 사이버전쟁, 테러가 만연

21세기 새로운 인류의 과제
① 노화·죽음과의 싸움-유전공학, 재생공학, 나노공학으로 120세까지 생존
② 행복추구-생물학적+심리적(기대>현실), GDP → GDH(Happiness)
③ 생명공학, 사이보그공학, 비유기체합성으로 신으로 up - grade 중 인류가 소통하는 능력, 협력하는 기술로 지구에서 다른 동물을 정복하였으며 인간집단 중에서도 더 효과적으로 협력하는 나라가 승리하였다.

지식의 변천
- 중세 : 지식 = 성경 논리
- 현대(과학혁명 이후) : 지식=경험적 데이터 수학
- 인본주의 : 지식 = 경험(감각, 감정, 생각) * 감수성(감각, 감정, 생각이 나에게 미치는 영향)

인본주의
① 자유인본주의 - 개인주의, 민주주의, 자유시장, 1080년대 이후 지배적
② 사회주의적 인본주의-공산주의
③ 진화론적 인본주의 - 나치, 우월인간이 열등인간을 지배할 권한이 있다.

20세기 인간의 프로젝트 - 기아, 전염병, 전쟁극복
21세기 새로운 프로젝트 - 불멸, 행복, 신성(divinity)

신흥기술종교
① 기술인본주의 - 유전공학, 나노기술, 뇌와 컴퓨터 연결, 인터페이스
② 데이터교 - 많은 정보 생산·소비로 데이터 흐름 극대화, 만물인터넷

【평가와 시사점】
　우리는 앞으로 인공지능, 유전공학, 나노기술 등 새로운 기술을 이용해 천국 또는 지옥을 건설할 수 있다. 현명한 선택이 가져올 혜택은 어마어마한 반면, 현명하지 못한 결정의 대가는 인류 자체를 소멸에 이르게 할 것으로 보았다. 현명한 선택을 하느냐 마느냐는 우리에게 달려있다.
　저자는 한반도만큼 기술의 약속과 위험을 잘 보여주는 장소는 없다고 한다. 지난 몇십 년 동안 남·북한 사람들은 같은 기술을 이용해, 남은 역동적인 자유민주주의 국가를, 북은 가난하고 무정한 독재국가를 각각 창조했다. 인공지능의 부상으로 남·북한사이의 문화적 격차가 벌어지면 통일이 더 어려워질 것으로 전망하였다.

3-3-5 「총·균·쇠」(재레드 다이아몬드/김진준 옮김)

【배경】
　저자는 케임브리지대학에서 박사학위를 받고 캘리포니아 주립대(UCLA)에서 생리학 교수로 재직 중이다. 생리학에서 조류학, 진화생물학, 생물지리학으로 연구영역을 확장하고, 세계적으로 유명

한 과학월간지 「네이처(Nature)」 등 월간지에 기고하는 저널리스트이다. 이 책으로 1998년 퓰리처상을 수상하였다.

인류의 발전이 대륙마다 다른 속도로 진행된 것은 총기, 병원균, 쇠를 비롯한 여러 요소를 발전시켜 먼저 정치적·경제적 힘을 얻은 반면에 어떤 민족들은 끝까지 그러한 힘의 요소들을 발전시키지 못했던 차이가 컸기 때문에 빚어진 결과라고 보았다. 즉, 민족간의 생물학적 차이가 아니라 환경적 차이에서 빚어졌다고 규정한다.

【주요 내용】

1. **문명발전의 원동력 – 식량 생산**
   동물의 가축화(단백질 공급원, 육상운송 수단)
   식물의 작물화

- 야생 초식성 포유류 148종 중 14종만이 가축화

   ⓐ온순 ⓑ사람에게 복종 ⓒ먹이가 저렴 ⓓ질병에 면역성
   ⓔ성장이 빨라야 ⓕ감금상태에서도 잘 번식

2. **1532년 스페인의 피사로(168명)가 페루에 도착하여 잉카제국의 아타우알파황제(8만 명)와의 싸움에서 생포하는 등 대패시켰다.**
   무기(총기, 무기 등 군사기술), 유라시아 고유의 전염병(천연두, 홍역 등), 문자와 정보, 유럽의 해양기술, 중앙집권적 정치조직-제국, 대규모 토목공사, 전쟁 시 물자동원

- 아메리카 원주민이 유라시안에 정복당한 이유도 동일하다.

3. 인간사회에 영향을 미치는 환경적 요소

가축화, 작물화 재료인 야생동식물의 대륙간 차이

확산과 이동속도에 영향을 미치는 요인-생태적, 지리적 장애물

각 대륙 사이의 확산에 영향을 미치는 요인

대륙간의 면적 및 인구규모의 차이

- 최적 분열의 법칙

  - 최적에서 중간 정도에 머문 사회에서 가장 빠르게 일어나고
  - 지나치게 통합되어 있거나 분열된 사회에서는 불리하게 작용한다.

4. 일본인의 조상은 한민족

- 2천 4백년 전 한반도에서 대량으로 이주한 한민족의 후예다. 외모가 거의 비슷하고 그 유전자도 같다

  언어학적으로 우랄알타이어족으로 고구려말이 변화

  일본의 고대조각상이 동아시아인인 한인(수염이 덥수룩한 아이누족이 아니다)

- 부르심을 받은 사람은 많지만 뽑히는 사람은 적다(톨스토이의 안나 카레리나의 법칙, 마태복음 22장 14절)

【평가와 시사점】

유라시아인들이 아메리카와 호주의 원주민들을 학살하고 사하라사막 이남의 아프리카인들을 지배하는 등 세계의 불평등을 초

래한 요인은 연구결과에 의하면 유전적 요인이나 기후적 요인(온대)에 의한 것이 아니라 총기, 전염병, 철기와 같은 인공물과 제도이었다고 주장한다.

- 제도의 차이 때문에 남한과 북한, 서독과 동독, 도미니카공화국과 아이티, 이스라엘과 아랍주변국이 경제적으로 불평등하다.

외국인 학자로서 일본인의 조상은 한민족이라고 단언하면서, 언어학적으로도 고구려말이 변화되었다고 주장한다. 그는 수천년 동안 한국은 지리적 조건으로 일본에게 아시아 대륙의 작물, 가축, 식량 생산 방법과 문화를 전달하는 주요통로가 되어왔다고 한다.

3-3-6 「단숨에 읽는 사기」(시마자키 스스무/전형배 옮김)

【배경】

사기는 사마천이 한무제 때 기전체로 쓴 130권에 이르는 방대한 저작물로 본기(本紀:제왕의 역사), 표(表:世表, 年表, 月表), 서(書:예의, 음악, 천문, 달력, 수리, 경제, 군사, 종교), 세가(世家:제후들의 기록), 열전(列傳:왕, 제후 이외의 인물에 관한 기록)으로 구성하였다.

사마천은 한나라에서 태사령을 지낸 사마담의 아들로 20세 때 중국 전역을 답사하였으며 38살 때 사관에 임명되었다. 아버지가 역사서를 완성하라는 유서를 남기고 흉노토벌에 나선 이릉을 옹호하다가 사마천은 궁형(궁형, 남성성기 절단)을 당하였으며 치욕과 울분을 담아 사기를 완성하였다.

【주요 내용】

1. **신화시대(BC 27C-23C 초) : 역사가 시작되다**
   - 중국의 탄생(오제) : 신농(神農) → 1대 황제(黃帝, 헌원) → 5대 제순(帝舜)
   - 하 : 1대 우(禹) - 17대 걸(桀),
   - 은 : 1대 탕(湯) - 30대 신(辛:달기여인)
   - 주 : 1대 발(發) 무왕(武王) - 37대 난왕(759년)

   - 무왕은 기자를 조선에 봉했다(P.59)

2. **춘추시대(5국, BC 480-진시황) : 누구나 패자가 될 수 있다**
   - i) 제(齊:산동성)-여상 환공(桓公), 관중과 포숙을 얻다 (관포지교)
   - ii) 진(晉:산서성) : 주왕족 출신, 문공(文公), 韓·魏·趙 세 가문이 실권을 장악
   - iii) 초(楚:호북성) : 남방출신, 장왕(莊王)
   - iv) 오(吳:강소성) : 주왕족 출신, 합려(손무를 기용), 부차(夫差)
   - v) 월(越:절강성) : 남방출신, 구천이 부차를 살해한 후 오를 멸망시킴

3. **전국시대(BC 403년-BC 247년) : 피도 눈물도 낭만도 사라진 곳(7국)**
   - i) 제(齊:임치)-맹상군, 3천 명 식객을 거느리다
   - ii) 연(燕:계)-악의(樂毅)가 초·위·조·한·연의 연합군을 구

성, 제를 치다
　　iii) 조(趙:한단)-평원군이 조나라를 위기에서 구하다
　　iv) 위(魏:안흡)-신릉군, 바보라도 몸을 낮춰 사귀다
　　v) 진(秦:함양)-상앙(商鞅)변법으로 국가기초를 다짐. 소진 합종과 장의 연횡
　　vi) 한(韓)
　　vii) 초(楚)

4. **진의 시황제시대(BC 247년- BC 208년) : 짧고 강력했던 황제의 나라**
   - 여불위(한나라 대상인)가 '자초'를 왕이 되게 하고 재상이 된다.
   - 중국 최초 통일국가-연·위·초·한·연·제를 멸망, 시황제 탄생, 12년 재위
   - 36군 설치, 도량형 및 문자 서체를 통일한다.
   - 제나라 출신 서불이 제주와 일본으로 불로초를 구하러 갔다.
   - 아방궁(阿房宮)을 짓고 분서갱유, 학자들을 구덩이에 파묻다.
   - 시황제가 큰아들 부소에게 유서를 남기고 죽으나 다른 아들 2세가 황제가 된다.

5. **한(漢), 항우와 유방의 시대 : 초와 쟁패의 드라마를 쓰다**
   - 진나라 멸망의 불씨 : 농민봉기-진승, 오광이 주도

- '왕후 장상의 씨가 따로 있는 것이 아니지 않은가'(진승의 말)

- 초나라 장군 숙부 항량과 함께 항우가 황하를 건너면서 실권을 잡음
- 유방은 여후와 결혼해 혜제(惠帝)와 노원공주를 낳다.
- 해하(垓下) 전투에서 초군을 포위하고 항우가 죽자 초가 한에 항복
- 유방은 BC201년 세 번 사양한 뒤 고조(高祖)황제에 오르다.

6. 문제(文帝, 5대)와 경제(景帝, 6대)의 시대 : 문경지치를 이루다
   - 고조는 여후와 비(척부인)와의 사이에 8명의 아들, 여태후가 실권을 전횡
   - 신하들이 옹립한 대왕 항(恒)이 사양하다가 문제로 등극 악형폐지, 덕치, 검약한 생활로 23년간 재위
   - 이어 계(啓)가 경제(景帝)가 된다.
   - 흉노가 계속 침공하여 아우가 되기를 약속하는 굴욕적 화친을 맺는다.

7. 무제(武帝, 7대) 시대 : 태평성대의 빛과 그림자
   - 무제 취임 후 흉노를 공격하는 쪽으로 정책을 전환한다.
   - 장권이 월지로 가다가 흉노에 13년간 붙들렸다가 돌아온다(서역개척)
   - 흉노와의 전쟁에서 위청은 대장군, 곽거병은 표기장군이 되다
   - 대완을 점령하고 다양한 귀신을 숭배, 특히 무당 이소군(李少君)을 총애

【평가와 시사점】

사기에 고조선을 다룬 "조선열전"이 있어, 무왕이 기자를 조선에 봉했다는 기록이 있다. 시황제는 봉래로 가면 신약을 얻을 수 있다고 보고 서불을 제주도와 사가현에 보냈다는 설도 있다.

사기는 김부식의 「삼국사기」 편찬에 영향을 미쳤다. 많은 고사성어가 여기에서 나오기도 하였다.

3-3-7 「새로 만든 먼나라 이웃나라」(이원복)

【배경】

저자는 1946년 대전 출생으로 서울대에서 건축학을 공부하고 독일 뮌스터대학에서 서양 미술사를 전공했다. 2009년 볼로냐 국제 일러스트전에 심사위원으로 선정되기도 하였으며, 독일에서 개인전을 열고, 한국만화·애니메이션학회 회장과 덕성여대 총장을 역임하였다. 대표작품으로는 「먼 나라 이웃나라」, 「와인의 세계 세계의 와인」, 「신의 나라 인간 나라」 등의 작품이 있다.

전 세계 220여 개 크고 작은 나라가 있으나 우리는 외국에 대하여 잘 알지 못한다. 그중에서 주요나라의 민족, 역사와 지리 등을 만화형태로 소개하여 전 국민이 역사와 지리를 쉽게 이해할 수 있도록 편집하였다. 어린이뿐만 아니라 어른들도 함께 즐길 수 있는 교양만화로 새로운 장르를 개척한 글로벌시대의 문화통역자라고도 할 수 있다.

【주요 내용】

1. 유럽의 문화
- Hellenism - 그리스·로마신화, 헬라족(그리스 땅에 사는 사람)의 사고방식 및 문화
- Hebraism - 구약 신약성서, 유대교 + 그리스도교 정신, 헤브라이족(유대인) - 여호와(하느님, 신)

2. 유럽의 종족
- 라틴족(남부) - 이탈리아, 에스파냐
- 게르만족(서부) - 프랑스, 독일
- 슬라브족(동유럽) - 루마니아, 헝가리

3. 유럽의 역사

로마제국

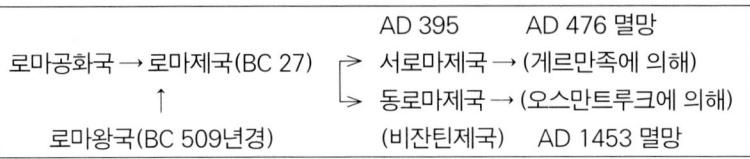

그 이후
- 15C- 이탈리아(지중해의 패권으로)
- 16C- 에스파냐(신대륙, 황금 + 무적함대로)
- 17C- 네덜란드(바다의 패권 + 무역으로)
- 18C- 프랑스, 러시아

4. 그림·건축의 역사
- 중세까지 : 고딕(Gothic)-가능한 하늘에 닿게 뾰족하게

- 중세 : 바로크(Baroque)-왕과 교회의 권위를 위해 웅장하고 화려하다

르네상스 이후 :
- 로코코(Rococo) - 장식, 화려함, 귀족 위한 초상화 그림
- 신고전주의(Neo-Classicism) - 성경과 위인전기소재, 파리 로마를 되살림
- 낭만주의(Romanticism) - 자신의 느낌과 감정 즉 주관, 고야(에스파냐)
- 사실주의(Realism) - 사실 그대로, 마네의 피리부는 소년
- 인상주의(impressionism) - 빛과 그림자의 오묘한 변화, 모네, 르누아르
- 프랑스 : 야수파(포비즘) - 원색(빨강, 노랑, 파랑 등)사용
- 독일 : 표현주의(expressionism) - 입체파, 피카소
- 소련 : 추상파 - 눈에 보이는 것 + 눈에 보이지 않는 것
- 초현실주의 - 상상의 이야기

5. 그리스도 교파

교파

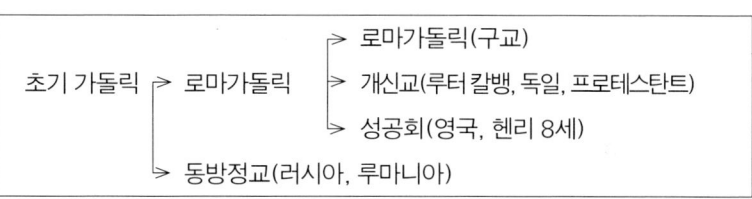

- 초기 가돌릭 5교구 : 로마, 콘스탄티노플(동로마), 안티오키아(터키), 예루살렘(성지), 알렉산드리아(이집트)

예수 그리스도 : 3위 일체(성부+성자+성령), 사람=신

3위 일체를 부정하는 이슬람교, 알라=유일신

- Leo 10세가 대대적인 성당건축을 위하여 면죄부 발행, 이를 계기로 신교가 분파

(중국편)

1. 서양정신에 미친 3가지 요인
- 헬레니즘-그리스 로마신화, 사람중심
- 헤브라이즘-구약 신약성서, 하나님중심.
- 공업주의-실용과 물질을 강조

2. 동양정신
- 도교-자신에 대한 성찰(어떻게 살아야 할 것인가?)
- 유교-사회에 대한 성찰(어떤 세상에서 살아야 할 것인가?)
- 불교-내세에 대한 성찰(내세를 위해 어떻게 살아야 할 것인가?)

3. 중화사상(중국문화, 중국이 세계의 중심이라는 사상)

바깥의 적 : 동이(東夷), 남만(南蠻), 서융(西戎), 북적(北狄)

4. 포르투갈과 에스파냐간 영토분쟁-교황(알렉산더 6세, 1493)이 해결
- 남북아메리카 - 에스파냐영토
- 경계선 동쪽인 아프리카, 인도, 중국 그리고 브라질 - 포르투갈 영토

【평가와 시사점】

세계화 시대에 '살아있는 역사', '새로운 과거'를 만화형태로 부담 없이 아이들과 어른들이 함께 세계의 역사와 문화를 살펴볼 수 있는 작품으로 한국 교양문화의 수작이자 대명사라고 할 수 있다.

오늘날 세계여행이 널리 보편화되어있으므로 이 책을 사전에 읽고 그 나라를 여행할 경우 해외여행의 묘미를 느끼고 답사수준으로까지 높일 수 있을 것이다.

3-3-8 「나의 문화유산 답사기-일본편」(유홍준)

【배경】

저자는 1949년 서울 출생으로 서울대 미학과를 졸업한 미술평론가로 영남대 박물관장, 명지대 교수, 문화재청장을 역임하고 금마문화예술상, 만해문학상을 수상했다. 「나의 문화유산 답사기」, 「국보순례」, 「추사 김정희」 등의 저서를 통해 문화재를 일반 국민들이 쉽게 접할 수 있도록 하는데 크게 기여하였다.

「나의 문화유산 답사기」는 북한을 포함한 국내의 문화재(10권) 뿐 만 아니라 일본(4권)과 중국(5권)까지 포함하고 있으며, 문화재 이외에도 유적지, 건축 및 주변의 역사와 지리까지 폭넓게 소개하고 있어 국내외 답사여행의 필독서가 되었으며 문화유산답사를 일반시민으로까지 대중화하는데 크게 기여하였다.

【주요내용】

1. 일본의 지형

혼슈(本州), 홋카이도(北海道), 규슈(九州), 시코쿠(四國)의 4개의 큰 섬과 7천 개의 작은 섬으로 구성, 인구 1억 3천 명

신불습합(神佛習合) 1868년 메이지유신의 폐불훼석으로 1,616개 사찰이 폐원하고 사찰이 장례업자로 전락, 육식을 권장하고 스님의 결혼을 권고한다.

2. 일본역사 연표

구분		연도	수도	특색	한일관계
선사	조몬(繩文)	1만4천~BC300	규슈	조몬토기, 아이누족	-
	야요이(彌生)	BC300~AD300	"	야요이토기, 청동기, 벼농사 100여개 소국	한반도에서 벼농사와 청동기문화 전래
	고분(古墳)	AD300~600	아스카, 오사카	철기시대	가야와 교류, 철수입
고대	아스카(飛鳥)	550~710	아스카	불교수용, 율령국가, 일본, 천황명칭 사용	백제불교 전래, 백제부흥 위해 2만7천 명 파병
	나라(奈良)	710~794	나라 헤이조쿄	불교국가, 고사기, 일본서기 편찬, 동대사·흥복사 건립	
	헤이안(平安)	794~1185	교토 헤이안쿄	가나발명, 무사집단 등장	광륭사 목조미륵반가사상, 진하승(하타)부부
중대	가마쿠라(鎌倉)	1185~1333	교토	무인시대, 남북조시대(60년)	
	무로마치(室町)	1333~1573	"	다이묘(大名)등장, 겐무등장	고려대장경수입, 조선과 외교관계
	모모야마(桃山)	1573~1603	"	전국(센고쿠)시대	임진왜란, 도기수입, 귀(이)무덤
	에도(江戶)	1603~1867	도쿄	도꾸가와 막부수립	

구분		연도	수도	특색	한일관계
근현대	메이지(明治)	1868~1912	〃	폐불훼석(사찰땅 90%) 몰수	한일합병, 통신사(12회)
	다이쇼(大正)	1912~1926	〃		
근현대	쇼와(昭和)	1926~1989	〃		
	헤이세이(平成)	1989~2019	〃		
	레이와(令和)	2019~현재	〃		

- 에도의 정치, 오사카의 상업, 교토의 문화

3. 일본인이란(1권 P.54)

- 조몬인이 환경에 적응해왔다는 변형설
- 야요이인들이 조몬인들을 정복하고 정착했다는 인종치환설
- 일본열도 원주민과 한반도 도래인의 혼혈이라는 혼혈설 (정설, 65%)

4. 역사로 본 한일관계

- 문화전파 : 벼, 청동기문화, 철기문화
- 고구려가 멸망하면서 대거 이동
- 백제가 불교, 제도 등 전파
- 한일문제해결방안 : 과거 문제 청산

- 나쁜 시기는 임진왜란과 정유재란 7년과 근대 100년뿐이다.

- 왕릉(선정릉) 파괴범(2명)을 보내와 처형
- 일본에 끌려간 피로인(5천 명) 송환 : 사명대사의 **探賊使**+3

회의 刷還使파견
- 일본 천황이 2001년 12월 68세 생일잔치에서 "저는 간무천황의 생모가 백제 무열왕의 자손…"이라고 실토

5. 일본미

극과 극의 공존(극대와 극소, 화려함과 검박함, 호방함과 검소함), 小物(고모노)-동대사의 대불, 지은원의 三門(空해탈+無相해탈+無願해탈)

일본의 조경이 아닌 정원을 만든다는 作園(작원), 茶園과 다문화

※ 일본인들은 고대사 콤플렉스 때문에 역사를 왜곡하고, 한국인은 근대사 콤플렉스 때문에 일본문화를 무시한다.

- 명치유신의 폐불훼석은 조선초 숭유억불정책, 1960년대 중국 홍위병의 문화파괴, 21세기 탈레반의 불상파괴와 같다.

【평가와 시사점】

대부분의 한국인은 일본역사를 잘 모른다. 동아시아 역사 전체 속에서 한국사와 일본사를 보아야 우리의 역사, 일본의 역사를 제대로 인식할 수 있다.

최근 한·일간 갈등이 정치적으로 대립각을 세우고, 무역분쟁이 고조되며, 양국을 오가는 관광객이 급감하는 등 갈등이 고조되고 있다. 동아시아의 정치적 미래는 양국이 고대에 쌓았던 유대를 성공적으로 재발견할 수 있는가에 달려있다(자렛 다이아몬드의 '총·균·쇠').

3-3-9 「음식 : 그 두려움의 역사」
(하비 리벤스타인/김지향 옮김)

【배경】

저자는 캐나다 온타리오주 맥마스터대학 역사학 명예교수로 「식탁의 혁명」, 「풍요의 역설」 등 역사 관련 서적을 다수 집필하였다. 그는 전문가들이 먹거리에 대해 지금까지 자신들의 주장을 어떻게 손바닥 뒤집듯 바꿔왔는지 전문가입장에서 분석적으로 정리하였다.

의학과 과학, 역사를 통한 음식 루머의 모든 것 : 소고기, 콜레스테롤, 우유, 유산균, 건강… 소비자를 불안에 떨게 하는 식품 공포는 어떻게 시작되었으며, 누가 주도하는가? 등등 우리의 건강을 위협하는데 식탁 위 먹거리만큼 중요한 문제는 없다.

【주요 내용】

현대과학, 산업화, 세계화가 합세해 만들어낸 거대한 힘이 식품에 대한 공포를 중산층 삶의 필수조건으로 받아들이게 되었다.

다양한 종류의 음식을 먹되 과식하지는 말고, 과일과 채소를 많이 섭취하라(마이킬 폴란).

식품의 건강 유익성에 대한 수 십 년에 걸쳐 끊임없이 뒤집혀 왔다 - 우유는 '일급 살인마' 오명, 요구르트는 흥망성쇠, 쇠고기는 심혈관 병동, 소금은 생명위험물질…

정부당국, 전문가, 식품업계의 과학적인 접근방법이 달려졌 왔기 때문이다.

광우병 : Eric Schlosser의 "패스트푸드 제국 Fast Food Nation:

미국음식의 어두운 이면"을 리챠드 링큰 레이터 감독이 영화화하였으며, 2008년 광우병 촛불시위가 한창이던 한국에서도 개봉되어 많은 관심을 일으켰다.

2006년 9월 말 0157:H7으로 미국의 26개 주에서 3명이 사망하고 수백명이 감염되었다. 이는 미국에서 소의 배설물이 인근 대기업 농장에 흘러 들어가 농장에서 자라고 있던 어린 시금치가 0157:H7 대장균에 감염되어 시중에 유통되어 발생한 사건이다.

【평가와 시사점】

먹거리만큼 중요한 문제는 없다. 먹거리에 대한 불안감이 각국에서 확산되고 매일 무엇을 먹고 마셔야 하는지 고민하게 된다. 이에 대한 체계적 연구와 국가의 철저한 감독이 필요하다.

3-3-10 「역사의 치명적 배후, 성 : 상식과 몰상식을 넘나드는 인류의 욕망」(이성주)

【배경】

성욕, 식욕은 인간의 가장 기본적인 본능이다(맹자의 〈고자(告子) 상편(上篇)〉).

섹스는 종의 번식수단으로 권력과 쾌락에 이바지하였다.

【주요 내용】

정조대의 역사 : 십자군 원정 때 아내의 부정을 막고자 철로 만들었으며, 널리 통용되지는 않았다. 18C 이후는 가죽으로 만들었

으며, 남녀공용으로 강간과 자위행위방지용이었다.

　우리나라 세계콘돔시장 시장점유율을 약 30%로 세계 1위, 콘돔은 길이 17cm, 지름 49~56mm의 EN-600으로 통일. 남성의 표본크기는 동양인 10~14cm, 백인 14~15cm, 흑인 16~20cm이다.

　1998년 출시된 비아그라로 인류의 성생활을 증진하고 지구생태계를 보호하고 있다(자연정력제로 아시아에서 소문난 바다표범(생식기)과 순록(뿔)의 포획이 급격하게 감소하였다).

- 정자가 침체반응(난자를 뚫고 진입)을 하지 못해 피임을 초래했다.

　전 세계적으로 정자와 난자 시장이 해가 지날수록 커지고 있으며, 앞으로 인간 줄기세포연구가 급격히 팽창될 전망이다.

　키스는 성인의 질병인 비만을 예방(1번 키스 3.8키로 칼로리)하고 도파민의 증가로 면역력이 증가되며 수명도 연장한다. 섹스는 정액의 시자르(cizar) 물질로 여성의 유방암과 난소암을 예방한다.

　흰 웨딩드레스가 순결한 신부를, 신부의 머리에 쓰는 면사포는 처녀막을 상징한다. 면사포를 벗기는 행위는 남편이 신부의 처녀막을 가져도 됨을 허락받았다는 의미이다.

　남자 20대 남자 중 90%가 포경수술을 받으나, 의학적으로 꼭 수술을 받아야 할 사람은 2%다. 성병 예방과 위생확보보다 포경수술을 받은 음경이 '정상'이라는 무의식적인 이해로 구강성교의 비율에 비해 2배 높다.

　티켓다방, 룸살롱, 단란주점, 보도방, 안마방 등에 120~200만 명이 종사하고 있고 국내 매춘업 규모는 GDP의 4.1%(2003년 형사정책연구원 연구결과)이다. 성매매 금지법 시행으로 더욱 음성화되고 있다.

【평가와 시사점】

한국의 결혼연령이 늦어지고 출산율이 1명 이하로 떨어져 인구가 줄어들고 국가경쟁력이 위험한 수준이다. 성에 대한 올바른 이해와 종합적인 인구증대 대책이 시급한 실정이다.

3-3-11 「역사를 바꾼 100가지 실수」(빌포셋/권춘호 옮김)

【배경】

BC 1390년 세대를 앞서간 남자 이집트의 파라오에서부터 2011년의 일본 후쿠시마 원자력발전소의 멜트다운(원자로의 노심이 녹는 중대사고)에 이르기까지 수천 년 역사상에 나타난 100가지 실수들을 수록했다. 시대적 상황과 원인을 살펴볼 수 있으며, 주로 전쟁과 관련된 내용들이 많다.

역사는 거울과 같다. 역사를 통해 잘못을 돌아보면서 현재를 살아간다. 똑같은 과오를 반복하지 않기 위해서이다.

【주요 내용】

① 과학과 관련된 이야기
- 페니실린을 발명한 곰팡이(1928년)
  알렉산더 플레밍은 뚜껑을 덮지 않은 채로 박테리아 샘플을 연구소 책상에 방치하고 휴가를 떠났고, 휴가 기간 동안 곰팡이가 접시에서 자란 것이다.
- 방수가공재 '스카치가드(scotchgard)'(1953년)
  미네소타의 3M 과학자들이 합성고무의 더 탁월한 조합공식을 개발하다가 실험실 보조원이 화학물질 1온스를 연구원의 테니스화에 쏟았다. 이 물질은 비누, 알코올, 물 등으로도 잘 지워지지 않자 물기가 전혀 흡수되지 않는 성질을 알아내 방수가공재를 개발하였다.
- 메모지 '포스트잇'의 탄생(1968년)
3M 과학자인 스펜서 실비가 더 튼튼하게 붙는 우수한 접착력과 제거 시 깔끔하고 쉽게 떨어지는 특징을 가진 테이프를 개발하였으나 접착력이 약한 풀이 문제였다. 과학자의 한 동료가 성가집에서 그날 부를 노래를 표시한 종이 쪼가리가 바람에 자주 빠져나가는 것이 성가시다고 하자 4년 전 실패작인 접착력이 약한 풀을 사용하였다.

② 한국과 관련해서 6·25전쟁 관련 2건이 나와 있다.
- "언어유희 : 제대로 말하지 못한 결과"에서 1950년 1.12 미국 국무장관 딘 애치슨(Dean Acheson)은 미국의 태평양지역에 대한 관심에 일본만 언급하고 갓 독립된 남한을 포함하지 않자 공산국들이 기뻐하고 침략을 준비하였다.
- "지혜보다 자존심 : 맥아더와 중국인들"에서는 중국의 개입을 계속 언급했음에도 불구하고 맥아더 장군은 중국군의 개입 가능성이 없다고 결론을 냈다. 그러나 중국군은 50만명을 전쟁에 투입하였다.

【평가와 시사점】

역사로부터 교훈을 얻지 못하면 똑같은 실수는 계속 반복된다. 역사로부터 학습할 수 없는 사람들은 그것을 또다시 반복하게 된다(죠지 산타야나의 말).

3-3-12 「역사를 바꾼 50가지 전략」
(다니엘 스미스/최윤영 옮김)

【배경】

고대 그리스 트로이 목마로부터 현대 미국 오바마대통령까지 정치와 사회, 상업, 군사 등 50개의 이야기를 통하여 역사속의 주인공들이 중요한 순간에 어떻게 위기를 극복하고 성공을 이끌어 냈는지 보여주고 있다.

【주요 내용】

아무리 빨리 달려도 방향이 잘못되어 있으면 소용없다(독일명언), 전략 없는 전술로는 결코 승리할 수 없다(손자)는 말을 인용하면서 전쟁, 상업, 정치 등 다양한 분야에서 차용할 전술로 적진으로 침투하라(트로이 목마), 승리를 확신하라(다윗과 골리앗의 싸움), 더 높게 더 크게 꿈꾸라(빌 게이츠의 소프트웨어 개발) 등 50개의 전술을 도출하였다.

구체적인 전략으로는 전술적 속임수, 전략적 사고, 대중소통, 집념, 공격전술, 혁신, 지배, 방어, 마케팅, 리더십, 계획의 11가지 전략을 구사하였다.

개인 또는 전 세계의 운명은 때론 순간의 우연이다. 환경의 변화에 따라 움직이기도 하지만 대부분의 경우 전략의 수행된 결과에 따라 결정된다. 전략과 계획은 특정 개인이나 무질서한 세계를 바로 잡기 위한 과정에서 꼭 필요한 수단이다.

각 사례를 나열하고 나의 강점을 활용해서 기회로 삼는 방법, 그리고 상대의 약점을 이용해서 승리의 발판으로 만드는 방법을 구체적으로 제시하고 있다.

버락 오바마는 대통령이 되기 2년 전까지도 상원의원으로 대중에게 이름조차 제대로 알려지지 않았지만, 새로운 소셜미디어인 트위터, 마이 스페이스, 페이스북, 유튜브 등을 활용하여 새로운 우군을 만들고, 크라우드 펀딩을 통해 공적자금보다 훨씬 큰 규모의 기금을 마련하여 대통령이 되었다.

【평가와 시사점】

50개의 구체적인 이야기를 통해 역사 속 주요인물들이 중요 순간에 어떻게 위기를 극복하고 성공을 이루었는지 많은 교훈을 얻을 수 있다.

탁월한 전략가들은 다른 사람의 경험을 통해 받아들인 교훈을 그대로 적용하지 않고 자신이 처한 상황에 맞도록 수정하고 다듬어가는 과정을 거쳤다.

3-3-13 「역사를 바꾼 50인의 지도자」
(찰스 필립스/김수미 옮김)

【배경】

정치, 군사, 문화, 예술, 스포츠, 상업에 이르기까지 50인의 위대한 지도자가 보여준 꿋꿋한 기개, 미래를 예측하고 변화를 주도함, 국민의 의견을 경청하고 설득함 등 현대사회에 필요한 리더십의 유형을 보여주고 있다.

지도자는 모세, 예수, 싯다르타와 같은 종교인, 페리클레스, 루스벨트, 대처 같은 정치인, 셰익스피어, 피카소 같은 문화예술인, 롬바르디, 존 맥그로 같은 스포츠 감독, 발명가 스티브 잡스 같은 발명가에 이르기까지 다양하다.

【주요 내용】

러시아의 근대화를 이끈 표트르대제는 선진국인 유럽에 파견한 사절단의 일원으로 신분을 숨기고 조선소에서 일을 하는 등 말단의 삶을 직접 체험하고, 좌초한 함정에서 병사들을 구하려다 물에 빠진 후 병사하였다.

프로이센의 프리드리히 대왕은 강한 의무감으로 오스트리아와의 7년 전쟁을 승리로 이끌고, 행정과 법률을 근대화하고 예술활동을 지원하였으며, 베를린 오페라극장 등 주요 건축사업에도 매진하였다.

미국의 초대 대통령 워싱턴은 대륙군 총사령관으로 재직하는 동안 일절 보수를 받지 않았으며, 대통령에 재임하고 세 번째 연임 요청이 있었지만 고사하고 바로 버넌으로 낙향하였다.

대공황과 제2차 세계대전 때 미국을 이끈 4선(미국 처음)의 프랭클린 루스벨트는 대통령 재임 시 저녁 시간에 노변담화라는 라디오 연설을 통하여 국민에게 희망과 용기를 불어넣었다.

지휘자 다니엘 바렌보임은 적대관계에 있는 아랍, 이스라엘 출신의 단원들을 모아 국경없는 오케스트라 "서동시집 교향악단"을 창단하여 분쟁지역에 음악을 통해 평화와 희망을 전하고자 했다.

【평가와 시사점】

현대사회가 요구하는 리더십을 보여주고 있으며, 자신의 이상과 목표를 정하고 그 방식으로 매진하여 성공한 사람들이다.

자질 면에서도 용감하고 단호한 지도자, 상처를 치유하고 화합을 도모한 지도자, 경청하고 설득하는 지도자들이었다.

3-3-14 「불멸의 여인들 : 역사를 바꾼 가장 뛰어난 여인들의 전기」 (김후)

【배경】

근세 이전의 역사에 이름을 남긴 여인들로 치열하게 투쟁하여 권력이나 명예를 얻은 여인들의 이야기이다.

팜므파탈(妖婦), 아마존, 어머니, 혁명가, 구원자의 5장으로 구분하여 역사에 기록된 대표적인 여인들의 삶과 남긴 치적 등을 소개하고 있다.

【주요내용】

① 뿌리칠 수 없는 유혹 '팜므파탈(femme fatale:치명적 여인)' 즉 구약성서의 창세기에서 아담을 유혹하여 선악과를 따먹게 한 여인의 원죄와 관련된 것으로부터 중국의 달기, 초선, 양귀비 등 7명의 여인뿐만 아니라 클레오파트라 7세, 테오도라, 퐁파두르 여인, 심프슨 부인 등 4명의 서양 여인들을 소개한다.

② 칼과 거울의 마력 '아마존(그리스신화에 등장하는 대적하기가 거의 불가능한 훌륭한 전사부족)'에서는 칼을 든 브리타니아의 부디카와 인도 잔시의 라니, 그리스도의 여전사 토

스카나의 마틸다, 혁명의 순교자로 샤를로트 코르테, 로자 룩셈부르크 5명의 여인이 등장한다.

③ "어머니" 장에서는 현모양처형의 어머니보다는 권력자로서 역할을 한 여인이 많다. 마케도니아의 올림피아스와 아키텐의 엘레오노르 서양의 2명과 중국의 여태후, 측천무후, 서태후를 소개. 특히 측천무후는 중국역사의 유일한 여성황제로 고구려원정을 했던 당나라 이세민의 부인으로 자신의 두 아들을 죽이고 말년에 공학부(控鶴府)라는 기관을 두고 스무살 안팎의 미소년 72명을 모아 잠자리 시중을 들게 하였다

④ 두드려라 열릴 것이니 "혁명가"로서는 시대를 앞서간 여인으로 알렉산드리아의 히파티아, 당나라의 상관완아, 나바르의 마르그리트를, 현대여성의 계보로 조르주 상드, 루 살로메, 이사도라 던컨 등 6명을 기술한다.

⑤ 불멸의 여인 "구원자"로는 제국을 준비한 여왕 메리 1세, 대영제국의 심장 엘리자베스 1세, 스페인의 설계자 이사벨라 여왕(콜럼버스 재정후견인), 로마노프 최초의 여황제 예카테리나 1세, 역사상 가장 인기있던 차리나 엘리자베타, 34년간 러시아를 통치한 게르만 여성 예카테리나 대제, 아르헨티나의 구원자 에바 페론 등 7명의 업적들을 소개한다.

【평가와 시사점】

한국에도 역사적으로 어머니로서의 신사임당, 혁명가로서의 유관순, 구원자로서의 소서노와 같은 여러 여인들이 있지만 자료의 한계 등으로 포함하지 못하고 있는 아쉬운 점이 있다.

3-3-15 「문명의 중심 실크로드」
(프란시스 우드/박세욱 옮김)

【배경】
저자는 중국 역사 전문학자로 영국국립도서관의 중국문헌담당 큐레이터로 활동하고 있으며, 국제 돈황 프로젝트의 운영위원이다. 「마로코 폴로는 중국에 갔는가?」, 「중국의 매력:마르코 폴로에서 발라드까지의 작가들」등 중국역사 관련 책들을 출간하였다.

이 책에서 기원전부터 1980년대까지 2천년간 중앙아시아 주변 도시들의 역사와 지리, 모래 속에 묻힌 유물들, 이국적인 상품들, 흥미로운 전설 등 다양한 내용을 사진과 함께 수록하였다.

【주요 내용】
세계최초의 고속도로인 실크로드(서안으로부터 시작)는 중국 만리장성의 서쪽 끝인 가욕관(嘉峪關) 바깥쪽의 우루무치-쿠차에 이르는 북부노선과 돈황, 호탄에 이르는 남부노선의 2노선이 있으며, 모래사막과 대초원이 이어짐. 다양한 종족이 살고 있으며, 불교, 이슬람교, 마니교 등 여러 종교가 혼재해 있고, 위구르어, 몽골어, 중국어, 티베트어 등 다양한 언어가 사용되고 있다.

유럽이 처음 실크로드의 서쪽 끝에 접한 것은 알렉산드로스 대왕이 원정(기원전 334~323년)을 통해 마케도니아로부터 이집트까지 페르시아를 지나 북인도에 이르는 대제국을 건설하면서 부터이다.

중국인으로는 한(漢)대 기원후 97년 로마까지 간 감영(甘英)이 처음이며, 로마를 대진(大秦)이라고 불렀으며, 장건이 서역을 여행하였다. 외국과의 관계는 조공형태로 대규모 문물을 교환하였으며, 중국은 말, 당나귀, 필수품을, 유목민들은 비단, 칠기와 같은 금속공예품과 곡물, 의복 등 생필품을 교환하였다.

6세기에는 돌궐족과 흉노족이 이 지역을 지배하고 있었으며, 14세기에는 몽골의 티무르제국이 지배하였다. 중국과 러시아가 이 지역을 차지하기 위해 경쟁하다가 1930년대 일본의 침략으로 중국 정부의 통제력이 약화되고 다시 중국공산당이 지배하였다. 최근 석유와 금 등 광물자원이 풍부하여 개발되고 있다.

법현, 현장과 같은 스님들이 불경을 구하러 가는 길이기도 하며, 「서유기」는 이 지역을 배경으로 한다. 마르코 폴로는 육로로 콘스탄티노플에서 북경까지 가서 중국 전역과 티베트, 미얀마 국경지대를 20년간 돌아다니다가 고향인 베네치아로 돌아갔다.

전 구간을 이용한 사람들은 초기에는 다양한 종교를 가진 선교사들이었으며 19세기부터는 스웨덴, 독일, 영국, 미국 등 서구의 지리와 고고학자나 탐험가들로 국가 기관의 지원을 받아 경쟁적으로 보물들을 도굴, 발굴하여 본국으로 반출하였다. 의열단 사건 이후에 비로소 중국 정부가 통제하기 시작하였다.

당나귀와 낙타(쌍봉)가 주요 수송수단이었으나, 20세기 초 자동차가 보급되고 고속도로가 놓이게 되었다. 소련이 붕괴되면서 카자흐스탄, 키르키스탄, 우즈베키스탄이 공화국으로 세워졌으며, 아프카니스탄에서는 이슬람 단체 탈레반이 바미얀의 대불(大佛)을 폭파하고 박물관 소장품을 없앤 일도 있었다.

하지만 대체로 오늘날 옛 유적들이 복원되고 있으며, 1980년대 말부터는 러시아와 중국 지역에서 실크로드관광이 번창하기 시작하여 호황을 누리고 있다.

【평가와 시사점】

  2000년간 동·서양 문명교류의 교두보이자 대명사인 실크로드에 대하여 중국 관련 전문가로서 또한 서양인의 입장에서 객관적으로 바라본 통사(通史)라는 점에서 역사적인 의미가 있다.
  실크로드가 오늘날에도 중국을 관통하는 TCR 러시아의 시베리아를 관통하는 TSR 등 철도의 빠른 교통수단과 연결되어 그 중요성이 강조되고 있어 이들 지역에 대한 체계적인 연구가 필요하다.

3-3-16 「위인전에 속은 어른들을 위한 찌질한 위인전」 (함현식)

【배경】
  '찌질한'과 '위인전'의 결합은 모순일 수 있으나 그들이 남긴 업적, 작품과 같은 결과물뿐만 아니라 위인이 되기까지의 과정을 통해 여러 가지 시사점을 보여준다.

【주요 내용】
① 김수영 시인 : 일제하 서울서 태어나 동경유학 후 인민군에 의해 의용군으로 끌려가 탈출하여 거제도수용소에 수용된 반공포로가 되었다. '풀', '어느 날 고궁을 나오면서'를 발표한 시인으로 자유, 불가능한 꿈과 이상에 도달하고자 한다.
② 반센 고흐 : 그림을 그리는 비용과 생계를 화상인 동생(테오)이 지원하였다. 매춘부를 집에 거두기도 하고, 동생의 아들인 조카의 이름도 자기와 똑같이 지었다. 정신병으로 자

살하였다. 인상주의 화가로 팔린 작품은 '해바라기' 한 점 뿐이다.

③ 이중섭 화가 : 1916년 평남에서 태어나 오산학교에 입학, 동경에 유학하여 일본 여성과 결혼. 6·25와 함께 원산에서 부산으로 피난와 부인과 아이들은 일본으로 가고, 혼자 충무, 대구, 서울 등에서 작품활동을 하였고 정신분열로 병사하였다.

④ 리처드 파인만 : 노벨상 물리학자 양자역학(100% 확률은 존재하지 않음)으로 노벨상을 받고 권위를 싫어해 노벨상 수상을 거부하려고 했으며 수상식 리셉션에도 참석치 않았다. 이해하는 교육을 강조하고 암기식 교육을 싫어하였다.

⑤ 허균 : 20년 이상 관직 생활하면서 6번 파직, 3번 유배. 6번 이상 중국에 사신으로 파견되어 명과 협상하고 책 4천여 권을 구입하여 귀국하였다. 불교에 심취하고 혁명을 꿈꾸다가 인목대비 폐비에 앞장섰다가 파직되었으며, 광해군에 의해 사형을 당하였다.

⑥ 괴벨스 : 나치정권하에 선전장관을 지낸 대중선동가. 선천적인 장애인으로 실업자로 전전하다가 히틀러에 매료되어 나치당원이 되었다. 반유대정책을 추진하였으며 연합군이 베를린에 진격하자 가족과 함께 권총으로 자살하였다.

⑦ 마하티르 간디 : 1차대전 시 인도인의 참전을 독려하고, 불가촉천민들과 어울렸으며 차별 해소를 호소하고, 비폭력 저항운동을 주장한 보수주의자이다. 인도(힌두교)와 파키스탄(이슬람)의 분리반대를 노력하다가 같은 힌두교인에 의해 저격 사망하였다.

⑧ 헤밍웨이 : 퓰리처상과 노벨문학상을 수상한 작가로 1차 세

계대전에 참전하였고, 2차대전과 스페인내란에는 종군기자로 참가하였다. 4번 결혼하였으며 결혼 때마다 새로운 작품을 발표하였다. 신경쇠약과 피해망상으로 집에서 권총 자살하였다.
⑨ 만델라 : 역사상 남아프리카공화국의 첫 흑인 대통령으로 95세에 타계하였다. 원주민 부족으로 태어나 변호사가 되어 아프리카민족회의와 인연을 맺으면서 흑인 인권운동가로 성장하였으며 비폭력저항을 주장하고 27년간 수감되었다.
⑩ 스티브 잡스 : 애플과 아이폰, 아이패드 제품의 아버지, 태어난 후 실리콘밸리에 입양. '자신이 특별하다'는 생각으로 자기애정 인격장애(자기중심적, 타인 무시)와 이중성의 소유자. 신제품을 소개하는 프레젠테이션은 일품이었다.
⑪ 달빛요정 역전만루홈런(이진원) : 한국의 인디 가수

【평가와 시사점】
역사 속 위인들의 평범 속의 비범함을 발견할 수 있다.

3-3-17「묘비명으로 본 삶의 의미 : 인생열전」(박영만)

【배경】
생자필멸(生者必滅) : 살아있는 자는 반드시 죽게 마련이고 무덤(무(無)의 더미에서 유래)에는 묘비가 있다.
묘비에는 고인의 출신 내력, 생시의 행적, 특징, 남긴 말 등을 새겨 장례 후에 무덤앞에 세운다.

【주요 내용】

- 영국 최고전성기를 누린 엘리자베스 1세 : "오직 한순간 동안만 나의 것이었던 모든 것들!"
- 영국 수상록의 저자 프란시스 베이컨 : "아는 것이 힘이다"
- 미국의 아브라함 링컨 대통령 "인민의 인민을 위한 정부는 영원히 지상에서 사라지지 않을 것이다"
- 자본론을 쓴 칼 마르크스 : "세계 노동자들이여 단결하라!"
- 고려말 3은 중 한사람인 정몽주(경기 용인시 문수산) :
- "고려수문하시중정몽주지묘 불사이군(高麗守門下侍中鄭夢周之墓 不事二君)"
- 조선 시대 시인 정철(충북 진천군 문백면) : 사미인곡

"인생은 유한한데 시름은 그지없고
무심한 세월은 물 흐르듯 하구나
계절은 때를 알아 갔다간 다시 오니
듣고 보고 느끼는 일은 많기도 하도다"

- 갑신정변을 일으킨 김옥균(일본 본원사(本願寺))
"비상한 시대에 비상한 인물이 비상한 재주를 갖고 태어났으나 끝내 비상한 공을 이루지 못하였도다"
- 염세주의 철학자 아더 쇼펜하우어 : 아무 말도 새기지 않은 검은 대리석 묘비만이 세워져 있다.
- '신은 죽었다'고 외친 독일 프레드리히 니체 : "이제 나는 명령한다. 차라투스트라를 버리고 그대들 자신을 발견할 것을!"
- 백열전구 발명가 토마스 앨바 에디슨 : "상상력, 큰 희망, 굳은

의지는 우리를 성공으로 이끌 것이다."
- 노벨문학상을 수상한 버나드 쇼 : "너 우물쭈물하다가 이렇게 될 줄 알았다"
- 미국의 소설가 어니스트 헤밍웨이 : "일어나지 못하는 나를 용서하시오!"

【평가와 시사점】

끝나지 않은 마침표, 아포리즘(aphorism)의 비망록으로 죽은 자는 말이 없지만 그가 남긴 발자취는 묘비명으로 남아 후세에 전한다.

죽은 자의 회한과 깨달음 그리고 소망을 응축하여 그 어느 가르침보다 더 많은 지혜를 배울 수 있다.

3-3-18 「공간의 세계사」(미야자키 마사카쓰/오근영 옮김)

【배경】

세계사를 시간 중심에서 공간 중심으로 보고 유라시아를 중심으로 하는 육지문명(작은 세계사)에서 유럽중심의 바다문명(큰 세계사)으로 공간이 확장 변화했다.

로마제국의 번성기였던 2세기 프톨레마이오스가 제작한 육지의 세계지도(홍해, 인도양 등 유라시아 중심)와 1570년 벨기에 오르텔리우스의 바다의 세계지도(대서양 중심)를 대비해 살펴볼 수 있다.

【주요 내용】

1. 공간중심의 6단계 세계사

(육지의 세계사)

구분	시기	중심국가 지역	주요 수단	특색
①농업혁명	5,000년 전	동아프리카 (에디오피아, 수단 등)	강	문명의 탄생:4대 문명 보리·조·쌀 재배
②도시혁명	2,500년 전	큰강유역, 초원, 황무지, 사막으로 확대	말	지역세계, 도시국가 형성: 폴리스, 제국건설 문자발달, 실크로드
③기마유목민	1,400년 전	러시아제국, 중화제국, 무굴제국, 오스만제국	말	유라시아 규모 상업권 형성 십자군 원정, 동서문명 교류

(바다의 세계사)

구분	시기	중심국가 지역	주요 수단	특색
④근대체제 형성	500년 전	포르투갈, 스페인, 영국	항해	대항해시대 자본주의 형성
⑤산업혁명	200년 전	영국, 프랑스, 독일, 미국	자본	기계와 증기기관 결합 국민국가, 시민혁명, 자본팽창
⑥정보혁명	20년 전	미국 중심	전자	전 지구적 전자공간 형성 철도망, 항공망, 고속철도망, 고속도로망, 인터넷 등 다양한 연계망

2. 각국의 목표
- 미국 – 영국으로부터 '바다의 제국'을 계승한 전자금융공간을 이용해 패권의 재편 및 강화
- 독일, 프랑스 – EU를 바탕으로 한 '육지의 제국' 재편
- 러시아 – 에너지 제국
- 중국 – 육지와 바다를 통합하는 제국 건설

【평가와 시사점】

오늘날 현대인에게는 자국에 시야를 고정한 편협한 세계사가 아니라 지구 전체를 내다보며 '공간'을 중심으로 읽는 새로운 세계사가 필요하다.

글로벌한 기업활동, 금융활동, 문화활동을 펴기 위하여 글로벌한 세계인식, 세계사인식이 필요하다.

3-3-19 「자본주의 4.0」(아나톨 칼레츠키/위선주 옮김)

【배경】

저자는 타임스의 칼럼리스트로서 2008년 리먼 브라더스의 파산으로 자본주의 체제에서 신자유주의를 대체할 새로운 경제패러다임으로 자본주의 4.0을 제시하였다.

역사적으로 자본주의와 민주주의의 불변의 논리는 자기파괴보다는 자기개선에 더 유리하게 작용한다.

【주요 내용】

1. 민주적 자본주의

자본주의와 민주주의는 사람들의 창의력과 노력 그리고 경쟁정신을 물질적, 사회적 문제를 해결하는데 쏟도록 유도하는 메카니즘이다.

개인의 자발적 동기와 창의력이 사회 전체의 문제를 해결하는데 사용할 수 있는 '보이지 않는 손'의 사용조건은

① 자본주의의 위기가 발생하면 새롭게 적응할 수 있도록 자발적인 자기 조정과정에 충분한 시간이 주어져야 한다.
② 기업간의 경쟁과 사람들의 창의력을 통해 개개인의 물질적 욕구충족이 아니라 사회공동의 문제를 해결하기 위한 인센티브의 제공이 필요하다.

2. 자본주의의 시대구분

구분	시기	이론	시장과 정부 관계	정부정책
1	1776~1920 (미·불 정치혁명, 영국의 산업혁명)	Adam Smith 국부론	무 (시장)	시장자본주의 자유방임주의
2	1920~1970 (대공황)	Keynes 일반이론	유 (정치우선)	뉴딜정책 위대한 사회 유럽복지사회
3	1970~2009 (2차 석유위기)	Friedman 통화주의	유 (경제우선)	총수요관리정책(대처리즘, 레이건이즘) 신자유주의
4	2009년 이후 (리먼 브라더스)	복잡계이론	유 (다목적)	금융규제 정책개혁

【평가와 시사점】

자본주의 4.0의 세계에서도 민주적 자본주의가 우세해지고, 비즈니스와 정부간의 긴밀한 협력이 국가차원에서 글로벌차원으로 확대될 것이다.

미국과 유럽의 정치인들과 비즈니스 리더들이 일을 잘 처리한다면 새로운 경제모델은 이전 모델보다 훨씬 더 성공적이 될 것이다.

3-3-20 「리더가 읽어야 할 세계사 평형이론」(함규진)

【배경】

저자는 서울교대 윤리교육과 교수로 재직하고 있는 역사저술가로 동양과 서양, 전통과 현대, 보수와 진보 등 서로 대립하는 듯한 입장 사이에 길을 내고 함께 살아갈 집을 짓는 것이 꿈이라고 한다. 「왕의 밥상-밥상으로 보는 조선왕조사」, 「왕이 못된 세자들」, 「왕의 투쟁」 등 역사 관련 저서가 다수 있다.

이 책을 통해 '역사는 반복되는 듯이 보이지만 실패에서 얻은 교훈을 통해 개혁을 이루어야만 발전할 수 있다'는 것을 말하면서, 복잡한 현대사를 제대로 이해하기 위해 과거의 역사를 공부해야 한다는 점을 강조한다. 글로벌하고 시공을 초월하는 세계사평형이론으로 세금, 최저임금 등 한국의 16개 당면과제에 적용해 역사적으로 풀어냈다.

【주요 내용】
1. 세금 : 문명의 시작, 정의의 지표

외국	한국
○ 소유권은 왕, 농민에게는 경작권, 유력자에게 세금징수권을 줌 ○ 농민반란의 90% 이상 세금이 원인(미 독립혁명, 프랑스 대혁명)	○ 조선 삼정문란, 1977년 부가가치세 도입으로 1979년 부마항쟁, 10.26 불러옴 ○ 2016년 국외전출세(Korexit) – 국내주식과세

2. 최저임금 : 그 앞에 놓인 여러 함정

외국	한국
○ 재계(동결)와 노동계(대폭인상)의 대립 ○ 1604년 최저임금제(제임스 1세) ○ 근대국가 최저임금제 폐지(야경국가론) ○ 1909년 영국 처칠 의원 최저임금제 주장 ○ 1938년 미국 최저임금제 전국 도입 ○ 2019년 이탈리아 매월 1인당 최대 780유로(약 100만 원) 지급	○ 1986년 최저임금법 제정 ○ 노사정대표로 최저임금위원회 심의 후 노동부 결정 ○ 복지제도와 함께 최저임금제를 강화해야 함

3. 기본소득과 사회복지 : 어떻게 빈곤에서 벗어날 것인가

외국	한국
○ 중국 주나라 정전제(井田制) ○ 632년 무슬림의 기본소득제 ○ 1976년 미국 알래스카주 영구기금(석유), 1996년 노스캐롤라이나주 체로키족(카지노 수익), 2004년 브라질 룰라 대통령, 2017년 핀란드(1만 가구, 시험 실시)	○ 18대 총선, 2017년 대선공약: 기본소득제 ○ 기본소득제 주요쟁점 • 현실적 재원 마련 • 기본소득제가 사회보장제도를 대체할 때 국민 입장에서 손해를 볼 수 있음 • 경기활성화와 노동의욕 고취여부 • 물가상승, 이민자 폭증, 투기 도박

4. 국무총리 : 권력의 실세와 허세 사이

외국	한국
○ 고대 중국 3공(태사, 태부, 태보) ○ 의원내각제(영국), 이원집정부제(프랑스), 총통제(독일)	○ 고구려의 대대로, 신라의 상대등 ○ 고려의 문하시중, 조선의 영의정 ○ 1880년 통리기무아문, 1948년 국무총리

5. 비선측근 : 고독한 권력자의 의지가지

외국	한국
○ 절친, 평생동지, 배우자:동로마제국 유스티니아누스 황제(테오도라 황후), 수 문제(독고황후), 당 고종(측천무후), 루이 14세, 15세, 프로이센의 프리드리히 2세, 미국의 제임스 메디슨, 우드로 윌슨, 레이건, 클린턴 대통령 등 ○ 최고권력자의 심복:일본 미나모토노 요리토모(조키시, 雜色), 중국의 환관 ○ 기묘한 방법으로 사리사욕 추구:1768년 덴마크 크리스티안 7세(주치의 독일인 슈트루엔제), 1815년 러시아 알렉산드르 1세(크뤼데너 남작부인), 레이건 대통령(퀴글리)	○ 배우자 : 조선 고종(민비) ○ 심복 : 환관, 여성, 천민, 이교도 등 　- 고려 목종(유행간), 공민왕(신돈) 　- 조선 정조(홍국영) ○ 조선 고종 무당 진령군(眞靈君), 현대 박근혜 대통령(최순실)

6. 인사청문회 : 또 하나의 선거

외국	한국
○ 청문회:1776년 미국 ○ 인사청문회: 1916년 미국 윌슨 대통령, 루이스 브랜디스 대법관 (현재 1,217명)	○ 고려 서경(署經, 모든 공직이 대상) ○ 2000년 인사청문회 도입 ※ 박근혜 대통령때 국무총리 2명 낙마

7. 첩보기관 : 민주주의 수호자 또는 파괴자

외국	한국
○ 진의 어사대, 명의 영락제 동창 (환관으로 구성) ○ 영국 엘리자베스 여왕(M16), 프랑스 나폴레옹 1세, 미국 국가정보국(CIA), 소련의 KGB	○ 고구려의 첩자 '도림', 신라의 거칠부 ○ 고려의 어사대 ○ 조선의 3사(사헌부, 사간원, 홍문관), 암행어사 ○ 현재: 중앙정보부, 국가정보원

8. 부정부패와 사회상규 : 선물인가, 뇌물인가

외국	한국
○ 기원전 1750년 함무라비 법전, 성서의 출애굽기 ○ 1960년 싱가포르 '부패방지법' 제정 ○ ①망치(엄벌) ②그물(규제) ③유리창(투명성 강화)	○ 7세기 신라 김춘추가 고구려관리에게 청포 300보를 주고 탈옥방법을 알다 ○ 고려 연좌제(3대 벼슬을 못함) ○ 조선 분경(奔競, 인사권자에게 뇌물공세) 해유(解由:후임자가 전임자의 물품 확인) ○ 현대 : 김영란법 제정

9. 테러 : 고독한 영혼의 극단적 선택

외국	한국
○ 암살:기원전 336년 로마 개혁정치인 티베리우스 그라쿠스 암살, 기원전 44년 율리우스 카이사르 암살, 기원후 41년 로마제국 황제 칼리굴라 암살 ○ 테러리스트:1793년 프랑스 자코뱅파 지도자 마라를 암살한 샤를로트 코르테, 1865년 링컨을 암살한 존 윌크스 부스 등 ○ 암살자 집단:고대 인도 뷔샤, 일본의 닌자(忍者), 11세기 시아파 이슬람의 아사신 ○ 1914년 오스트리아 페르디난트 황태자 부부를 살해한 가브릴로 프린칩(브랙핸드), 미국의 KKK단 (큐 클럭스 클랜) ○ 1980년대:헤즈볼라, 하마스, 알카에다, 탈레반, 보코하람, IS, 알샤바브 등	○ 1919년 의열단(조선총독부 등 폭탄테러) ○ 1994년 지존파 ○ 2016년 강남역 살인사건-묻지마 살인

10. 징병제와 모병제 : 국방의 필요성과 국민의 권리

외국	한국
○ 개병제:기원전 1750년 함무라비법전 '일쿰', 중국 수당의 부병제(府兵制)-3년 1번 ○ 모병제(민병대):스파르타, 전쟁노예 ※ 18C 말 프랑스 이후 각국: 국민개병주의 국민군	○ 고려·조선:수·당의 부병제가 기본 틀 ○ 1949년 국민개병주의 징병제(징병법)시행

11. 입양 : 가슴으로 아이낳기

외국	한국
○ BC24C 아카트왕조의 사르곤1세 ○ 함무라비 법전:입양조건 9개 조문 ○ 정략입양:스키피오 아프리카누스, 옥타비아누스 등 ○ 대를 위한 입양:동양, 일가친척	○ 일가친척에서 양자(입후:立後) ○ 1998년 친양자제도(양부모의 성으로 바꿀 수 있음) ○ 6.25사변후 고아수출국 오명

12. 성매매 ; 가장 오래된 직업의 가장 오래된 고통

외국	한국
○ 종교시설:고대부터 인도남부 데바다시 '신의 몸종'이라는 여성 • 6세기 일본 우네메(采女)-신전매음 • 15세기 말 교황 식스투스 4세 운영 ○ 공창제:중국 BC 685 주나라 장왕 BC 6C 아테네의 솔론	○ 기생, 관기(중앙, 지방관서 소속 기생) 일제 강점기:유곽(개항기, 집단성매매소) ○ 현재의 모델 ① 노르딕모델:성매매 불법, 성매매 남성 처벌, 성매매여성 직업 전환 ② 게르만모델(공창제):성매매 합법화, 업소 당국 등록, 세금 납부

13. 동물 : 인간의 재산인가, 동료인가

외국	한국
○ 사냥:선사시대, 순록, 멧돼지 등 ○ 가축화:BC 1만 1000~9000년, 양, 돼지, 염소, 소 등 ○ 반려동물:개, 고양이, 새, 물고기 ※ 1973년 동물보호론, 동물권리론	○ 불교의 축생도(畜生道)-윤회사상 ○ 2003년 지율스님이 천성산 터널 반대 도롱뇽 소송에서 패소 ○ 개고기문제(사마천 사기:복날 개고기 먹음), 삼국시대부터

14. 금주법 : 생명의 물 또는 악마의 물을 단속하라

외국	한국
○ BC 7000년 중국(곡주), BC 6000년 조지아(과실주), BC 3000년 수메르(맥주) ○ 금주령:자이나교, 불교, 이슬람교, BC 17 중국 하나라 우왕	○ 조선 태조 4년:사헌부에서 금주령 ○ 사적 양조금지, 백성의 탁주는 제한 없음 ○ 주세, 주류에 대한 관세 (1병 이상)

15. 노벨상 : 최고의 영예, 그 빛과 그림자

외국	한국
○ 1901년 스웨덴 사업가 노벨이 재단설립 시상(5개 부문) ○ 미국 335명, 일본 25명, 흑인 15명 등 ○ 기타:필즈상(수학), 래스커상(의학), 울프상(자연과학), 맨부커상(문학), 라프토상(평화)	○ 1967년 변형직이 일본 시라카와 공동연구하다가 미국과 인맥 있는 일본인이 공동수상 ○ 1980년대 최고 영재가 물리학과에 진학했으나 오늘날은 의대에 진학해 불가능 ○ 과학기술진흥계획 수립 필요(일본 50년 동안 30명 노벨수상자 배출계획)

16. 인공지능 : 유토피아와 디스토피아

외국	한국
○ 1936년 튜링 최초의 인공지능 'A-머신' 제시 ○ 1955년 존 매카시 '인공지능' 사용 ○ 2006년 deep learning (인간직관에 가까운 학습 -추론과정)	○ 2016년 인간지능 알파고가 세계적 바둑고수 이세돌을 압승 ○ 새로운 시대에 사랑이 최고의 상품이 되고, 유일한 윤리가 될 것임

【평가와 시사점】

'역사는 반복된다'. 고대에 벌어진 사건이 근대에 와서 일어났고, 외국의 먼 나라에서 일어난 일을 한반도에서 찾아볼 수 있다. 대통령에 대한 탄핵이 1770년대 스웨덴, 1810년대와 1910년대의 러시아, 1920년대와 1980년대 미국에도 각각 있었다.

역사란 인간과 환경 사이의 상호작용으로 빚어지는 드라마다. 우리는 지금 낡은 시대의 제도와 관행을 벗어나 실질적인 개혁을 이루면 더 나은 역사를 만들어 나갈 수 있다. 똑같은 내용의 역사드라마가 반복되지 않기 위하여 문제의 본질에 대한 정확한 파악과 제도개혁이 필요하다.

제4장

철학

철학이란
지혜와 지식에 대한 학문으로 인생을 살아가면서
길을 밝혀주는 등불과도 같은 것이다.

제1절

철학에의 초대

1. 철학이란?

우리는 일상생활을 하면서 '나는 누구인가?' '나는 무엇을 어느 정도 알고 있는가?' '나는 무엇을 해야 하는가?'와 같은 여러 가지 사안에 대하여 고민을 하고 결정을 하게 된다. 또한 철학자들이 쓴 수필을 읽기도 하고 철학적 메시지가 담긴 노래를 부르기도 한다. BTS(방탄소년단)가 2019년에 발표한 노래 '페르소나'[1]의 가사를 보면 '나'를 주제로 한 철학적 내용이 담겨있다.

「페르소나」

'나는 누구인가 평생 물어온 질문

아마 평생 정답을 찾지 못할 그 질문

날 토로하기 위해 내가 스스로 만들어낸 나

but 부끄럽지 않아 이게 내 영혼의 지도'

---

[1] 2019년 BTS가 발표한 'Map of the soul : PERSONA'의 첫 곡인 '페르소나'는 분석심리학자 칼 구스타프 융을 연구한 머리 스타인의 책 「영혼의 지도」에서 모티브를 얻었다고 한다. 가사 내용이 세계인 모두에게 느낌을 줄 수 있는 것으로 2019년 미국 빌보드차트 1위, 일본 오리콘 차트 1위를 기록하면서, 영국 웸블리 스타디움에서 2019년 6월 열린 콘서트에서 표가 매진되는 등 깊은 감동을 주었다.

이것이 바로 생활철학이다. 보통 철학이라고 하면 현실과 동떨어진 공리공담을 하거나 어려운 용어를 써가면서 일반인들이 쉽게 이해할 수 없는 내용을 생각하고 표현하는 철학자들만의 학문적 유희나 말장난이라고 말하기도 한다. 그러면 철학이란 무엇인가 알아보기로 했다.

가. 지혜·지식에 대한 사랑 : 애지

철학이란 영어로 philosophy이며 philia와 sophia의 합성어로 애지(愛知)를 말하며 지혜 또는 지식에 대한 사랑을 말한다. philia(사랑)는 어떤 대상에 대하여 관심을 갖는 것을 말하며 지혜나 지식에 대하여 관심을 갖고 그것을 사랑하고 소유하고자 하는 것을 말한다. 플라톤의 「향연」에 의하면 인간이란 에로스 즉, 아버지인 포로스(풍요의 남신)와 어머니인 페니아(가난한 궁핍의 여신)의 사이에서 태어난 중간자이다. 따라서 인간은 부모의 두 측면을 모두 가진 신도 아니고 동물도 아닌 중간자로서 모든 것을 알지 못하면서도 모르는 것이 생기면 그것을 알려고 한다.

sophia는 지혜 또는 지식을 말한다. 지혜(wisdom)란 '솔로몬의 지혜'[2]가 의미하듯이 지식을 적절하게 사용할 수 있는 능력으로 시간과 장소에 따라서 변하지 않는 진리를 추구한다. 삶과 관련되어 있으며, 진·선·미를 분별하며 착하고 훌륭한 삶을 살기 위한 지식이라고 할 수 있다. 반면에 지식(knowledge)은 어떤 현상에

---

2) 솔로몬의 지혜란 구약성서 열왕기(列王記) 上 3장에 나오는 명 재판의 사례로 두 여자가 솔로몬이 왕에 즉위한 초에 두 여자가 왕 앞에 와서 갓 태어난 사내아이가 서로 자기의 아들이라고 주장하자 왕이 칼을 가져와 '산 아이를 둘로 나누어 반은 이 여자에게 주고, 반은 저 여자에게 주라'고 일견 기괴하고 잔인한 명령을 내리자 산 아들의 어머니인 여자가 모성애로 고민을 한 후 아이를 살리기 위해 '산 아이를 그녀에게 주시고 아무쪼록 죽이지 말라'고 간청하자 그 산모에게 친권을 인정한 명판결로 솔로몬의 인간 본성을 꿰뚫어보는 비범한 통찰력과 총명한 지혜를 보여준다.

대하여 단순히 알거나 어떻게 하여야 할지를 알며 어떠한 대상에 대하여 친숙해지는 등 부분적인 앎을 의미한다. 따라서 지식이란 단편적이고 외면적이다. 따라서 철학은 지혜와 지식을 사랑하며 부분과 전체, 외연과 내면을 분석하여 종합하는 학문이다.

본래 철학은 어려운 문제로부터 출발하지 않고 일반상식으로부터 출발하였다. 여기서 상식이란 일반인이 공동으로 가지고 있거나 있어야 할 보통의 지식, 전문적인 지식이 아닌 일반적인 지식이며 일상생활에 유용한 지식인 상식을 말한다. 반면 철학자는 상식을 깨뜨림으로써 인간의 자기반성을 통하여 인간, 사회, 자연을 항상 새롭게 구성하고 창조하려고 한다. 따라서 철학에 있어서 무엇보다 비판의식과 창조 정신이 중요하며, 처음부터 끝까지 비판적이며 창조적인 정신작업이다.

철학이 발생한 시대적 배경과 사유를 살펴보면 다음과 같다. 첫째, 경이감 또는 호기심이다. 새로운 것을 만나면 그것을 알고 싶어 하는 것으로, 어린이가 새로운 것을 만나면 질문을 하는 경우와 같다. 둘째, 회의 내지 비판 정신이다. 현상에 대하여 의심이 들 때 비판을 하고 흔들리지 않는 진리를 탐구하기 위해 철학을 한다. 코페르니쿠스와 갈릴레이는 그 시대·사회에 지배적이었던 천동설에 대하여 문제를 제기하고 지동설을 주장하였다. 셋째, 인생관·세계관을 확립함으로써 올바른 삶을 살고 주위의 사람으로부터 존경을 받기 위해서이다.

철학은 대상의 궁극적인 원인이나 근거를 묻기 때문에 근대초기까지 모든 학문의 기초학문으로 발전하여 왔다. 고대에는 우주 만물의 구성요소를 파악하고 자연의 근본원리를 규명하는 자연철학으로, 중세에는 철학이 곧 신학으로 둘을 동일시하였다. 그러나 르네상스 이후로 사회가 발전하면서 철학이 정치학, 경제학, 법학, 교육학, 심리학, 사회학, 생물학, 언어학 등으로 보다 세분화되어 발전하였다.

나. 철학과 종교

종교(religion)란 가장 높은 가르침 또는 근본이 되는 가르침을 말한다. 종(宗)이란 성취, 이치라고도 하며 불교에서는 최종·최고의 극치를 말한다. 중국에서는 조상의 신(영혼)을 모시는 건물을 말하기도 한다. 교(敎)란 가르친다는 뜻으로 깨달음의 경지에 이르도록 언어나 문자로 표현한 것이다. 종교는 국가와 사회의 현실을 가장 잘 나타내며 역사와 함께 하여왔다. 따라서 각종 종교에서는 서기 또는 불기 등 역법이 종교를 창시한 해로부터 계산을 시작한다.

인간은 절대자 즉 신에 대하여 무신론(유물론)과 유신론(관념론)의 두 가지 입장을 취한다. 무신론은 유물론을 바탕으로 하며 이 세상을 있는 그대로 확실한 것이고 어떤 누가 창조한 것이 아니라 하면, 현재의 나와 나의 능력을 믿는다. 니체와 마르크스가 대표적이다. 니체는 물리적, 생물학적 그리고 경험적인 근거에 의해 인간은 '힘에의 의지'(Wille zur Macht)를 내면에 소유한 채 깨달으며 자신의 삶을 선택하고 결단한다고 한다. 이 의지를 깨달은 자를 기독교의 하느님과 달리 초인(위버멘쉬)이라고 하였다. 마르크스는 인간이 추구하는 행복은 물질적 욕망을 추구하는 것으로 본다. 그 물질은 하부구조(경제, 근본구조)와 상부구조(정신, 문화)로 이루어진다고 본다.

유신론은 관념론과 유사하나 유신론에서 이 세계는 보이지 않는 원리 또는 창조주가 있기 때문에 존재한다고 본다. 그러나 관념론은 이성이나 정신을 세계의 근원으로 본다. 우선 물질은 작은 알맹이인 분자로 쪼개지고, 다음으로 원자 그리고 원자핵과 전자, 다시 중성자와 양성자로 나뉜다. 이 중성자와 양성자를 구성하는 기본입자를 쿼크(Quark)[3]라 하는데 더 이상 쪼갤 수 없는 이것을 '정신적인 힘'이라고 한다. 따라서 물질은 근본적으로 정신적인 힘들의 결합에 지나지 않는다고 본다.

그러면 철학과 종교는 공통점이 무엇이고 어떠한 점에서 차이가 있을까? 철학과 종교의 공통점은 다음과 같다. 첫째, 궁극적이며 근원적인 것을 추구하고 관계한다. 즉, 무한, 영원, 절대, 만물의 근원, 세계의 처음과 끝, 영혼의 불멸 등 인간의 유한한 인식능력으로는 인식이 불가능한 영역을 추구한다. 둘째, 인간으로 하여금 올바른 삶을 살아가게 하는 데 목적이 있다. 종교와 철학이 없으면 국가와 사회체계의 유지가 어려워지고 무질서해지며 혼란해지게 된다.

철학과 종교가 다른 점은 다음과 같다. 첫째로, 대상면에서 철학은 초월적 존재자를 지적 관심에 입각하여 탐구대상으로 삼아 밝히려고 한다. 반면 종교는 궁극적 존재자를 신앙의 대상으로 삼아 감정적으로 무조건 신앙한다. 둘째, 방법적인 면에서 철학은 이성적, 합리적인 방법으로 사색하여 문제를 해결한다. 그러나 종교는 신앙에 의지하여 무조건, 감정적으로 문제를 해결하려고 한다. 때로는 극단적인 폭력으로 치닫곤 한다. 셋째로, 어떤 것이 옳고 가치가 있으며 어떻게 살아야 할 것인가 하는 가치판단의 원천에

---

[3] 쿼크(Quark)란 물질을 구성하는 기본입자이며, 미국 물리학자로 노벨물리학상을 수상한 머리 켈만이 존재를 입증하였으며, 더 이상 쪼갤 수 없는 이 초미세입자를 1964년 쿼크라고 명명하였다.

있어서 차이가 있다. 철학은 스스로 사색하여 해답을 찾아내고 실천한다. 반면에 종교는 내용이 이미 경전에 주어져 있으므로 그대로 무조건 실천만 하면 된다. 만일 이의를 제기하거나 비판하면 이단으로 몰리기 쉽다.

  종교는 역사적으로 샤머니즘, 주물숭배(부적 등) 등 원시종교의 형태로부터 출발하여 일정한 민족만이 믿는 민족종교(천도교, 대종교, 증산교 등)를 거쳐 계시종교(세계종교)의 형태로 진행되었다. 원시종교는 일종의 미신 즉, 근거 없는 믿음으로 모든 사물을 살아있는 것으로 보고 여러 신들을 섬기며 자연대상에 초자연적인 힘이 있는 것으로 본다. 문명이 발달한 오늘날에도 점, 굿, 풍수지리, 작명소 등 원시 종교적 요소가 많이 발견되고 있다. 계시 종교는 신앙대상으로 절대자와 절대 경지, 의식(儀式) 및 신자 등의 요소를 갖추고 있다. 계시종교 중 불교는 최고의 경지를 열반, 진여(그러함, 그대로), 불성, 공(空)으로 본다. 도교는 무명(無明)과 무위자연으로 그리고 기독교는 하느님으로, 힌두교는 지존자인 범(梵, prahman)과 개별적인 자아인 아(我, atman)가 하나임을 강조한다.

  오늘날에도 종교는 개인적으론 불안으로부터 해방시켜주고 인간의 감정적인 만족을 채워주며 자기 위안과 자기 회피에 도움을 준다. 또한 국가와 사회적으로 국민을 통합하는 등 긍정적인 측면이 있다. 그러나 현대 산업사회에 있어서 지나치게 세속화되어 있으며, 물질문명 안에서 도구화되고, 이데올로기 집단 안에서 정치화하는 등 부정적인 역기능이 곳곳에서 발생하고 있다. 특히 우리나라는 종교적으로 아주 특이하게 다른 나라와 달리 샤머니즘 형태의 원시종교와 한민족이 세운 민족종교 이외에도 동·서양의 세계

종교가 다 모여 공존하고 있다. 또한 종교와 거의 비슷한 역할을 수행하는 이념도 이상한 공산주의 (북한)까지 다 모여 있다. 따라서 "한국을 세계종교와 이데올로기의 하수구와 같다."라고 평하기도 한다.[4]

다. 철학과 과학

과학이란 가장 좁은 의미로 자연현상에 대한 연구를 하는 자연과학을 말하며, 사람에 관한 학문인 인문과학, 사회현상을 다루는 사회과학과 대립되는 개념이다. 과학은 상식을 뛰어넘어 한층 더 깊은 단계에 파고들어 가며, 어떤 합리적인 근거에 따라 진리로서 인정된다. 보편적 지식인 상식이나 전문적 지식이 시간과 공간을 초월하여 증명되고 확인이 이루어지면 과학이 된다.

과학은 철학과 다르다. 첫째, 과학은 우주, 생물, 환경 등 특수한 분야를 취급하므로 부분적이다. 그러나 철학은 보편적 진리를 추구하는 보편적 학문이라고 할 수 있다. 보편적 학문이므로 특정한 분야와 연계되어 정치철학, 법철학, 종교철학 등 모든 분야를 아우른다. 둘째 방법론적으로 과학이 가치 중립적으로 사실판단을 하여 진리를 탐구하는데 비해서, 철학은 무엇이 그르고 타당한가와 같은 가치판단을 하게 된다. 셋째, 과학은 몇 가지 전제를 설정하고 인과관계를 규명하여 법칙과 이론을 찾는데 반하여, 철학은 전제를 표방하지 않고 오히려 과학의 전제를 비판한다.

이러한 차이점에도, 일부 (자연)과학이 철학과 같은 사회과학으로 환원이 가능하거나 같다고 보는 견해로 인하여 사회진화론, 우

---

4) 최준식, 「전게서」, 소나무, 2016. pp. 286~7

생학 등의 분야에서 오류가 발생하는데 이를 자연주의의 오류라 한다. 이는 'X는 Y이다. 따라서 X는 Y여야 한다'는 오류로서 Is-ought problem('~이다~여야 한다'와의 혼동)으로, 사실판단과 가치판단을 혼동하는데서 생기는 오류이다. 예컨대, '일반적으로 수컷이 무리를 이끈다. 따라서 남성이 더 높은 자리에 앉는 것이 당연하다' 또는 '번식은 자연의 섭리이므로 동성애는 잘못이다' 등이다. 이 오류는 현상에서 당위로 바로 비약하여 현상이 곧 당위가 된다. 따라서 이 오류는 자연계에서 발견되는 생물의 본능적 법칙이라고 주장하나 얼핏 들으면 그럴듯하지만 현실적으로 오류가 범해지는 경우가 많다.

그동안 과학이 인간의 행동반경을 넓히고 행복을 증진하는 등 문명사적 발전에 큰 기여를 한 것은 사실이다. 그러나 21세기 시작된 4차 산업혁명으로 인간이 오히려 기계의 노예로 전락되는 것이 아닌가하는 우려가 제기되고 있다. 2016년 인공지능이 탑재된 알파고와 세계바둑의 최고 고수인 이세돌과의 대국에서 알파고가 4승 1패로 인간을 이겼고, 2018년 네덜란드에서 개최된 AI 자율온실대회[5]에서 인공지능이 전문가들로 구성된 인간지능을 뛰어넘음으로써 이와 같은 우려가 점차 현실이 되어가고 있다.

---

[5] 2018년 12월 중국이 제안하여 네덜란드의 와게닝겐 대학의 연구온실에서 7~8월 오이를 재배하는 대회에서 재배연구원과 전문 농민이 참여한 인간지능이 AI가 탑재된 인공지능에 패배하였다.

2. 철학의 발자취

동양철학은 대부분 유교와 불교, 도교, 힌두교 등 종교와 깊이 관련되어 있으므로 일반적인 예에 따라 서양철학을 중심으로 철학의 역사를 살펴보고자 한다.[6]

가. 고대철학
1) 자연철학

그리스철학은 아테네, 밀레토스 같은 폴리스 즉 도시국가에서 생겨났다. 소크라테스를 분수령으로 하여 그 이전의 철학을 자연철학이라고 하며 자연을 구성하는 근원자를 찾아내려고 하였다. 즉 우주의 근원에 대하여 신화적인 우주발생론을 배격하고 우주의 근원을 구성하고 있는 물질을 찾고자 하였다.

(표 4-1) 그리스 철학자들이 주장하는 구성물질

철학자	근본 물질
탈레스(Thales)	물
아낙시만드로스(Anaximandros)	아페이론(apeiron), 무한한 것
아낙시메네스(Anaximenes)	공기
피타고라스(Pythagoras)	수(數)
헤라클레이토스(Herakleitos)	생성, 모든 것은 흐른다
엠페도클레스(Empedokles)	흙, 물, 공기, 불의 4원소
데모크리토스(Demokritos)	원자(atoma)
아낙사고라스(Anaxagoras)	씨(spermata)

---

6) 최명관·곽신환, 「철학개론(개정판)」, 창, 2014, pp.30~208

2) 인간철학

B.C. 5세기 아테네 등 도시에 문화가 융성해지고 소피스트 즉 지자(知者) 또는 현명한 사람들의 활동으로 철학이 발전하였다. 이들은 자연의 문제가 아닌 인간의 문제를 연구대상으로 하였다.

① 궤변론자들 : 소피스트

소피스트는 생활에 유용한 진리를 추구하였으며, 변론술과 수사학에 능한 지식 전문가 집단이었다. 최초의 소피스트인 프로타고라스(Protagoras)는 모든 것은 유동 속에 있으며 '인간은 만물의 척도다'라고 주장하였다. 또한 나 자신이 느끼는 것만이 참이고, 감각과 관능적 쾌락밖에 참된 것이 없다고 하였다.

② 소크라테스(Sokrates, B.C. 469~399)

만물의 참된 척도는 인간의 이성이라고 보고 "너 자신을 알라"라고 주장하였다. 인간은 이성이 있음으로써 비로소 인간다울 수 있으며 국가와 사회가 건전하게 발전할 수 있다는 것이다. 그리하여 인간은 합리적인 문답을 통하여 이성적인 동물이 될 수 있다고 주장한다.

③ 플라톤(Platon, B.C. 427~347)

참으로 존재하는 것은 영원불변의 이데아(Idea)뿐이라고 주장하였다. 이데아란 조물주, 신보다 더 높은 위치에 있으며 영원불멸의 초감각적 세계로 참으로 존재하는 세계이나, 반면에 현실의 감각적인 세계는 생성 소멸하며 그림자에 지나지 않는다고 본다. 또한 철인 정치를 이상 정치로 보고 정의가 지표이며 이성이 지도 원리라고 주장한다.

④ 아리스토텔레스(Aristoteles, B.C. 384~322)

모든 물체는 형상과 질료로 구성되어 있다고 한다. 집을 예로 들면 집의 외형적인 모습이 형상이고, 철과 목재 등의 재료가 질료이다. 인간에게 있어서 영혼과 육체는 질료와 형상과의 관계이며 외부에 나타난 모습이 형상이다. 행복이 인간의 궁극목적이며 최고선이라고 보았으며 순수한 관조의 생활을 찬미하였다. 또한 덕을 강조하면서 중용을 지킬 것을 권하고 국가의 통치형태로 귀족제를 선호하였다.

나. 중세철학

1) 원류 : 아우구스티누스(Augustinus, 354~430)

하느님을 예수 그리스도로서 자신을 나타낸 구체적이고 인격적인 존재로 보고 완전하고 절대적이며 유일한 선으로 보았다. 인간의 이성이 곧 하느님이라고 동일시하면서 인간의 영혼은 독립되어 있지 않고 하느님께 매여있다고 본다.

2) 스콜라(Schola) 또는 교부(敎父)철학

스콜라는 중세 리용 등 여러 도시에 세워진 학원으로, 교사인 교부들은 중세 최고의 지성으로서 신학을 비롯한 철학, 문법, 산술 등 여러 학문을 가르쳤다. 이들이 시작하고 집대성한 것이 스콜라철학이다.

① 스코투스 에리우게나(Johannes Scotus Eriugena)

'참된 종교가 참된 철학이다'라고 주장하면서 일체는 3위일체 즉, 아버지, 말씀(로고스), 이데아로 되어있다고 한다. 인간의 기원과 본체는 하느님 속에 있는 이데아속에서 찾을 수 있다고 하였다.

② 캔터베리의 성(聖) 안셀무스
  (Saint Anselm of Canterbury, 1033~1109)
　인간은 죄인으로 죄로부터 떠나기 위하여 인간을 초월한 하느님에 의하여야 한다고 주장한다. 하느님이 무로부터 우주를 창조하였으며, 살아계시고 전지전능하시며, 참되고 영원한 존재라고 보았다. 하느님이 인간의 육신을 입어 예수가 되었다고 한다(속죄론).

③ 피에르 아벨라드(Pierre Abelard, 1079~1142)
　사람은 어떤 사물을 감각기관을 통해 추상적으로 인식하며, 이와 같은 활동을 보편자(universalia)라고 한다. 또한 "너 자신을 알라"라고 주문하면서 도덕론을 제창하였다.

3) 토마스 아퀴나스(Thomas Aquinas, 1225~1274)
　자연 세계는 경험에 의하여 인식될 수 있으나, 철학적 진리는 이성에 의하여 인식될 수 있다고 보았다. 또한 이성과 신앙은 구분되지만 궁극적으로 일치한다고 하였다. 또한 신은 순수현실로서 무한한 절대적 존재로 본질은 완전, 지상의 신, 유일, 총명, 전지전능, 의지적 자유라고 하였다.

4) 마이스터 에크하르트(Meister Eckhart, 1260~1327)
　신은 모든 존재를 넘어선 "무"(無)로 보고, 무한한 신으로부터 성령과 성자 그리고 세계가 나온다고 본다. 따라서 신은 모든 사물의 기반에 있는 동시에 현존하는 사물의 중심에도 있다고 본다. 그는 하느님에 대한 사랑과 형제애로 크리스천 공동체를 만들 것을 제안하였다.

다. 근세철학(르네상스 이후)

1) 지오다노 브루노(Giordano Bruno, 1548~1600, 이탈리아)

브루노는 범신론을 주장하면서 자연은 신의 모습을 지니며 자연속에 생명의 힘이 있고 창조와 생성의 원리가 있다고 한다. 또한 당시 그리스도교의 전통적인 우주유한론에 반대하여 우주무한론을 주장하면서 우주 안에 무수한 세계가 있어 생성·소멸한다고 보고 인간 정신도 무한하다고 주장하였다.

2) 데카르트(Reno Decartes, 1596~1650, 프랑스)

데카르트는 르네상스 당시의 휴머니즘과 종교개혁, 합리주의의 영향을 받아 근세철학을 창건하였다. 그는 수학을 모든 학문의 기초로 보았으며, 모든 지식과 신념을 의심하고(방법적 회의) 확실한 것만으로 견고한 지식체계를 세웠다. 따라서 나의 현존까지 의심하여 '나는 생각한다. 그러므로 나는 존재한다'고 하였다. 또한 인간을 생각하는 존재로 신과 무의 중간자로 보았으며, 정신내지 영혼만이 인간의 본질이며, 신체는 물질로 인간의 본성에 속하지 않는다고 보았다.

3) 영국의 경험론
① 베이컨(Francis Bacon, 1561~1626)

'지식이 힘이다'라고 주장하며 자연법칙을 알려면 여러 가지 오류와 착각, 망상에서 벗어나야 한다고 주장하였다. 이들 오류를 4가지 우상으로 나누어 설명하였는데, 첫째 종족의 우상으로 모든 사유를 인간 본위로 생각하여 발생하는 오류이고, 둘째, 동굴의 우상 즉 우물 안의 개구리처럼 개인의 편견으로 인한 오류이며, 셋째,

시장의 우상 즉 사람들이 오고 가고 관계하면서 생기는 오류(특히 언어의 사용), 넷째, 극장의 우상 즉 전통, 교리같은 것을 무비판적으로 받아들이는 데서 생긴다고 한다.

② 로크(John Locke, 1632~1704)

인간의 정신은 빈방, 아무 글자도 쓰여있지 않은 백지와 같다고 보고 인간의 인식은 경험에서 생긴다고 한다. 관념에는 감각관념(희다, 달다 등)과 내성관념(공간, 운동, 사유 등) 그리고 단순관념과 복합관념(실태, 양태 등)이 있다고 보았다.

③ 버클리(George Berkeley, 1685~1753)

'존재한 것은 지각되어 있다'라고 주장하면서 무엇인가 있다는 것은 나 또는 누군가에 의하여 지각됨으로써만 있다는 것이다. 모든 존재는 지각하는 정신 속에 그 관념으로서 존재한다고 하였다.

④ 흄(David Hume, 1711~1776)

인간정신의 지각에는 인상(impression)과 관념(idea)이 있으며, 인상이란 생생한 직접적인 경험으로부터 생기고, 관념은 공상적인 것일 수도 있으나 인상을 발견할 수 있을 때만 신뢰할 수 있다고 한다. 또한 인과관계 즉 원인과 결과의 연결로 결국은 인상들의 연결에 지나지 않는다고 하였다.

4) 독일의 관념론 : 칸트(Immanuel Kant, 1724~1804)

그의 저서 중

① "순수이성비판"은 순수이성의 3과제를 신(하느님), 자유, 영혼불멸로 보고, 인간의 인식에는 경험적 요소(직관, 감성)와

합리적 요소(이성, 개념)가 다 함께 있다고 한다.

② "실천이성비판"은 순수이성 입장에서 신의 현존을 논증할 수는 없지만 현실의 실천에서 전제되지 않을 수 없다고 본다. 모든 인격은 인간성이 있음을 강조하였다.

③ "판단력 비판"에서 감성과 이성 사이에는 객관적인 합목적성이 역할을 한다고 보았으며, 판단력기준에 있어서 자연 속에는 아름다움(만족, 쾌락, 합목적성 등)이, 정신 속에는 숭고함(전체로 봄)이 있다고 한다.

라. 현대철학

1) 프래그마티즘(pragmatism : 실용주의, 미국)

① 퍼스(Charles Sanders Peirce, 1839~1914)

프래그마티즘을 제창하였으며 지식집단에 의하여 최종적으로 받아들여질 때 진리가 된다는 기준을 제시하였다.

② 제임스(William James, 1842~1910)

관념이 참이냐 거짓이냐는 행동에 의하여 검증되어야 하며, 현실세계에 유용한 영향과 결과를 끼칠 때 참이라고 한다. 세계는 선과 악의 복합체로 개선이 가능하다고 보았다.

③ 존 듀이(John Dewey, 1859~1952)

미국과 세계의 교육에 지대한 영향을 미쳤다. 교육은 생활 그 자체라고 하면서, 교육=성장=사회라고 강조한다. 또한 교육은 생명을 사회적으로 지속시키는 일이며 학교가 지역사회의 중심이 되어야 한다고 주장한다.

2) 분석철학(주로 영국)

① 러셀(Bertrand Russel, 1872~1970)

지식을 직접 감각에 의하여 아는 지식(직접지)과 남의 말이나 설명에 의하여 아는 지식(간접지)으로 구분하고, 모든 지식은 그 시초에 직접지가 없으면 참된 지식이 될 수 없다고 주장하였다.

② 비트겐슈타인(Ludwig Wittgenstein, 1889~1951)

세계는 원자적 사실(atomic facts)이 모여서 된 것이며, 원자적 사실이란 다시 더 나눌 수 없는 가장 단순한 사실로 경험할 수 있는 것이어야 한다고 주장한다(논리적 원자론). 과학이론들은 원자적 명제에 의해 이루어지며, 그 진위는 경험에 의거한다.

③ 카르납(Rudolf Carnap, 1891~1970)

철학의 임무는 언어분석이며 분석된 명제만이 이해가 된다고 한다. 한 명제는 분석적이거나 경험적으로 검증될 수 있을 때에만 의미가 있다고 한다.

④ 스티븐슨(C. L. Stevenson, 1908~1979)

관념론을 반대하고 상식의 입장에서 분석한다. 의미(meaning)에는 기술적 의미 이외에도 인식적 의미와 정동적 의미가 있다고 한다. 인식적 의미는 경험적으로 검증할 수 있거나 분석적인 것을 말하며, 정동적 의미란 정서적·감동적 의미를 포함한다.

3) 실존철학(독일, 프랑스)

19세기 이후 물질문명의 발달로 사회와 인간이 병들었다고 절실히 느끼고, 거기서 빠져나와 그 이전의 싱싱한 신체와 정신을 되찾으려는 사색의 움직임이다. 따라서 실존철학은 첫째로 병든 사회, 병든 인간에 대한 고민에서 우러나왔으며, 둘째로 진실한 나를 찾아 충실하고자 한다. 이를 부활 또는 '다시 태어남'이라고 한다.

① 키르케고르(Soran Kierkegaard, 1818~1855)

그는 사람을 3유형으로 분류하여, 첫째, 심미적인 것을 찾는 사람은 쾌락을 추구하며, 둘째로 윤리적인 사람은 실현 가능한 것을 스스로 선택하고 균형 있는 인생을 추구하며, 셋째로 종교적인 사람은 결혼하지 않고 신에 의존하고 영생을 추구하였다. 그는 순교자처럼 하느님 앞에서 성실하게 사는 것을 추구하였다.

② 니체(Friedrich Wilhelm Nietzche, 1844~1900)

"신은 죽었다"고 전제하고 존재하는 모든 것에 작용하는 근본적인 힘은 '힘에의 의지'라고 하면서 이 세상에 존재한 적이 있는 모든 것은 다시 돌아온다는 영겁회귀를 주장하였다. 또한 평범하고 나약한 인간들에게 염증을 느끼고 신도 아니면서 숭고하고 새로운 인간인 '초인'의 출현을 갈망했다.

③ 하이데거(Martin Heidegger, 1899~1976)

인간은 주체성을 가지고 사는 특수한 '현존재'로, 인간은 존재의 집이고 존재의 이웃이며 모범적인 존재자라고 한다. 한편 인간은 언제나 사람들과 함께 사는 '공동존재'로 인간공동체를 이루며 산다고 한다. 또한 자신을 '앞으로 던져 꾸미는 존재'라고 하면서 미래에 대한 적극성을 부여한다.

④ 야스퍼스(Karl Jaspers, 1883~1969)

인간은 자각하는 존재 즉 '실존'이므로 대상이나 객관이 아니라 '내가 거기에 의거하여 생각하며 존재하는 근원'이라고 하였다. 현대기술의 발달로 실존 즉 본질적인 존재가 상실되려는 위기를 맞이하고 있으므로 한계 상황 속에서 자신을 각성하고 존재에 대한 새로운 철학-실존철학이 출현해야 한다고 한다. 자기 존재의 근거인 생존은 오직 '이성'에 의하여 내용을 얻게 된다고 한다.

⑤ 마르셀(Gabriel Marcel, 1889~1973)

실존은 육신을 갖춘 인격으로 보고 모든 객체도 인식주체와 분리하여 생각할 수 없다는 것이다. 또한 현실참여가 없이는 진정한 주체가 되지 못한다고 한다.

⑥ 사르트르(Jean Paul Sartre, 1905~1980)

인간은 자기 스스로 자기운명을 만드는 존재로 적극적인 현실참여를 강조하고, 인간은 끊임없이 창조하는 존재로 자유를 추구하는 존재라고 한다. 자유를 추구하면서 세계 안에서 스스로 참여하고 실천하면서 인간의 자기실현을 도모하여야 한다고 한다. 그는 땅에 충실하게 살되 언제나 인간의 해방과 자유를 염두에 두고 행동하였다.

4) 변증법적 유물론(독일, 소련)

① 마르크스(Karl Heinrich Marx, 1818~1883)

포이에르바흐의 유물론에 입각하여 신을 부인하며 신이 인간을 만든 것이 아니고 인간이 신을 만들었다고 주장한다. 또한 헤겔의 변증법 즉, 모든 존재는 대립과 통일과정을 거쳐 변화·발전·소멸하며(제1 법칙) 양에서 질로 전환한다고 한다(제2 법칙). 또한 모든 국가가 자본계급을 보호하고 노동계층을 착취하는 수단으로 보고, 인류의 전 역사를 계급투쟁의 역사로, 역사의 원동력은 물질 내지 경제적 조건이라고 주장한다. 또한 압박되고 착취당하는 대중혁명에 의하여 착취도 없고 착취의 수단인 국가도 없는 이상사회를 꿈꾸었다. 그리고 생산관계 즉, 사회의 경제적 구조는 정치적·법률적 구조(하부구조)와 종교·철학·과학·예술·도덕 등의 정신문화(상부구조)로 이루어진다고 보았다.

② 레닌(Vladimir Ilich Ulyanov, 1870~1924)

러시아 공산당인 볼셰비키당을 창설하여 1917년 10월혁명을 일으켜 지도하였고, 세계 최초의 사회주의국가를 건설하였으며, 소련 최초의 국가원수가 되었다. 공산주의 제3인터내셔널(코민테른)을 창설하였으며, 마르크스 이후 가장 위대한 혁명사상가인 동시에 역사상 가장 뛰어난 혁명지도자로 인정받고 있다. 그러나 그의 공산주의는 1989년 동유럽에서 1991년 소련에서 해체되었다.

5) 사이버네틱스(cybernetics)

인간과 기계의 공통성을 추구하여 인간 생활에 있어서 기계의 가능성을 확대하려는 새로운 종합과학이다.

① 위너(Nobert Wiener, 1890-1954)

사이버네틱스의 이론적 기초를 세운 사람으로 놀라운 기계의 출현으로 대량실업이 우려되므로 실업을 구제할 수 있는 사회, 인간적으로 일하고 기계의 대용품으로 사용되지 않는 사회가 되어야 한다고 주장한다. 기계는 인간의 존엄과 인류의 행복을 위하여 사용되어야 한다고 주장한다.

② 클라우스 슈밥(Klaus Schwab, 1938-현재)

세계 경제포럼의 창립자로 21세기에 시작된 4차 산업혁명이 빠른 속도, 다양한 범위와 깊이, 시스템의 개편을 특징으로 전개되고 있으며, 컴퓨터 하드웨어와 소프트웨어 그리고 네트워크가 상호 연결되고, 로봇 등 물리적 기술과 사물인터넷 등 디지털기술, 게놈 등 생물학적 기술이 접목되어 이끌고 있다고 주장한다. 사회 모든 분야에 대한 이해, 미래세대에 대한 생각, 경제적·사회적 시스템의 개편을 주장한다.

3. 철학의 문제

가. 나는 누구인가?(형이상학, 존재론)

'나는 누구인가?'는 철학의 1차적인 문제로 형이상학과 존재론에서 다루는 문제이다. 형이상학(形而上學)은 형체를 초월한 영역에 관한 것으로 자연과학 이상의 것, 근본적인 어떤 것을 탐구하는 학문이다. 이성으로 증명되지 않고 감각으로 알 수 없는 개념을 전제로 하며 신학이 이에 해당된다. 아리스토텔레스는 이를 제1 철학이라고 하였다. 존재론은 실체론이라고도 하며 존재자 즉 세상에 있는 모든 것들의 근원을 체계적으로 탐구하는 분야로, 존재란 실체로서 눈에 보이는 모든 것을 말한다.

1) 나 또는 자아

나 또는 자아(ego)가 삶의 주체이며 행동의 주체이고 양심과 자유와 앎의 주체이기도 하다. 사람은 이성을 가지고 있어서 다른 동물·식물과 달리 자연에 순응하기도 하지만 때로는 자연에 대립하여 댐을 만들고 달에 착륙하는 등 정복하여 이용하기도 한다. 따라서 인간은 수동적으로 '생각되는 나'가 되기도 하고, 한편 적극적으로 '생각하는 나'가 되기도 한다.[7]

사람은 어느 나라에 태어나고 싶다거나 누구의 자식이 되는 것을 선택할 수 없다. 사람은 남자의 정자와 여자의 난자가 만나 생성되고, 태어날 때는 생물학적인 하나의 개체에 불과하다. 그러나 사춘기가 지나고 성인이 되면서 부모, 친구, 학교, 사회로부터 많

---

[7] 강영계, 「청소년을 위한 철학에세이」, 해냄, 2009, pp. 48~52

은 것을 학습하여 안정된 자아를 형성하게 된다. '세 살 버릇이 여든까지 간다'는 속담이 있듯이 어릴 때의 성격과 행동이 일생을 좌우하기도 한다. 사람들은 성격과 행동을 혈액형(A, B, AB, O)과 체형(태양, 태음, 소양, 소음의 4상)에 따라 판단하기도 한다.

프로이트는 인간의 정신은 자아, 초자아, 원초아로 구성되어 있다고 하면서 정신적으로 건강한 사람은 이 세 가지가 조화를 이룬다고 하였다. 자아(ego)는 이성이며 합리적인 현재의 '나'로 행동을 통제하고 환경의 성질을 파악한다. 초자아(超自我, superego)는 양심과 도덕과 같이 영유아기에 부모로부터 받은 선천적인 것으로 의식하지 못하는 것이라고 한다. 원초아(原超我, id)란 성적 욕망처럼 인간의 무의식에 숨어있는 큰 부분으로 전체 중에서 빙산의 일각에 해당된다. 자아가 없다면 나는 '나'이면서도 '나'가 아닐 수 있고, 심지어 내가 무엇이고 누구인지조차 모르게 된다.

사람은 사회적 동물이라고 한다. 따라서 절대로 홀로 존재할 수 없으며 개별적인 나는 반드시 사회와 국가와 같은 공동체를 필요로 한다. 따라서 공동체 생활 속에서 자기 이익을 챙기면서 구성원과 경쟁을 하게 된다. 또한 사람은 자신의 삶을 가꾸며 살아가야 할 운명을 타고 태어났다. 인류는 문화와 역사를 통하여 완전하고 절대적인 나를 만들고 찾으며 그런 자아가 구성하는 사회를 만들고 싶어 노력하여 왔다. 이를 위해 사회적인 제도로서 종교, 도덕, 예술, 학문 등이 출현하고 발전하였다.

그러나 현대의 과학과 기술이 발전함에 따라 사람의 마음이 불안해지고 절망하면서 여러 가지 일탈 행동이 나타나며 국가와 사회의 질서가 문란해지고 있다. 이에 대한 노력으로 자아, 인간, 진리, 아름다움, 선과 같은 삶을 찾기 위한 노력이 필요하게 되었다.

'나' 즉 '자아'를 만나고 느림과 여유의 삶을 맛볼 수 있는 가장 간편한 방법이 명상이라고 한다.[8] 조용한 장소에서 눈을 감고 머리에 의식을 모으고 호흡을 하면서 한동안 숨을 마시고 내쉼을 하다 보면 마음이 점점 차분해진다. 마음이 평온하고 고요해지면 잡생각이 사라지고 평온하고 순수한 나를 만나게 된다. 불교에서는 일반인들도 108배, 발우공양, 참선[9] 등 수행자들이 행하는 삶을 사찰에서 직접 체험해봄으로써 '진짜 나'를 찾기 위한 다각적인 노력을 진행하고 있다.

2) 실체 : 정신과 물질

세계의 궁극적 원인을 정신으로 보느냐 또는 물질로 보느냐의 문제는 지역과 나라에 따라 다르다. 실체(substance)란 정신과 물질(신체)로 구성되는데, 정신(mind, soul, spirit)은 영혼, 마음, 생명력이며, 물질(material)은 물(物) 또는 물체로서 고체, 액체, 기체, 플라즈마[10]의 형태와 바탕, 질료, 재료라는 의미의 질(質)로 구성된다.

서양사상에서는 정신과 물질과의 관계를 크게 일원론과 이원론의 두 가지 입장을 취하고 있다. ①정신과 물질이 하나의 실체로 이루어졌다는 일원론 중에서도 물질에 중심을 두는 물질주의(자연 철학자, 유물사관 등)와 정신에 중점을 두는 정신주의(아낙시

---

8) 조치영, 「나를 만나는 기쁨」, 미래북, pp.56~57
9) 템플스테이(Temple stay)란 2002년 한·일월드컵때 한국을 찾은 외국인들에게 가장 한국적인 모습을 보여주기 위하여 만들어졌으며, 절에서 당일, 1박 2일, 길게는 일주일 이상까지 머물면서 사찰예절, 연등 만들기, 문화유적 탐방 등 불교문화를 경험하고, 사찰 주변 숲 산책, 트래킹 등 자연환경을 탐방하는 다양한 프로그램이 제공되고 있다.
10) 프라즈마(prazma)란 고체, 액체, 기체 이외의 제4의 물질로 우주의 90% 이상을 차지하고 있다. 천둥과 번개 등도 플라즈마이다. 이를 전기로 활용하려는 노력이 세계적으로 진행되고 있다.

만드로스, 피타고라스, 헤겔 등) 그리고 중립적 일원론(스피노자 등)이 있다. ②이원론 즉 정신과 물질은 각각 독립적이라고 보는데 서양철학의 주류 입장이고 데카르트와 같은 철학자들이 주장하고 있다.

동양사상은 서양과 달리 일원론이 주류이다. 유가에서는 이(理)는 만물을 생성시키는 근본으로 법칙 및 원리라 하고, 기(氣)는 현실 모양으로 물질적 요소를 포함한다고 한다. 주희는 이(理)의 총화를 태극(太極)이라고 하였다. 도가에서는 육신의 영역인 정(精)과 영의 영역인 신(神)이 있으며, 기(氣)가 정신과 물질을 생명으로 결합시킨다고 한다. 불교에서는 인간이 5온(蘊:모임, 집합) 즉, 육체적·물질적인 요소인 색(色)과 정신적인 요소인 수·상·행·식(受·想·行·識)으로 이루어져 있다고 한다.

인간의 본성과 관련하여 성선설과 성악설, 무선무악설이 대립된다. ①성선설은 맹자가 주장하였으며 인간은 본성이 선하게 태어났지만 외적 환경으로 나쁜 마음이 몸에 들어온다고 하였다. 그래서 자신의 몸을 닦는 수기(修己)와 선한 마음을 기르는 수양에 집중해야 한다. 이에 대해 ②순자는 성악설을 통해 인간의 본성은 악하나 사회적 규범을 통하여 선해진다고 하였다. 이 사회의 규범을 예(禮)라고 한다. 또한 ③고자는 무선무악설을 주장하여 본성에는 선도 악도 없다면서 인간이 태어날 때 선이나 악을 가지고 나오지 않는다는 비결정론을 주장하였다. 본성은 결정되지 않고 환경적 요인과 개인의 노력이 모두 중요하다는 관점이다.

거시적으로 보면 정신적인 업적을 문화(culture)라고 하고 물질적인 업적을 문명(civilization)이라고 한다. 모두 인간의 정신을 바탕으로 한 개념으로서 엄격히 구분하기는 어렵다. 이에 대한 입장으로 발전적·긍정적으로 보는 역사진보론(그리스도교, 마르크스, 민족주의 역사학, 카 등), 생성-성장-쇠퇴-소멸로 보는 역사순환론(불교의 윤회설, 고대 그리스 신화, 토인비 등), 발생하여 쇠퇴하는 일직선상의 역사퇴보론(슈펭글러, 하이데거 등) 등이 있다.

사람은 어떻게 존재하는가? 인간은 모두 현실적으로 존재(실존)하는 것이다. 즉, 현재의 시간 속에서, 일정한 공간 안에서 살아간다. 따라서 시·공간적인 여건하에서 다른 사람으로 변할 가능성이 있고 새로운 사람이 될 수 있다. 이와 같은 과정에서 때로는 쾌감을 느끼기도 하지만, 분열, 불안, 절망 등을 경험하기도 한다. 이와 같은 어려운 상황에 대해 인간은 실존하는 것으로 받아들여야 하며, 이는 자아를 실현할 수 있게 하고 공동체 안에서 스스로 참여하고 자기의 가치를 모색하게 한다.

3) 현실과 이상

현실과 이상은 너무도 먼 거리에 있는 것처럼 느껴진다. 그러나 삶을 전체적으로 보면 현실과 이상은 하나이다. 현실이 없는 이상이 있을 수 없고 이상이 없는 현실도 있을 수 없다. 현실은 도구적이고 이상은 이성적이다. 현실에 집착하면 이성을 도외시하기 쉽고, 이성에 골몰하면 도구적인 현실을 무시하고 삶의 목적인 이상에만 치우칠 경향이 있다. 따라서 이상을 지향하면서 현실을 살아가는 것이 바람직하다.

시간적인 흐름에서 과거는 흘러간 역사가 되고, 현재는 나타나 있는(現) 사실(實)로서 물적인 것이면서 시간과 공간적인 제약을 받는다. 미래는 앞으로 다가올 시간이다. 이 중 현실이 가장 중요한 시점이다. 현실을 인정하고 나 자신의 삶의 주인이 되어 당당하고 적극적인 자세로 문제해결을 할 수 있을 때 발전이 있게 된다. 인간만이 만물의 영장으로 과거로부터 배우고 현재를 살아가며 미래를 설계한다.[11]

인류는 이상국가와 이상사회의 건설을 도모해왔다. 플라톤은 그의 저서 「국가」(Politeia)의 '동굴의 비유'에서 현실 세계와 이데아 세계를 구분하였다. 즉, 현실 세계는 우리가 시·공간의 제약을 받으면서 살고 있는 세계이다. 반면에 이데아 세계란 우리가 살고 있는 현실 세계가 존재하기 이전부터 존재하고 있는 세계로 물리적인 시·공간의 제약을 받지 않는 이상적(ideal)인 세계라고 하였다. 근대에는 토마스 모어가 유토피아를 주장하였다. 동양철학에서 유가는 대동사회(大同社會)를, 노자는 소국과민(小國寡民)사회를 제시했다. 우리나라에서도 조선 시대 허균은 홍길동전에서 '율도국'을, 19세기 말 천도교에서는 인내천(人乃天, 즉 사람이 곧 하늘)을 실현하고자 하였다.[12]

〈그림 4-1〉 플라톤의 이데아 세계

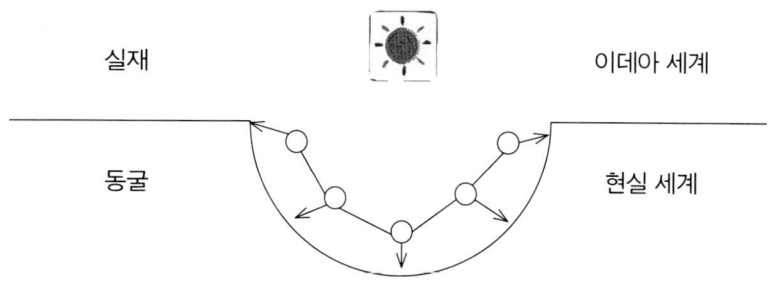

---

[11] 모 제약회사에서는 사원들의 의지를 다지고자 회사의 방침 내지 캐치 프레이스로 '과거로부터 배우고, 오늘에 충실하며, 미래를 향한 희망을 갖자!'는 내용을 회사의 창문에까지 게시하였다.
[12] 토마스모어(정순미풀어씀), 「유토피아」, 풀빛, 2006, pp. 218~225

커다란 동굴이 있고 밖에는 밝은 태양이 빛나고 있다고 가정하자. 그 동굴 속에 죄수들은 쇠사슬에 묶여 갇혀 있으면서 벽만을 바라보고 바깥 세상에 있는 사물들의 희미한 그림자를 보고 소음만을 들으며 그것을 참 또는 진정한 실재라고 믿는다. 그러나 그 중 한 사람이 쇠사슬을 끊고 밖으로 나와 모두 동굴 밖의 자연으로 안내하면 밝은 태양 빛에 드러난 만물의 모습을 보고 진리의 빛, 참모습(이데아 세계)을 보게 된다고 한다. 여기서 태양은 존재 또는 지식을, 그림자는 비존재 또는 현상을 가리킨다. 철학자(지도자)는 이와 같은 참된 앎을 실생활에서 자기 개인에게만 그쳐서는 안되며 자기 이웃, 자기 동포, 전 인류에게까지 나가야 한다고 주장한다.[13]

한편 현대 세계는 과학기술 특히 컴퓨터의 발달로 인간지능의 한계를 뛰어넘어 현실 세계와 이데아 세계가 혼재하고 있다. 가상현실(VR:Virtual Reality)은 컴퓨터를 사용한 인공기술이 만들어낸 기술로 실제가 아닌 특정한 환경이나 상황 혹은 그 기술 자체를 의미한다. 이때 만들어진 가상의 환경이나 상황 등은 사용자의 오감을 자극하며 실제와 유사한 공간적, 시간적 체험을 함으로써 현실과 상상의 경계를 자유롭게 드나들게 한다. 또한 사용자는 가상현실에 몰입할 뿐만 아니라 실제 디바이스를 이용해 조작이나 명령을 가하여 가상현실 속에 구현된 것들과 상호작용도 가능하다. 비행 훈련 시뮬레이션과 3D 등이 대표적이다.

---

13) 플라톤(송재범풀어씀),「국가」, 풀빛, 2005. pp.139-143, 214~219

나. 나는 무엇을 아는가(인식론, 논리학, 진리론)?
1) 지식 또는 참된 앎

인식론이란 지식 또는 '참된 앎'의 문제를 다루는 철학의 한 분야이다. 즉, 참다운 앎이 무엇이고, 앎을 가능하게 하며 앎에 제한을 가하는 조건에 어떤 것이 있는지 그리고 보편타당한 앎은 어떻게 보장되는지를 연구한다. 앎이 체계적으로 구성되어 대상을 옳게 판단할 때 비로소 참다운 앎이 되며, 그렇지 못할 경우 거짓된 앎이 된다.

사람은 모두 자아(自我)라는 주관을 가지고 있다. 이 주관으로 달·별·꽃과 같은 자연과 소·개·닭 등 동물과 같은 외부에 있는 객관적인 대상을 접하게 된다. 그런데 우리는 자연과 동물을 그저 멋대로 아무렇게나 아는 것이 아니다. 주관으로서의 자아는 눈, 코, 귀, 혀, 피부 등과 같은 우리의 감각기관을 통하여 대상을 받아들인 다음, 다시 사고를 통해 비로소 대상으로 인식하게 된다.

(그림 4-2)에서 보는 바와 같이 외부대상을 인식하면 지식이 되고, 그것이 사회질서를 유지하는데 유용한 지식으로 사람들에게 널리 받아들여지게 되면 상식이 되고, 상식이 지식집단에 의해 창조적 정신과 비판의식으로 검증되면 진리가 된다. 때로는 상식이 왜곡(베이컨의 '우상')되어 진리가 되지 못하고 사회적인 문제를 야기하는 경우가 있다. 2006년 우리나라에서 발생한 광우병(일명 '다우닝 소')[14] 파동과 이로 인한 촛불시위도 사실과 달리 많이 왜

---

14) 2006년 9월 말 한국에서 광우병 즉 '다우닝 소'로 인해 촉발된 촛불시위는 미국에서 오염된 시금치 사료를 먹은 소가 쓰러진 사건임에도 불구하고 광우병(0157:H7)으로 인한 것으로 잘못 알려져 발생한 사건이다. 이는 미국에서 소의 배설물이 인근 대기업농장에 흘러들어가 농장에서 자라고 있던 어린 시금치가 0157:H7 대장균에 감염되어 시중에 유통되어 발생한 사건으로 미국의 26개 주에서 3명이 사망하고 수백 명이 감염되었다(하비 리벤스타인(김지향 옮김), 「음식:그 두려움의 역사」, 2012).

곡되어 사회문제화되었다.

(그림 4-2)인식이 진리가 되는 과정

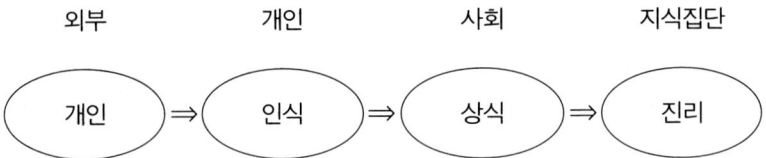

2) 인식의 원천에 대한 여러 가지 입장

지식 즉 앎의 문제에 있어서 이성적인 정신이 근본적인지 또는 감각 경험이 더 근본적인지의 여부에 대해 3가지 입장으로 나뉘어진다.[15]

① 이성론(rationalism)

지식의 원천이 사람의 이성(reason)이라고 주장하면서 인간의 지식을 필연성과 보편타당성을 지녀야 한다는 입장이다. 따라서 이성주의자들은 수학과 기하학을 모든 학문의 이상·모범으로 생각하고 수학적 방법을 통하여 자신들의 철학을 구축하였다. 합리론이라고도 하며 유럽 대륙에서 발전하였고, 데카르트, 스피노자, 라이프니츠 등이 대표적이다.

그러나 사람의 감각 경험은 단지 사실만을 보여주고 반드시 그래야만 한다는 필연성을 제공하지 못한다. 또한 사람의 감각 경험이 시간·공간에 따라 달라지게 되므로 모든 사람의 감각 경험이 동일하다는 것을 보증하지 못한다.

---

15) 백훈승,「철학입문」, 전북대출판문화원, 2015, pp.111~117

② **경험론(empiricism)**
지식의 원천을 경험이라고 주장하면서 우리는 눈, 귀, 코 등 감각기관을 통하여 세계 속의 사물에 관한 지식을 얻는다는 입장이다. 사람이 선험적인 지식을 가지고 있다는 것을 부인한다. 즉, 우리가 어떤 것을 경험하기 이전의 우리 의식상태는 아무것도 쓰여 있지 않은 판(板) 또는 아무런 문자도 적혀있지 않은 백지와 같다고 한다. 영국에서 발전하였으며 로크, 베이컨, 홉스, 흄 등이 대표적이다.

③ **칸트의 비판철학**
칸트는 이성주의와 경험주의를 종합하여 사람의 지식은 성이나 감각 경험만으로 성립할 수 없으며, 양자의 종합에 의하여 이루어진다고 주장하였다. 즉, 사람의 인식능력을 직관능력으로서의 감성과 사유능력으로서의 지성, 둘로 구분하였다. 칸트는 외부에 존재하는 대상은 물질 자체이며 우리의 감각기관에 의하여 촉발되어 수용되고, 이때 지성이 직관에 의하여 주어진 것을 종합·통일하여 판단한다고 하였다.

다) 지식을 인식하는 방법[16]
① **연역적 방법(deduction)**
기하학적·수학적인 방법으로 이성주의자들이 사용하는 방법이다. 즉, 규칙 ⇒ 상황 ⇒ 결과의 과정을 거쳐 지식을 도출하는 방법으로 필연적이다.

---

16) 백훈승, 전게서, pp.118~124

```
(연역법의 예)
규칙 : 이 무리 속의 모든 개는 진돗개이다
상황 : 이 개는 무리 속에서 나왔다
결과 : 이 개는 진돗개이다.
```

② **귀납적 방법(induction)**

경험주의자들이 사용하는 방법으로 여러 가지 실험과 관찰을 통하여 많은 자료를 수집함으로써 결과를 도출한다. 연역적인 방법과 반대로 상황 ⇒ 결과 ⇒ 규칙의 과정을 거쳐 지식을 도출하며 확률적이다.

```
(귀납법의 예)
상황 : 이 개는 이 무리에서 나왔다
결과 : 이 개는 진돗개이다
규칙 : 이 무리 속의 모든 개는 진돗개이다
```

③ **칸트의 분석철학 방법**

순수이성의 제요소를 실험을 통해 확증하거나 부정한다. 자연과학의 연구자들이 주로 취하는 방법이다.

④ **직관(intuition)법**

사람의 직관에 의하여 지식을 인식하는 방법이다. 훗설(H. Husserl)은 사실에서 본질·형상으로 나아가는 형상적(形相的)환원과 먼저의 경험에 의하는 선험적(先驗的) 환원으로 인식한다고 한다. 때로는 미래 예측이 있어서 관련 분야 전문가의 직관이 보다 효과적인 경우가 있다.

⑤ **변증적 방법**

대화를 통하여 문제를 제기하고 대화 속에서 다시 문제를 발견하여 물음을 제기하고 대답하는 반복과정을 통하여 진리에 접근하는 방법이다.

3) 논리

가) 사고 또는 추리 과정

논리(logic)란 말이나 글에서 사고나 추리 따위를 이치에 맞게 이끌어가는 과정이나 원리를 말한다. 예컨대 a는 b이고 c도 b이면 a는 c이다. 논리학이란 훌륭한 추론·논증과 그렇지 못한 추론·논증을 구별하는 방법을 탐구하는 학문이다. 논리학은 사고의 형식적 법칙만을 취급한다. 따라서 타당한 논증들 가운데서 전제가 모두 옳은 논증 즉 완벽하고 정연한 논증을 찾아야 한다.

나) 전제 : 개념, 문장, 명제

논리를 전개하기 위해 말과 글로 이루어져야 하고, 대상을 표상하기 위하여 개념(달·별 등 자연과 소·개 등 동물)이 필요하다. 이때 개념(concept, notion)은 공통된 성질을 갖고 있는 여러 사물들에게 붙인 하나의 생각이다. 대상에 붙이는 고유한 이름은 그 대상을 발견 또는 발명하고 난 후 이름을 붙이기도 하고 그 분야의 여러 사람이 합의하여 결정하기도 한다.

문장(sentence)이란 문법에 맞추어서 늘어놓은 낱말들로 서술문('사람은 죽는다.'), 의문문('사람은 죽을 수밖에 없는가?'), 감탄문('얼마나 아름다운 꽃인가!') 등으로 이루어진다. 시나 소설 같은 경우 의문문이나 감탄문 형태가 많으나, 논리학에서는 대부분

서술문의 형태를 취한다. 문장을 통하여 참과 거짓을 가려낼 수 있다.

명제(proposition)란 문장이 의미하는 것으로 하나의 사실을 진술하는 문장의 내용이다. 명제는 어떤 사실에 대하여 진술하는 것이므로 참일 수도 있고 거짓일 수도 있다. 명제는 옳든 그르든 둘 중의 하나가 된다.

다) 판단 : 추론, 논증

추론(reasoning)이란 논리적인 생각의 절차를 말하며, 일정한 원인으로부터 어떤 결과를 이끌어내는 증명의 형식을 취한다. 추론은 전제와 결론으로 이루어지고, 전제는 여러 가지가 있을 수 있다. 추론이 타당하면 결론은 항상 참이며 건전한 추론에서 결론이 참이면 추론도 타당하다. 추론하는 방법은 연역법과 귀납법이 있다.

논증(argument)이란 전제로부터 결론으로 가는 것을 추론이라고 하고, 반대로 결론으로부터 전제로 가는 것을 그리하여 결론의 옳음을 드러내는 행위를 정당화와 증명이라고 한다. 다만 결론을 이미 옳은 것으로 승인하고 있는 상태에서 그 이유를 제시하는 것을 설명이라고 한다. 논증하기 위해서는 타당성과 신뢰성, 정연성(soundness)이 고려되어야 한다.

4) 진리
가) 참된 이치 또는 원리

진리(truth)란 변하지 않는 참된(眞) 이치 또는 원리(理)를 말한다. 이것을 둘로 나누면 ①현실 속의 참된 원리이자 현실에 존재하는 원리들로 많은 자연법칙들과 사회를 움직이는 원리들, 수학적 원리들이 있고, ②현실을 초월한 참된 원리로는 초자연적인 영역으로 종교적인 영역이 있다. 불교의 공(空), 도교의 도(道), 기독교의 하느님 등이 이에 해당한다.

나) 진리검증에 관한 이론[17]

① 대응론(correspondence theory)

어떤 명제가 사실과 일치하고 그에 상응할 때 진리로 본다. 판단이 객관적 실재를 있는 그대로 파악하는 경우에는 옳고, 그렇지 않은 경우에는 그르다고 하며 아리스토텔레스와 중세의 스콜라철학자들이 주장하였다. 그러나 사람은 착각(신기루 등)하기도 하고, 시·공간에 따라 다르게 볼 수도 있으며, 감각에 한계가 있고, 감각기관으로 확인할 수 없는 대상들이 있다.

② 정합론(coherence theory)

명제가 기존의 이론과 모순되지 않고 그 체계가 일관성이 있을 때 진리라고 보는 입장으로 수학, 논리학 등 과학에서 널리 활용되는 이론이다. 보다 논리적이고 이성적이며 합리적인 것을 더 정합적이라고 본다. 이 이론도 정합성이라는 개념이 모호하고 정합성이 진리이어야 하는 전제가 필요하다.

③ 실용론(pragmatic theory)

실생활에서 좋은 결과를 가져오거나 유용할 때 참이라고 본다. '쓸모'가 진리 여부를 판단하는 기준으로 직접 실천해봐야 진리인지 알 수 있다고 한다. 이 이론도 실제적인 효과가 보는 입장에 따

---

17) 백훈승, 전게서, pp. 124~136

라 다를 수 있고, 효과도 경험에 의해 검증되므로 진리도 변하게 된다. 미국의 제임스 등 실용주의 학자들이 주장한다.

④ 합의론 또는 상호주관성 이론
하나의 진술이 학회 등 지식집단에서 합의하면 진리가 된다고 보고, 참여자들의 자유스러운 토의 끝에 합의하는 것을 진리라고 주장한다. 한 집단 내에 여러 가지 상충되는 견해들이 있을 때 사회적 실천의 전제로서 어떤 견해를 채택할 것인가를 결정하는 과정에서 유용하게 활용할 수 있다.

다) 진리의 유형
① 절대적 진리와 상대적 진리
절대적 진리란 모든 시간과 장소를 초월하여 불변하는 진리로 이미 발생된 특수한 사실들에 대한 진리는 절대적 진리라고 할 수 있다. A = A 또는 2 + 3 =5 는 절대적 진리이다. 천동설은 코페르니쿠스가 살아있을 때 절대적 진리처럼 보였으나 오늘날에는 진리가 아니다. 상대적 진리는 시간과 장소에 따라 가변적이고 상대적인 것을 말한다. 그러나 우리는 한 대상을 제대로 파악하기 위하여 부분적으로부터 전체적인 것으로 확대하여 가능한 모든 면에서 살펴보려고 노력해야 한다.

② 필연적 진리와 우연적 진리
필연(必然)적 진리란 진리의 진리로 반드시 옳을 수밖에 없으며 어떤 하나의 길 이외에 다른 길이 없는 경우를 말한다. A = A, 2 + 3 = 5 같은 경우가 필연적 진리이다. 우연(偶然)적 진리는 여러 개의 길이 있어서 그 길들 가운데 어떤 한 길만이 아니라 다른 여러 가지 길로 갈 수 있는 가능성이 있는 경우를 말한다. 현실적으로 사회현상에는 우연적 진리가 많이 존재한다. 필연과 우연의 구별은 인간의 지성에만 한정되고 신에게는 하나가 된다.

③ 분석적 진리와 종합적 진리

기하학, 대수학, 수학 등의 학문에 의해서 직관적으로 또는 논증에 의하여 확실하게 주장되는 것으로 구성요소별로 옳을 때 진리가 된다. 그러나 부분적으로 분석할 때의 진리가, 전체로 종합되어질 때는 진리가 되지 않는 경우가 있다.

다. 나는 무엇을 해야 하는가?(윤리학, 가치론, 정의론)
1) 윤리
가) 인간사회의 길

윤리학은 인간의 실천적 행동에 관한 연구로 선의무나 양심 또는 자유의지, 사회규범을 다루며, 철학과 모든 학문의 출발점이며 종착점이기도 하다. 오늘날 윤리나 도덕이 땅에 떨어졌다는 말이 많이 들린다. 삶의 가치관이 상실되었음을 의미한다. 그러면 윤리와 도덕이란 무엇을 의미하는가?

윤리(ethics)란 인간으로서 마땅히 지켜야 할 가치이다. 윤(倫)을 해자하면 사람 '인'(人)과 뭉치다 '윤'(侖)을 합한 글자로 인간집단을 의미하며, 리(理)는 도리라는 말이 있듯이 길을 뜻한다. 따라서 인간사회의 길을 의미한다. 인간이 모여 만든 인간집단이 원만한 사회생활을 영위하고 그 집단의 구성원 각자가 만족스러운 삶을 살기 위하여 사람들의 행위가 인간사회의 길(道)을 벗어나지 말아야 한다.

도덕(morality)은 윤리와 비슷한 개념이나 사회적 관습으로 시대와 나라에 따라 다르다. 윤리는 '도둑질하지 마라' '간음하지 마라' 등 여러 개의 사회적 도덕률로 구성되어 있다. 도덕은 반드시 법에 근거하고 있는 것도 아니며 몇몇 중요한 법의 기초적인 이유들을 제공한다. 또한 도덕은 오직 종교에만 근거할 필요도 없고 그래서도 안 된다.

나) 윤리의 기원 및 근거 학설[18]
① **인간 발생 이전 혹은 인간의 의무로 이미 주어졌다고 보는 견해**

ⓐ 신학적 윤리설 : 신이 우주를 창조하고 인간을 창조했을 때 '거짓말하지 마라' '도둑질하지 마라' '약속을 지켜라'와 같은 사회생활에 필요한 계율을 내렸다고 주장한다.

ⓑ 형이상학적 윤리설 : 우주 자연의 이법(理法) 속에 도덕률의 근원이 있다고 보는 견해이다. 도덕률에는 중국의 전통사상인 음양오행과 삼강오륜 그리고 서양사상의 행복론 등을 든다.

② **인간 역사의 경험적 산물로 보는 견해**

인간의 사회생활 과정에서 필요에 의해 생긴 역사적 산물이라고 주장한다. 인간은 사회적 동물로 집단을 이루고 살아왔다. 집단생활에서는 한 개인의 행위가 그 행위자에게 어떠한 결과를 가져올 뿐만 아니라 타인과 집단의 공동이익에도 영향을 미친다. 따라서 같은 집단에 속하는 사람들은 서로의 행위에 대해서 깊은 관심을 갖

---

18) 백훈승, 「전게서」, pp.245~251

고 그들의 행위가 집단 또는 타인에게 미치는 결과에 대하여 '옳다' '그르다'라는 평가를 내리게 된다.

다) 윤리의 기준
① 목적론적 윤리설 : 공리론(utilitarianism)
결과주의적 윤리설로 결과에 근거하거나 관심을 갖는다. 사회 전체인 공중(publics)의 쾌락을 강조하며, ①모든 사람은 관련된 모든 사람에게 최대선 또는 최대행복을 초래할 행위를 수행해야 한다고 주장하는 행위공리주의와 ②관련된 모든 사람에게 최대의 좋은 결과를 초래할 규칙이나 규칙들을 모든 사람이 따라야 한다고 주장하는 규칙공리주의가 있다.

② 의무론적 윤리설
인간에게는 누구나 지켜야 할 행위 법칙이 주어져 있다는 것이다. 이 법칙은 인간의 편의나 쾌락에 의해 주어지는 것이 아니라 인간의 의지를 초월하여 미리 주어진 것으로 절대불변의 것이다. 칸트의 윤리학이 대표적이고, 무조건 적용되는 지상명령으로 도덕 법칙을 준수하려는 의지인 선의지(善意志)와 도덕적이고 윤리적인 의무를 들고 있다.

2) 가치
가) 평가기준 내지 평가체제
가치란 일상생활에서의 기준으로 어떤 대상에 관계되는 사람들이 갖는 일정한 태도이다. 우리는 가치에 따라 판단하고 삶을 선택한다. 사람들은 가치관에 따라 다른 행위를 선택하기도 한다. 가치는 보통 사회의 구성원들이 옳다고 생각하는 보편적 가치로서 평등, 자유, 사랑, 행복, 건강, 돈과 같은 내용들이다. 이들 가치는 모든 사람들이 이론적으로 황금률처럼 받아들이고 삶의 기준으로 삼아 타인에게도 적용하도록 요구한다. 현실에서 그것을 적용하는 문제는 우리 자신에게 달려있으며 얼마나 많은 사람들이 그에 따르는 삶을 살고 있느냐 하는 것은 별개의 문제다.

우리는 생활을 하면서 수많은 선택을 하고 그중에서 가장 가치가 있다는 것을 선택한다. 즉 좋다/나쁘다 또는 옳다/그르다와 같은 가치평가를 내리고 그에 따라 좋은 것 또는 옳은 것을 선택함으로써 행위를 결정한다. 그러나 가치란 이 세상에 실제로 존재하는 것이 아니라 존재한 것들에 대하여 인간이 내리는 하나의 평가체제이다. 따라서 내용이 시대와 나라·사람에 따라 달라지며 절대적이 아니고 상대적이며 인간의 평가에 의하여 얼마든지 새롭게 해체되고 재구성될 수 있다. 가치는 보다 큰 궁극적인 목적가치와 그것을 구체화하고 실현하는 수단 가치 등이 서로 고리처럼 연결된다.

사회변화에 따라 보편적 가치가 바뀌기도 하고 변하기도 한다. 한국에서 1980년대까지는 경제성장과 발전이 국가의 중요한 가치였으나, 1990년대 이후부터는 민주화 바람으로 민주화와 복지가 중요가치로 부각되었다. 또한 개인의 경우 사랑이라는 가치도 시대에 따라 변하여 기존의 가치체계가 혼동되거나 상실됨으로써 매우 혼란스러워졌다. 우리 삶에서 '무엇이 가치 있을까'를 질문하면서 끊임없는 성찰로 새로운 가치혁명을 이루어야 한다.[19]

---

19) 이윤영·윤한길과 인디고 유스북페어 프로젝트팀, 「가치를 다시 묻다」, 궁리, 2010, pp.480~486

나) 가치의 유형
① 감각적 가치와 정신적 가치

감각적 가치란 인간이 감각기관을 통하여 느끼는 물질적 가치로 사람에 따라 달라 주관적이고 상대적이다. 따라서 사람이 갖는 주관의 성질과 상태에 따라 달라질 수 있는 개인적 차원의 가치이다. 음식, 건강 등 일상생활에 유용한 가치들로서 생활에 직접적으로 필요한 것들이 이에 해당한다. 정신적 가치보다 저급하고 보다 구체적이다.

정신적 가치란 인간의 정신 존재와 관련된 고급의 고차원적인 가치로 비물질적 가치이다. 정의, 평등과 같은 높은 차원의 가치로 객관적이고 절대적이다. 정신적 가치는 논리적 가치, 선의 가치를 표현한 윤리적 가치, 고귀함·사랑과 같은 미학적인 가치, 신적인 종교적인 가치 등을 포함한다. 이와 같은 가치들은 서로 구별되며 개인·집단·지역·나라[20]에 따라 다르며 또한 어느 정도 보편적으로 일정한 서열을 이룬다.

② 개인적 가치와 공동체적 가치

개인적 가치란 개인의 선택 문제로 한식·양식 중 무엇을 먹을 것인가 또는 어느 학교와 직장에 들어갈 것인가와 같은 사적인 문제에 대한 결정을 한다. 개인의 가치관에 따라 결정되며 그가 성장한 배경과 가지고 있는 지식 등이 큰 영향을 미친다. 그 가치가 사회에 미치는 영향은 제한적이다. 개인이 갖는 최고가치는 행복으로 욕구가 충족된 상태라고 할 수 있다. 인간의 욕구를 머슬로

---

20) 아시아적 가치로 서구인들은 일본, 한국, 대만, 홍콩, 싱가포르 등 동아시아 신흥국가들의 경제성장과 관련하여 이들 나라가 경제발전을 이룩한 바탕에는 오리엔탈리즘이라고 표현되는 유교적 특징인 검소함, 교육에 대한 열의, 성실함, 일사불란한 의사결정을 들었다(신창호, 전게서, pp.347~361).

(Maslow)는 생리적 욕구, 안전 욕구, 사회적 욕구, 존경 욕구, 자아실현 욕구의 5단계 설을, 앨더퍼(Elderfer)는 생존 욕구, 관계 욕구, 성장 욕구의 3단계 설을 각각 주장하였다. 인간은 하위 욕구가 충족되면 상위 욕구를 충족하고자 하는 욕망이 있다고 한다.

공동체적 가치란 국가와 사회와 같은 공동체 집단이 추구하거나 지향하는 가치로 보다 추상적이고 거시적이다. 구체적으로는 정의, 평등, 공정성, 형평성, 쾌적한 환경과 건강, 배분적 효율성, 안전, 사회적 후생 등과 같은 가치로 이를 구체적으로 마련해놓은 것이 정책[21]이다. 공동체적 가치가 되기 위하여 구성원 간에 어느 정도의 합의가 필요하다. 서로 영향을 주고받으며 어떤 것이 바람직한지 함께 고민하게 된다. 때로는 공동체 내에서 가치관의 충돌이 발생하고 지배적인 가치를 결정하기 위해 민주주의 사회에서는 다수결의 원칙과 같은 제도를 도입한다.

다) 가치판단과 가치실현

인간의 삶은 그가 갖고 있는 가치에 의하여 의식적이든 무의식적이든 영향을 받는다. 가치는 각자의 삶을 인도하고 삶의 방향을 제시한다. 또한 모든 가치는 실제를 담보로 성립하기 때문에 사실과 관계가 있다. 따라서 가치판단이란 어떤 사실에 대해 주관적 가치 의견을 나타낸다. 가치판단은 '옳다/그르다', '아름답다/추하다'와 같은 주관적 평가를 내려서 시인 또는 부인한다.

이와 같은 개인적인 가치판단을 사회나 국가로까지 확대할 수 있는가에 대하여는 단순히 주관적이며 우연적인 쾌·불쾌의 감정

---

[21] 노화준, 「정책학원론」, 박영사, 2012, pp.57~66

으로 보는 자연주의적 견해와 경험을 넘어선 객관적 본질로 보는 칸트적인 견해가 양립되어 있다. 개인적인 가치가 집단, 기관, 국가로 확산되면 신념 또는 주의(doctrine)가 된다. 개인적 가치가 사회적 가치로 확대되는 과정에서 사회적 갈등이 발생하기도 하며 이의 조정과 해소가 필요하다. 이를 실현하기 위하여 정부가 개입하여 각종 정책을 추진한다.

가치는 그것이 현실로 실현되어 인간의 삶 속에 녹아 실현될 때 의미가 있다. 문화가 개인의 가치실현에 큰 영향을 미친다. 모든 문화적 행위는 가치를 현실적으로 실현하는 것이다. 따라서 인간은 발전하기 위하여 체험을 통해 자아를 절대화하면서 한 단계씩 끌어올려야 한다. 사람은 적극적으로 체험하면서 경계를 뛰어넘어 더 높은 이상을 향해 가치를 창조해야 한다. 삶을 바꾸기 위해 인간의 이상과 가치에 대한 결단을 내리고 실천해야 한다. 어떤 가치의 실현에 대하여는 거부할 수도 있다. 예컨대 불의에 대한 저항운동이 대표적이다.

3) 정의
가) 공정성

정의(justice)란 공정함을 의미하며 주로 타인과의 관계에서 발생한다. 또한 정의는 주로 분배의 문제로 각자에게 적절하고 균등한 몫을 배분하는 것을 말한다. 분배도 모두에게 능력 차이를 무시하고 평등하게 분배하는 절대적 평등과 능력에 따라 분배하는 상대적 평등으로 대립된다. 그러나 정의가 완전하게 실현되려면 분배라는 결과뿐만 아니라 기회, 과정, 결과 면에서 각각 실현되어야 한다. 즉, 정의란 기회가 구성원 모두에게 평등하게 주어지고, 과정은 공정하게 이루어지며, 결과는 공평하게 이루어질 때 실현된다고 볼 수 있다. 정의는 개인적 정의와 사회적 정의로 구분할 수 있으나 주로 문제가 되는 것은 보통 사회적 정의이다.

나) 정의를 보는 시각
① 동양적 시각

인간의 올바른 행위는 사람과 사람 사이의 관계인 인륜(人倫)에 기초하여 나와 남과의 관계를 발전시켜 사회의 안녕과 질서를 유지할 수 있다는 규범에서 출발한다.

도가(道家)에서 정의는 무위자연(無爲自然)의 상태로 나가는 것을 말한다. 즉, 인위적인 형식을 배제하고 자연스럽게 이루어지는 것이라고 하였다.

유가(儒家)에서는 인간사회의 올바른 도리로 인의예지와 오륜 사상이 인간관계를 잘 설정하고 조화롭게 이끌어간다고 보았다. 공자는 정명(正名) 즉 형식과 내용이 서로 부합되고 각자의 위치에 따라 맡겨진 일을 충실히 수행할 때 조화로운 사회가 된다고 하였다. 맹자는 성선설에 입각해 착한 기질, 옳고 그름(시비)을 분별할 줄 아는 앎, 사람들이 마음을 놓고 다닐 수 있는 길이라고 하였다. 주희는 '마땅함'이라고 하면서 모든 사물에 내재해 있는 보편적 천리(天理)가 각 사물에 구체적으로 적용된 조리(條理)로 사물을 처리할 때 적용하면 마땅하다고 주장하면서 구체적으로 격물치지(格物致知:사물에 나아가서 그 이치를 깨닫는다) 방법을 강조하였다.

불교에서는 육바라밀과 팔정도의 과정을 통하여 '바른 깨달음'으로 간다고 보았다. 그 과정에서 6가지 실천덕목인 보시(布施),

지계(持戒), 인욕(忍辱), 정진(精眞), 선정(禪定), 지혜(智慧)의 육바라밀과 8가지 방법인 팔정도 즉, 정견(正見), 정사유(正思惟), 정어(正語), 정업(正業), 정명(正命), 정정진(正精進), 정념(正念), 정정(正定)이 필요하다고 하였다.

② **서양의 시각**

개인의 자유와 권리를 보장하는 데서 출발하여, 주로 경제문제에 주안을 두고 효율적인 생활과 공정한 분배에 방해가 되는 개인적인 감정을 포기할 것을 요구한다. 고대 자연주의 철학자들은 자연의 질서 원리를 인간 생활에 적용하려고 하였다. 플라톤은 왕, 철학자 등 통치계층에게는 지혜가, 군인 등 수호계층에게는 용기가, 농부·어부·노동자 등 시민계층에게는 절제가 갖추어지면 정의가 실현되며, 보편적이고 가장 완전한 최고의 덕이 정의라고 보았다. 아리스토텔레스는 평등과 공정으로 국가에는 공익을, 개인에게는 복지가 평등의 원리에 부합된다고 보았다. 또한 정의를 ①분배과정에서 생겨나는 분배정의 ②사람 사이의 관계를 조정하거나 바로 잡는 시정정의 ③돈을 매개로 하는 상품거래상의 교환정의 ④공동체에서의 균등한 자유인 정치적 정의로 분류하였다.[22]

기독교에서는 여호와의 명령과 율법이 정의로 절대적이고 영원불변하며, 인간은 이 정의의 신을 믿고 따라야만 한다고 본다. 신약에서는 사랑을 최고의 덕이라고 하였다. 이는 최소한 다른 사람을 인격체로 인정하며, 최대한으로 자기희생 가능성까지 포함한다.

현대에 와서는 두 갈래의 흐름이 있다. ①자유주의자인 롤스(John

---

22) 아리스토텔레스(홍석영 풀어 씀), 「니코마코스윤리학」, 풀빛, pp.92~101

Rawls)는 2단계의 원칙을 제시하면서 1단계로 평등한 자유의 원칙과 2단계의 차등의 원칙을 제시하고 정치적 민주주의가 확보된 위에 이루어질 수 있다고 하였다. 즉, 1단계인 평등한 자유의 원칙은 기본적인 자유권이 모든 사람에게 보장되어야 한다. 그리고 2원칙인 차등의 원칙은 최소수혜자(사회적 약자)에게 경제적 이득이 돌아갈 때만 사회경제적 불평등이 정당화된다. 마이클 샌델(Michael I. Sandel)은 신자유주의 문제를 제기하면서 자율성과 연결하여 공정성의 문제를 제기한다. 즉, 자율적으로 사고파는 행위가 이루어져야 한다면서, 공동체주의적 입장에서 '사고 팔 수 있는 것'과 '사고팔아서는 안되는 것(사람의 장기 등)'을 명확히 구분하여야 한다고 한다.

②과학적 사회주의자 가운데서 칼 마르크스는 인류의 역사를 원시 공동사회 → 고대 노예사회 → 중세봉건 사회 → 근대자본주의 → 사회주의적 공산사회의 5단계로 나누고 마지막 단계인 공산주의 사회가 아름다운 사회라고 보았다. 또한 윤리적 기초로 정치공동체의 실현에 두고 협동적 생산활동과 개성의 실천을 강조하였다.

제2절

동양철학

4-2-1 「대학」(大學, 미상)

【배경】

　유교의 근본이 되는 4서 5경 중, 보통 「대학」을 제일 먼저 읽은 후 「논어」, 「맹자」을 읽으라고 할 정도로 「대학」은 고대 유교 철학의 결정체이며 완성이다. 고대의 최고 교육기관인 태학(太學)에서 가르치는 내용을 서술한 책으로 인생의 목표를 설정하고 가치관을 확립시켜주는 데 기여하였다.

　「대학」은 증자가 지었다는 설이 있으나, 현대의 학자들은 대체로 작자미상으로 보고 있다. 주희가 수기치인을 목표로 하고 이를 위한 3강령과 8단계를 제시하였으며, 고전에서 각각의 예를 인용하여 정리하였다.

- 「소학」을 배운 졸업생 가운데 장래 국가의 지도자가 될 사람은 다시 태학에 입학한다.

【주요 내용】

　수기치인(修己治人:나를 닦고 남을 다스리다) : 이상적인 지도자가 되기 위한 3강령과 이를 이루기 위한 8단계(조목) 과정을 제시하고 있다.

목표	강령(3강령)		단계(8조목)
수기치인 (修己治人)	1.명명덕(明明德) -나의 명덕을 밝힘 (修己)	앎	1-1. 격물(格物)
			1-2. 치지(致知)
		실천	1-3. 성의(誠意)
			1-4. 정심(正心)
			1-5. 수신(修身)
	2.신민(新民) -백성을 새롭게 함 (治人)		2-1. 제가(齊家)
			2-2. 치국(治國)
			2-3. 평천하(平天下)
	3.지어지선 (止於至善)		-

- 대인이 실천해야 할 3강령으로 명명덕, 신민, 지어지선이 있다.

- 명명덕(明明德) : 도덕적 인자를 다시 밝히는 것으로 이상적인 군주의 전형으로 주나라 발전의 터전을 마련한 문왕, 은나라를 세운 탕왕, 요·순을 든다.
- 신민(新民) : 타인을 감동시키고 실천으로 이어지게 하는 것(덕화, 德化)으로 탕임금이 목욕통에 '구일신 일일신 우일신'(苟日新 日日新 又日新 : 진실로 어느 날 새로워졌다면 날마다 더욱 새롭게 하고, 또 날마다 새롭게 하라)이라고 새겨 넣었다. 새로움이 지속될 수 있도록 부단히 노력하여 그 결과를 지속시키라고 한다.
- 지어지선(止於至善) : 더 이상 좋을 수 없는 주어진 상황에서의 최선으로, 명명덕과 신민이 항상 지선의 상태에서 이루어지도록 노력하여야 한다. 자신은 절차탁마(切磋琢磨)하고 소송이 발생하지 않도록 하는 것이 근본이다.

- 격물치지(格物致知) : 사물의 본질인 궁리(窮理)를 선비의 학문연구의 출발점으로 보았으며, 대상에 대한 깊이 있는 연구를 격물(格物)이라 하고, 격물을 통해 나의 앎이 철저해지는 것을 치지(致知)라 하였다.
- 성의(誠意) : 자신을 속이지 말고 나만이 혼자 있을 때에도 도덕적 실천을 하라 즉, 신독(愼獨)을 강조한다. 신독을 통해 내면에 진실이 충만하게 되면 저절로 진실한 행동이 나온다. 성의를 통해서 내면의 덕이 충만해지면 마음이 저절로 여유로워지고 몸은 저절로 윤택해진다.
- 정심수신(正心修身) : 몸을 바르게 닦기 위해서는 몸의 주인인 마음이 먼저 바르게 되어야 한다. 노여움·좋아함 등 정(情) 즉 감정에 치우치면 평형을 잃고 잘못될 수 있다. 감정의 절제를 말한다.
- 수신제가(修身齊家) : 사람은 누구에게나 장점과 단점이 있으므로 나의 선입견으로 인해 몸을 가다듬지 못함을 경계하고, 모두 처신함에 있어 공평하여야 한다.
- 제가치국(齊家治國) : 수기(修己)하고 난 뒤 치인(治人)하라. 집안에서 실천하는 효가 나라에서는 충이 되고, 집안에서 실천하면 제(弟, 悌)가 되며, 나라에서는 공경이 된다. 위정자는 백성을 자식처럼 여겨라.

- 요순(堯舜)은 어진 덕으로, 걸주(桀紂)는 포악함으로 천하를 다스렸다.

- 치국평천하(治國平天下) : 선정을 베풀 수 있을 때만이 천명을 지킬 수 있다. 민심을 얻기 위하여 위정자의 덕이 중요하다. 올바른 인재 등용과 함께 나라와 천하를 경영하는 일은 천명을 얻

어야 하며, 천명을 얻기 위하여 혈구지도(絜矩之道)로서 백성을 보살피고 민심을 얻어야 한다.

- 혈구(絜矩)란 나의 호오에 비추어 남을 대하는 것으로, 치인의 가장 중요한 원칙이며 공자의 서(恕)와 비슷하다.

【평가와 시사점】
제가치국편에서 형과 아우가 화목한 뒤에 나라를 교화할 수 있다고 하였으니 오늘날 대기업과 재벌들이 형제간에 재산상속과 분할 문제로 소송을 제기하는 현실에서 좋은 경구가 될 수 있다.
당시 농업기반의 봉건시대임에도 불구하고 덕치를 위한 필요조건으로서 경제에 관심을 가져야 함을 강조하였으며, 재화에 집착하여 자신의 존엄과 몸이 망가지는 현상을 경계하고 있다.

4-2-2 「논어」(論語, 공자어록)

【배경】
공자는 춘추시대인 기원전 551년 노나라에서 태어났으며, 이름은 구(丘)이고 자는 중니(仲尼)이다. 15세에 학문에 뜻을 두고, 30세에 제자들에게 고대 문헌을 가르쳤다. 51세에 이상을 실현하고자 일시 관직에 있다가 환멸을 느낀 이후 14년간 몇몇 제자들과 함께 천하주유를 하고 다시 고향에 돌아와 제자들을 가르치며 고대 문헌을 정리하다가 73세에 사망하였다. 공자는 사람의 기본덕목을 '인'으로 보고 끊임없는 반성과 수양을 강조하였다.
「논어」는 공자가 직접 쓴 책이 아니고 공자의 제자들이 후대에 와서 공자의 어록을 발췌하고 편집한 것으로 공자가 한 말, 제자와 나눈 대화, 제자들이 한 말, 제자들이 서로 나눈 대화로 구성되어 있다. 오늘날에도 「논어」는 한국, 중국, 일본 등 동아시아 문화권에서 필독서인 고전이다.

【주요 내용】

1. 학이(學而)

배우고 때때로 그것을 익히면 이 또한 기쁘지 아니한가? 벗이 있어 먼 곳에서 찾아오면 이 또한 즐겁지 아니한가? 남이 알아주지 않아도 원망하지 아니하면 또한 군자답지 아니한가?(學而時習之 不亦說乎, 有朋自遠方來 不亦說乎, 人不知而不慍 不亦君子乎).

말을 교묘하게 하고 얼굴빛을 꾸미는(巧言令色) 자들에게 인이 드물다.

남이 자기를 알아주지 않는 것을 근심하지 말고, 남을 알지 못하는 것을 근심하라.

2. 위정(爲政)-덕정(德政)을 강조

정치는 덕으로 하는 것이다(爲政以德).

나이에 따른 삶 : 15세-배움에 뜻을 두었다(지우학:志于學), 30세-자립했으며(입:立), 40세-미혹하지 않았고(불혹:不惑), 50세-천명(하늘의 명)을 알게 되었으며(지천명:知天命), 60세-귀가 순해졌고(이순:耳順), 70세-마음이 하고자 하는 대로 하여도 법도를 넘지 않았다(불유구:不踰矩).

3. 이인(里仁)

도는 충(忠:성심·성의를 다하는 마음)과 서(恕:남을 배려하는 마음)일 뿐이다.

군자는 의리에 밝고, 서인은 이익에 밝다.

현명한 사람을 보면 같아질 것을 생각하며, 현명하지 못한 사람을 보면 스스로 속으로 반성한다.

4. 공야장(公冶長)

재여가 (한낮에)낮잠을 자자 '썩은 나무로는 조각할 수 없고, 더러운 흙으로 쌓은 담장에는 흙손질을 할 수 없다. 너에 대하여 무엇을 탓하겠느냐?'고 공자가 말씀하셨다.

5. 옹야(雍也)

지혜로운 사람은 물을 좋아하고, 인한 사람은 산을 좋아한다. 지혜로운 사람은 동적이고, 인한 사람은 정적이다(知者樂水 仁者樂山, 知者動 仁者靜).

6. 술이(述而)

거친 밥을 먹고 물을 마시며, 팔을 굽혀 그것을 베개로 삼으면 즐거움도 그 속에 있다. 의롭지 못하면서 잘 살고 귀하게 되는 것은 뜬구름만 같은 것이다(飯蔬食 飮水 曲肱而枕之).

세 사람이 가면, 그 가운데 반드시 스승이 있다. 그 가운데 좋은 것을 가려서 그 점을 따르고 그 가운데 좋지 않은 점을 가려서 그 점을 고친다.

7. 태백(泰伯)

지혜로운 사람은 미혹되지 않고, 인한 사람은 근심하지 않으며, 용기 있는 사람은 두려워하지 않는다(知者不惑 仁者不憂 勇者不懼).

8. 선진(先進)
 지나친 것은 미치지 못하는 것과 같다(과유불급:過猶不及).

9. 안연(顔淵)
 자기를 이겨내고 예로 돌아가는 것이 인이다. 예가 아니면 보지 말고, 예가 아니면 듣지 말며, 예가 아니면 말하지 말고, 예가 아니면 움직이지 말라
 정치 : ①식량을 충족시키는 것(足食) ②병기를 충분하게 하는 것(足兵) ③백성들이 군주를 믿게 하는 것이다(버리는 순서:②①③).
 임금은 임금다워야 하고, 신하는 신하다워야 하며, 아버지는 아버지다워야 하고, 아들은 아들다워야 한다(君君, 臣臣, 父父, 子子).
 군자의 덕은 바람이고 소인의 덕은 풀이다. 풀은 위로 바람이 불어오면 반드시 눕는다(君子之德風 小人之德草).

10. 자로(子路)
 정치 : 가까이 있는 자를 기쁘게 하면 멀리 있는 사람이 찾아온다(近者悅 遠者來).
 군자는 사람들과 조화를 이루지만 부화뇌동하지 않고, 소인은 부화뇌동하지만 조화를 이루지 못한다(君子和而不同 小人同而不和).

11. 위령공(衛靈公)
 뜻있는 선비와 인한 사람은… 제 몸을 희생해서라도 인을 이룬다(…有殺身以成仁).

12. 계씨(季氏)
 유익한 벗 : ①정직한 사람 ②미더운 사람 ③견문이 많은 사람

손해가 되는 벗 : ①아첨 잘하는 사람 ②겉과 속이 다른 사람 ③ 말재주가 뛰어난 사람

군자의 경계 : ①젊어서-여색에 빠지는 것 ②장년이 되어서-싸움에 빠지는 것 ③늙어서- 탐욕에 빠지는 것

태어나면서부터 아는 사람은 상급이고, 배워서 아는 사람은 그 다음 등급이며, 곤란을 겪고 나서 배우는 사람은 또 그다음이며, 곤란을 겪고 나서도 배우지 않는 사람은 하급이다.

13. 양화(陽貨)

말을 교묘하게 하고 얼굴빛을 꾸미는 경우에는 인이 드물다.

여자와 소인은 돌보기 어렵다. 그들을 가까이하면 불손해지고 멀리하면 원망한다.

【평가와 시사점】

공자는 정치의 본질은 바로 잡는 것(政者正也)이라고 하면서 자신의 이상을 실현하기 위하여 50세 이후 이 나라 저 나라를 주유하면서 정치에서 현실 참여 방법을 찾았으나 이렇다 할 결과를 얻지 못하고 결국 갈등과 좌절을 경험하였다.

공자는 말은 어눌하지만 행동은 민첩하게 하라면서 실천을 강조하였다. 그러나 사귐의 원칙으로 '자기보다 못한 자를 벗하지 말며…'라고 하여 사회적으로 문제가 될 수 있으며, '가르칠 때는 차별이 없어야 한다(有敎無類)'고 하는 등 일관성이 없는 점이 있다.

4-2-3 「맹자」(孟子, 맹자)

【배경】

　맹자는 춘추전국시대 중기 추나라에서 태어났으며 이름은 가(軻)이며 공자보다 150여 년 후의 사람이다. 맹자는 공자의 '인(仁) 사상을 이어받아 '의(義)'를 강조하여 유학을 체계화하였으며, 정치가로서 여러 나라를 돌면서 자신의 주장을 펴고자 하였다. 맹자의 어머니가 자식 교육을 위해 맹모삼천지교(孟母三遷之敎), 즉 3번 이사(묘지 근처 → 시장 근처 → 학교 근처)를 했다는 것은 널리 알려진 이야기이다.

　「맹자」는 공자사상을 담은 「논어」의 구성방식에 따라 맹자가 제자들과 주고받은 대화 형태로 이루어져 있으며, 총 14편이다. 맹자사상은 ①사람의 본성이 선하다는 성선설(性善說)에 입각해 이를 지키는 것을 '호연지기'라고 한다 ②어진 임금에 의한 어진 정치의 왕도정치가 이상 정치이며 ③항산(恒産:안정된 생업)이 없으면 항심(恒心)도 없다면서 백성들의 생활 안정을 강조한다.

【주요 내용】

1. 양혜왕(상)

　진정 중요한 것은 인의(仁義)이며, 옛날의 현자들은 백성들과 즐거움을 함께했기에 진정 즐길 수 있었다.

　오십 보를 도망간 사람이나 백 보를 도망간 사람이나 마찬가지이다.

　고정적인 생업『항산(恒産)』이 없으면서도 항상적인 마음『항심(恒心)』을 지키는 것은 오직 선비만이 할 수 있다. 일반 백성의 경우는 고정적인 생업이 없으면 그로 인해 항상적인 마음도 없어진다.

2. 양혜왕(하)

천하 사람들과 즐거움을 함께 하고, 천하 사람들과 근심을 함께 하고서도 통일된 천하의 왕이 되지 못한 사람은 없다.

만약 군주께서 어진 정치를 행하면 백성들은 윗사람을 친애하게 되어 윗사람을 위해 죽을 것이다.

3. 공손추(상)

나는 남의 말을 잘 이해하여 나의 호연지기(浩然之氣)를 잘 기른다. 호연지기〖義+道〗란 지극히 크고 강해 하늘과 땅 사이를 가득 채우게 된다.

무력을 사용하면서 인(仁)을 실현하는 것처럼 가장하는 사람=패자(霸者), 덕으로써 인을 실행하는 자=왕자(王者)다.

측은하게 여기는 마음〖측은지심(惻隱之心)〗은 인(仁)의 단서이고, 부끄러워하는 마음〖수오지심(羞惡之心)〗은 의(義)의 단서이며, 사양하는 마음〖사양지심(辭讓之心)〗은 예(禮)의 단서이고, 시비를 가르는 마음〖시비지심(是非之心)〗은 지(智)의 단서이다. 인의예지가 사단이다.

4. 공손추(하)

하늘의 때〖천시(天時)〗는 땅의 이로움〖지리(地利)〗보다 못하고, 땅의 이로움은 사람사이의 화합〖인화(人和)〗보다 못하다.

천하에 공통적으로 존귀한 것:①작위(조정에서) ②나이(마을에서) ③덕(세상을 돕고 백성을 이끄는데)이다.

5. 등문공(상)

백성들이란 안정적인 생업〖恒産〗이 있으면 안정된 마음〖恒心〗을 가지게 되고, 안정적인 생업이 없으면 안정된 마음이 없게 된다. 만약 안정된 마음이 없으면 방탕하고 편벽되어 사특하고 사치한 행동을 하게 된다.

백성들이 금수에 가까워지는 것을 근심하여 인륜을 가르치게 했으니, 부자사이에는 친애함이 있고〖부자유친(父子有親)〗, 군신사이에는 의리가 있으며〖군신유의(君臣有義)〗, 부부사이에는 구별이 있고〖부부유별(夫婦有別)〗, 어른과 아이 사이에는 차례가 있고〖장유유서(長幼有序)〗, 친구 사이에는 믿음성이 있어야 한다〖붕우유신(朋友有信)〗.

6. 등문공(하)

대장부는 부귀하여도 마음이 동요되지 않고, 빈천한 상황에 처해도 의지가 변함이 없고, 위세와 무력에도 지조를 굽히지 않는다.

7. 이루(상)

군주가 되려고 하면 군주의 도리를 다해야 하고, 신하가 되려고 하면 신하의 도리를 다해야 한다. 이 두 가지는 모두 요순을 본받으면 될 뿐이다.

천하의 근본은 나라에 있고, 나라의 근본은 집에 있고, 집의 근본은 한 사람의 몸에 있다.

사람들은 추구해야 할 도가 가까운 곳에 있는데도 먼 곳에서 찾고, 해야 할 일이 쉬운 곳에 있는데도 어려운 곳에서 찾는다.

8. 이루(하)

학문에는 스스로 체득하는 것〖자득(自得)〗이 중요하며, 1단계로 폭넓게 배우고 세밀하게 토론하며, 2단계는 폭넓은 지식을 토대로 핵심원리를 이끌어낸다.

군자의 걱정거리인 〖(우(憂))〗는 아직 자신이 그렇지 못한 상태에 있음을 생각하는 것으로 내면에서 생긴 것이며, 근심(患)은 빈천과 같은 외부조건에 의한 것으로 일시적인 것이다.

9. 만장(상)

사람이 어려서는 부모를 사모하다가, 아름다운 여자를 알게 되면 젊고 아름다운 여자를 사모하고, 처자식이 생기면 처자식을 그리워하고, 벼슬을 하면 군주를 사모하고, 군주의 신임을 얻지 못하면 마음을 태운다. 그러나 큰 효자는 죽을 때까지 부모를 사모한다.

옛날에 요임금이 순임금을 하늘에 천거하자 하늘이 그것을 받아들였고(天命), 백성들에게 드러내어 보여주자 백성들이 받아들였다. 그러므로 하늘은 말을 하지 않고 행적과 사실로써 보여줄 뿐이다.

10. 만장(하)

현자와 성인인 공자:백이-청렴결백한 사람, 이윤-책임을 느끼는 사람, 유하혜-온화한 사람, 공자-모든 것을 모아서 크게 이룬 사람(집대성)

11. 고자(상)

고자는 사람의 타고난 본성 자체에 선이나 불선의 경향성은 없다고 보았으며, 후천적으로 밖에서 가해지는 인위적인 교화를 통해 본성을 교화시킨 결과라 하였다.

반면에 맹자는 성선설의 입장으로 사람은 누구나 나면서부터 선한 본성(보편성, 선험성)을 지니고 있으나, 환경적 요인(토질, 기후조건)과 후천적인 노력을 하지 않기 때문에 악하게 된다고 하였다.

인(仁)은 사람의 마음이고, 의(義)는 사람의 길이다. 그 길을 내버려두고 따르지 않으며, 그 마음을 잃어버리고 찾을 줄 모르니 슬프도다. 학문하는 방법은 자신의 잃어버린 마음을 찾는 것일 뿐이다.

12. 고자(하)

군자가 신념이 없다면 어떻게 확고한 태도를 지닐 수 있겠는가?

근심과 걱정은 사람을 살아나게 하고, 안일한 쾌락은 사람을 죽게 한다.

내가 탐탁지 않아서 가르치기를 거절하는 것 또한 가르침의 하나이다.

13. 진심(상)

맹자는 성선설을 주장하면서 인간의 도덕적 본성(인의예지)은 하늘로부터 부여받은 것이라 하였다.

왕도(王道)는 하늘이 만물을 길러주듯이 자연스러워서 백성들은 군주의 존재조차 의식하지 못한다. 패도(霸道)는 작위적·의도적이며 군주가 자신을 내세우므로 백성들에게 이로운 정책을 펴면 백성들이 알아차리고 기뻐한다.

군자의 3 즐거움:①부모가 살아계시며 형제들이 아무런 탈이 없는 것 ②우러러봐도 하늘에 부끄럽지 않고 굽어봐도 사람들에게 부끄럽지 않은 것 ③천하의 뛰어난 인재를 얻어서 가르치는 것

14. 진심(하)

백성이 귀하고 사직은 그다음이고 군주는 하찮다. 그러나 백성의 마음을 얻으면 천자가 되고, 천자의 마음을 얻으면 제후가 되고, 제후의 마음을 얻으면 대부가 된다. 제후가 사직을 위태롭게 하면 제후를 바꾼다.

인이란 사람(人)이란 뜻이다. 인과 사람을 합해서 도(道)가 된다.

도란 고원하고 초월적인 것이 아니며, 일상적으로 만나는 대상 속에 있으며 나 자신의 내면으로 돌아가 찾아야 한다. 실천의 기본적인 방법으로 부분적인 것에서부터 전체적으로, 가까운 것에서부터 먼 것으로 확대해서 적용하는 것이다.

【평가와 시사점】

「맹자」는 성선설에 입각해 사람은 본래 선한 본성을 가지고 인을 추구하며, 왕도정치인 도덕 정치, 백성의 삶을 존중하는 민본사상으로 확장하여 사회, 국가, 나아가 우주 전체가 하나가 되고자 했다.

백성이 귀하고 사직은 그다음이고 군주는 하찮다고 하면서 역성혁명을 지지하는 자세로 당시 진보적인 견해를 취하였다.

당시 농업사회임에도 불구하고 항산이 있어야 항심이 있을 수 있다고 하면서 경제의 중요성, 신분을 뛰어넘는 과감한 인재발탁과 분업을 강조하였다.

※ 제나라에 처 한 명과 첩 한 명을 데리고 한집에서 사는 자가

외출했다 하면 반드시 술과 고기를 실컷 먹은 후에 되돌아오고, 남편이 부유하고 지위가 높은 사람들의 이름만을 대었는데, 몰래 뒤따라가 보니 무덤의 제사 지내는 곳에서 제사를 지내고 남은 음식을 얻어먹고 온 것을 알고 처첩들이 부끄럽게 여겨 서로 울었다는 이야기를 통해 오늘날 권력자의 주변에서 부귀를 추구하는 이들을 비판하고 있다(이루하 8.33).

4-2-4 「중용」(中庸, 자사)

【배경】

「중용」은 자사(공자의 손자)가 지어 주희 이전부터 「예기」와 독립되어 유통되었으나, 주희가 예기의 중용편을 분장하고 구(句)를 끊어 주석을 붙여 중용장구(中庸章句)로 하여 완성하였다. 주희는 맹자 이후 끊어졌던 도통이 정부자 형제(정호, 정이)를 통해 자신에게 계승되었다고 주장한다.

　유학의 중요내용을 설파한 책으로 그 내용이 심오하여 이해하기 쉽지 않으므로 사서(四書)를 읽을 때 마지막에 읽기를 권유하고 있다. 「중용」의 중(中)은 지나침도 없고 모자람도 없는 최선으로 중의 행위는 더 이상 완벽할 수 없는 지극한 행위이다. 용(庸)은 상(常)으로 평범하다는 말이다. 따라서 평범하기 때문에 바뀌지 않는 최선의 가치로 보편적 가치라고 할 수 있다.

【주요 내용】

　주희는 서문에서 도가와 불가에 대항하여 성리학의 도통을 체계화하였다. 잠시라도 쉼 없이 힘을 써서 도심이 늘 몸의 주인이 되게 하고 도심의 명령을 따르도록 하면 일상의 동정과 언행에 넘치거나 모자라는 잘못이 저절로 없어진다고 하였다.

- 성리학 도통의 체계화 요순우(堯舜禹) ⇒ 왕 : 탕(湯)왕·문왕·무왕 ⇒ 공자 ⇒ 안자·증자 ⇒ 자사 신하 : 고요, 이윤, 부열, 주공, 소공

(제1편) 하늘과 인간 그리고 중용의 길 : 하늘이 부여해준 착한 본성을 타고 난 인간에게는 도덕적으로 살아가야 할 사명이 있으며, 그렇게 사는 길이 중용의 실천이다.

- 하늘과 인간이 태어날 때 명한 것 → 성(性) 또는 본성(本性) 본성으로 사는 것, 인간이 가야 할 길 → 도(道) 올바른 이치「리(理)」
 중(中)은 천하의 큰 근본으로 마음속에 가득 차 있고, 어느 한쪽에 치우치지 않음, 화(和)는 절도에 맞게 된 상태로 어떤 기준에 부합된다 → 나와 남이 어울려 조화로운 공동체가 계속 유지되어야 한다.
 중용의 의미 : ①중(中)은 치우치지도 기울지도 않고〖불편불의(不偏不倚)〗, 지나침도 모자람도 없다〖무과불급(無過不及)〗 ②용(庸)은 평상으로 평범하다 + 바꾸지 않는다는 말로 늘 그러하므로 바뀌지 않는 진리를 말한다.

- 군자는 매일 매일의 일상에서 올바른 길을 찾아 최선을 다하며 산다. 중용의 실천자로 순임금(지자), 안회(인자), 자로(용자)를 예로 들었다.

(제2편) 어디에나 있는 도(道)

- 군자의 도는 중용의 도로 우리 일상의 어디에나 있다. 따라서 부부(필부필부)처럼 어리석은 사람도 알고 실천할 수 있다.

- 도는 사람에게서 멀리 떨어져 있지 않으며 일상에서 ①충(忠) 즉, 자신이 최선을 다하는 것(임금, 부모, 친구 등) ②서(恕) 즉, 나의 마음으로 남을 헤아리는 것, 내가 원하지 않는 것을 남에게 강요하지 않는 것이다.

- 군주의 덕은 군신, 부자, 부부, 형제, 붕우 등 5종의 인간관계에서 실천되는데, 이를 위하여 ①최상의 실천이 무엇인가를 아는 지혜(知) ②알고 난 뒤에 실천하는 어짊(仁) ③최선의 경지에까지 이르도록 힘쓰게 하는 용기(勇)의 3덕목이 필요하다.

- 공부의 5조목 : ①널리 배우고(박학:博學) ②자세히 묻고(심문:審問) ③신중하게 생각하고(신사:愼思) ④분명하게 판별하고(명변:明辯) ⑤독실하게 실천한다(독행:篤行)

(제3편) 하늘을 본받아 성인(聖人)이 되는 길 : 진실함〖성(誠)〗

- 성(誠)은 하늘의 도리로 하늘과 인간의 연결고리이며, 거짓없는 하늘이 준 덕을 손상하지 않고 지켜가는 것을 본성에 따른다고 한다. 천부의 본성대로 살아가는 사람이 성인이다.

- 진실함이 자신의 본성뿐만 아니라 남의 본성, 사람의 본성뿐만 아니라 사물의 본성까지 완전하게 하면 지성(至誠)이고, 아래 단계가 치곡(致曲)으로 어느 한구석이라도 성(誠)한 경우이다. 지성의 경지에 이르면 신과 같아진다(귀신이라 함).

- 진실함은 만물의 처음과 끝으로, 나와 만물을 하나로 만들어 주는 도리이다. 진실함이 자기에게는 어짊(仁)을 통해 이루어지고, 만물은 좀 더 적극적으로 나의 지혜를 통해 그들의 본성대로 살도록 완성시켜 준다.
- 위대한 성인의 도는 예를 통하여 발현된다. 온고이지신(溫故而知新 : 예전에 배운 것을 거듭 익혀 새로운 것을 안다), 명철보신(明哲保身 : 현명하고도 지혜로워 그 몸을 보전한다)
- 시대의 변화에 적응하는 합리적인 예법과 제도를 주장하고, 시대의 변화를 무시하고 예법이나 제도를 시행하려는 사람들을 준연히 꾸짖고 있다.

(제4편) 도의 완성 : 다시 신독(愼獨)을 말하다
- 성(性), 도(道), 교(敎)의 본질이 신독이며, 신독을 통해 중화를 이룰 때 천지만물도 감응한다.
- 군자는 세상을 피해 있어도 저절로 빛난다. 내면에 덕이 쌓여 있기 때문이다. 스스로의 마음자리를 돌아보아 부끄러움이 없도록 덕을 쌓아온 것이다.
- 방의 구석진 곳에서조차 부끄럽지 않는 사람은 신독으로 덕을 쌓은 군자다.
- 군자가 신독을 통하여 내면에 쌓은 덕은 미묘하여 드러나지 않는다. 그 이상적인 인격이 신독을 통하여 이루어진다.

【평가와 시사점】
「중용」은 일상에서 충(忠), 즉 자신이 최선을 다하는 것과 서(恕)

즉, 나의 마음으로 남의 마음을 헤아리라고 하였다. 사회와 조직에서 갑질이 사회문제로 심화되고 있는 상황에서 새겨보아야 할 내용이다.

　매일 변화를 일상생활화하여야 한다고 하면서도, 시대의 변화에 적응하는 합리적 예법과 제도를 주장하고 지도자가 시대에 부합하는 제도를 시행하여야 백성들이 따르게 된다면서, 시대의 변화를 무시하고 예법이나 제도를 시행하는 사람들을 준엄하게 꾸짖고 있다.

　'남이 한번 배워서 알면 나는 백번을 배우고, 남이 열 번 배워서 알면 나는 천 번을 익힌다'. 이렇게 한다면 비록 어리석어도 반드시 밝아지며 비록 연약하여도 반드시 강해진다. 열심히 실천하도록 노력함을 강조한다.

4-2-5 「순자」(荀子, 순자)

【배경】

　순자는 전국시대 말기인 BC 300-238년 활동했던 유학자로 이름은 황(況)이며 조(趙)나라 출신이다. 순자는 공자의 제자 가운데 자하(子夏)계통의 학자로 성악설을 주장하면서 본성은 악하나 성인이 제정한 예를 통하여 인간이 교화됨을 강조하였다.

　「순자」는 「논어」의 체계를 모방하여 1~26편은 순자가 쓴 글이고, 27~32편은 제자들이 기록한 것으로 알려져 있다. 순자사상은 ①하늘과 자연은 분리되었으나〖천인지분(天人之分)〗, 인간은 하늘과 일치하려고 해야 한다 ②성악설로 인간은 태어날 때부터 악한 본성을 가지고 있다 ③인간은 스승과 법도, 예의 즉 교육과 수양으로 교화될 수 있다.

【주요 내용】

1. 학문을 권장하다〖권학(勸學)〗

학문은 멈춰서는 안 된다. 푸른 물감은 쪽이라는 풀에서 얻지만 쪽보다 더 푸르고〖청출어람(靑出於藍)〗, 얼음은 물로 만들어진 것이지만 물보다 더 차갑다.

2. 몸을 닦는 방법〖수신(修身)〗

선(善)을 보았을 때는 마음을 가다듬어 반드시 자신에게 있는지 살펴보고, 불선(不善)을 보았을 때는 얼굴빛을 고쳐서 반드시 스스로 반성해야 한다.

3. 구차해서는 안 된다〖불구(不苟)〗

군자는 행동할 때에 구차하게 어려운 것을 귀하게 여기지 않고, 말할 때에 구차하게 세밀한 것을 귀하게 여기지 않으며, 이름이 구차하게 전해지는 것을 귀하게 여기지 않는다. 오직 마땅한 것을 귀하게 여길 뿐이다.

4. 영예와 치욕〖영욕(榮辱)〗

영예로운 사람 : 의리를 앞세우고 이익을 뒤로, 항상 통달, 항상 남을 제압한다.

치욕 받는 사람 : 이익을 앞세우고 의리를 뒤로, 항상 궁색, 항상 나에게 제압을 당한다.

5. 관상을 보지 않는다 〖비상(非相)〗

 군자는 길하고 소인은 흉하다. 그러므로 장단이나 대소, 행상이 좋고 나쁜 것은 길흉과 상관이 없다. 마음과 행동방식이 더 중요하다.

 말이 어질지 않으면 침묵만 못 하고, 그 변론은 눌변(訥辯)만 못하다.

6. 열두 명의 학설을 비판한다 〖비십이자(非十二子)〗

 도가와 명가의 인물, 유가의 자사와 맹자도 포함하여 잘못을 비판한다.

 천지가 만물을 품는 것처럼 겸손과 관용을 통해 모든 사람을 대해야 한다.

7. 공자 〖중니(仲尼)〗

 왕도(덕으로 다스리는 것)와 패도(무력으로 다스리는 것)에 대해 언급하고, 패도에 대해 좋게 생각하지는 않지만 긍정적인 측면도 인정한다.

 군자와 소인의 처세술에 대해 언급 : 군자는 상황에 따라서 굽혀야 할 때는 굽히고 펼쳐야 할 때는 펼친다.

8. 유학의 효능 〖유효(儒效)〗

 유자(儒者:유학을 공부하는 자)가 세상을 다스리면 안정되고 조화로운 세상이 되고, 나라에 이익이 될 것이다.

 속인(俗人), 속유(俗儒), 아유(雅儒), 대유(大儒)로 구분하고, 대유가 등용되면 천하가 안정되고 하루아침에 명성을 이룰 것이다.

9. 왕의 제도

왕도정치로 좋은 일을 한 사람에게는 상을 주고, 나쁜 일을 한 사람에게는 벌을 준다.〖정론(定論)〗

국가를 유지하기 위해 ①어진 사람 ②국방력 ③부유함이 필요하다.

10. 부유한 나라〖부국(富國)〗

나라를 풍족하게 하는 방법은 백성을 윤택하게 하며 백성에게 이익을 주고 사랑을 베풀어야 한다.

군주는 충신, 조화, 균형의 3덕을 갖추어야 하며, 자기 이익만 챙기는 군주는 결국 백성들로부터 외면당하고 멸망하게 된다.

11. 왕도와 패도〖왕패(王覇)〗

왕도는 덕으로 정치하는 것이며, 정의를 앞세우고 이익을 뒤로 한다. 패도는 힘으로 정치를 하는 것으로 이익을 앞세우고 정의를 뒤로 한다.

군주의 길은 먼 것이 아니라 가까운 것을 다스리며, 어두운 것이 아니라 밝은 것을 다스리고, 여러 가지가 아니라 한 가지를 다스리는 것이다.

12. 군주의 도리〖군도(君道)〗

군주 혼자 나라를 다스릴 수 없음으로 어질고 지혜로운 재상을 선발해서 등용하고, 각자의 재능에 맞는 관직에 인재를 적절하게 분배하여 활용해야 한다.

13. 신하의 도리〖신도(臣道)〗

　신하를 아첨하는 태신(態臣), 찬탈하는 찬신(纂臣), 공을 세우는 공신(功臣), 군주를 성스럽게 만드는 성신(聖臣)으로 나누고, 군주는 성군(聖君), 중군(中君), 폭군(暴君)으로 나누며, 충성도 가장 큰 충성인 대충(大忠), 그 다음가는 차충(次忠), 가장 낮은 단계의 하충(下忠), 나라를 해치는 국적(國賊)으로 구분한다. 어떤 신하가 군주를 어떻게 섬기느냐에 따라서 국가의 흥망이 결정된다.

14. 선비를 끌어들이는 방법〖치사(致士)〗

　선비는 나라의 기둥이므로 간악한 사람을 물리치고, 선비를 등용하면 나라가 안정된다.

　스승의 자격은 ①훌륭한 인품 ②신뢰 ③성인의 말씀을 따르는 것 ④이론의 정립이다.

15. 병법에 대한 논의〖의병(議兵)〗

　병법의 요점은 백성을 잘 따르게 하는 것 즉 백성의 마음을 통일시키는 것이다.

　다른 나라를 병합하는 방법은 ①덕 ②힘 ③경제력이 있으나, 덕이 가장 이상적이다.

16. 강한 나라〖강국(彊國)〗

　국가를 다스리는데 가장 중요한 것이 예의와 법도이며, 강한 나라는 군주의 도덕적 권위와 정의로움 그리고 세력보다 올바른 도리를 중시하는데 있다.

17. 천도에 대해 논함〖천론(天論)〗

자연과 인간은 서로 분리되어 있다〖천인상분(天人相分)〗. 즉, 자연계의 법칙과 인간의 법칙이 서로 분리되어 독립된다. 인간이 화를 당하거나 복을 받는 것은 모두 인간 자신의 행위에 의해 결정되는 것이다.

18. 올바른 이론〖정론(正論)〗

윗사람의 명령이 분명하면 아랫사람은 통치가 분명해질 것이요, 윗사람이 바르고 성실하면 아랫사람은 성실할 것이요, 윗사람이 공정하면 아랫사람도 정직하게 될 것이다.

19. 예에 대한 논의〖예론(禮論)〗

사람은 태어날 때부터 욕망이 있으며, 구하려고 하면 다른 사람과 다투게 되며 혼란하게 되고 궁색해진다. 예의를 만들어 욕망에 한계를 지었다.

예에는 3가지 근본인 ①생명의 근본인 천지 ②종족의 근본인 선조 ③통치의 근본인 군사(君師)가 있다.

예는 형상과 내용으로 구성되는데, 적절하게 조화를 이루는 중도가 가장 중요하다.

20. 음악에 대한 논의〖악론(樂論)〗

군자는 귀로는 음탕한 소리를 듣지 않고, 눈으로는 아름다운 여색을 보지 않으며, 입으로는 나쁜 말을 하지 않는다. 군자는 이 3가지를 신중하게 한다.

21. 닫힌 마음을 열다〖해폐(解蔽)〗

묵자, 소자, 혜자, 장자, 신불해, 신도 등 당시 제자백가의 학설은 편견에 치우쳐서 올바른 도를 볼 수 없으므로 편견을 제거해야 한다.

22. 올바른 명칭〖정명(正名)〗

개념은 사물의 존재를 그대로 표현하는 것이 가장 좋다. 명칭은 사물을 간단명료하게 표현하는 것이 가장 좋다.

23. 인간의 악한 본성〖성악(性惡)〗

사람의 본성은 악하므로 태어날 때부터 이익을 좋아하고 다른 사람을 미워하는 마음이 있다.

선한 모습으로 바꾸기 위해서 인위적인 노력, 즉 스승과 법도에 의한 교화, 예의에 의한 인도가 있어야 한다.

24. 군자에 대하여〖군자(君子)〗

천자와 성왕에 의한 통치가 이루어질 때 사회가 안정되지만, 그렇지 않은 경우 혼란하게 된다. 성왕에 의한 도덕 정치가 가장 이상적인 정치이다.

25. 성상(成相)

노래가사로 군주와 신하의 도리, 어진 사람과 간악한 사람 등에 대해서 설명한다.

* 전국시대 말기의 4군(君) : 초나라의 춘신군(春信君), 제나라의 맹상군(孟嘗君), 조나라의 평원군(平原君), 위나라의 신릉군(信陵君)

26. 부(賦)

시와 산문을 결합한 한문체의 한 종류로 문답형식으로 지혜, 누에와 구름, 바늘 등을 운문의 형태로 표현하고 있다.

27. 여러 가지 견해〖대략(大略)〗

친한 사람을 친하게 대하고, 오랜 친구를 오랜 친구로 대하며, 노력한 사람을 노력한 사람으로 대하는 것이 사랑의 차등이다. 또 귀한 사람을 귀하게 대하고, 높은 사람을 높은 사람으로 대하며, 현명한 사람을 현명한 사람으로 대하고, 노인을 노인으로 대하며, 어른을 어른으로 대하는 것이 정의로운 질서다.

28. 유좌의 교훈〖유좌(宥坐)〗

유좌라는 그릇을 통해 공자와 제자들이 천하를 돌아다니며 곤경을 당했던 일이나 공자가 정치를 하면서 나쁜 사람을 처리했던 일화를 소개한다.

※ 유좌 : 텅 비어있을 때는 기울고, 반쯤 차면 반듯해지고, 가득 차면 뒤집어진다.

29. 자식의 도리〖자도(子道)〗

군주와 부모의 명령을 무조건 따르는 것이 아니라 그 명령이 옳은 것인지 판단한 다음에 옳으면 따르고, 옳지 않으면 따르지 않는 것이 올바른 도리다.

30. 본받을 행동〖법행(法行)〗

증자와 공자의 말을 통해 여러 가지 지혜를 전해주고 있으며, 자기 자신을 바르게 알고, 남을 원망하지 말며, 미래를 준비해야 한다.

31. 공자와 애공의 문답〖애공(哀公)〗

공자와 애공, 안연과 정공의 대화를 통해서 '임금은 배요, 백성은 물이다. 물은 배를 띄우기도 하지만, 물은 또 배를 뒤집어엎기도 한다'면서 군주의 옳고 그름에 따라 혁명이 가능하다고 보았다.

32. 요임금과 순임금의 대화〖요문(堯問)〗

요임금이 순임금에게 질문하는 형식으로 되어 있으며, 군주의 통치 방법과 자신을 낮추는 방법, 높은 자리에 있으면서 남의 미움을 사지 않는 방법 등이 언급되어 있다.

【평가와 시사점】

순자는 유가사상(공자의 '인'과 맹자의 '의')과 제자백가 사상을 현실적으로 결합하여 예와 의를 강조하였다. 그러나 순자는 당시의 지배적인 맹자의 성선설을 비판하고 성악설을 주장하여 유가사상의 이단아로 취급당하였다. 근대에 들어와 제자백가 사상이 본격적으로 연구되면서 순자가 다시 재조명되고 유가좌파로 분류되고 있다.

순자가 강조하는 예(禮)는 보다 도덕적인 인간관계를 지향하는 덕목으로 나라를 다스리는 예로부터 작게는 생활 교양까지 포함한다. 보통 인간도 노력해 예를 배우고 의를 행하면 성인이 될 수 있다고 보았다. 또한 순자는 왕도정치를 최선이라 보았지만, 패도정치도 인정하고, '임금은 배요, 백성은 물이다'라고 하면서 역성혁명도 가능하다고 보았다.

4-2-6 「도덕경」(道德經, 노자)

【배경】

노자가 살던 정치적 혼란기인 춘추전국시대는 제자백가 즉 유가, 도가, 법가, 묵가 등 수많은 사상들이 출현하였다. 그중 도가는 노자 사상과 장자 사상을 집대성한 것으로, 창시자 격인 노자는 사회의 혼란과 사람들이 겪는 불행이 인간중심의 그릇된 가치관 때문이라고 주장하며 무위자연을 통해서 얻을 수 있는 자유와 평화를 강조하였다. 철학으로서 도가는 한나라 때 민간신앙과 결합되어 도교로 발전하여 유교, 불교와 함께 동아시아를 대표하는 3대 종교가 되었다.

노자의 성은 이(李), 이름은 이(耳)로 춘추시대 초나라의 고현(하남성) 사람이며 주나라에서 사료를 정리하는 사관(史官)이었다. 노자는 실존 인물이라기 보다는 가공인물로 은둔생활을 한 은자(隱者)였으며, 인위가 아닌 무위의 삶을 지향하였다. 노자를 이어 도가사상을 중흥시킨 사람이 전국시대의 장자이다. 그도 은자로서 송나라 몽(하남성) 출생으로 이름은 주(周)이다. 장자는 노자보다 한 걸음 더 나아가 사람도 자연의 일부이므로 자연으로 돌아가 살아야 한다고 주장하였다.

【주요 내용】

1. 「도덕경」(道德經)이란?

　가. 「도덕경」: 「도경」 + 「덕경」

　노자는 주나라가 멸망할 것을 미리 알고 은신처를 찾아 주나라를 떠나 국경인 함곡관에 이르렀을 때, 부탁을 받아 81편 5천여

자의 글을 남긴 것이 현재 『도덕경』이다. 『도덕경』은 상편인 『도경』 37편과 하편인 『덕경』 44편으로 이루어져 있으며 기원전 3~4세기 출간된 것으로 추정된다.

『도덕경』은 1993년 초나라 묘에서 발굴된 대나무에 쓴 죽간본(36장, 1,741자)과 1973년 한나라 묘에서 발굴된 비단에 쓴 백서본(81장)의 2개 본이 있다. 그러나 백서본이 현재 전해지고 있는 내용과 상당 부분 일치한다. 중국에서 춘추시대 이래 오늘날까지 전해오는 『도덕경』은 주석만 해도 300여 종 이며 그중 위·진 시대에 왕필이 쓴 주석서가 가장 많이 읽히고 있다.

나. 도(道)

노자사상의 가장 핵심적인 개념으로, 도가는 '도'에서 시작되어 '도'로 끝난다고 해도 과언이 아니다. 도란 그 의미가 넓고 깊어 인간이라는 좁은 식견과 지식만 가지고 함부로 규정해서는 안 되는 참되고 영원불멸한 존재이다. 또한 천지만물의 근원이기도 하다.

노자의 '도'는 사람이 만든 인위적인 규범이 아닌 우주 만물이 운행되는 무위의 원리 즉, 자연의 도를 따르는 자세나 태도를 말한다. 또한 자연이 그러하듯 '낳고 자라고 쇠퇴하고 죽는' 순환의 원리이다.

다. 덕(德)

'도'는 본체(체(體))로서 만물을 낳으며 매우 크고 형상이 없다. 그러나 '덕'은 그 본체의 작용[용(用)]으로 만물을 키우고 자라게 하며 돌보고 키워준다.

인간은 '덕'을 실천하기 위하여 세상 만물에 대하여 바로 세우고 잘 보듬을 것을 강조한다. '덕'은 인간사회에서 사람을 참되게 하고,

집안을 화목하게 하며, 동리를 편안하게 하고, 나라에는 평화가 깃들게 한다.

라. 자연(自然)과 무위(無爲)

자연은 '스스로 그러함'으로 작위나 억지가 없는 자유로운 상태를 말한다. 도가사상에서 자연은 절대적이고 전부이다. 자연은 사람, 땅, 하늘 심지어 도까지도 본받아야 할 존재이다.

무위는 자연 상태로 안정되고 인위적인 어떤 것도 더하지 않음을 말한다. 존재로서의 도가 만물이 따라야 할 덕으로 작용할 때 자연에 순응하며 무리가 없어야 한다.

마. 허(虛)와 정(靜)

- 허 : 도가사상은 허무(虛無)로부터 출발한다. 없음(無)과 있음(有)을 통해 도가 존재하고 작용한다. 무는 도의 존재 방식이자 만물의 근원이다. 도는 비어 있으나 아무리 써도 다함이 없고 움직일수록 더 많이 낳는다.
- 정 : 고요함 또는 근본으로 돌아가는 것이다. 근본이 순환의 시작점이며 정거장이다. 씨앗이 떠돌아다니다가 대지에 터를 잡고 종족을 뿌리며 뭇 생명과 조화를 이루며 번성하는 또 다른 생명의 시작이다.

2. 제1부 도경(道經)-상편이며 37장으로 구성

말로 표현할 수 있는 도는 진정한 도(常道)가 아니며, 붙여진 이름은 본래의 이름(常名)이 아니다. 이름이 없는 것(無名)에서 하늘과 땅이 시작되고, 이름이 있는 것(有名)에서 만물이 생겨난다.

- 상도(常道)는 변치 않는 도, 진정한 도, 모든 존재의 근거이다.

도의 세계는 아름다움과 추함, 유와 무, 쉬움과 어려움, 길고 짧음, 높고 낮음 등이 서로 관계를 맺고 통하고 변화한다.
　도는 비어있어 아무리 써도 다함이 없다. 또한 도는 불편부당하고(不仁), 도는 만물을 낳고 끊임없이 작용하여 무궁무진한 생명의 원천이다.
　최상의 선은 물과 같다. 물은 만물을 이롭게 할 뿐 다투지 않는다. 모든 사람이 싫어하는 곳에 기꺼이 머무니 도에 가장 가깝다.
　도는 말로 규정할 수 없으나 도의 존재는 명백하다. 형체를 볼 수 없는 무물(無物)로 보려고 해도 보이지 않고, 들으려 해도 들리지 않으며, 만지려 해도 만져지지 않는다.
　자연은 말없이 행한다. 반면에 사람은 많은 말과 위압적인 행동으로 군림하려든다. 마치 사나운 바람과 소나기처럼.
　도는 하늘과 땅보다 먼저 생겼다. 소리도 없고 형체도 없는데 홀로 있으면서도 변함이 없다. 천지만물의 어머니라 할만하다. 도는 크고 하늘도 크고 땅도 크고 사람 또한 크다. 사람은 땅을 본받고, 땅은 하늘을 본받고, 하늘은 도를 본받고, 도는 자연(自然:스스로 그러함)을 본받는다.
　부드럽고 약한 것이 단단하고 강한 것을 이긴다. 물고기는 연못을 떠나서 살 수 없다. 나라를 이롭게 다스리는 지혜는 남에게 보여주어서는 안된다.

3. 제2부 덕경(德經)-하편이며 44장으로 구성

　귀한 것은 천한 것을 근본으로 삼고, 높은 것은 낮은 것을 바탕으로 삼아야 한다. 화려한 옥처럼 살려 하지 말고 볼품없는 돌처럼 순박하고 무위하게 살라.

근본으로 돌아간다는 것은 도의 움직임이요, 유약한 것은 도의 작용이다. 세상에 만물은 유에서 살고 유는 무에서 산다. 만물은 음을 지고 양을 안으니 두 기가 서로 만나 조화를 이룬다.

세상에서 가장 부드러운 것(물, 바람)이 가장 단단한 것을 부릴 수 있다. 형체가 없는 것이 틈틈이 없는 곳으로 들어간다. 나는 이로써 무위가 유익하다는 것을 안다 → 말없는 가르침과 무위가 곧 자연이다.

지나친 욕심보다 더 큰 죄가 없고, 만족할 줄 모르는 것보다 더 큰 불행은 없으며, 남의 것을 탐내는 것보다 더 큰 허물은 없다. 그러므로 자족함을 아는 데에서 오는 만족이야말로 영원한 만족이다.

도는 만물을 낳고 덕은 만물을 기른다. 도는 만물을 낳지만 소유하지 않고, 돌보지만 대가를 바라지 않고, 자라게 하면서도 지배하려 들지 않는다. 이것이 바로 심오한 덕이다.

규제, 이기(利器), 기교, 법령 등 인위는 단지 백성을 가난하게 만들고 나라를 혼란에 빠뜨리며 사악한 일을 연이어 일어나게 하는 데다가 도둑마저 들끓게 하는 불필요한 격식이나 도구였을 뿐이다.

사람을 다스리고 하늘을 섬기는데 오직 아끼는 것(嗇)만이 가장 좋은 방법이다. → 아끼면 덕이 쌓이고 덕이 쌓이면 도에 머물게 되며, 도에 머무르게 되니 그런 삶은 장구(長久)하다.

욕심 없이 자연스럽게 행동하고, 드러나지 않게 일하며, 꾸미지 않는 맛을 낸다(爲無爲 事無事 味無味). 무위(無爲), 무사(無事), 무미(無味)는 욕심이 제거된 상태이며 자연의 이치에 따르는 태도다.

노자는 잘 간직하고 소중히 여기는 3 보물로 ①자애(慈愛) 즉, 자녀를 아끼고 사랑하는 부모 마음 ②검소(儉素) 즉, 아낌으로 절약과 귀히 여기는 마음 ③겸허(謙虛) 즉, 사람에 대한 겸손, 사람들 앞에 나서지 않음이다.

　나라는 작고 백성의 수는 적게 하라(小國寡民). 목숨을 부지하고자 먼 곳으로 이주하는 일도 군대가 진을 칠 일도 없어야 한다. → 더 이상 남의 것을 탐하지 말고 소박한 마음으로 자족(自足)하라.

【평가와 시사점】

　도가와 도교는 인간과 자연의 조화를 통한 생태주의와 안분지족의 삶을 권하며 현대인의 마음을 위안하는 사상으로, 또한 건강을 증진하기 위한 단전호흡, 기공, 태권 등의 심신수양법으로 널리 보급되는 등 동아시아 사회에 큰 영향을 끼쳤다.

　오늘날 지나친 성장 위주의 개발전략에 따라 발생한 인간소외와 환경오염, 자연파괴와 자원고갈로 현대사회에 위기가 닥치자 노자의 무위자연 철학과 인간과 자연의 평등사상인 장자의 만물제동(萬物齊同)설이 인류사회가 나가야 할 새로운 대안으로 인식되고 있다.

4-2-7 「장자」(莊子, 장자)

【배경】

　장자는 BC 370~280년 전국시대 맹자와 같은 시대에 송나라에 살았던 사람으로 하급관리로 잠시 있었을 뿐 평생동안 자유인이었다. 그래서 모든 인위적인 사고나 제도를 거부하고 사람도 자연의 일부이므로 자연의 법칙인 도에 따라 살아야 한다고 하였다.

장자는 자연이 모든 존재의 근원으로 모든 존재들이 자신을 맡겨 살아가야 하는 흐름이며 순환이므로 자연으로 돌아가서 자유롭게 살아야 한다고 주장한다. 그가 말한 내용의 대부분은 우화(寓話)로 이어져 은유와 풍자, 비유와 의인화를 통해 인간의 한계를 조롱하고 풍자한다.

【주요 내용】
1. 내편(內篇)
- 곤(鯤)이라는 물고기가 큰 새인 붕(鵬)으로 변하면 그 날개가 하늘의 구름과 같다.
- 허유 접여의 삶의 태도 : 허유 접여는 자유롭게 살아가는 은자(隱者)
- 혜자의 박 : 박이 너무 커 소용이 없다면서 부숴버리고 후회한다.
- 쓸모는 하늘이 정하는 법 : 가죽나무와 살쾡이(예)
- 통하였느냐? : 사람의 도리인 인뢰(人籟)뿐만 아니라 땅의 소리인 지뢰(地籟)와 하늘의 소리인 천뢰(天籟)에 귀를 기울여라
- 조삼모사 : 원숭이에게 도토리를 아침과 저녁(3:4→4:3)으로 변경
- 참을 수 없는 지식의 즐거움 : 도의 관점에서 보라
- 무엇이 올바른 삶인가? : 자연과 더불어 살고 귀천을 구별하지 않았다.
- 삶이 있기에 죽음이 있다 : 삶과 죽음은 연속적인 관계이다
- 칼로써 양생을 말하는 정(丁) : 소 잡는 일을 도의 경지에서 행한다

- 사람에게서 자연으로 : 하늘의 뜻, 자연의 이치에 순응
- 누구나 자기 설움에 운다 : 마음의 재계(齋戒)를 하라 한결같은 마음을 지녀야 하며, 사물의 소리를 귀가 아닌 마음으로 들어야, 더 나아가 기(氣)로 들어야 한다
- 천륜(天倫:부모에 효도)과 인륜(人倫:군주에 충) : 피할 수 없으며 현실에 최선을 다하라.
- 모난 돌이 정 맞는다 : 송나라 행지땅의 가래나무, 잣나무, 뽕나무가 수명을 다하지 못하고 잘렸다.
- 보이는 것만이 다가 아니다 : 덕을 쌓아라, 신체장애로 차별하지 마라
- 사람의 정(개인적인 감정), 하늘의 정(차별 없는 보편적 정서)
- 진인(眞人)을 본받아 : 도를 깨우친 사람으로 최고의 인간, 자연의 흐름에 순응하라
- 삶과 죽음을 넘어 자유로
- 청출어람(靑出於藍) : 좌망(坐忘)은 육체 감각 지각을 떠나 온갖 차별을 초월해 큰 도에 이르는 것으로 무위자연으로 통하는 문 마음을 비우면 귀신도 도망간다.
- 인위(人爲)가 무위(無爲)를 죽이다 : 남해 임금(숙:儵), 북해 임금(홀:忽), 중앙 임금(혼돈(混沌)-숙과 홀이 인간의 의지(맑음과 어두움)며, 혼돈은 무위의 자연 상태(태초 모습)이다.

2. 외편(外篇)

- 물오리와 학의 다리 : 불구란 사람의 판단이 낳은 결론, 인간이 편의대로 차별한 것이다.
- 수양산 바라보며 공자를 탓하노라 : 백이(伯夷)와 도척(盜跖:중

국 고대의 큰 도둑)의 차별은 옳지 않다.
- 그 어떤 기예도 자연을 빚지는 못한다 : 명장과 명품도 자연을 흉내내는 것이다.
- 바람만이 아는 대답 : 하늘의 법도를 지키고 만물의 본성을 존중하라
- 인도와 천도 : 인도-무엇을 하고자 하는 생각과 행동, 집착, 천도-그대로 받아들이고 순응하는 것, 무위
- 진리를 담을 그릇은 없다 : 언어와 문자의 한계(영국 베이컨 '시장의 우상')
- 지극한 인(仁)은 근본에 따르는 것 : 천도인 인을 지닌 사람, 근본을 따르는 사람
- 버려야 얻는다 : 무위의 경지에는 마음의 모든 경계가 사라지고 온갖 미덕이 저절로 갖추어진다
- 본성에 대한 편견 : 인위의 눈으로 본성을 보면 자신만을 보게 된다
- 벼랑에 이르러야 바다를 본다 : 한계에 이르러야 깨닫는다
- 바람은 경계가 없다 : 도에는 한계가 없으며, 성인의 도도 그러하다
- 최고의 명장은 자연 : 신품 = 재료 + 사람의 본성
- 쓸모는 사람이, 수명은 자연이 정한다 : 자연의 운행은 천도에 따르고, 이를 판단하고 쓸모를 정하는 것은 인도에 속한다.
- 가장 뛰어난 화장술은? : 겸손한 마음
- 제후보다 진인(眞人) : 진인은 세상의 가치를 버리고, 자연의 흐름에 몸을 맡긴 채 무한의 자유를 누리는 존재다.
- 흐르는 강물처럼 : 깊이 생각하지 않아야 비로소 도를 알고, 일정한 거처가 없이 행함도 없어야 도에 머물 수 있으며, 목표가

없어야 비로소 도를 깨달을 수 있다.
- 한 우물을 파라 : 초나라 쇠를 두드려 띠 장식을 만드는 노인 (60년 동안)

3. 잡편(雜篇)
- 자연인 경상초 : 무위자연의 경지를 떠나 세속의 표적이 되므로 왕 추대 반대
- 함께 가는 길 : 상황에 맞게 행동하는 것이 성공을 이루는 길
- 관포지교 : 제나라 환공이 관중에게 물어 친구인 포숙이 아닌 습붕을 추천
- 성과 속 : 본성 = 성(聖)스러움과 속(俗)됨
- 무위이무불위(無爲而無不爲) : 하는 것이 없으면서 하지 않음이 없다. 부분이 전체를 이룬다. 한 부분에 치우침이 없는 전체라야 균형을 이룬다.
- 필요로 하는 것을 주어야 : 당장 필요한 한 줌의 양식과 하늘의 도를 실천하라.
- 꽃은 꽃이 아니다 : 말은 마음을 상대방에게 전달하는 수단이다.
- 나보다 귀한 것은 없다.
- 도척의 길, 공자의 길 : ①상덕(태어나면서부터 탁월함으로 노소와 귀천을 기쁘게 함) ②중덕(지혜와 재능이 천하 만물을 능히 부릴 만큼 뛰어남) ③하덕(많은 무리를 용맹하게 만듦)
- 활인검(活人劍) : ①천자의 칼(천하를 재료로 삼아 날을 세우고 음양오행으로 제어, 하늘의 도) ②제후의 칼(선비의 기개가 재료, 위로 해와 달, 별, 빛을 봄) ③서인의 칼(경박한 복장을 한 무사의 손에, 야만스럽다, 무리의 도)

- 모든 화는 내 탓이다 : 발자국과 그림자(욕망)
- 자연에서 일어나 자연에 눕다 : 받은 것을 되돌려주는 것이 자연의 이치에 순응하는 것이다.
- 물은 부드러우나 다투지 않는다 : 굳고 단단한 것은 깨지고 날카로우면 꺾인다.

【평가와 시사점】

　장자는 대자연에서 노니는 영원한 자유인으로 무정부주의자에 가까우며, 주는 재물조차 하찮게 여기고 재상도 사람을 구속하는 굴레라고 생각하였다. 예의범절이란 것도 인간이 만든 인위적인 틀이며 자유로운 삶을 누리려는 인간의 자유의지를 구속한다면서 공자와 같은 유자들을 비판했다.

　문명이 발전하고 인간관계가 복잡한 현대에도 ①소외된 삶에 대한 동정과 부패한 자들의 위선적인 행동을 꾸짖고 ②내용이 우주와 자연 전체에 걸쳐 있으며(붕과 곤) ③삶의 질을 소박함에서 찾고(자연으로 돌아가라, 부와 권세를 비판) ④문체가 탁월하여(자유분방한 상상력, 시적 운율) 높게 평가한다.

※ 장자가 꿈꾼 인간상 : ①성인(聖人):제도와 문물에 밝은 존재, 완전한 인격을 지닌 사람 ②신인(神人):세속을 초월해 자연과 하나 되어 불멸의 삶을 누리는 존재 ③지인(至人):현실에 얽매이지 않으며 강한 주체성으로 자연 이치에 따르는 존재 ④진인(眞人):세상을 꿰뚫어 보는 통찰력과 복심이 없는 존재

4-2-8 「한비자」(韓非子, 한비자)

【배경】

한비자는 전국시대의 말기 한나라 군주인 안(安)의 서공자(庶公子)이며, 일설에 따르면 한나라 귀족의 후예로 태어나 성악설을 주장한 순자의 제자라 한다. 그는 상앙(商鞅, 진나라의 정치가)의 '법(法:엄격한 법치)', 신불해(申不害, 한나라의 정치가)의 '술(術:통치술)', 신도(愼到, 조나라의 학자)의 '세(勢:권력)'의 3개념을 축으로 법가사상을 집대성하여 확립하였다.

한비자는 인간의 본성이 악하다는 성악설의 입장에서 그것을 해결하기 위한 방안으로 엄격한 법치를 주장하였다. 즉, 인간의 이익을 추구하는 성향은 본질적으로 개선할 수 없음으로 법치라는 제도의 엄격하고 차별 없는 적용을 통해 악을 방지해야 한다는 것이다. 여기서 법이란 오늘날의 법학이론이기보다는 군주를 중심으로 한 사회조직론, 국가운영방법론이다.

【주요 내용】

1. 이병(二柄 : 두 개의 칼자루)

군주는 두 개의 칼자루인 상(賞)과 벌(罰)을 자신의 손에 틀어쥐고 그것을 실행해야 한다.

군주는 겉으로 자신의 감정을 드러내지 않고 오직 일의 성과에 따라 상벌을 내림으로써 신하들을 통제해야 한다.

2. 팔간(八姦 : 여덟 가지의 간악함)

①동상(同床):군주와 침실을 함께 하는 자들을 이용하는 방법 ②

재방(在傍):군주의 최측근을 이용하는 방법 ③부형(父兄):군주의 친족들을 이용하는 방법 ④양앙(養殃):재앙을 기르는 방법 ⑤민맹(民氓):무지한 백성을 이용하는 방법 ⑥유행(流行):유창한 변설을 이용하는 방법 ⑦위강(威强):위세가 강한 것을 이용하는 방법 ⑧사방(四方):여러 나라를 이용하는 방법
군주가 근본적으로 문제를 해결하기 위하여 미리 이런 간악한 행동을 예방해야 한다.

3. 십과(十過 : 열 가지의 잘못)

군주가 쉽게 저지를 수 있는 열 가지 잘못:①작은 일에 정성을 다하면 큰 정성을 해친다 ②작은 이익에 연연하면 큰 이익을 놓친다 ③편협하고 방자하면 스스로를 망친다 ④음악에 심취하면 궁지에 몰리게 된다 ⑤탐욕스럽고 괴팍하면 나라를 잃는다 ⑥무희와 음악에 빠지면 망국의 화근이 된다 ⑦도성을 떠나 멀리 유람하면 위태롭다 ⑧신하의 충고를 듣지 않으면 비웃음 받는다 ⑨자국의 역량을 헤아리지 않으면 영토를 잃는다 ⑩나라가 작은데도 예의를 갖추지 않으면 대가 끊어진다.

4. 고분(孤憤 : 홀로 분통을 터뜨리다)

자신의 주장을 알아주는 자가 없어 홀로 울분에 가득한 마음을 참지 못하고 터뜨린다는 뜻이다.
자신이 측근이나 권력을 장악한 중신들의 전횡으로 진정한 인재로 인정받지 못하는 당시의 정치 상황에 대해 강한 분노를 느낀다.

5. 세난(說難 : 유세의 어려움)

군주의 기분이나 정황에 맞게 행동하는 것이 최선이며, 군주의 신임을 충분하게 받았을 때에 자신의 방책을 펼쳐라.

6. 화씨(和氏 : 화씨의 옥 이야기)

화씨는 춘추시대 초나라 사람으로 군주에게 옥을 바쳤다가 두 발이 모두 잘리고서야 옥의 진가를 알아주는 군주를 만났다.
법치를 주장하다 찢겨 죽은 위나라의 오기(吳起)와 상앙(商鞅)을 인용하면서 현실적으로 통치술에 능통한 인재가 제대로 인정받기가 매우 힘들다.

7. 망징(亡徵 : 나라가 망할 징조)

나라가 망할 징조로 47가지(군주의 실세가 둘인 경우 등 측근 비리)가 있는데, 망할 징조가 있더라도 금방 멸망하지 않는다.
다만 법치가 잘 시행되는 나라는 이런 징조를 미리 파악해서 부국강병책을 통해 패자가 될 수 있다.

8. 삼수(三守 : 군주가 지켜야 할 세 가지)

군주가 지켜야 할 세 가지로 ①권력을 전횡하는 신하의 행동에 대해 간언했을 때 그 말을 누설하지 말아야 한다 ②측근들에 의해 좌지우지되어서는 안 된다 ③군주의 권한을 신하들에게 맡기면 안된다.
이를 지키지 못하면 ①군주를 대놓고 협박하는 명겁(名劫) ②신하가 국사를 농단하는 사겁(事劫) ③신하가 나라의 형벌권을 전횡하는 형겁(刑劫) 현상이 일어난다.

9. 비내(備內 : 권력의 내부를 단속하라)

군주 가까이에 있는 왕비와 태자 그리고 측근들은 항상 군주 곁에 있으면서 총애를 받기 때문에 그들의 음모를 소홀히 여기기 쉽다.

군주는 누구도 신뢰하지 말고 오직 법에 의지해 통치해야 요행을 바라는 측근이 사라지고 군주의 위상이 공고해진다.

10. 세림(說林 : 유세의 술)

전국시대 수많은 정객들이 자신들의 정치무대를 마련하기 위하여 군주를 설득시키는 유세에 활용할 수 있는 고사와 전설, 우화 등을 말한다.

11. 관행(觀行 : 행동을 살펴라)

군주가 자신을 돌아보거나 신하들의 행동을 관찰할 때는 마치 거울을 통해 자신의 모습을 비춰보듯이 객관적인 상황과 형편에 의거해야 한다.

법률로 나라를 다스리는 방법을 사용한다면 군주가 신하의 행동을 살피는 것이 완벽해진다.

12. 저설 1(儲說 : 모아 놓은 이야기 1)-칠술(七術)

군주가 나라를 통치하면서 신하들을 통제하는 7 방법을 제시. ①드러난 일의 단서를 보아 대조해 보라《참관(參觀)》②죄지은 자를 반드시 벌주어 위엄을 보여라《필벌(必罰)》③공적이 있는 자는 상을 주어 그 재능을 충분히 다하게 하라《상예(賞譽)》④일일이 말을 들어서 그 실적을 추궁하라《일청(一聽)》⑤일부러 속임수를 써라《궤사(詭使)》⑥알고 있는 사실을 모르는 척하며 질문하라《협지(挾智)》⑦일부러 말을 뒤집어서 하고 행동을 반대

로 하라〖도언(倒言)〗

13. 저설 2(儲說 : 모아 놓은 이야기 2)-육미(六微)

군주가 미리 경계해야 할 신하의 6 행동거지 : ①군주의 권력을 신하에게 넘겨주는 일이다〖권차(權借)〗②군주와 신하의 이익이 서로 달라 외국의 힘을 빌리는 일이다〖이이(利異)〗③신하가 유사한 일을 들어 군주를 속이는 일이다〖사류(似類)〗④군주와 신하의 이해가 상반되는 일이다〖유반(有反)〗⑤신하들의 세력이 비슷해 내분이 생기는 일이다〖참의(參疑)〗⑥적국이 신하의 파면과 등용에 관여하는 일이다〖폐치(廢置)〗

14. 저설 3(儲說 : 모아 놓은 이야기들 3)

현명한 군주가 지켜야 할 6원칙 : 신하들이 하는 말의 거짓이나 과장, 그 맡은 일의 효율성과 성과 등을 신중하게 파악하라, 공평한 상벌과 솔선수범, 신의 있는 행동 등

15. 난세(難勢 : 세에 대한 논란)

현명함과 지혜만으로 사람들을 복종시킬 수 없고, 지위나 권세를 갖추어야 현인(賢人)도 굴복시킬 수 있다.

현인의 다스림인 인치(仁治)와 권세로 다스리는 법치(法治)는 명백하게 서로 용납될 수 없다(창과 방패의 논리처럼).

16. 오두(五蠹 : 나라를 좀먹는 다섯 가지의 벌레)

나무를 갉아먹는 5가지 벌레로 ①인의만을 앞세우는 유가나 묵가 등의 학자 ②허황된 주장만 일삼는 유세객 ③사사로운 무력으로 질서를 해치는 협객 ④부정부패를 저지르는 귀족이나 측근 ⑤사치품이나 불량품으로 이익을 챙기는 상공인

비현실적인 이론이나 백성들의 삶을 해치는 무리가 발을 들여놓지 못하도록 법치로써 나라를 통치해야 한다.

【평가와 시사점】

한비자는 부국강병을 위한 중앙집권적 군주정치를 주장하면서 ①법의 시행은 한결같아야 하고 상벌은 공정하게 집행하는 법치(法治) ②사람을 등용함에 있어 신하들의 심리와 상황을 귀신같이 파악하는 술치(術治) ③권위를 내세우고 엄격하여 사람들이 거역하지 못하는 세치(勢治)를 겸해야 한다고 주장한다.

「한비자」는 권모술수까지 동원해야 한다는 마키아벨리즘과 유사하며, 오늘날의 법치주의와는 달리 군주권력을 극대화하고 그것을 통해 통치질서를 세우는 정치공학 차원에서의 법가사상이다. 따라서 현실적 인간에 대한 이해를 바탕으로 원대한 이상보다는 사회적·정치적 현실상황의 변화에 능동적이면서 강력하게 대응할 수 있는 군주 중심의 사고이다.

4-2-9 「손자병법」(孫子)

【배경】

손무(孫武)는 춘추시대 말기 산동성 낙안의 제나라 장수 집안에서 태어나 공자와 같은 시기에 활동하였으며, 신흥소국인 오나라에 가서 왕 합려에게 병서를 바치고 장수가 되어 오나라를 강국의 반열에 올려놓았다.

「손자병법」은 총 13편으로 구성되어 있으며, 전쟁은 유희가 아닌 국가의 존망을 결정하는 중대사이므로 전쟁을 하면 반드시 이겨야 함을 강조한다. 전쟁은 정치·경제력과 밀접하고 전쟁의 승패를 결정하는 요소로 도(道), 천(天), 지(地), 장(將), 법(法)의 5경(經)을 꼽았다.

【주요 내용】

1. 제1편 계(計). 전쟁하기 전에 계획하라

전쟁은 나라의 존망을 결정하는 중대한 일이므로 신중하게 살펴야 한다. 그러므로 전쟁하기 전에 5가지 요소(도·천·지·장·법) 즉, 올바른 정치, 기후와 기상, 지리적 이점, 장수의 능력, 제도와 군대의 질적 문제 등을 헤아려야 한다.

2. 제2편 작전(作戰). 전쟁을 하는 방법

전쟁은 막대한 비용이 드니 비용을 계상하라. 그리고 장기전으로 질질끌면 비용이 많이 들고 승기를 놓치므로 속전속결하라.

식량은 적지인 현지에서 빼앗아 충당하라. 장거리 수송의 문제를 해결하고 적의 전력을 약화시키는 효과가 있다. 또한 탈취한 물건으로 포상하고 귀순 포로는 선도하여 아군에 편입시켜라.

3. 제3편 모공(謀攻). 모략으로 적을 제압하라

최선책은 전쟁을 하지 않는 것이며, 차선책은 전쟁을 하더라도 한 번에 그치는 것이다. 상책의 용병은 ①적의 계략을 공격(伐謀) ②적의 외교관계를 공격하는 것(伐交) ③군대를 공격하는 것(伐兵) ④성을 공격하는 것(伐城) 순이다.

적과 싸우는 원칙:(아군이) 10배-적을 포위, 5배-적을 공격, 2배-적을 분산, 대적할 만하면-싸울 수 있고, (적보다 병력이)적으

면-달아나며, 대적할 만하지 못하면-피하라.

　승리요인 : ①싸워야 할 때와 싸워서 안 될 때를 알고 ② 병력이 많고 적음에 따라 용병법을 알고 ③ 위(장수)·아래(병사)가 한마음으로 하고자 하고 ④ 준비하고 있으면서 준비하지 못한 적을 기다리고 ⑤ 장수가 유능하고 군주가 조종하려 들지 않는다.

　① 적을 알고 나를 알면-백전백승 ② 적을 알지 못하고 나만 알면-1승 1패 ③ 적과 나 모두를 알지 못하면-싸울 때마다 위태롭다.

4. 제4편 형(形). 공격과 수비의 형세

　(적이)승리할 수 없도록 만들고, 적으로부터 승리할 수 있기를 기다린다. (적이)승리하지 못하는 것은 자신에게 달려있으며, 내가 승리할 수 있는 것은 적에게 달려있다.

　완전한 승리로 가는 길을 ①도(度:적군과 아군의 토지 크기) ② 량(量:곡식의 생산량) ③수(數:징집 병사 수) ④칭(稱:적군·아군의 병력 규모) ⑤승(勝:병력 비교 결과) → 적의 취약 부분을 공략하는 것이 핵심이다.

5. 제5편 세(勢). 기정 변화 및 전쟁태세

　작전의 4 요령 : ①분수(分數) ②형명(形名) ③기정(奇正) (기는 기동부대, 정은 공격부대) ④허실(虛實) (허허실실처럼 위장)

　전쟁이란 정규전인 정공법으로 (적군과)맞서고, 비정규 전술인 기습으로 승리한다. 따라서 기병을 능숙하게 구사하는 장수는 그 변화가 무쌍하고 끊임이 없다.

　미끼(유인술)로 유인하고 복병으로 불시에 쳐부수라. 모나면 멈추고 둥글면 굴러간다. 즉, 병사들의 자발적인 참여 의지가 중요하다.

6. 제6편 허실(虛實). 허실의 운용과 주도권 장악

먼저 가서 기다려라. 대오를 정돈하고 병력을 쉬게 하며 지형을 관찰하거나 적절한 방비책을 강구한다. 즉, 기선을 잡는 것으로 내가 싸움을 주도하는 것이다.

천 리를 행군하고도 (병사로 하여금)피로하지 않게 한다. 공격을 잘하는 자는 그 지키는 곳을 적이 알지 못하게 하고, 수비를 잘하는 자는 그 공격하는 곳을 적이 알지 못하게 한다.

예상을 뒤엎어 공격하고 수비하라. 최상의 군대 배치는 그 형세를 드러내지 않아야 한다. 전쟁에 한번 승리한 방법은 되풀이 하지 말고 끊임없이 변화시켜 형세에 대응해야 한다.

7. 제7편 군쟁(軍爭). 승리를 쟁취하기 위한 방략

먼 길로 돌아가면서 곧바로 가는 것처럼 우회의 전략을 취한다(우직지계(迂直之計). 적이 예상하는 진격로를 벗어나기 위한 계책이다.

급한 군사 출동은 삼가라. 매일 30리 행군이 일반적인 속도다. 병력의 기동은 바람처럼 불처럼 빠르게, 때로는 숲처럼 산처럼 천천히 하라.

용병에서 적을 위축시키고 마음을 조종할 수 있도록 기(氣), 심(心), 력(力), 변(變)을 완벽하게 다룰 줄 알아야 한다. 한편, 고지에 있는 적과 언덕을 등지고 있는 적을 맞아 싸우지 않는 등 8가지 금기사항이 있다.

8. 제8편 구변(九變). 임기응변의 전략

움푹 패인 땅에서는 주둔하지 않는 등 지리적 상황을 가장 먼저 고려하여야 한다. 적이 공격해오지 않을 것이라고 믿지 않고 내가 대적할 방책을 믿고 강하게 하라.

　장수가 경계해야 할 5가지 위태로움(5危)으로 ① 반드시 죽으려고 하면 죽게 될 수 있고 ② 반드시 살려고 하면 사로잡히게 되며 ③ 분을 이기지 못하여 빨리 행동하면 모욕을 당할 수 있고 ④ 성품이 지나치게 깨끗하면 치욕을 당할 수 있으며 ⑤ 백성을 지나치게 사랑하면 번민하게 된다.

9. 제9편 행군(行軍). 군대의 작전운영과 행군의 원칙

　산지, 하천, 진펄, 평지 등 지형에 따른 작전 운용방식 특히, 천정(사방이 높고 복판이 푹 꺼진 지형) 등은 빨리 벗어나야 한다.

　적의 외적인 동태를 구체적으로 알아내는 법이며, (적이)먼 거리에 있으면서 싸움을 걸어오는 것은 아군을 나오게 하기 위한 것이라는 등 33가지를 제시하고 있다.

　병력의 숫자만 믿지 말고 병사들의 힘을 하나로 합치고 적을 헤아려 판단하고 인심을 얻는다. 병사들에게는 너무 친하지도 거리를 두지도 말라.

10. 제10편 지형(地形). 지형과 전쟁의 관계

　땅의 형상인 지형(6가지)에 따라 용병술을 쓰도록 권하고, 장수의 과실로 6가지 유형이 있으니, 외적 요소와 내적 요소가 서로 일치해서 에너지를 발휘하는 용병술을 강조하고 있다.

　전쟁은 명예보다 백성을 보호하고 군주에게 이익이 되도록 해야 하며, 병사들에게는 때론 자애롭게 하되 때론 엄격하게 하여야 한다.

　적을 알고 나를 알면 곧 위태롭지 않으며, 하늘을 알고 땅을 알면 승리는 곧 온전해질 것이다. 즉 지피지기 지천지지(知彼知己 知天知地)이다.

11. 제11편 구지(九地). 구지의 변화와 인간 감정의 원리

상대와의 위치에 근거하여 지세를 9개로 나누어 구체적으로 작전 원칙을 제시하고 있다. 즉, 자국의 영토에서는 절대 싸우지 말고 사지(死地)에서는 죽기로 싸워야 한다.

용병의 속도와 기만술, 기습, 심리적 타격 등 용병의 8원칙과 적지에 침투해서 싸우는 법 4가지를 들고 있다.

처음에는 마치 처녀처럼 조용히 움직이기 시작하되, 적이 틈을 보이면 도망가는 토끼처럼 재빠르게 공격하라(기만술, 속도전을 강조).

12. 제12편 화공(火攻). 불로 공격을 도와라

수공(水攻)과 함께 화공방법으로 적군의 병사와 말, 적국의 백성까지 사상시키는 화인(火人) 등 5가지를 제시하면서 화공할 때에 바람, 방향, 정황 등을 고려해야 한다.

전쟁은 물자를 낭비하는 것이므로 현명한 군주는 전쟁에 신중하고 훌륭한 장수는 전쟁을 경계해야 한다.

13. 제13편 용간(用間). 간첩을 활용하라

사람을 통해서 적에 대한 정보를 얻어내야 한다. 군사작전을 수행함에 있어서 적에 대해 미리 아는 것 [선지(先知)]이 중요하다.

간첩은 ①고향 사람을 활용하는 향간(鄕間) ②적의 관료를 활용하는 내간(內間) ③적의 첩자를 (아군 첩자로) 활용하는 반간(反間) ④거짓 정보를 아군 간첩이 알게 하고 (다시)적의 간첩에게 전달하는 사간(死間) ⑤돌아와 적정을 보고하는 생간(生間)이 있어 이용할 줄 아는 지혜가 있어야 한다.

【평가와 시사점】

전쟁은 신중해야 하고 싸우지 않고 이기는 것이 상책이며, 싸우기 시작하면 반드시 이겨야 한다. 이러한 내용을 바탕으로 오늘날 「손자병법」이 전투의 작전서가 아니라 국가와 기업경영 그리고 인사 등 종합적인 내용을 담고 있는 인류의 고전이다.

중국의 혁명가인 모택동은 「손자병법」을 항상 침대 밑에 두고 활용했다고 하며, 마이크로소프트사의 빌 게이츠 회장과 소프트뱅크의 손정의 회장도 기업경영의 지침서로 널리 활용하였다고 한다.

4-2-10 「근사록」(近思錄, 주희·여조겸)

【배경】

주희(朱熹)는 송나라 때인 1130년 복건성 우계현에서 태어났으며 세상을 리(理)와 기(氣)로 결합해 주자학을 완성한 인물이다. 공자·맹자·순자 등 유학 사상이 춘추전국시대 이후 주도적 사상이 되지 못하고 있자, 주희가 인간의 본성이 곧 대자연의 원리[성즉리(性卽理)]임을 강조하는 새로운 유학으로 재해석하여 신유학, 송학, 주자학, 성리학으로 재탄생시켰다.

근사록은 주희와 친구인 여조겸이 공동으로 당시 대표적인 유학자들인 주돈이(周敦頤), 정호(程顥), 정이(程頤), 장재(張載) 등이 했던 말을 주제별로 모아 놓은 책이다. 근사란 논어에 나오는 말로 '가깝고 쉬운 것에서부터 생각해본다'는 의미로 공부에 유익한 학문의 요점과 일상생활에서 반드시 실천해야 할 내용을 14개 주제로 분류하여 한 권의 책으로 편집하였다.

【주요 내용】
1. 제1편 단서를 찾는 법 - 도의 본체〖道體〗를 논함
   가. 우주 만물의 생성과 발전 : 태극 → 음양 → 오행 → 만물
      (주돈이의 太極圖說)

   태극(우주만물의 근원이 되는 실체)이 움직여 양(陽)을 낳고 고요해져 음(陰)을 낳는다. 양이 변해 음과 합해져 5행(수·화·목·금·토)를 낳는다.

   하늘의 원리〖건도(乾道)〗가 남자를 이루고, 땅의 원리〖곤도(坤道)〗가 여자를 이룬다. 음양의 두 기가 교감해서 만물을 만들어내고 변화시키며, 그 변화가 무궁하다.

   성(誠:성실함, 정성을 다함)이 움직여 선악이 구분되어 오상(五常:다섯 가지 덕인 인·의·예·지·신)이 된다.

   나. 본체와 작용

   마음(心)은 한 사람의 주인이 되는 기관으로 본질적인 본체(體)와 현상적인 작용(用)으로 이루어진다. 따라서 세상과 사물의 이치를 이해하고 실천하는 동력은 심의 작용 여하에 달려있다고 본다.

   하늘은 세상의 원리로 마땅히 따라야 할 도리(道)이며 주역의 건(乾)에 해당한다. 하늘이 부여한 것은 명(命)으로 받은 것은 성(性)이라 한다. 따라서 하늘이 부여한 명에 따라 만물에는 보편적이고 동일한 본성이 존재한다. 이것이 천인합일(天人合一)사상이다.

   다. 천도(天道)와 인성(人性)은 일치한다

   사람의 본성은 완전하고 선하다. 따라서 사람이 진정 선

(善)으로써 스스로를 다스린다면 아무리 어둡고 어리석은 사람이라도 나아질 수가 있다.

모든 존재는 리(理:보편적이고 공통적인 것)와 기(氣:개별적이고 특수한 것)의 결합에 의해 만들어진다. 리와 연결된 것이 천지지성(天地之性) 또는 본연지성(本然之性)이고, 기는 기질지성(氣質之性)과 연관된다. 이 기질지성으로 악행이 발생하고, 이 기질의 성은 수양과 공부를 통해 변화시킬 수 있다고 본다.

라. 생명의 원리

생성의 의미를 지닌 원(元)은 선(善)이 으뜸이며 이것이 바로 인(仁)이다.

- 세상질서의 4덕 : 원(元:생성), 형(亨:성장), 이(利:조화·수확), 정(貞:근간·저장)

모든 일에는 근본과 말단이 있지만 나누어 두 개의 일로 볼 수 없다.

형이상학적인 원리로서의 도(道)는 형체도 없고 조짐도 없는 것이다.

마. 본성이 곧 원리다

천하의 이치는 천(天)=천명(天命)=리(理)다. 리는 완전 무결하고 절대적으로 선하다.

하늘에 있는 것은 명(命)이고, 만물에 있는 것은 리(理)이며, 사람에 있는 것은 성(性)이다.

성(性)은 하늘에서 나왔고, 재질(材)은 기(氣)에서 나온다.

마음(心)은 성(性)과 정(情)을 총괄한다. 성은 원리(理)이고, 정은 현상(氣)이다.

2. 제2편 공부하는 방법
가. 공부의 요점

성인(聖人)과 현인(賢人) → 유학의 공부목적
- 성인은 하늘처럼 되기를 바라고, 현인은 성인이 되기를 바라며, 보통의 선비는 현인이 되기를 바란다.
- 성인의 도는 귀로 듣고 마음에 간직하는 것이니 그것이 쌓이면 덕행이 되고 그것을 실천하면 훌륭한 일이 된다.

본성(性)을 알고 실천하다
- 인간의 본성(性)은 천지의 본성과 동일하다[천인합일(天人合一)]. 본성은 내면에 있는 것으로 눈으로 볼 수 없으나, 우리의 행동을 통해 외부로 나타나 선악의 양면을 나타낸다.

덕행의 실천-위기지학[爲己之學]
- 학업은 앎을 이루는 것[치지(致知)]으로, 시작은 조리(條理:말이나 글 또는 일이나 행동이 서로 앞뒤가 들어맞고 체계가 서는 자리)이며, 끝이 역행(力行:끝낼 바를 알고 거기서 끝내는 것)이다.
- 옛날 학자들은 자신의 인격을 돌아보고 채우는 공부 즉 위기지학을 하나, 오늘의 학자는 남에게 잘 보이기 위하여 공부한다[위인지학(爲人之學)].

기초를 튼튼히 - 작은 것부터 시작하여 원대함에 이르다
- 보는 것과 기대하는 것은 원대해야 한다. 그러나 행하는 것은 자신의 힘을 헤아려 보고 점진적으로 해야 한다.
- 경(敬)과 의(義)를 함께 지녀야 한다. 경은 마음을 바르게 하는 원리며, 의는 바깥의 일을 공정하게 처리하는 원리다.
- 널리 배우되 뜻을 돈독히 하며, 절실하게 질문하고 가까운데에서 생각해보면 인이 그 속에 들어있다(博學而驚志 切問而近思 仁在其中矣).

자강불식(自彊不息)의 자세로 나날이 새롭게
- 진실로 날로 새롭게 하고, 나날이 새롭게 하며, 또 날로 새롭게 하라[苟日新 日日新 又日新]→탕임금 목욕통에 새겨진 글자『大學』
- 폭넓게 배우고, 깊이 질문하고, 신중하게 생각하고, 분명하게 분별하고, 독실하게 행한다.『中庸』

나. 경험의 축적과 마음으로 하는 공부

마음으로 통하는 앎
- 마음이 도(道)에 통한 다음에 옳고 그름을 분별할 수 있다.
- 알 수 없는 것은 곧바로 던져버리지 말고 재차 다시 생각해 보는 것이 앎을 이루는 치지(致知) 방법이다.
- 터득했는지 그러하지 못했는지를 알고자 한다면 마음속에서 검증해 보아야 한다.

내 안에 원리가 있다
- 보통 한가지 사물마다 하나의 이치(理)가 존재하니 반드

시 그 이치를 모두 다 이해해야 한다.
- 사단(측은지심, 사악지심, 수오지심, 시비지심)으로 스스로 깨닫고 나아가 그 마음을 사회에서 실천하고, 나로부터 세계로 혹은 세계로부터 나에게로 인식한다.

삶 속에 살아있는 지식

- 학문을 처음으로 배우기 시작한 사람이 덕으로 들어가는 입문서로 『대학』만한 것이 없다. 그 외에는 『논어』와 『맹자』만한 것이 없다.

작은 것이 아름답다

- 지극히 은미(잘 드러나지 않는 것)한 것이 이치이고, 지극히 드러난 것이 상이다. 그런데 본체와 작용은 동일한 근원을 가지며, 드러남과 은미함에는 단절이 없다.
- 독서를 하는 이유는 자신의 의문을 풀고 자신이 이해하지 못한 바를 이해하기 위해서다. 매번 책을 볼 때마다 새롭게 아는 것이 더해지면 학문이 진보하는 것이다. 또 의심하지 않던 것에 대해서 의심이 생기면 비로소 진보하는 것이다.

나의 주인은 마음

- 사람의 마음이 주인으로 자리잡아 안정되지 않으면 이는 물레방아가 회전하여 요동치는 것과 같아서 잠시도 정지함이 없다.
- 마음속에는 두 사람이 들어 있는 것과 같다. 선행과 악행을 하고자 하는 마음이 서로 싸우고 있으나 자신의 뜻을 지

켜서 기(氣)를 어지럽히지 않게 하면 큰 효험을 볼 수 있다.

밝고 맑은 마음을 보존하는 법
- 아직 사물과 감응하지 않았을 때 마음을 잡아야 한다. 마음을 잡는 방법은 경(敬)의 자세로써 내면을 바르게 하는 것이다.
- 마음을 하나로 모으는 일은 외적으로 가지런히 하고, 내적으로는 엄숙하게 처신한다. 마음이 하나로 모아지면 잘못되고 치우친 일로부터 방해를 받지 않을 수 있다.

3. 제3편 처세하는 법 - 인간관계와 사회생활의 지혜
가. 바람직한 인간관계

스스로를 다스림
- 군자는 하루 종일 씩씩하고 부지런하게 노력해서 성(誠: 성실함)한 자세를 잃지 않아야 한다. 길함과 흉함, 뉘우침과 인색함은 행동에서 생긴다.
- 예가 아니면 보지 말고, 예가 아니면 듣지 말며, 예가 아니면 말하지 말고, 예가 아니면 움직이지 말라(공자)

사람을 소중하게 여기는 마음
- 마음이 부드러우면 듣고 말하는 것이 공경스럽고 또 믿음직하다.
- 배우는 사람은 온유해야 하며, 감정을 조절하는 것이 중요하다.

편안한 집안
- 윤리를 바르게 하고 은혜와 의리를 돈독히 하는 것이 한 집안사람으로서의 도리다.
- 자신에게 엄격해야 한다. 위엄을 자신에게 먼저 행하지 않으면 사람들은 그를 원망하고 따르지 않는다.

나. 사회생활의 지혜

처세의 무기는 덕(德)
- 자신의 위치에서 상대를 배려하는 태도를 보여줄 때 위·아래 사람간의 상호관계가 잘 이루어진다.
- 자신이 갖추어야 할 역량을 잘 준비하고 때를 기다려서 적절한 상황이 왔을 때 주저 없이 자신의 기량을 발휘할 수 있도록 하는 것이 중요하다.

진인사대천명(盡人事待天命)
- 운명을 받아들이고 스스로 옳다고 여기는 바를 행하는 것이 곤궁한 상황에 처한 군자가 지켜야 할 도리다.
- 임금은 임금답게, 신하는 신하답게, 부모는 부모답게, 자식은 자식답게(공자:君君臣臣父父子子).

공적 이익이 곧 정의
- 성인은 이해를 논하지 않고 오직 의(義)를 기준으로 삼아 마땅히 해야 할 것인가, 해서는 안 될 것인가를 살핀다. 그렇게 하면 운명(命)은 그 속에 있다.

4. 제4편 남을 다스리는 방법-정치와 교육의 방법
가. 정치의 요체
내안에 세상이 들어있다
- 천하를 다스리는 근본은 곧 자기 자신이고, 천하를 다스리는 법칙은 곧 집안이다.
- 왕도는 마치 큰길을 밟고 가는 것과 같으므로 돌아가거나 구부러지지 않는다.

너그러운 품성과 솔선수범
- 다스림의 도는 거친 것을 품어주는데 달려있다.
- 관대하고 간단하며 쉽게 다스리는 것이 마땅하다.

감동이 있는 정치
- 위로는 천리를 따르고 인심에 호응하는 것이 기쁨의 도(道) 중에 지극히 바르고 지극히 선한 것이다.
- 자신을 다스리고 집안을 가지런히 함으로써 천하를 평화롭게 하는 데에 이르는 것이 다스림의 도리이다.
- 정치를 할 때에는 반드시 기강과 법도가 필요하다.

임금의 마음을 바르게
- 임금의 마음을 바르게 함으로써 조정을 바로 잡고, 조정을 바로 잡음으로써 백관을 바르게 하는 것이다.

나. 정치의 방법
- 풍속을 바르게 하고 인재를 중히 여긴다.
- 조직화된 정치체계의 수립과 실천
- 근본을 중시하는 정치 : 종법(제후가 맏아들에게 자신의 자

리를 물려주는 제도 등)
- 공평함을 추구하는 정치 : 정전제, 소송이 생겨나지 않도록 함
- 리더의 도덕성 확보
- 진성성이 있는 정치 : 화이부동(和而不同:군자는 잘 조화하지만 똑같이 되지는 않는다), 시민여상(視民如傷:백성을 다친 사람 돌보듯이 한다 → 맹자)

다. 교육의 근간
- 중용의 인재상 : 중(中)이란 조화며 절도에 맞는 것으로 천하의 보편적인 도이고 성인의 일이다.
- 군자의 도 – 실제적, 구체적 교육으로 물뿌리고 손님 응대하기 등을 강조
- 개성을 존중하는 교육 : 포정해우(庖丁解牛:소 잡는 백정이 소 잡는 일에서 이미 도의 경지에 이름)→사람의 재주, 재능과 이해정도에 따라 가르쳐야 한다.
- 깨어있는 정신과 마음 : 날 때부터 아는 사람(生而知之, 요·순), 배워서 할 수 있는 사람(學而能之, 탕·무)

【평가와 시사점】

주희와 친구인 여조겸이 특별히 존경했던 학자들인 주돈이, 정호, 정이, 장재의 문장 속에서 정수된 자료를 뽑아서 편집한 책으로 (남송이라는 새로운 왕조를 건립하는데 사상적으로) 기여하였고 우리나라에 들어와 주자학이 조선 시대의 지배적 이념이 되는데 기여하였다.

일반적으로 「대학」, 「논어」, 「맹자」, 「중용」의 사서를 중요시 여

기고 있으나, 사서를 공부하기에 앞서서 입문서로서 근사록을 먼저 읽는 것이 동양철학을 섭렵하는데 바람직할 것이다.

4-2-11 「정관정요」(貞觀政要, 오긍)

【배경】
　오긍(吳兢)은 670년 하남 개봉에서 태어나 당나라 사관으로 국사편찬에 참여하였다. 오긍이 정관정요를 쓴 때는 태평성대를 이룬 정관의 치(貞觀之治) 시기로 태종(이세민, 당의 2대왕)이 집권한 시기이다. 태종의 총애를 받다가 스스로 황후가 된 측천무후가 15년간 집권한 이후 곳곳에서 정변이 일어나고 재앙이 잇따르자 태종대를 그리워하며 당나라 재건에 필요한 정치철학을 집필하여 이를 후대 왕들에게 바쳤다.
　정관정요(貞觀政要)의 정관은 당 태종 이세민의 연호이며, 정요는 정관 시대의 조직운영과 리더십의 기본원칙을 말한다. 총 10권 40편의 글로 이루어졌으며, 교육적 관점에서 세계 최강의 제국을 이룬 당태종의 리더십을 후세에 전하기 위해 그와 신하들이 나눈 이야기를 조목별로 역사적 사례를 들어가며 다시 편집한 책으로 당나라 이후 역대 군주들의 필독서다.

【주요 내용】
1. 군주의 도(道) → 군주가 마땅히 갖추어야 할 도리
　군주가 인품을 닦고 정사를 돌보는 일에 열심이지 않으며, 사리사욕을 채우고 향락을 추구하면 망국의 위험을 초래하게 된다.

군주는 배이고 백성은 물이다. 물은 배를 띄울 수도 있지만, 물은 배를 뒤엎을 수도 있다.

2. 인재관과 간언수용

거울 : ①구리로 만들면-외관을 단정히 할 수 있고 ②고대 역사를 거울삼으면-천하의 흥망과 왕조교체의 원인을 알 수 있으며 ③사람을 거울삼으면-자기의 득실을 분명하게 알 수 있다.

신하는 군주의 허물을 비추는 거울로 간언을 장려하고 수용하라.

- 현명한 신하로 방현령, 두여회, 위징 등 8명을 들었다.

3. 관리선발론

군주란 사람의 두뇌이고 신하는 사람의 사지(四肢)이므로 조화를 이뤄야 나라를 잘 다스릴 수 있으며, 군주와 신하가 의기투합하여 서로 의지하면 마치 물고기와 물과 같다. 물고기는 물을 떠나면 죽지만, 물고기가 떠나도 여전히 물이다.

천장의 양가죽이 여우 겨드랑이 털 하나만 못하니 현명하고 능력있는 사람을 선발하여 등용하며, 심혈을 기울여 연마시키고, 포상과 징벌을 공정하게 하며, 관직과 작위에 대한 세습제를 없애라.

4. 태자교육과 위계질서

적자와 서자를 구별하여 적자는 군왕 다음으로 나라의 정체이며, 나라의 운명이 달려있으므로 특별히 존경하여야 한다.

태자의 능력과 인품여하에 따라 그 나라의 운명이 결정되므로, 태자를 태자답게 만드는 스승의 역할이 중요하고, 태자의 스승이 될 만한 사람은 먼저 학문과 인격을 도야해야 한다. 태자는 스승을 섬김에 있어 황제를 대하듯 하고, 예절을 갖추어야 한다.

5. 도덕규범

인의는 나라를 다스리는 기본이다. 인(仁)은 사랑하는 것으로 인간의 마음이고, 의(義)는 마땅함, 옳음, 정당함, 도리로 인간의 길이다(순임금, 우임금이 모범을 보였다).

충은 군주뿐만 아니라 부모, 형제, 부부, 친구를 대함에 있어서도 갖춰져야 하며, 효도와 우애는 인을 실천하는 덕목으로 효도는 부모, 우애는 형제간의 사랑이다.

공평과 정직은 나라를 다스리는 중요한 원칙으로 능력이 답이다. 군주가 성실과 신의를 모두 겸비하면 물이 아래로 흐르듯이 사람들이 모여들고 나라가 부강해질 것이다.

6. 도덕교화와 풍속개량

부패와 사치는 통치의 근간을 뒤흔드는 것이므로 검약(검소와 절약)이 군주의 기본 덕목이고 소박함이 답이다. 또한 겸양(겸손과 사양)은 겸손한 태도로 그만 못한 사람들의 생각에 귀를 기울이는 것이다.

백성들의 고달픈 삶을 측은히 여기는 어진 마음을 갖고, 자신이 좋아하고 싫어하는 속내를 결코 보이지 마라. '군주는 그릇이고 백성은 물이다'. 둥근 것이든 네모꼴이든 그릇에 의해 결정되는 것이지 물 자체로 결정되는 것이 아니다.

말이란 군자에게 가장 중요하며 군주의 말과 백성의 말이 다르며, 말을 삼가고 아첨과 무고를 단절하라. 사치와 방종, 탐욕과 비루는 재앙을 부른다.

7. 유학과 예법

　홍문관과 교육기관인 국자학(문무3품 이상), 태학(문무5품 이상), 사문(7품이상) 등을 설치하고, 유학을 존중하고 숭상하며, 유학에 정통한 자를 기용하라.

　사관은 선이든 악이든 역사를 있는 그대로 기록해야 하며, 군주가 바로 서야 하기 때문에 군주가 그것을 보지 못하도록 해야 한다.

　위계질서가 반듯하게 설 때 나라의 기강이 확립되므로, 인의를 기본으로 한 혼례가 예의 근본이고, 상례는 은정의 깊이에 따라 복상 기간을 정해야 한다. 또한 밝은 음악이 만들어지기 위해서는 그 사회가 밝아야 한다.

8. 법규정비

　농사가 근본이므로 농사 시기에 농민을 동원하지 말라.

　통치자는 법과 덕을 적절히 안배하여 다스려야 한다. 태종은 인간의 존엄성을 인정하고 법집행의 신중성과 공평성을 강조하면서 법집행의 획일성 문제도 제기하였다.

　공물은 그 지역의 특산물로 한정하고, 끊임없이 세금을 징수하면 백성들이 곤궁해진다. 백성들과 고통과 기쁨을 함께하고 창고를 채우지 말고 베풀면서 비워라.

- 고구려의 연개소문이 당태종에게 사신을 파견하여 백금과 미녀 2명을 바쳤으나 돌려보냈다.

9. 변방정책

　군대는 나라의 흉기이므로 부득이한 경우에만 사용하여야 하며, 지나친 영토 확장은 안정된 국내정세를 혼란 속으로 끌어들이는 경우가 많다.

- 고구려 연개소문이 정권을 탈취한 후 고구려와 백제가 함께 여러 차례 신라를 공격하자, 정관 19~22년 신라의 건의를 받아들여 고구려를 여러 번 침략하였으나 백성들의 삶이 힘들어지자 신하들의 건의를 받아들여 중단함.

주변 나라의 잦은 침략에 대하여 강력하게 공격하기보다는 천하의 근본이라고 할 수 있는 자국의 백성들을 안정시키는 일이 급선무이기 때문에 회유정책을 펴 변방을 안정시켜라.

10. 위기론과 경계론

순행에 대비해 이궁, 별관, 누대, 연못을 건축하면서 인력을 낭비하여 잦은 지방순시가 멸망에 이르게 하므로 조심하고, 모든 일을 간략히 하며 절약하라.

무분별한 사냥은 백성들에게 큰 고통을 안겨주고 맹수의 습격으로 나라의 기강이 송두리째 흔들리게 되므로 무분별한 사냥행위를 금한다.

재앙은 자연의 이치이므로 군주란 길흉에 근거하여 백성들을 다스리는 것이 아니라 덕정을 수행하고 대공무사함으로 다스려야 한다.

결론 : 시종여일(始終如一:처음과 끝이 하나같다)하되, 과거의 현군에서 배우고 혼란스러운 미래에 대비하라고 경고한다. ①아는 것보다 실천이 최우선이다 ②백성이 나라의 근본이므로 조심하고 삼가라 ③자신을 억제하라 ④소인을 멀리하라 ⑤근본에 충실하라 ⑥감정에 따라 인물을 평가하지 마라 ⑦빈번한 사냥은 재앙을 부른다 ⑧군주와 신하 사이에도 예와 충이 필요하다 ⑨겸손만이 교만과 탐함에서 구해줄 수 있다 ⑩군주의 정성 앞에서는 재앙도 무색해진다.

【평가와 시사점】

당나라의 태평성대 시대인 2대 태종시기의 국정운용과 리더십에 관한 정치철학을 담은 책이다. 태종은 군주보다 백성이 중요하다는 것을 깨달아 위대한 성군이 되었다. 그러나 수년에 걸쳐 고구려를 침략하는 등 한반도와는 악연이 많은 군주다.

지금으로부터 1,300년 전의 이야기이지만 대개 모든 조직의 위기는 리더십의 위기이며, 그것은 기본적으로 상하의 신뢰 관계가 무너졌을 때 나타난다는 것이다. 이와 같은 성찰은 오늘날의 국가와 기업경영에도 그대로 적용될 수 있다.

4-2-12 「목민심서」(牧民心書, 정약용)

【배경】

다산은 영·정조 때 사람으로 22세에 과거에 급제하여 중앙정부 관료, 목민관, 암행어사 등을 거쳤고 신유사옥으로 전남 강진에서 18년간 유배 생활을 하며 『목민심서』를 저술하였다. 『목민심서』와 함께 국정전반에 대한 개혁안인 『경세유표』, 형법과 법의학에 관한 『흠흠신서』는 그의 대표적인 3대 저술이다.

「목민심서」는 목민관(관찰사, 수령)이 부임하는 순간부터 해임되는 날까지 갖추어야 할 자세와 알아야 할 지식 그리고 실행 방법, 절차, 내용들을 다룬 책으로 일선 공무원들이 꼭 알아야 할 행정철학서 또는 행정지침서이다. 모두 12편으로 각 편마다 각 6조씩 모두 72조로 되어있다.

【주요 내용】

1. 부임(赴任) 6조

임금에게 목민관 임명장을 받는 것(제배:除拜)부터 부임지에서 일을 시작하는 것(이사:莅事)까지 과정을 다룬다. 청렴한 선비의 짐은 이부자리, 솜옷, 책 한 수레면 된다면서 청렴을 강조하였다.

2. 율기(律己) 6조

목민관의 자기수양이다. ①몸가짐을 바르게 하다(칙궁:飭躬) ②청렴한 마음을 갖다(청심:淸心) ③집안을 다스리다(제가:齊家) ④손님을 물리치다(병객:屛客) ⑤비용을 줄이다(절용:節用) ⑥기꺼이 베풀다(낙시:樂施)-절약하고 은혜를 베풀라

3. 봉공(奉公) 6조

법과 도리에 기초한 공무처리이다. ①덕을 널리 펴다(선화:宣化) ②법을 지키다(수법:守法) ③예의로서 대하다(예제:禮際) ④공문서를 처리하다(문보:文報) ⑤공물을 거두어 바치다(공납:貢納) ⑥차출되어 임무를 맡다(왕역:往役)

4. 애민(愛民) 6조

목민관의 지극한 백성 사랑으로 오늘날 복지정책이다. ①노인을 모시다(양로:養老) ②어린이를 보살피다(자유:慈幼) ③가난한 사람을 구제하다(진궁:振窮) ④상을 당한 사람을 도와주다(애상:哀喪) ⑤병자를 돌보다(관질:寬疾) ⑥이재민을 구하다(구재:救災)

5. 6전(典)

: 중앙의 6조(이·호·예·병·형·공)에 해당하는 지방의 6방에 관한 법률이다. ①이전(吏典) 6조는 아전단속, 부하통

솔, 사람 쓰는 법, 사람추천, 민정시찰, 업무평가 등이다 ②호전(戶典)6조는 토지정책, 세법, 환곡, 호적조사, 공평부과, 농업권장 등을 다룬다 ③예전(禮典)6조는 문묘와 고을의 제사, 손님맞이 예절과 절차, 교육과 학문진흥, 신분질서 교정, 과거시험과 교육, 문화관련 내용을 다룬다 ④병전(兵典)6조는 병적의무자를 병적에 싣는 것, 군사훈련, 무기정비, 무예훈련, 대란대비, 외적침입대비 등 국방에 관련된 내용이다 ⑤형전(刑典)6조는 소송판결, 범죄사실 판결, 형벌집행, 감옥관리, 포악무리 제재, 도둑 등 백성위험요소의 제거와 방지를 다룬다 ⑥공전(工典)6조는 산림정책, 수리정책, 관청수리, 성 수리, 도로건설, 농기구제조 등 백성들의 경제활동과 관련된 내용이다.

6. 진황(賑荒) 6조

흉년에 백성을 구제하는 것이다. ①물자를 미리 준비하다(비자:備資) ②나누어 도와주게 하다(권분:勸分) ③시기·규모 등 자세한 계획을 세우다(규모:規模) ④준비하고 시행하다(설시:設施) ⑤힘껏 도와주다(보력:補力) ⑥진휼을 끝마치다(준사:竣事)-상벌과 결산

7. 해관(解官) 6조

사랑을 남기고 물러나는 길이다. ①관직을 교대하다(체대:遞代) ②돌아가는 짐을 꾸리다(귀장:歸裝) ③목민관이 계속 있기를 원한다(원류:願留) ④백성들이 목민관의 용서를 빌다(걸유:乞宥) ⑤목민관의 죽음을 슬퍼하다(은졸:隱卒) ⑥사랑을 남기고 떠나다(유애:遺愛)

【평가와 시사점】

목민심서는 당시 유행한 실학과 천주교의 영향(매부가 이승훈이고, 형 정약전과 정약종이 천주교 신자임), 암행어사와 곡산부사의 경험, 18년간의 유배생활 경험을 바탕으로 쓴 행정철학책이다.

위민사상에 입각하여 목민관이 갖추어야 할 자세와 알아야 할 내용을 다룬 책으로, 일선공무원 뿐 아니라 모든 공무원과 사회지도층 인사들이 읽어야 할 필독서이다.

4-2-13 「반야심경」(般若心經, 김도창 해설)

【배경】

『반야심경』은 『마하반야바라밀다심경』의 약칭으로 우리나라에서 가장 널리 읽혀지고 법회를 비롯한 사찰의 행사에서 독송되는 불교경전이다. 아주 짧은(한자로 260자) 경이지만 그 안에 불교의 근본 이치가 담겨있으며, 그 자체로 깊은 의미를 갖고 있는 경이다.

해설 저자는 행정법을 연구해온 행정법학자로 교육부 차관을 역임하고, 회갑이 넘은 나이에도 불구하고 불교를 연구하여 여러 권의 불교관련 서적을 출간하였다.

【주요 내용】

1. 반야경이란?

반야(般若)는 대승불교의 기본 실천덕목인 육바라밀, 즉 보시(布施), 지계(持戒), 인욕(忍辱), 정진(精進), 선정(禪定), 반야(般若)를 실천하여 완성함으로써 얻을 수 있는 지혜를 의미한다. 따라서 『반야경』이란 마지막의 반야바라밀다(지혜의 완성)의 이상을 실현하기 위한 사상과 실천 방법을 줄거리로 하는 600여 권의 방대한 경전군(群)을 말한다.

 그중 반야심경은 반야경 중에서 대폭 축소하고 요약하여 핵심을 담은 경으로 당나라 현장법사가 한역한 260자에 불과한 간단한 경전이다. 이는 부처님께서 큰 비구니와 보살 등과 함께 영취산에 계실 때에 설법한 내용으로 공(空)사상, 연기법(緣起法), 사성제(四聖諦), 무상(無相) 및 차안(此岸)과 피안(彼岸), 존재인식법(存在認識法) 등을 포함하고 있다.

2. 본문

가. 제목 : 마하반야바라밀다심경

- 마하(摩訶) : 크다(大), 많다(多), 빼어나다(勝)의 뜻이 담겨있다.
- 반야(般若) : 지혜(wisdom), 마음에서 우러난 '슬기'
- 바라밀다(波羅蜜多) : 번뇌에 찬 현실 세계에서 깨달음의 세계 곧 이상세계로 '건너간다'는 의미다.
- 심경(心經) : 심(心)은 중심, 근본, 핵심 + 경(經:부처님의 가르침을 담은 책)
  → 핵심적인 경, 근본이 되는 경

나. 오온개공(五蘊皆空)

> 관자재보살이 깊은 바라밀다를 행할 때, 오온이 공한 것을 보고 온갖 고통에서 건너느니라.

- 관자재보살(觀自在菩薩) : 관세음보살

- 관자재 : 동·서·남·북의 모든 소리를 관찰한다. 마음의 눈으로 살펴본다.
- 보살 : 보리살타의 준말, 중생을 구제하기 위해 이 세상에 머물러 있는 사람
• 오온(五蘊) : 다섯 가지 무리 또는 모임으로, 몸과 마음, 정신을 말한다. 물질적 존재인 색(色:육신, 기타 물질)과 정신적 존재인 느낌(受), 생각(想), 뜻함(行), 의식(識)
• 공(空) : 비어있는 것이 아니라 자체로서 실체가 없는 것으로 빈 듯하지만 꽉 차 있는 것이다.
• 온갖 고통 : 고뇌로 내적인 마음의 현상인 괴로움과 외적인 재앙을 포함한다

다. 색불이공 공불이색(色不異空 空不異色)

> 사리자여! 색이 공과 다르지 않고 공이 색과 다르지 않으며, 색이 곧 공이요 공이 곧 색이니, 수상행식도 그러하니라.

• 사리자(舍利子) : 부처님의 10대 제자 가운데 한 분, 지혜가 제일인 분
• 색이 공과 다르지 않고 공이 색과 다르지 않다 → 인연으로 연기법이 나온다.
- 인(因) : 결과를 맺는 직접적인 힘이 되는 원인
- 연(緣) : '인'이 결과를 맺게 하는 조건인 간접적인 힘
  → 인연은 인(因)과 연(緣)의 관계로 연기로 말미암아 일어난다는 것으로 다른 무엇과의 관계에서 일어나는 현상계의 상황을 말한다.
• 수(受:느낌)·상(想:생각)·행(行:뜻함)·식(識:의식)

라. 불생불멸 불구부정(不生不滅 不垢不淨)

> 사리자여! 모든 법은 공하여 나지도 멸하지도 않으며, 더럽지도 깨끗하지도 않으며, 늘지도 줄지도 않느니라.

- 모든 법 : 일체 법, 모든 사물(事物)을 말한다.
- 나지도 멸하지도 않는다 : 오온 즉, 모든 존재의 공한 모습은 모두 불생불멸(不生不滅) 곧, 생기는 것도 아니고 없어지는 것도 아니다.
- 더럽지도 깨끗하지도 않다(不垢不淨) : '더럽지도 않고 깨끗하지도 않다'라 함은 2분법으로 사람의 마음이 만들어낸 것으로, 더럽거나 깨끗하고 좋거나 나쁘고 또는 아름답거나 추한 구별이 주어진 것이 아니라는 것이다.
- 늘지도 않고 줄지도 않느니라(부증불감:不增不減) : 제법의 공한 모습은 늘지도 않고 줄지도 않는다. 많거나 적거나 길거나 짧거나, 늘었거나 줄었거나 모든 것이 상대적이다.

마. 공중무색(空中無色)

> 그러므로 공 가운데는 색이 없고 수상행식도 없으며, 안이비설신의도 없고, 색성향미촉법도 없으며, 눈의 경계도 의식의 경계까지도 없고,

- 공 가운데는 색이 없고 수상행식도 없으며 : 색은 존재 또는 물질을 의미하며, 의식작용인 느낌(受), 생각(想), 뜻함(行), 의식(識)도 공의 차원에서 보면 모두 무(無 : nothings)이다.
- 안이비설신의(眼耳鼻舌身意) : 감각기관으로 눈, 귀, 코,

혀, 몸으로 육처 또는 육근이라고도 한다. 감각기관이란 뇌에 전달하는 매체에 불과하다.
- 색성향미촉법(色聲香味觸法) : 육처에 의한 감각의 대상으로 물질, 소리, 냄새, 맛, 감촉, 비 감각적인 법으로 육경 또는 육진이라고도 한다. 공의 관점에서 보면 이들 육경도 모두 '무'의 상태다.
- 눈의 경계도 의식의 경계까지도 없다
  - 눈으로 인식하는 경계(眼界) : 눈이 빛깔, 귀가 소리, 코가 냄새, 혀가 맛, 몸이 닿음, 뜻과 법의 인연으로 뜻의 의식이 생긴다.
  - 의식의 경계(意識界) : 마음으로 인식하는 의식의 경계를 말한다.

바. 무무명 무노사(無無明 無老死)

> 무명도 무명이 다함까지도 없으며, 늙고 죽음도 늙고 죽음이 다함까지도 없고,

- 무명도 무명이 다함까지도 없으며(무무명:無無明) : 바르게 알지 못한다. 즉, 미혹하다는 말이다.
- 늙고 죽음도 없고 늙고 죽음이 다함까지도 없고(무노사:無老死) : 공의 차원에서 거시적으로 보면 생기는 것도 아니고, 그렇다고 없어지는 것도 아니다.

사. 무고집멸도(無苦集滅道)

- 고집멸도(苦集滅道) : 사성제(四聖諦)로 네 가지 거룩한 진리를 말한다.

①고(苦:괴로움) - 사람의 삶이란 괴로움의 연속이다.
②집(集:괴로움의 모임) - 괴로움의 원인으로 삼독(三毒)이 있다. i)무명(無明) : 바르게 알지 못하고 혼돈하는 것 ii)탐욕(貪慾)으로 오욕, 즉 색욕, 재욕, 명예욕, 식욕, 수면욕과 연관된다. iii)진에(瞋恚):상대방을 증오하고 화를 내는 경우다.
③멸(滅:괴로움의 사라짐) - 해탈하여 물들지 않고 집착하지도 않으며, 끊어서 버리고 모두 뱉어서 욕심을 아주 없애 버린다.
④도(道:괴로움이 사라지는 길) - 괴로움을 없애기 위해 우리가 실제로 행할 방법으로 팔정도(八正道), 여덟 가지 바른길이다. ①바른 견해(正見) - 올바르고 바른 견해 ②바른 사유(正思惟) - 있는 그대로 바로 보고 생각하는 것 ③바른 말(正語) - 친절하고 개방적이며 진실한 말 ④바른 행위(正業) - 몸에 의한 바른 행위 ⑤바른 생활(正命) - 남이나 사회에 해를 줄 위험이 있는 일로 생업을 삼지 않는다 ⑥바른 정진(正精進) - 불퇴전의 각오로 꾸준히 노력하는 집중력 ⑦바른 마음챙김(正念) - 주의깊게 집중된 마음으로 관찰하는 것 ⑧바른 성정(正定) - 한 곳에 집중된 고요한 마음의 상태

- 고집멸도도 없으며 : 괴로움은 사람의 의식작용에 불과하며 우리의 마음속에서 생겼다가 사라진다. 괴로움이라고 해도 마음먹기에 달린 일이다.

아. 무지역무득(無智亦無得)

> 지혜도 얻음도 없느니라 → 공 가운데는 지혜라는 것도 없고 또 얻은 것도 없다.

- 무지(無知) : 안다는 것에 집중하다 보면 자기가 스스로 느끼고 깨달을 뿐, 깨닫기 전이나 깨달은 후나 달라진 것은 아무것도 없다.
- 무득(無得) : 사람은 무엇인가 얻기 위해 집착하나 모든 것이 무상(無常)하므로 매달려 보았자 헛일이다.

자. 심무가애 원리전도몽상(心無罣碍 遠離顚倒夢想)

> 얻을 것이 없는 까닭에 보살은 반야바라밀다를 의지하므로 마음에 걸림이 없고 걸림이 없으므로 두려움이 없어서, 뒤바뀐 헛된 생각을 떠나 완전한 열반에 들어가며,

- 얻을 것이 없는 까닭에 : '공' 가운데는 지혜나 얻을 것도 없으므로 모든 것을 비웠다. 채울 일만 남았다.
- 완전한 열반에 들어가며 : 열반(涅槃)이란 모든 번뇌의 속박에서 해탈하고 진리를 궁구하여 미혹에 찬 생사를 초월하여 불생불멸의 법을 체득한 최상의 경지다.

차. 득아누다라 삼막삼보리(得阿耨多羅 三藐三菩提)

> 삼세의 모든 부처님도 반야바라밀다를 의지하므로 최상의 깨달음을 얻느니라

- 삼세의 모든 부처님 : 삼세는 과거, 현재, 미래 즉, 영원

을 뜻한다.
- 최상의 깨달음 : 위없이 바른 깨달음으로 무상등정각(無上等正覺)이다.

카. 대신주 무상주(大神呪 無上呪)

> 반야바라밀다는 가장 신비하고 밝은 주문이며 위없는 주문이며 무엇과도 견줄 수 없는 주문이니 온갖 괴로움을 없애고 진실하여 허망하지 않음을 알지니라

- 주문(呪) : 짧은 주문은 진언(眞言) 또는 만트라, 긴 주문은 대주(大呪) 또는 다라니라고 한다.
- 가장 신비한 주문(大神呪)으로 사람의 지식으로는 쉽게 이해할 수 없는 불가사의한 다라니이며, 가장 밝은 주문(대명주:大明呪, 광명)이며, 위없는 주문(無上呪)으로 가장 높은 주문으로 최상의 진언이다. 또한 무엇과도 견줄 수 없는(無等等呪) 빼어난 다라니다.
- 반야바라밀다는 가장 수능한 주문으로서 능히 모든 고통(육체적+정신적)을 없애주며, 참되고 허망하지 않다.

타. 반야바라밀다주 : 반야심경의 마지막 부분

> 이제 반야바라밀다주를 말하리라. 아제아제 바라아제 바라승아제 모지 사바하(3번)

- 아제 : '간다', '가자'라는 뜻으로 물질세계를 떠나 피안의 세계, 깨달음의 세계로 떠나가자,
- 모지 : 보리로 바른 깨달음을 말한다.

- 사바하(娑婆訶) : '영원하소서. 길이 거룩하소서'라는 뜻으로, 그리스도교의 할렐루야와 비슷한 뜻이다.

【평가와 시사점】

불교의 모든 행사에 독송되는 「반야심경」은 불교의 심오한 진수가 축약되어 담겨 있으며, 불자라면 자동적으로 암송하는 경전으로 일반인에게까지도 널리 알려진 경전이다.

대승불교가 '나'만이 아닌 '모두'가 "상구보리(上求菩提), 하화중생(下化衆生)" 즉, 위로는 보리심을 일으키고 아래로는 중생을 구제하는 마음을 일으켜 불국토(이상공간)가 이루어지고 통일 한국이 되기를 기원해본다.

4-2-14 「우파니샤드」(인도 힌두교 최고경전)

【배경】

「우파니샤드」의 '우파'는 가까이, '니'는 '아래로', '샤드'는 '앉는다'로서 '가까이 아래로 내려 앉는다'는 뜻으로 스승이 아끼는 제자에게 전해주는 '비밀스런 지혜'를 말한다. 200여 종이 있으며, 한 사람이 쓴 책이 아니라 기원전 800~300년경 많은 철학자들이 인간존재에 관한 사색을 묶은 책이다.

「베다」(힌두교 최고경전) 사상의 정수로 인간존재의 참모습(아뜨만)과 세상의 참모습(브라흐만)에 관한 내용으로 '나는 누구인가? 삶의 의미는 무엇인가?'에 관한 물음에 대한 탐구심이 만든 고대 인도의 고전으로 인간의 존재와 삶에 대하여 생각하게 한다.

- 베다란 인간으로서 알아야 할 자연과 신에 관한 지식을 말한다.

【주요 내용】

　브라흐만과 아뜨만은 모든 생명체의 근원으로 결국 하나이다. 브라흐만(넓게 퍼져 있는 자)은 세상 전체의 참모습이며, 아뜨만은 개별적인 자기의 참모습이다. 브라흐만이 바로 각각의 개체에 아뜨만이 존재하고, 각각의 개체가 윤회하는 모든 세상이 이 브라흐만안에 있다.

　나에게 가장 소중한 것은 재산도 명예도 아닌 삶에 대한 가장 귀한 지혜 즉, 아뜨만 자신의 참모습을 아는 것이다. 자신의 참모습을 제대로 알게 되면 자신의 참모습뿐만 아니라 다른 사람의 참모습과 세상의 참모습에도 눈을 뜨게 되고 다른 사람과 세상도 귀하게 여긴다.

　정말 중요한 공부는 단순한 지식이 아닌 깊은 생각을 통해서 스스로 깨달아야 하며, 지혜로운 사람이 되어야 한다. 보리수나무의 씨앗에 비유하고 물에 소금이 녹아있음을 통해 근원에 대한 설명을 해줌으로써 스스로 생각하고 깨달을 수 있도록 이끌어준다.

　목소리, 눈, 귀, 마음이 사람의 몸에서 자신들의 역할이 가장 대단하다고 주장한다. 그러나 누구든 자리를 비웠을 때 사람 몸을 가장 곤란하게 만드는 감각이 가장 중요하다. 숨은 그저 조용히 일을 하고 있을 뿐이어서 아무도 알아주지 않지만 숨이 모든 감각을 받쳐주고 있다.

　인도신화에는 조물주로부터 나온 자식들이 하늘에 사는 신, 땅에 사는 인간, 땅속에 사는 '아수라'라는 악마들이 살았다. 조물주는 자식이 존재의 참모습을 깨달을 수 있도록 각자에게 필요한 삶의 교훈을 천둥소리에 담아 들려준다. 천둥소리를 들을 때마다 다시 한 번 삶의 교훈이 떠오른다.

사람들에게는 생명의 참모습을 이해함으로써 자제하고 베풀고, 나보다 약한 상대에게 동정심을 가져야 한다고 가르치고 있다.

- 신들에게는 - 자제하라
- 인간들에게는 - 베풀라
- 아수라들에게는 - 동정심을 가져라

우주의 질서를 지키기 위해 어떤 신비한 힘이 악마들을 물리쳤다. 그런데 신들이 자신들이 뛰어나서 악마들을 물리쳤다고 생각하고 자만한다. 자만은 자만한 자를 무너뜨리는 법, 그 신비함은 신들에게조차도 근원이 되는 신(브라흐만)이 있음을 깨닫게 해준다.

브라흐만은 하늘을 감싼 것을 감싸고 있는 불멸의 존재로 변하지 않는다. 유일한 근원존재, 넓게 퍼져 있는 자이다. 눈으로 볼 수도 없고 들을 수도 없으며 이미지도 없다.

사람은 가까이 그리고 멀리에서 나의 존재를 가능하게 해주는 것들로 말미암아 살아간다는 사실을 깨닫는 것이 신을 기억하는 것이다. 사람에게 빛이 되는 것은 태양, 달, 불이지만, 빛이 없을 땐 소리가, 소리조차 없을 때는 자기 자신 즉 아뜨만이 바로 빛이다.

참모습에 대한 지혜가 왜 필요한지, 사람의 존재는 어디에서 어떻게 시작되었는지, 근원적인 모습과 물질적인 모습을 알고 이 둘을 구분해서 볼 수 있는 사람은 허무속에 갇히지 않고 해탈한다.

사람의 일생이 즐거움과 행복이 아닌 고통의 연속일 뿐이며, 이 고통에서 벗어나기 위한 다양한 방법 중 대표적인 것이 요가이다.

고통에서 벗어나 자유로운 상태로 깨우는 자기훈련과 제어의 기술이다. 몸과 마음을 건강하고 가볍게 만드는 준비단계에서 정신집중, 삼매경에 이르는 모든 과정이 포함된다.

【평가와 시사점】

인도에는 신의 개념이 혼재되어 ①일신관 즉 유일한 근원존재인 브라흐만을 신봉하기도 하고 ②다양한 신을 모시는 다신관이 있으며 ③근원존재가 하나이나 신은 어디에나 있다는 범재신관(梵在神觀)이 있다.

세계는 깨어있는 상태→잠을 자는 상태→꿈도 꾸지 않고 깊이 자는 숙면 상태→어떤 상태로 볼 수 있고, 이 마지막 단계가 요가의 완성단계이며 나의 참모습이고, 그 근원이 아뜨만이다.

불교와 우파니샤드는 내용상 공통적으로 삶을 고통으로 보고 그것을 극복하고자 하나, 불교는 공(空)을 추구하고 우파니샤드는 존재의 참모습(아뜨만, 브라흐만)을 추구한다.

4-2-15 「동경대전」(東經大全, 최제우)

【배경】

최제우는 경주의 이름난 유학자인 최옥의 아들로 1824년 태어나 20대에 전국을 다니며 장사를 하고 울산에서 사업을 하다가 36세에 반성과 오랜 사색 끝에 동학을 일으키고 포교한 지 2년여만에 동학의 괴수로 체포되어 대구에서 참수되었다.

「동경대전」(東經大全)은 '동학의 경전' 즉, 동경(東經)을 '모두 모아 놓았다'는 대전(大全)의 뜻으로 최제우의 글을 엮어놓은 책이며, 30년 후에 일어난 동학농민혁명(1894년)의 사상적 토대가 되었다.

- 당시 중국에서는 2차 아편전쟁이 일어났고, 국내에서는 삼정(三政) 즉, 전정, 군정, 환곡이 극도로 문란해져 민란이 전국에서 일어났다.

【주요 내용】
1. 포덕문(布德門) : 새로운 사상을 세상에 내놓는 까닭은?

도(道)란 하늘의 길이요, 덕(德)은 하늘이 부여해준 능력이며, 성인들이 도덕(道德)을 밝혀놓음으로써 원시시대가 문명 시대(성리학)로 발전하였다. 이어서 양반과 상민의 차별이 없는 세상인 개벽(開闢) 시대(동학)가 되었다.

모든 일이 성(誠)과 경(敬)에 달려 있는데, 성은 자신의 존엄성을 스스로 깨닫고 자신에게 잠재된 도덕성을 발휘하는 것이며, 경은 늘 조심하는 것을 말한다.

2. 논학문(論學文) : 동학과 서학

서학은 천주가 절대 존재인 야훼를 의미하고 자기네 학문을 서도(西道)라 하면서 천주를 섬긴다고 말하나, 남의 나라를 침략해서 온갖 악행을 저지르고 있으니 천주를 섬기는 것이 아니다.

동학은 '사람이 곧 하늘이다'(人乃天)와 '양심이 곧 하늘이다' 그리고 무위이화(無爲而化) 즉, 사심 없이 자신의 양심에 따를 때 저절로 이루어짐을 강조한다.

3. 통유문(通諭文) : 벗들, 나를 찾지 마시오

'여러 사람에게 널리 알린다'는 뜻으로, 남원 은적암에 머물고 있을 때 손님이 너무 많이 찾아와서 더 머물 수 없어 은적암을 떠날 것이니 자신을 찾지 말고 수양에 힘쓰라고 당부한다.

4. 수덕문(修德文) : 동학과 성리학

'양심이 바로 하늘'임을 선포하고, 민중의 도덕성에 의해 건립되는 평등사회를 지향하며, 수심정기(修心正氣) 즉, 자신의 양심을 밝힐 것을 주장하였다.

진심으로 믿을 수 있는 것은 참된 것(誠)이며, 민중이 진정한 주인이 되는 세상, 즉 개벽(開闢)을 소망하였다.

- 동학의 개벽사상 = 민중의 도덕성 + 운명공동체

5. 통문(通文) : 질병 치유를 내세우지 마시오

최제우가 1862년 경주 관아에 가서 조사를 받고 무죄로 석방되었다. 관아에서 풀려난 뒤 동학하는 사람들에게 띄운 통문으로 '질병 치유를 내세워 동학을 전파하지 말라'고 당부한다.

조선 시대 사설교육기관인 서원이 동학배척운동을 전개하면서 경북 상주의 우산과 도남서원에서 유생들에게 동학의 만행을 막을 것을 호소하는 통문을 발송하였다.

6. 탄도유심급(歎道儒心急) : 새 세상은 하루아침에 오지 않는다

도유(都儒)들의 마음이 조급한 것을 한탄한다는 내용으로 '양심이 하늘이니 하늘을 섬기듯 양심을 섬기라'고 하였다. 양심은 민중의 양심으로 민중주체의 도덕성과 신분제 폐지이다.

4편의 시를 통해 '새 세상(개벽세상)은 하루아침에 이루어지는 것이 아니니 조급해하지 말라'는 경계를 하고 있다.

7. 불연기연(不然其然) : 어찌 사람에게 앎이 없다 하는가!

최제우의 마지막 가르침으로 눈으로 확인할 수 있고 그래서 확신할 수 있는 것이 기연(其然)이고, 눈으로 확인할 수 없고 그래서 확신할 수 없는 것을 불연(不然)이라고 한다. 눈에 보이지 않는 것, 미묘한 것, 신비한 것을 강조하며, 진리는 본래 잘 드러나지 않는 것이라고 말한다.

제2 문명의 시대, 개벽의 시대가 다가왔고 그것으로 돌아가야 한다면서 운(運)과 복(復)을 이야기한다.

8. 시(詩) : '등불이 물 위에 빛나고 있으니' 외

【평가와 시사점】

동학은 1894년 동학농민혁명을 일으켰으며, 1905년 천도교로 교명을 바꿨고, 손병희 등 15명은 개신교도 16명, 불교도 2명과 함께 3·1독립운동을 주도함으로써 한국근대사에 큰 역할을 하였다.

상제(천주)와의 대화, 영부라는 부적을 불에 태워 물에 타서마시면 매우 효험이 좋았다고 하는 등 주문, 영부, 선약, 장생 등 원시종교적인 내용들을 끌어들였다.

도참신앙이 팽배해있던 시절, 계룡산과 같은 궁궁촌을 찾아 헤매는 세태를 한심하게 생각하면서 '궁궁은 자기 마음에 있으니 마음가짐을 바로 하라'면서 개인의 도덕성 확립을 강조하였다.

4-2-16 「성학십도」(聖學十圖, 이황)

【배경】

조선 시대 최고의 성리학자인 퇴계 이황이 68세 때 17세의 어린 임금인 선조를 성왕(聖王)으로 이끌기 위해 만들어 올린 책이다. 성학(聖學)이란 성인이 되기 위한 학문이며, 『성학십도』란 성인이 되기 위해 알아야 할 성리학의 핵심적인 내용을 열 가지 그림으로 요약·정리한 책이라 할 수 있다.

「성학십도」는 퇴계학문의 핵심으로 우주의 원리를 이해하고 인간과 만물이 하나의 원리에서 나왔다는 사실로부터 점차 인간내면의 문제를 파헤치고, 수양과 실천 방법에 관한 구체적인 내용까지 다루고 있다. 당시 정치가는 물론 사람들이 본받아 실천해야 할 유학의 핵심을 담고 있다.

【주요 내용】

1. 태극도(太極圖) - 우주의 원리를 이해하라

주돈이가 글을 짓고 그림을 그렸다. 우주의 근원인 태극에서 음양과 오행을 거쳐 인간과 만물이 생겨나는 과정을 설명하고 있다.

우주가 태극으로부터 생겨나며, 태극이 운동하면서 소극적인 '음'과 적극적인 '양'이라는 요소가 나오고, 여기에서 5가지 물질인 수(水)·화(火)·목(木)·금(金)·토(土)의 5행이 형·성되며 이 5행이 서로 결합되어 인간과 만물이 생겨난다.

- 우주를 생성하는 원리는 무극이면서 동시에 태극이다.

2. 서명도(西銘圖) - 천지만물과 하나가 되어라

북송 때의 장횡거가 쓴 「서명」을 보고 원나라 때 정복심이 그림을 그린 것이다. 이일분수(理一分殊)로 설명하는데 이일(理一)이란 만물이 하나의 원리에서 나왔다는 뜻이고, 분수(分殊)란 이것이 각각의 사물들로 나뉘는 것을 말한다(군신분수·장유분수·성현분수·귀천분수).

인간도 부모로부터 태어나기 때문에 부모와 가장 가깝다. 그리고 형제와 친척과 이웃이 있다. 이렇게 천지에서 부모, 부모에서 형제와 친척, 친척에서 이웃으로 나가는 것이 바로 이일에서 분수로 나가는 것이다. 그러므로 '모든 백성들이 다 나의 동포요, 만물은 나와 같은 존재다'.

3. 소학도(小學圖) - 일상적인 일에 충실하라

주자가 쓴 「소학」이라는 책에 퇴계가 그림을 그렸다. 소학은 인성교육을 위해 어린아이들(8~14세)이 배우는 책으로 일상생활에서 실천해야 할 구체적인 내용으로 이루어져 있다.

물뿌리고 청소하는 등 집안의 작은 일부터 몸에 익히고 배우며, 부모에게 효도하는 마음과 오륜을 실천하는 방법 등 매우 일상적인 내용을 담고 있다.

4. 대학도(大學圖) - 수신으로부터 시작하라

사서의 하나인 『대학』의 내용을 조선 초기의 성리학자인 권근이 그림으로 요약하여 정리하였다. 소학을 읽힌 청소년들은 15세 때 대인의 학문인 대학을 배운다. 소학을 통해서 실천해야 할 행동규범을 배운 사람은 대학을 통해서 자신을 지속적으로 수양하며 집안과 국가를 잘 다스리고 나아가 인류를 안정시키는 방법을 배운다.

　대학 즉, 대인이 가야 할 길을 배우고 익히기 위해 실천강령인 3강령(三綱領:명명덕(明明德)·신민(新民)·지어지선(止於至善))과 이를 실천하기 위한 세부항목인 8조목(격물(格物)·치지(致知)·성의(誠意)·정심(正心)·수신(修身)·제가(齋家)·치국(治國)·평천하(平天下))으로 이루어져 있다.

5. 백록동규도(白鹿洞規圖) - 인간이 되는 학문을 하라

　주자가 백록동서원에서 학생들에게 '학문의 목적이 무엇이고 학교생활을 어떻게 해야 할 것인가'하는 규범을 만들어 처마 밑에 현판으로 걸어 놓은 글을 퇴계가 그림으로 그린 것이다.

　학문이란 지식을 배우는 것이 아니라 인간의 타고난 본성을 밝히고 그대로 실현하는 것이다.

- 중용의 학문순서 : 박학(博學)·심문(審問)·신사(愼思)·명변(明辯)·독행(篤行)

6. 심통성정도(心統性情圖) - 마음을 바르게 하라

　그림 중 윗 그림인 상도(上圖)는 정복심이 만들고, 퇴계는 중도(中圖)와 하도(下圖)를 보완하였다.

　마음은 이(理)와 기(氣)가 합해져 이루어진 것으로 마음[심(心)] 속에 본성[성(性)]과 감정[정(情)]이 있는데, 마음이란 인간의 몸을 움직이는 주인이고, 마음은 본성과 감정을 포함하며 이것들을 통제한다(이기론:理氣論). 따라서 본성은 잘 보존하고 감정은 잘 조절해야 한다.

　4단은 측은지심, 수오지심, 사양지심, 시비지심으로 이것이 확대되어 4덕 즉, 인·의·예·지(仁·義·禮·智)가 된다. 4단이 씨앗의 눈이고 4덕은 열매이다. 7정은 7가지 감정으로 희·노·애·구·애·오·욕(喜·怒·哀·懼·愛·惡·欲)으로 사물과 접촉하면서 선악이 결정된다. 따라서 잘 조절하면 선이 되고 잘못 조절하면 악이 된다. 따라서 칠정은 경계하고 조절해야 할 대상이다(4단7정론).

7. 인설도(仁說圖)-인을 본체로 삼아라

성리학을 집대성한 주자가 글과 그림을 만들었다.

인이란 공자사상의 핵심이며 유가사상의 중심으로 인간의 마음이다. 사람을 사랑하는 것이 천지가 만물을 생성하는 마음이고 사람도 이것을 이어받아서 자신의 마음으로 삼는다. 인간의 4덕(인·의·예·지) 가운데 가장 크고 중요한 덕목이다.

8. 심학도(心學圖)-잃어버린 본심을 찾아라

정복심이 글과 그림을 모두 만들었으며 성현들이 마음에 대해서 말한 명언들을 모아서 적은 것이다.

인간의 타고난 마음은 선한 마음(성선설)이므로 잘 보존하여야 한다. 그러나 인간의 선한 마음은 사회생활을 하면서 욕심에 물들어 악한 모습을 띠기도 한다. 그러므로 항상 마음의 중심인 경(敬)으로 몸과 마음을 잘 통제해야 한다.

9. 경재잠도(敬齋箴圖)-경의 세부항목을 실천하라

주자가 쓴 글에 왕백이 그림을 그린 것으로, 주자는 이 글을 자신의 서재에 걸어놓고 항상 경계했다고 한다. 경의 원리로 주일(主一:마음을 하나로 정하고)과 무적(無適:다른 것에 신경쓰지 않는다)이라 하고, 구체적으로 실천해야 할 경(敬)의 세부항목을 열거한다.

    살아가면서 겪게 될 많은 일과 만나게 될 많은 사람들을 대할 때 어떻게 해야 할지에 대해서 설명하고 있다. 그러면서 이러한 모든 것들은 경을 통해서 이루어진다고 한다. 그렇기 때문에 행동할 때나 고요하게 있을 때, 항상 공경하는 마음가짐과 태도를 간직해야 한다. 만약 경을 잃게 되면 욕심이 생겨서 모든 일을 그르칠 수 있다.

10. 숙흥야매잠도(夙興夜寐箴圖) - 새벽부터 밤늦게까지 공부하라

    진무경이 글을 쓰고 퇴계가 경재잠도를 보고 이 그림을 그렸다고 한다. '숙흥야잠'이란 아침 일찍 일어나고 밤늦게 잠을 잔다는 뜻으로 시간을 아껴서 한순간의 멈춤도 없이 학문에 전념하여야 한다는 말이다.

    새벽에 일어나 세수하고 의복을 단정하게 갖추고 앉아서 책을 읽어야 하며, 사람들과 묻고 답하면서 자신의 잘못을 고치고, 일이 생기면 처리한 다음 다시 마음을 가라앉혀 학문에 집중한다. 간혹 휴식을 취하며 다시 정신을 맑게 하고, 밤이 되면 몸이 피로해 기운이 쇠약해지므로 더욱 정신을 가다듬어야 한다. 밤에 졸릴 때는 아무 생각도 하지 말고 깊이 잠들어 맑은 기운이 다시 몸속에 들어오도록 해야 한다.

【평가와 시사점】

    인간과 우주를 하나로 보고 인간의 본성이 착하다는 4단(단서)에 입각한 성선설의 입장에서 보았다. 이를 위해 경(敬)을 강조하고 있다.

유학, 성리학의 어려운 내용을 어린 임금을 위해 68세의 노령임에도 불구하고 유학, 성리학의 어려운 내용을 누구나 쉽게 이해할 수 있도록 핵심 내용을 잘 요약하고 그림으로 시각화하였다.

- 퇴계사상 : ①이기론(理氣論) 또는 우주론으로 만물의 근원은 태극(太極), 무극(無極), 이(理)이다. ②심성론(心性論) 또는 인성론으로 우주와 마찬가지로 인간도 이와 기로 구성되어 있으며 마음에 본성(性)과 감정(情)이 들어있다. ③수양론(修養論)으로 경(敬)의 상태에 머무를 것을 강조한다. 이를 위해 i)주일무적(主一無適) 즉 정신을 집중하고 다른 곳에 마음을 두지 않는다 ii)정제엄숙(整齊嚴肅), 즉 몸가짐을 단정히 하고 가지런하게 하며 마음을 엄숙하게 유지한다 iii)상성성법(常惺惺法), 즉 언제나 맑은 상태로 깨어 있어야 한다 iv)기심수렴(其心收斂), 즉 마음을 잘 거들어두어서 잡념이 생기지 않도록 한다.

4-2-17 「성학집요」(聖學輯要, 이이)

【배경】

율곡 이이는 아버지 이원수와 어머니 사임당과의 사이에서 외가인 강릉에서 태어났다. 조선 중기의 학자·정치가로 이황과 함께 쌍벽을 이룬다. 그는 학자로서 성리학의 명분론이나 공리공담에 빠지지 않고 현실 문제와 연결하여 해결하려고 노력했다. 또한 정치가로서 임진왜란이 일어나기전 10만 군대양성을 주장하였다.

「성학집요」의 '성학'은 성인이 되기 위한 학문이고, '집요'는 요점을 모은 것으로 '성인이 되기 위한 학문의 요점을 모아 정리한 책'이다. 율곡이 40세에 저술하여 선조에게 올린 책으로 「대학」의 체제에 따라 큰 줄거리를 잡고 여러 유학경전과 역사서를 참조하여 구성했다. 성리학을 이해하는 기본적인 안내서로 유학사상에 대한 한국적인 수용과 해석이 잘 드러나고 있다.

【주요 내용】
1. 제1편 통설(通說) - 「성학집요」에 관한 개괄(서론에 해당)

「대학」과 「중용」의 첫머리에 나오는 글을 인용하여 자신을 닦고 백성을 다스리는 도리를 합해서 말한 것으로 이 책을 저술한 의미와 전체적인 내용을 언급한다.

중용의 기본개념인 성(性:하늘이 명한 것)·도(道:본성을 따르는 것)·교(教:도를 닦는 것)·중(中:기뻐하고 성내고 슬퍼하고 즐거워하는 감정이 아직 드러나지 않은 상태)·화(和:드러나서 모두 정도에 맞는 것)와 대학의 3강령(명명덕·신민·지어지선), 8조목(격물·치지·성의·정심·수신·제가·치국·평천하)을 다루고 있다.

2. 제2편 수기(修己) - 자신을 수양하라

① 입지(立志) - 뜻을 세워라 : 의지가 확립되지 못하는 이유:불신, 부지, 불용

② 수렴(收斂) - 마음을 단속하라 : 경(敬:공경 자세와 마음)은 성학의 시작이며 끝

③ 궁리(窮理) - 이치를 연구하는 학문에 열중하라 : 이(理)와 기(氣)

④ 성실(誠實) - 모든 일에 성실하고 진실하라

⑤ 교기질(矯氣質) - 기질을 고쳐라 : 기질을 바로 잡는 방법 = 극기(克己)

⑥ 양기(養氣)-바른 기운을 길러라 : 뜻과 기+혈기

⑦ 정심(正心)-마음을 바르게 하라 : 함양과 성찰

⑧ 검신(檢身)-자신의 몸을 다스려라 : 몸을 공경하고 예를 갖추어라, 행동과 모습을 위엄있게 하라, 항상 경계하라

⑨ 회덕량(恢德量)-덕량을 넓혀라 : 대중포용 + 공평한 도량

⑩ 보덕(輔德)-사람을 통해서 자신의 덕을 보충하라 : 올바른 선비를 가깝게 하라, 간언을 따르라, 허물을 고쳐라

⑪ 돈독(敦篤)-처음과 끝을 돈독하게 하라

3. 제3편 정가(正家)-집안을 바르게 하라

① 효경(孝敬)-효도하고 공경하라 : 효도 + 공경

② 형내(刑內)-아내를 바르게 하라

③ 교자(敎子) - 자식을 바르게 가르쳐라 : 태교, 세자교육방법=예 + 악

④ 친친(親親)-친척을 친애하라 : 형제 포함

⑤ 근엄(謹嚴)-근엄하게 행동하라 : 부부 사이

⑥ 절검(節儉)-절약하고 검소하라

4. 제4편 위정(爲政)-정치를 잘하라

① 용현(用賢)-어진 사람을 등용하라 : 소인을 멀리하라

② 취선(取善)-좋은 것을 취할 줄 알아야 한다

③ 식시무(識時務)-시급한 일을 알아야 한다 : 창업(創業:나라를 건립하는 일)-수성(守城:나라를 지켜내는 일)-경장

(更張:변화와 개혁을 하는 일)을 특히 강조하였다.

④ 법선왕(法先王)-선왕을 본받아야 한다

⑤ 근천계(謹天戒)-하늘이 내려준 계율을 조심하라 : 환난을 예방하라

⑥ 입기강(立紀綱)-기강을 바로 세워라 : 사심 없음, 공정한 상벌

⑦ 안민(安民)-백성을 편안하게 하라 : 백성을 두려워하라, 입장을 바꾸어서 생각하라, 세금을 줄여라, 부역을 가볍게 하라, 형벌을 신중하게 하라, 의로움과 이익을 분별하라, 비용을 절약하고 재물을 생산하라, 일정한 생업을 갖게 만들라, 군대를 정비하라

⑧ 명교(明敎)-교육을 널리 밝혀라 : 학교를 일으켜라, 풍속을 바르게 하라

5. 제5편 성현도통(聖賢道統)-도를 전하는 성현의 계통(결론에 해당)

성인도통이란 성인의 도가 전수되어 온 맥을 말하며, 도통을 계승한 성현들은 수기치인의 도를 닦아 전인적 인격을 갖추어 선비의 도리를 실천한 인물들이었다. 한유는 요·순·우·탕·문무·주공·공자·맹자로 이어졌다고 하였다. 주자는 공자 다음에 증자와 자사를 첨가하고, 맹자, 송의 이정(정호, 정이)으로 전해졌다고 보았다.

- 요·순임금 앞에 포희(包犧)와 신농(神農)을 언급함

우리나라에는 고려 말 성리학이 들어와 조선 시대 발전하였으

며, 이규경은 정몽주·길재·김숙자·김종직·김굉필·정여창·조광조·이언적·이황·이이·성혼·김장생·송시열·송준길·권상하·윤봉구로 이어졌다고 설명한다.

도는 일상 속에 있으며, 일상 속에서 활동하는 사이에 정밀하게 관찰하고 중용의 도를 얻어 수기(덕을 완성)하고 치인(가르침을 베품)하면 전도(傳道)하여 도통에 이르게 된다.

【평가와 시사점】

위정자뿐만 아니라 일반 국민에게도 삶을 살아가는데 슬기로운 지혜를 주며, 올바른 삶의 자세를 일깨워준다. 인간의 본성이 선하다고 보고(성선설), 인심(人心:육체를 지님으로 해서 발생하는 마음)과 도심(道心:순수하고 선한 인간의 마음)을 한결같이 하라고 당부한다.

모든 사물이 다른 형태로 존재하는 기에 의해서 결정되기 때문에 만물의 근원인 이와 개별사물의 기가 다르다고 하면서 기(氣)를 중요시하고 현실의 개혁을 강조하였다.

시무는 창업(創業)-수성(守城)-경장(更張)의 과정을 거쳐야 하는데, 사람들은 옛 풍속에 안주하려는 경향이 있으니 특히 경장 즉 개혁을 강조하였다.

※ 성리학에 있어서의 퇴계와 율곡간의 비교

구분	퇴계	율곡
이기론	이기이원론(理氣二元論) -이와 기를 분리, 이가 더 중요	이기일원론(理氣一元論) -이와 기가 하나, 분리가 불가
인성론 -군자의 본성	성즉리(性卽理) -인간의 본성인 성과 우주의 근원인 이가 서로 같다	성즉기(性卽氣) -인간의 본성인 성과 우주의 형질적 요소인 기가 같다
심성론	4단과 7정을 분리, 경을 강조	7정속에 4단을 포함, 성을 강조

※ 성리학《성즉리야(性卽理也) : 인간의 본성이 곧 하늘의 이치》의 내용
  ① 태극론(太極論) : 가장 커다란 극으로 만물의 근원, 우주의 본체
    • 태극 → 양의(兩儀) → 사상(四象) → 팔괘(八卦)
  ② 이기론(理氣論), 우주론 : 이와 기는 하나이면서 둘이고 둘이면서 하나다
    • 이(理)-형태와 움직임이 없는 무형무위의 형이상적 존재, 추상적인 원리
    • 기(氣)-형태와 움직임이 있는 유형유위의 형이하의 존재, 구체적인 현상
  ③ 심성론(心性論) : 인간에게 성 즉 본성이며 기는 육체이다. 도심(道心)-인간이 마땅히 지녀야 할 본연지성(本然之性), 사단(四端:인·의·예·지)으로 도덕적 정의를 지향
    • 인심(人心)-인심을 나타내는 기질지성(氣質之性), 칠정(七情)으로 육체적 욕망을 지향

※ 유학과 성리학의 발전과정
① 진나라 이전의 유학 : 공자와 맹자, 이론보다 실천적 측면에 중점
② 한(漢)-당(唐) : 유·불·도교가 혼합, 훈고학 중심, 유학 후퇴, 한유·이고
③ 송(宋) : 태극론·이기론·심성론의 성리학이 체계화되고 발달, 주돈이·장재·소옹·정호·정이·주자
④ 청(淸) : 실학과 고증학, 실사구시 학풍, 성리학이 침체

4-2-18 「동의보감」(東醫寶鑑, 허준)

【배경】

 서자출신으로 추천에 의해 내의원에 들어가 광해군의 두창을 치료하면서 선조의 신임을 받다가 임진왜란이 발발하자 선조의 피난길에 동행하였다. 그러나 선조가 승하하자 대북파(광해군파)와 소북파(영창대군파)의 대립으로 69세 때 의주로 유배를 갔으며, 1년 8개월의 유배 기간에 「동의보감」을 완성하였다.

 「동의보감」의 동의란 조선의 의학이고, 보감은 누구나 활용할 수 있는 지침서이다. 허준이 선조의 지시를 받고 14년간 집필하여 완성하였다. 이 책은 동아시아의 의학서가 총망라되어 있으며 2천여 가지의 증상, 1,400여 종의 약물, 4천여 가지의 처방, 수백 가지의 양생법과 침구법을 수록하였다. 의학서로는 처음 2009년 UNESCO의 세계문화유산으로 등재되었다.

【주요 내용】

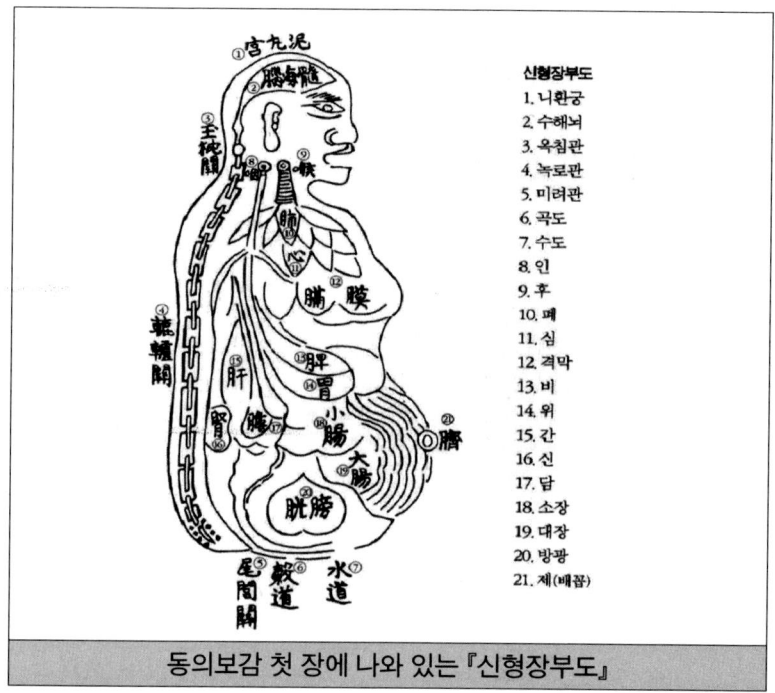

동의보감 첫 장에 나와 있는 『신형장부도』

1. 내경(內徑) - 몸 안의 모습 및 풍경, 본체
   가. 몸은 소우주로 정(精)+기(氣)+신(神)이 서로 연결
   - 정(精) : 진액-골수 - 신장이 주관-생식, 정액(1되 6홉)과 월경혈
   - 기(氣) : 호흡 - 폐가 주관 - 패기, 질료를 움직이는 에너지로 정·신의 토대
   - 신(神) : 변화, 무형 - 심장이 중심-마음, 정신적인 활동

- 양생술 : 수양(유교), 수행(불교), 수련(도교)을 실천하면서 양생은 잘사는 것으로, 잘 먹고, 잘 쉬고, 좋은 관계를 맺고, 잘 죽는 것을 말한다.

① 정(精:신장에 저장되어 있는 정액 즉, 성호르몬)을

보호하라

땀(피부),피(살),정(신장), 침(입), 담(비), 눈물(눈) 등은 같은 계열, 특히 침, 정액은 잘 활용할 필요가 있다.

② 기(氣)를 조절하라-자기배려와 소통의 원리다.

좋은 관계를 유지하라 : 가족, 혈연에 의한 사회적 관계, 자연·우주

③ 신(神) 즉, 마음을 비워라. 명리와 희로, 소리와 색, 기름진 음식, 신이 허하고 정이 흩어지는 것을 비워야한다.

- '통하면 아프지 않다. 아프면 통하지 않는다'(通則不痛 病則不通)

나. 몽(꿈)·성음(목소리)·충

- 꿈은 몸과 마음의 병리적 표현으로 건강한 삶을 위해 꿈은 사라져야한다.
- 목소리는 그 사람의 오장육부의 상태를 반영하며, 심장, 폐, 신장이 두루 화평해야 한다.
- 몸에 박테리아, 벌레, 균류 등 수천가지 생명체(충)가 함께 하고 있다.

다. 오장육부-내경편의 하이라이트

- 오장-내부를 구성하는 장기로, 정기를 저장하며, 간·심·비·폐·신으로 구성되고 음이다.
- 육부-외부적으로 오곡을 소화시키며, 담·소장·위·대장·방광·삼초로 구성되며 양이다.

- 간/담, 심/소장, 비/위, 폐/대장, 신/방광이 커플을 이룬다.

계절	기운	오행	방향	맛	장부	색
봄	풍	목	동	신맛	간	푸른색
여름	열	화	남	쓴맛	심	붉은색
환절기	습	토	중앙	단맛	비	노란색
가을	조	금	서	매운맛	폐	하얀색
겨울	한	수	북	짠맛	신	검은색

라. 소변·대변 : 자신의 똥과 오줌을 잘 살펴라.

- 가장 핵심축은 심장과 신장(심신이 괴롭다?)

  • 심장(가슴 한가운데, 7개)-오장육부 관리, 외부 즉 우주와 소통하는 관제탑
  • 신장(등쪽, 2개)-정을 저장, 생명의 원천, 지혜의 근원, 뇌와 연결

2. 외형(外形)-몸 바깥의 형상, 형태, 작용
가. 머리(頭)-얼굴(面)-눈(眼)
  • 얼굴이 명당으로 색·빛깔이 심상의 표현형식으로 관상보다 심상이 더 중요하다.

- 사람 몸에 9개 구멍(창, 통로) : 얼굴 7(눈 2, 귀 2, 코 2, 입 1)+생식기 앞뒤
 (2) 눈은 내경의 전 양상을 파악하는 홍채학이 따로 존재한다.

나. 귀(耳)-코(鼻)-입과 혀(口舌)-치아(齒牙)-인후(咽喉)-목-등(背)
  • 귀는 신장의 구멍으로 분노와 섹스, 패스트푸드 때문에 귀가 먹는다.
  • 코는 천기가 드나드는 통로로 폐의 상태를 관찰할 수 있다.

- 입은 비위를 통해 오곡의 맛을, 혀는 심장과 연결되어 오미를 안다.

다. 흉-젖-배-배꼽-허리-옆구리-피부-맥-힘줄-뼈

라. 수-족-모발-전음(前陰)-후음(後陰)

3. 잡병(雜病)

   가. 천지운기(天地運氣)
   - 절기(24) : 양기(동지 ~ 춘분 ~ 하지), 음기(하지 ~ 추분 ~ 동지)
   - 육기 : 계절들의 구체적인 표현으로 풍(봄), 한(겨울), 서(여름), 습(늦여름), 조(가을), 화(늦봄 - 초여름)

   나. 진단법 : 심병(尋病:병을 찾는다)-변증(辨證:병증에 관하여 묻는다)-진맥(診脈:직접 만져서 확인한다)

   다. 병의 원인

   ① 외감 : 풍·한·서·습·조·화, 즉 외부의 기운에 감하니 감기다.

   ② 내상(내부의 기가 상한 것, 육식, 과식, 술 등 음식상이 많다)과 허로(虛勞:피로, 기육, 근, 맥, 골, 수, 기혈, 진액이 부족한 것, 心勞)

   ③ 기타 : 광기, 만성질환 등

4. 처방 : 탕액, 침구
   가. 탕액 : 천지만물이 다 약이다!
   - 수부(水部)-토부(土部)-곡부(穀部)-인부(人部)-금부(禽部)-수부(獸部)
   - 어부(漁部)-충부(蟲部)-과부(果部)-채부(菜部)
   - 초부(草部)-목부(木部)-옥부(玉部)-석부(石部)-금부(金部)

   - 약의 모양 : 탕약(주로 중초에 퍼짐), 산제(가루약, 상초), 환제(알약, 하초)

   나. 침구

5. 여성의 몸과 소아
   가. 포(胞)-적궁(赤宮), 단전, 명문으로 사람을 낳고 기르는 원천
   나. 남·여의 인생 사이클(생체주기 : 여자는 7세, 남자는 8세 단위)

구분	치아 갈고, 머리카락 남	2차 성징	사랑니 나고, 다 자람	근육융성, 몸 튼튼	폐경, 폐정
여자	7*1=7세	7*2=14세	7*3=21세	7*4=28세	7*7=49세
남자	8*1=8세	8*2=16세	8*3=24세	8*4=32세	8*8=64세

   다. 생명의 시작(양자의학):삼합(三合:엄마의 난자+아버지의 정자+죽은 사람의 '정신적 존재'인 영혼)

【평가와 시사점】

「동의보감」은 사람의 몸을 하나의 소우주로 보고, 육체적인 물

질인 정(精)과 정신적인 신(神) 이외에 몸의 안과 밖을 돌아다니는 에너지인 기(氣)가 있다고 한다. 서양의학이 발병한 후 치료에 중심을 두는데 비하여, 동양의학은 병원에 대한 규명과 원초적인 치유, 예방을 강조한다.

역자는 의술에서 양생술로 도약하여야 한다고 주장하면서, 미병 단계와 초기 단계에서 개입할 수 있는 의사, 의사와 환자의 경계가 불분명한 상태의 진료를 강조하고, 의사는 의술을 베푸는 일보다 몸과 질병에 대한 지혜를 가르쳐주기를 요청한다. 다만 난치병은 국가와 공동체에서 전적으로 담당해야 한다고 주장한다.

4-2-19 「택리지」(擇里志, 이중환)

【배경】

이중환은 1690년(숙종) 태어나 병조좌랑을 지냈으며, 직계와 방계 모두 관직, 문학, 서예에 명성이 높았고, 영조 때 당파갈등으로 유배를 가는 등 큰 고초를 치렀다. 정계에서 몰락 후 전국을 돌아다니면서 새로운 주거지를 찾게 되었으며, 비슷한 처지의 사대부에게 새로운 주거지를 골라서 살아보라고 제안하였다.

「택리지」는 1751년 출간된 책으로 원래 서명은 「사대부가거처(士大夫可居處)」이며 '사대부가 거처할 만한 곳'이란 의미로, 전국을 대상으로 살만한 지역과 그렇지 못한 지역으로 구분하여 독자가 취사선택하도록 안내한 책이다. 서명도 「택리지」, 「팔역지」, 「복거설」 등 50여 가지가 되며, 이본은 200여 종에 이른다.

【주요 내용】
1. 서론(序論)

백성에는 4부류(사·농·공·상)가 있으며, 사대부는 점차 많아졌다. 사대부는 사대부다운 행실을 해야 한다. 예를 지켜야 하며, 부를 제대로 쌓지 않으면 될 수 없다.

시기에는 이롭고 이롭지 않은 차이가 있고, 땅에는 좋고 나쁜 구별이 있으며, 사람에게는 나아가고 물러나는 다름이 있다.

2. 팔도론(八道論)
가. 서설

곤륜산 한 줄기가 동쪽으로 의무여산이 되고, 요동벌판을 지나 백두산이 된다. 조선에도 팔도가 있다. 남북으로 3,000리, 동서로 1,000리나 된다.

평안도 묘향산의 단군, 경상도의 혁거세, 신라 말 궁예와 견훤, 고려를 거쳐 이때부터 역사가 서술되었다. 서북출신 중에 무신이 많았고, 동남쪽 출신 중에 문사가 많았다.

나. 평안도

평양은 풍속과 문물이 가장 먼저 발달하였고, 고려 이래로 1,000년간 나라의 요충지로 위세하였다. 안주, 영변, 강계, 의주와 위화도가 있다.

뽕과 삼을 심고, 물고기와 소금이 귀하고 화훼와 과일이 없다. 평양과 안주는 큰 도회지로 중국물건이 넘쳐난다. 청북지역은 무(武)를 숭상한다.

다. 함경도

옛 옥저땅으로 남쪽은 철령, 동북쪽은 두만강이 경계다. 영흥과 안변, 덕원, 원산(뱃길로 경상도의 곡물을 운반)이 있다.

함흥 이북은 풍속이 굳세고 사나우며 산천이 거칠다. '서북사람은 크게 쓰지 마라'는 태조의 유언으로 큰 관리가 없다. 함경도, 평안도는 살 만한 곳이 못 된다.

라. 황해도

황주에 병마절도사, 해주에 감영이 있으며, 개성, 봉산, 평산, 안악, 문화, 신천, 재령이 있다. 평야가 넓어 벼농사가 잘되고 납과 철강석이 산출된다.

연안과 백천사이가 넓고 빼어나 가장 살만하다. 중국에서 바닷배가 몰려와 전복과 해삼을 채취해 큰 피해를 입히고 돌아간다.

마. 강원도

강릉, 삼척 등 9개 군으로 이루어졌으며, 경치가 빼어난 곳이 많아 한때 난리를 피하기는 좋으나 대대로 살기에는 적당하지 않다.

춘천과 원주는 사정이 조금 낫다. 춘천은 큰 들판이 있고 강산이 맑고 트였으며, 원주는 넓고 남한강과 만나 부자가 많고 사대부가 많이 산다.

바. 경상도

지리가 가장 아름다우며 인재의 창고다. 조선 선조 이전에 국정을 담당한 사람은 모두 경상도 사람이고, 문묘에 배향된 4 현자(김굉필, 조광조, 이언적, 이황)도 경상도 사람이다.

예안, 안동에 사대부가 매우 많다. 경상우도는 부유하게 되고, 경상좌도는 학자, 문인이 많이 배출되었다.

- 조선 인재는 절반이 영남에서 나고, 영남 인재는 절반이 선산에서 난다(노경임의 『경암집』).

사. 전라도

토지가 비옥하고 물산이 풍부하나 풍속이 학문을 중시하지 않아 과거급제자가 경상도보다 적다. 아름다운 산천이 많아 산천의 기운이 뭉쳐 인재를 길러낼 것이다.

전주에 전라감영이 있고, 나주가 한양과 유사하여 유명한 집안이 많다. 구만촌이 가장 살만한 곳이다. 광주, 영암에서 바닷길로 남송과 교류하였다.

아. 충청도

산천이 평탄하고 서울에 가까워 자연스럽게 벼슬아치의 본거지가 되었다. 공주 내포가 가장 좋고, 부여, 금산이 비옥하여 살만한 곳이다.

강경을 가장 적극적으로 평가하며, 충주는 나라의 중앙으로 수로 왕래가 편리하여 사대부들이 많이 살고, 청풍이 과거급제자를 많이 배출하였다.

자. 경기도

광주는 전투가 벌어진 땅으로 살 만한 곳이 못 되고, 강화는 유수가 있어 고을을 다스리고, 개성은 고려왕조의 서울이며, 서울밖은 살만한 땅이 적다.

신라 승려 도선의 「비기」에 '왕씨를 잇는 자는 이씨이고, 한양에 도읍한다'는 기록이 있다. 한양성곽을 만들었으나 해자를 파지 않아 임진왜란과 병자호란을 지켜내지 못하였다.

3. 복거론(卜居論)
가. 서설
터를 잡고 살만한 땅을 고르는 조건은 ①지리 ②생리 ③인심 ④산수 순이다. 4가지 조건 중 하나라도 빠지면 살기 좋은 땅이 아니다.

나. 지리(地理)
①수구(水口) ②들의 형세 ③산의 모양 ④흙의 빛깔 ⑤수리(水理) ⑥조산(朝山:혈의 정면 가장 가까이 있는 나지막한 산이 안산이고 안산 뒤에 서있는 크고 높은 산)과 조수(朝水:혈 앞으로 흘러드는 물줄기)를 본다.

산은 누각처럼 위로 솟구친 형세로, 주산은 수려하고 단정하며, 흙은 모래흙으로 물이 있어야 한다.

다. 생리(生利)
땅이 기름진 곳이 제일 좋고, 배와 수레, 사람과 물자가 모여들어 각자 소유물품을 서로 바꿀 수 있으면 버금간다.

3면이 바다로 김해, 나주, 강경에서는 배로, 내포, 용산, 마포, 개성 승천포에서는 수운으로 실어 나른다. 한양, 개성, 의주, 평양에서 외국과 무역한다.

라. 인심(人心)
인심이 순박·후덕하기론 평안도, 경상도 순이다. 인사 추천권을 쥔 이조 전랑의 자리로 동서분당이 된 이래 그 피해가 크다.

서울은 인재가 모여 살고, 경상도 전체가 남인이 되었으며, 강원도·경기도의 큰 강가에 남인이 많다. 전라도는 부자에 치우치고 타도에 비하여 사대부가 적다. 서북방 3개 도는 예외이다.

마. 산수(山水)

- 백두산-금강산·오대산-태백산-소백산·덕유산-지리산, 한라산으로 이어지며. 산맥 동쪽은 동해바다로 흘러가고, 서쪽은 서해바다로 흘러간다. 경상도 전체와 섬진강물은 남쪽으로 흘러 바다로 간다.
- 명산·명찰 : 삼신산(三神山)-금강산(봉래산), 지리산(방장산), 한라산(영주산)

  도읍과 은둔:산이 뭉쳐 큰 역량을 갖춘 곳으로 ①개성의 오관산 ②한양의 삼각산 ③진잠의 계룡산 ④황해도 문화의 구월산

  바다 위의 산(海山):한라산, 남해 금산, 완도, 군산도, 울릉도 등
- 영동의 산수:고성 삼일포, 강릉 경포대, 흡곡 시중대, 간성 화담, 영랑호, 청초호
- 네 고을의 산수 : 영춘, 단양, 청풍, 제천의 명승(8경). 단양은 협소하여 살만한 땅이 아니다.
- 강가의 주거지(江居) : 평양, 춘천 우두촌, 여주 읍치, 부여 은진, 임회……
- 시냇가의 주거지(溪居) : 예안 도산과 안동 하회, 임하와 청송, 영천 순흥과 죽계, 용담, 금산, 장수, 무주, 상주, 영동, 황간, 괴산...

  - 들판 시냇가 마을 : ①공주 갑천, 대전 유성 ②전주 율담 ③청주 작천(까치내) ④선산의 감천 ⑤구례의 구만

4. 결론(結論)

신라 말에 중국과 교류하면서 성씨를 제정하였다. 벼슬아치와

사족만 겨우 성을 가졌고 일반 백성은 성이 없었다. 고려 때에 모두 성을 갖게 되었다. 김 씨와 박 씨가 우리나라의 으뜸가는 종족이다.

사대부가 사화로 서로 원수처럼 여겨 죽이므로 은퇴하여 산림에서 살았다고 하면서, 말미에 조선 전체가 사대부들이 농부·장인·상인과 함께 '사람이 살 수 있는 땅이 아닌 땅'이 되어간다고 한탄한다.

【평가와 시사점】

살만한 장소로 ①명당 ②토지가 기름지고 ③산천이 맑고 아름다우며 ④배가 드나들어 생선과 소금을 팔아 얻는 이득이 있으며 ⑤전란의 재난을 피할 수 있으며 ⑥서울에서 멀리 떨어지지 않은 곳이라고 하였다. 또한 주거지의 순서로 ①시냇가 ②강가 ③바닷가이며, 경치가 좋고 산이 가까우며, 난리를 피하는데 중점을 두고 있다.

관찬지리지인「신증동국여지승람」이 제공하는 정보와 지식의 한계를 뛰어넘어 유익한 정보와 새로운 지식을 대거 반영하였다. 또한 성도인 경기도가 아닌 평안도와 함경도부터 기술하고, 한국의 지리와 자연을 풍속과 인심에 더 큰 비중을 둠으로써 새로운 시각에서 국토 지리를 해석하고 평가하였다.

사대부의 위신을 지키며 살기 위하여 부를 갖춰야 한다는 실학자적 입장을 보이면서도 사대부는 무역을 하여서는 안된다고 주장하였다. 한편, 임진왜란 때 명나라 군사가 산맥을 끊어 숯으로 뜸질을 하고 큰 연못을 막아 땅의 정기를 눌러 이때부터 땅이 쇠잔하여 인재가 나오지 않는다고 하였다.

4-2-20 「백년을 살아보니」(김형석)

【배경】

 연세대 김형석 명예교수는 서울대 김태길 교수, 숭실대 안병욱 교수와 함께 1세대 한국철학계를 대표하는 철학자로 아직도 서서 한 시간씩 대중강연을 할 정도로 노익장을 과시하는 오늘날 한국 노인의 이상적 롤 모델이다.

 98세의 나이에 펴낸 생활철학 이야기로 인간이 늙어가는 것은 익어가는 것이라고 하면서, 인생의 황금기는 60에서 75세라고 정의하고 정신적 성장과 인간적 성숙이 무르익어간다고 하였다.

【주요 내용】

 인간 마음의 영역은 지성, 감성, 의지가 3등분해 갖고 있는데, 과학자와 철학자는 지성이, 예술가는 감성이, 사업가는 의지가 큰 비중을 차지한다.

 인생은 50세 전에 평가해서는 안 되며, 성공보다 최선을 다하는 사람이 행복하며, 유명해지기보다는 사회에 기여한 인생이 더 귀하다. 인생의 나이는 길이(오래 살았는가)보다 의미와 내용(무엇을 남겨주었는가)으로 평가되어야 한다.

 인간은 종교적 신앙, 철학적 사유, 과학적 영역을 동시에 갖고 있으나, 시대와 사회적 여건에 따라 비중의 차이가 있으며 탐구의 과제와 영역이 다르다. 옛날에는 종교가, 중세에는 철학이, 근세에는 과학의 발달로 종교가 설 자리를 상실하였다(프랑스의 오퀴스트 콩트).

 주자학의 영향으로 조선 시대에는 흑백논리가 지배적이었으나,

현실적으로 흑백은 존재하지도 않고 중간색인 회색이 있을 뿐이다. 공산주의, 종교의 교리적 근본주의는 위험하며, 경험, 공리, 실용을 추구하는 사회가 정치, 경제의 열매를 거둔다.

인간관계의 회복과 정상화를 위하여 대화가 필수적이다. 열린 마음의 자세가 있어야 하고 민주정치를 위하여 소통이 잘되어야 한다. 대화를 통해 공통점을 찾고 차이점이 발견되면 더 높은 객관적 가치와 해답을 모색해야 한다.

젊었을 때는 용기가 있어야 하고, 장년기(30~60세)에는 신념이 있어야 하고, 늙어서는 지혜가 필요하다.

노년기에는 옷차림(깨끗하고 비교적 밝게 젊어 보이는 모습), 표정은 밝게 얼굴은 미소를 띄워서 존경스러운 모범을 보여야 한다. "사랑이 있는 고생이 행복이다."

【평가와 시사점】

인생을 살아본 후 인생의 황금기가 60세부터 75세까지라고 정의하면서 정신적으로나 육체적으로도 성숙해지므로 후진들에 대한 애정과 지도가 필요하다고 보았다.

100세 시대에 손자·손녀에 대해 보살핌뿐만 아니라 문중과 향교와 같은 우리의 전통문화 그리고 인문학에 대한 관심과 연찬이 필요하다.

제3절
서양철학

4-3-1 「국가 : 올바름을 향한 끝없는 대화」(플라톤)

【배경】

플라톤은 기원전 428년 그리스 아테네에서 태어나 전쟁과 정치적 혼란기를 거치면서 20세 때 그의 스승인 소크라테스를 만났고, 28세 때 그의 스승 소크라테스는 젊은이들을 타락시키고 국가가 믿는 신들을 믿지 않는다는 죄목으로 독배를 마시고 죽는다.

이에 따라 플라톤은 정치참여를 포기하고 철학자의 길로 나가 전국을 여행하며, 참된 지식인을 양성하기 위한 아카데미아학원을 세우고, 플라톤의 저술을 대화형식으로 풀어낸다.

이 책의 부제는 '올바름에 관하여(정의론)'로 아름다운 국가, 훌륭한 국가를 모델로 그리면서 국가를 구성하는 3계층(시민, 수호, 통치)사이의 관계, 개인의 혼에 있는 3요소(이성, 욕구, 격정)의 관계가 조화를 이룬 상태 즉 올바른 상태에 이른 것을 말한다.

【주요 내용】

정의(올바름)란 강자(통치자)의 이익이라고 규정하고, 올바름은 훌륭함이며 지혜이고 올바르지 못함은 나쁨이며 무지라 한다. 올바른 사람이 올바르지 못한 사람보다 더 행복하다.

국가의 구성계층을 시민계급, 수호계급, 통치계급으로 나누고, 일반 시민에게는 절제, 수호자들에게는 용기, 통치자에게는 지혜가 각각 필요하고, 저마다 자신에게 맞는 일을 할 때 국가 차원에서 올바르게 된다.

개인에게도 이성, 욕구, 격정이 있어 조화롭고 화목할 때 올바름이 형성된다. 개인의 혼에는 ①혼을 헤아리는 능력인 '이성' ②재물, 쾌락 등 '욕구'(대부분) ③흥분상태에 있는 '격정'이 있으며 3요소가 이성의 통제에 따라 서로 조화롭고 화목하면 올바름(절제있는 사람)이 된다.

철학자는 모든 지혜를 사랑하는 사람으로 참된 철학자는 진리를 좋아하는 사람이다. 철학자가 국가지도자가 되어야 하며, 진리와 올바름, 용기, 절제를 가진 사람으로 좋음의 이데아가 태양과 같이 가장 최고의 배움이다. 이데아(idea)란 이 세상 모든 사물과 존재가 갖고 있는 본모습 또는 참모습으로 감각기관이 아닌 지성으로 볼 수 있는 것이다.

지하동굴 깊숙한 곳에 어릴 때부터 손발과 목이 묶인 채로 지내온 죄수들은 머리를 돌릴 수가 없어 안쪽의 동굴 벽만을 쳐다 볼 수 있고, 동굴 입구에 있는 불에 의해 벽에 비친 그림자를 진짜라고 믿는다. 밖에는 태양이 빛나고 눈이 부셔서 실물을 보지 못한다. 통치자가 될 사람은 동굴안의 현상세계가 아닌 실재세계를 볼 수 있는 사람이어야 한다(제 7권 pp.139~143).

국가에는 ①철인통치체제인 '최선자정체' ②승리와 명예를 존중하는 '명예정체' ③돈을 중시하는 '과두정체' ④평등을 강조하고 여론을 중시하는 '민주정체' ⑤반대자를 숙청하고 호위대를 늘리는 '참주정체' 순으로 타락하며, 왕도정체인 최선자정체가 가장 훌륭한 정체이고 이상적이라고 보았다.

혼은 죽지 않고 결코 파멸되지 않는다. '에르(er)의 신화'를 소개하면서 올바른 삶에 대한 보상은 살아있을 때뿐만 아니라 죽은 뒤에 더 크게 받는다고 한다.

【평가와 시사점】

플라톤이 제시하는 방안들은 지나치게 이상적이므로 실현이 의문시된다. 철학자들이 통치하는 최선자정체, 국가수호자들의 처자 및 재산공유와 같은 내용은 비정상적으로 보인다.

국가수호자의 선발까지도 남녀평등을 강조하고, 남녀가 동수를 유지하며, 지혜와 신체의 절정기인 남자 25~55세, 여자 20~40세가 국가의 특정보호구역에서 같이 살면서, 최신의 남자들과 여자들이 자주 성관계를 갖고 아이를 잘 양육해야 한다고 하였다.

오늘날 보편적인 민주정체에 대해서는 '대중의 어리석은 정치'로 평등배분정체로 대중에만 관심을 갖고 자유방임으로 끌고 간다면서 부정적으로 평가하였다. 민주정체가 지나쳐 법을 우습게 보아 참주정체가 되며 가장 비참하고 파멸로 이끈다고 평하였다.

4-3-2 「니코마코스 윤리학」(아리스토텔레스)

【배경】

플라톤의 제자인 아리스토텔레스는 자기 아들인 니코마코스에게 강의하는 형식을 빌려 '우리가 추구하는 마지막 최고의 목적은 과연 존재하는가 그리고 존재한다면 무엇인가?' 질문하면서 "행복"이라고 했다.

아리스토텔레스는 논리학, 물리학, 생물학, 시학, 정치학, 윤리학, 형이상학 등 많은 분야에 걸쳐 다양한 책을 썼다. 그의 책들은 서양학문의 중요한 토대가 되었다. 플라톤과 아리스토텔레스는 사제관계로 서양사상의 출발점이자 뿌리이다.

아리스토텔레스는 기원전 384년 그리스 북부 마케도니아의 작은 도시에서 태어났으며, 알렉산드로스(후에 왕이 됨)를 지도하고, 그리스 아폴론 신전 인근에 '리케온'이라는 학원을 세워 제자들을 양성하였다.

【주요 내용】

행복이 우리가 삶에서 추구하는 가운데 가장 중요한 것 즉, 최고의 선이다. 우리는 행복을 위하여 산다. 행복이란 덕이 있는 정신활동으로 무엇이 진정한 행복인가에 대해서는 사람마다 생각이 다르다. 때로는 같은 사람도 때와 장소에 따라 다르게 생각하기도 한다.

덕은 마땅히 지켜야 할 규범으로 정신의 덕으로 '습관화된 중용'이라고 규정한다. 이는 ①지적인 덕(지혜·이해력·지성, 교육에 의하여 생김), ②도덕적인 덕(절제·관용·인내·용기·정의, 습관에 따라 생김)으로 구분한다. 덕이 있는 사람이 되려면 정념 즉 감정을 잘 다스리고 관리해야 한다. 넘치거나 모자라지 않는 중간 상태, 그것이 중용이고 참된 덕이다.

덕의 하나로 용기가 있는데 좋고 고귀한 것으로 두려움과 태연함이 중용이다. 용기는 고귀한 것이고 그 목적도 고귀하다. 그러나 군인의 용기, 용병의 용기, 격정, 낙관적인 행동, 위험을 모르는 데서 오는 행동은 참된 용기가 아니고 용기라고 잘못 불리는 것들이다.

도덕적인 덕이 정확하고 좋은 것이 되려면 중간을 목표로 삼아야한다. 정념에는 지나침과 모자람, 중간이 있다. 모든 일에 중간상태는 칭찬할 일이지만 어떤 때는 지나친 쪽으로 어떤 때는 모자란 쪽으로 나갈 필요가 있다.

특히 젊은이에게 수치심(염치) 즉, 자기 잘못을 부끄럽게 여기는 것이 필요하다. 자신의 잘못에 대하여 부끄러워할 줄 알아야 그것을 고칠 수 있다. 자기 잘못을 부끄러워해야 하며 자기행동을 항상 되돌아 봐야 한다.

정의란 사람들로 하여금 옳은 일을 하도록 하고, 옳게 행동하며, 옳은 것을 원하게 하는 성품이다. 협의는 명예·돈·기타 분배와 관계되고 그 동기가 이익에서 오며, 광의는 사람 사이의 관계를 조정하고 바로 잡는 것이다.

부분적인 정의(협의) : 균등

① 분배정의 : 분배과정에서 생겨나며 중간이 균등이고 분배에서의 옳음이 비례이며, 기하학적 비례는 사람 A:사람 B=사물 C:사물 D=사람 A+사물 C:사람 B+사물 D이다.

② 시정정의 : 소송제기 등을 통해 사람사이의 관계를 조정하거나 바로 잡는 것으로 이익과 손해의 균등을 회복시켜주는 것이다.

③ 교환정의 : 돈이 매개자 노릇을 하고, 보상으로 비례적 보상이 균등이다. 대체로 국가는 비례적 보상 관계에 의하여 유지된다. '눈에는 눈, 이에는 이'의 방식이다.

④ 정치적 정의 : 공동체에서의 균등한 자유로 본성적인 것(어디서나 같다)과 인위적인 것(법령에 의함, 보석금)이 있다. 지적인 덕 즉, 이성적인 부분으로 하여금 진리를 잘 인식하게 하는 상태로 정신으로 하여금 긍정과 부정을 통해 진리를 얻도록 하는 것이다. 인간 행위와 진리를 다스리는 데에는 감성, 이성(행위), 욕구(추구, 회피)가 있다.

※ 정신으로 하여금 진리를 얻게 하는 방법

① 학문적 인식 : 논리적으로 증명할 수 있는 상태

② 기술 : 참된 이치에 따라 제작할 수 있는 상태

③ 실천적 지혜 : 경험 등 행동과 연계, 참된 이치에 따라 행동할 수 있는 상태

④ 철학적 지혜 : 이성+학문적 인식으로 가장 고귀한 것에 대한 인식

⑤ 이성 : 근본명제를 파악할 수 있게 해주는 것

우리가 피해야 할 도덕적 성품에는 ①악덕 ②자제력 없음 ③짐승같은 상태 주로 야만인이다. 사람들은 고통을 몰아내고 고통에 대한 치유책으로 쾌락을 추구한다. 쾌락이 선도 아니고, 쾌락이라고 해서 모두 바람직하지 않은 것도 아니다. 산다는 것과 쾌락은 서로 밀접하게 연결되어 있다.

사람들은 ①이익 ②쾌락 ③선을 위해서 친구를 사귄다. 가장 고귀한 것은 선을 위하여 친구를 사귀는 것이고 선한 사람들 사이에서만 가능하다. 내가 좋은 친구를 얻고 또 내가 좋은 친구가 되

려면 제일 먼저 선한 사람이 되어야 한다. '둘이서 함께 가면(일리아스에 나오는 말)' 동류의식(同類意識)이 있어야 한다.

행복은 인간 모든 행위의 궁극적 목적이며 어떤 상태가 아니라 하나의 활동이다. 행복한 생활은 덕이 있는 활동으로 노력을 필요로 한다. 지혜를 사랑하는 것 즉 철학이 가장 큰 즐거움을 제공한다. 인간은 이성에 따르는 관조적 활동을 할 때 행복할 수 있다.

선한 사람이 되기 위하여 좋은 환경에서 좋은 교육을 받고 좋은 습관을 기르며 나쁜 행위를 하지 않아야 하며 이성과 올바른 명령에 따르는 생활을 해야 한다. 이 명령에는 힘이 있어야 하는데 국가에는 좋은 법률과 도덕, 가정에서는 부모의 훈계와 습관이 필요하다.

국가의 통치형태로 ①군주제 ②귀족제 ③유산자제(공화제)가 있으며, 가장 좋은 제도가 귀족제이고 가장 나쁜 것이 유산자제이다. 군주제가 참주제로, 귀족제가 과두제로, 유산자제는 민주제로 타락한다.

【평가와 시사점】

아리스토텔레스는 아버지가 마케도니아 왕의 주치의로 활동할 정도로 유복했기 때문에 현실주의자로서 행복해지기 위하여 양극단이 아닌 동양의 중용사상처럼 중용이 참된 덕이라고 설정하고 일생동안 교육을 강조하였다.

귀족제를 가장 좋은 국가통치 형태로 보고 타락하면 과두제가 된다고 하였다. 유산자제는 다수의 지배를 이상으로 하며 모두 평등한 것으로 여기며, 민주제는 시민들 스스로 선거에 의해 지도자를 뽑기 때문에 다른 타락한 정치형태보다는 덜 나쁘다고 하였다.

4-3-3 「고백론」(아우구스티누스)

【배경】
　아우구스티누스는 고대 로마제국의 말기인 354년 북아프리카의 타가스테(오늘날의 알제리)에서 하급관리의 아들로 태어났다. 그는 고향에서 교육을 받고 카르타고와 밀라노에서 수사학 교사가 되어 마니교에 심취해 있다가 기독교로 개종하여 주교가 되었다. 이 시기는 게르만 민족의 침입으로 로마제국이 멸망하고 기독교가 교세를 넓혀가는 고대사회에서 중세사회로 넘어가는 대격변기였다.
　「고백록」은 아프리카 히포교구의 주교가 된 43세에 집필하기 시작한 책으로, 그의 100여 권의 많은 저서 중에서 가장 많이, 가장 널리, 가장 오래 읽히는 책이다. 고백록은 자신의 어린 시절부터 33살까지의 삶 즉 젊은 날의 고뇌와 방황, 뒤늦게 개종하기까지의 과정을 그리고 있다. 아우구스티누스의 「고백록」은 톨스토이, 루소와 함께 "세계 3대 고백록"으로 불린다.

【주요 내용】
제1부. 젊은 날을 참회함(자서전식으로 지난날을 돌아봄)
- 제1권. 어린 시절(출생부터~15살의 유아기와 소년기)
　　하느님이 인간을 창조했지만 죄는 인간이 만든 것이다. 이 세상에 죄 없는 사람은 아무도 없으며 갓난아기조차 죄가 있다. 놀기 좋아하고 세례가 연기되면서 죄를 더 짓게 되었으며, 읽기·쓰기 등 기초과목과 그리스어는 배우기가 괴롭고 라틴어는 즐거웠다고 회고한다.

- 제2권. 유혹에 빠진 사춘기(16살, 사춘기 시절)

  고향에서 초등교육을, 인근 도시에서 중등교육을 받다가 중도에 고향에 돌아와 성적인 쾌락에 빠지고, 많은 범죄를 저질렀다고 고백한다.

- 제3권. 키케로와 마니교의 매력(17~19세)

  북아프리카의 중심지인 카르타고에 가서 키케로의 책「호르텐시우스」를 읽고 행복은 육체적 만족이 아니라 진리의 발견에 있음을 가르쳐준다.

  선악이원론을 주장하는 마니교에 빠져 9년 동안 신봉하고 친구들에게까지 전파한다.

- 제4권. 마니교도와 점성술사(19~28세)

  수사학 교사로 마니교를 신봉하던 중 이때 황제의 주치의였던 총독 빈티키아누스와 친구 네브리디우스도 점성술을 벗어나라고 충고했다.

  절친한 친구가 죽으면서 세례를 받자 깊은 충격을 받는다. 카르타고로 돌아가 웅변가 히에리우스를 만나 처녀작을 바치다.

- 제5권. 카르타고, 로마 그리고 밀라노(29세)

  마니교의 주교인 파우스투스를 만났으나 더욱 실망하고, 친구 알리피우스가 초청하여 홀로 로마로 갔으나 병으로 고생하고 회의주의에 빠졌다.

  밀라노에서 수사학 교사를 뽑는다는 소식을 듣고 다시 밀라노로 가 암브로시우스 주교를 만나 그의 구약성서에 대한 은유적 해석에 끌리게 된다.

- 제6권. 세속적인 야망과 갈등(30세)

  수사학 교사로 채용되어 밀라노로 간 그는 2년간 있으면서 기독교에 대한 자신의 잘못된 인식을 깨닫고 마니교의 오류를 알게 되면서 기독교 예비신자가 된다.

어머니의 권유로 15년간 동거한 여인을 버리고 새로운 여인과 약혼한다. 육체적인 쾌락을 좇아 욕망의 굴레에 갇혀 진정한 행복을 찾지 못한다.

미혼 친구 알리피우스와 결혼에 대하여 토론하고 네브리디우스를 만나다.

- 제7권. 신플라톤주의와 신선한 충격(31세)

  신플라톤주의란 플라톤을 계승해서 그리스 철학자인 플로티누스가 새롭게 정리해 만든 사상으로 육체적 감각을 억제하고 은유적인 힘과 내면적 성찰을 강조한다.

  신플라톤주의는 아우구스티누스에게 정신적인 깊은 충격을 주었고, 악의 근원에 대해 계속 고민하다가 '악은 인간의지가 왜곡된 것일 뿐 실체가 없다'고 정리한다.

- 제8권. 기독교인으로 거듭나는 진통(32세)

  갈등을 느끼던 중 사제를 찾아가 호소하자 빅토리누스가 기독교에 어떻게 귀의했는지 들은 후 그리고 폰티키아누스로부터 향기로운 수도원과 고독한 수도사들의 삶을 들은 후 세속적 욕망에 대해 부끄러움을 느낀다.

  무화과나무 아래에서 눈물을 흘리면서 '집어 들고 읽어라'라는 어린아이의 노랫소리를 들은 후 기독교에 대한 확신을 얻었으며, 기독교인으로 새로 태어난 아들에 대해 어머니는 하느님께 감사드린다.

- 제9권. 세례, 귀향 그리고 영원한 안식(33세)

  수사학 교사직을 그만두고 아들, 알리피우스와 함께 밀라노로 가서 암브로시우스 주교로부터 세례를 받는다.

아프리카 고향으로 가다가 신비한 일을 경험하고 어머니가 세상을 떠났다. 세례를 받은 뒤에 사제 서품을 받고 본격적으로 성직자의 길을 걸으며 「고백록」을 집필하기 시작한다.

제2부. 기억과 욕망(43세 히포에서 주교가 된 이후)

- 제10권. 기억, 위대하고 신비한 힘

  기억은 엄청난 용량을 가진 보물창고로 각종 사물의 이미지뿐만 아니라 학문적 지식과 정신, 욕망·공포·슬픔 같은 감정도 망라되어 있다.

  인간을 유혹해 죄를 저지르게 하는 3 욕망인 육체의 욕망, 호기심의 욕망(지식과 학문), 교만의 유혹(칭찬, 흠모)을 분석하고, 자신의 신앙이 세례를 통해 완성되는 것이 아니라 비로소 진정한 신앙생활을 시작할 수 있게 되었다고 말한다.

- 중보자(仲保者:하나님과 인간사이 화해 역할을 하는 사람) ⇒ 예수 그리스도

제3부 기독교와 영원한 삶

- 제11권. 시간 속의 인간, 시간 밖의 하느님

  창조 이전에는 시간이 있을 수 없다고 답하고, 하느님의 말씀에 의해 천지만물이 창조되었으며, 시간도 그와 더불어 존재한다고 한다.

  시간은 ①다른 피조물과 함께 하느님에 의해 창조된 것으로 일시적이고 변화하며 반복하지 않는다 ②시간은 인간의 마음이 과거(기억) → 현재(직관) → 미래(기대)로 분산되어

퍼지고 흩어진다.
- 제12권. 천지창조의 의미와 해석

    플라톤주의자들이 천지창조는 신과 질료의 2 원소를 근원적 존재로 보았으나(이원론), 아우구스티누스는 이 질료까지 포함하여 하느님이 '무로부터 창조'한 것으로 보았다(절대유일신만을 근원으로 하는 일원론).

    하느님이 태초에 창조한 하늘은 '하늘의 하늘'이며, 태초의 땅은 아무런 형상도 없고 빛도 없이 어둠과 깊이만 있는 '거의 무(無)'의 상태다. 이러한 존재 구조는 '하느님(신)-하늘의 하늘(천사들의 세계)-세계-땅(무형의 질료, 거의 무)-절대 무'의 순서가 된다.

- 제13권. 거룩한 창조, 평화로운 안식(기독교에 대한 철학적·신학적 통찰)

    역사적으로 삼위일체 즉, 성부, 성자와 성령이 하나의 신체 속에 있는 것으로 정의하나, 이 문제는 신학적으로 여전히 논쟁을 낳고 있으며 우리가 쉽게 이해하기 어려운 주제다.

    무형의 질료가 혼돈상태로 있다가 형상을 받아 아름다운 세계로 탄생했듯이 비참하고 타락했던 인간도 교회의 가르침을 받아 기독교인으로 새롭게 태어나야 한다는 것이다.

【평가와 시사점】

아우구스티누스는 고대 말과 중세 초의 라틴 문명을 대표하는 인물로 그리스와 로마의 철학을 이어받아서 서양의 신학 체계를 완성했는데, 성서와 유일신인 하느님에 대한 무한한 존경과 믿음을 바탕으로 교부철학 또는 스콜라철학을 만들었다. 중세의 신학과 철학은 대부분 아우구스티누스의 사상에 기초하였다고 할 정도로 근대 종교개혁의 사상적 원천이 되었다.

「고백록」을 쓰게 된 목적은 ①자신의 죄에 대한 고백서 ②하느님께 드리는 찬양의 고백서 ③신자들에게 올바른 신앙생활의 길잡이를 마련해 주기 위함이었다고 한다. 아우구스투스의 '진리는 밖에서 찾지 말고 자기 안의 영원한 빛을 찾아야 한다'는 주장과 불교에서 내 안의 부처를 발견하라는 세계관과 일맥상통한다.

4-3-4 「유토피아」(토마스 모어)

【배경】

토마스 모어는 1478년 영국에서 태어났으며, 인문학자, 하원의원, 외교관, 대법관으로 활약했으나, 국왕 헨리 8세가 이혼하는 것과 관련하여 반대하자 반역죄로 처형되었다. 토마스 모어가 태어난 500년 전 영국은 르네상스와 종교개혁이 일어나고, 지동설이 등장하며, 신항로 개척과 신대륙 발견에 이어 상업혁명이 발생하는 등 중세에서 근대사회로 전환되는 대변혁의 시대였다.

유토피아(utopia)란 이 세상 '어디에도 없는 장소'로 이상사회를 말하며 공상소설이다. 전체가 2권으로 이루어졌으며, 제1권은 토마스 모어가 살던 영국의 정치 및 사회문제 즉, 사형제도, 신분제도, 빈부격차, 부와 권력의 독과점현상 등을 비판한다. 제2권은 잘못된 세계와 비교해서 그 해결책으로 제시된 유토피아의 정치, 경제, 사회, 교육제도에 관한 내용을 소개하고 있다.

【주요 내용】

1. **제1권 : 모순으로 가득찬 현실사회**

    영국 국왕 헨리 8세와 카스티야(지금의 스페인 왕국)의 카를로스왕 사이에 의견대립이 있어 사절단으로 플랑드르(네덜란드 북부도시)로 가서 휴회 중 앤티워프에 가 피터 자일스와 라파엘(포르투갈 출신 탐험가)을 만나 유토피아의 섬 이야기를 듣는다.

    ① 현실정치에 대한 혐오 : 평화보다 전쟁을 선호하며, 권력·돈·출세를 위해 왕의 총애만을 추구하는 어리석은 관료들을 비판한다. 정치참여에는 부정적이다.

    ② 거지·도둑이 생기는 이유와 처벌 방법 : 인클로저로 농업인구가 감소하고 생계수단이 없으며 처벌이 가혹하여 발생한다. 생계수단 마련과 기술교육이 필요하다.

    ③ 정치의 이상과 현실 : 편법이 판치는 정치를 걱정하며, 올바른 정치란 왕의 재산증식이 아니라 국민복지 증진임을 말한다.

    ④ 사유재산과 공유재산 : 사유재산제의 완전폐지와 공유재산제를 주장한다.

2. **제2권 : 유토피아, 가장 살기 좋은 나라**

    ① 사유재산이 없는 작은 나라 : 1760년의 역사를 가진 초승달모양의 섬나라로 같은 규모의 54개 도시로 구성, 수도인 아마우로툼에 각 도시의 관리 등이 모여 문제를 토의한다. 자급자족의 생활기반, 민주적인 행정조직, 철저

한 지방자치제도를 시행한다.

② 노동을 즐기는 사회 : 극소수의 관리·학자를 제외한 모든 사람은 1일 6시간 일하고, 나머지는 여가시간을 활용하여 농업과 특수기술을 익힌다.

③ 노동과 복지가 조화를 이루는 사회 : 적절한 도시인구(6천 가구), 공평한 식량 분배, 즐거운 공동식사, 무료 치료, 재물은 공동사용 및 보관한다.

④ 황금을 돌같이 보는 사회 : 사치보다 향락을 추구하거나 돈·황금·보석 등에 대한 탐욕이 없고 죄악시한다.

⑤ 정신적 쾌락을 추구하는 사회 : 절제되고 도덕적인 삶을 최상으로 여기고 특히 이성에 따르는 정신적 쾌락을 중요시한다.

⑥ 배움을 즐기는 사회 : 그리스 문학·철학, 자연과 세계에 대한 과학적 탐구, 인쇄술과 제지술 등

⑦ 최소한의 법률로 유지되는 도덕적 사회 : 노예제도(죄인, 외국에서 사들인 사형수, 외국 노동자), 의료제도와 안락사, 결혼(남자 22세, 여자 18세)과 이혼제도, 처벌과 포상제도(동상을 세움 등)

⑧ 전쟁을 혐오하고 평화를 사랑하는 사회 : 조약 없는 외교, 전쟁 억제와 용병고용, 분쟁의 평화적 해결(설득과 협의)

⑨ 종교의 자유가 가장 잘 보장되는 사회 : 그리스도교로 개종, 종교의 자유, 영혼 존재를 믿음, 미신을 안 믿고 봉사,

사제 권위와 역할(시민 전체가 선출)
　⑩ 공동의 이익을 추구하는 사회 : 공동소유, 공정분배

3. 2통의 편지

　모어가 유토피아에 관한 이야기를 책으로 발간하는 문제를 아는 사람들과 상의하는 내용이며, 편지 형태로 가상의 섬 '유토피아'를 실제 존재하는 것처럼 꾸미고 있다.

　① 토마스모어가 피터 자일스에게 보낸 편지
　　　라파엘이 말하는 형식으로 강 위의 다리 길이에 대한 문제 제기와 유토피아가 어디에 있는지에 대해 물으면서 독자들에게 섬의 실제를 설명한다.

　② 피터 자일스가 부스라이덴에게 보낸 편지
　　　라파엘이 직접 살면서 경험한 바를 말해주었다고 하면서 사실감을 높이고 있다. 모어의 재주에 대하여 칭찬하면서 유토피아의 위치에 대하여 말하고, 책이 빨리 출판되기를 희망한다.

【평가와 시사점】

　유토피아가 섬나라이면서 54개 도시로 이루어졌다는 점에서 영국을 모델로 설정한 것으로 추정되며, 재산을 공유하고 엄격한 규칙에 따라 공동체 생활을 하는 기독교적인 공산사회를 제시하고 있다. 그러나 1989년 공산주의 국가가 몰락하면서 완전한 이상사회인 유토피아는 실현되지 않았지만 인류는 끊임없이 인간의 자유와 평등을 확대하고 풍요로운 삶을 향해 전진해가고 있다.

그러나 이상적인 형태로 설정하고 있는 농업에 기초한 자급자족경제의 한계, 지나친 통일성과 획일성의 문제(동일한 54개 도시, 공동식사 등), 식민지로 삼는 제국주의와 용병을 고용한 전쟁 등 유럽 중심의 사고, 귀족 중심의 인식에는 한계가 있다.

※ 유토피아 건설에 관한 여러 가지 구상

서양 : ① 플라톤의 '국가'-집단지도체제에 의한 통치, 재산의 공동소유
② 토마스 모어의 '유토피아'-민주공화정,
③ 캄파넬라의 '태양의 나라'-평등과 공동체를 지향하는 강력한 중앙 집권적 제정일치 사회
④ 베이컨의 '뉴 아틀란티스'-과학자가 지배하는 엘리트 사회

동양 : ① 유가의 대동사회(大同社會)-개인·사회가 공존하는 공동체적인 이상 국가로 정전제(井田制)를 주장, 요·순
② 노자의 소국과민(小國寡民) 사회-'작은 나라에 적은 백성이 살아가는 사회'로 무위와 무욕의 이상사회

한국 : ① 홍길동전의 율도국-봉건적인 계급제도를 폐지하고 만민이 평등
② 천도교의 후천개벽사상-인내천(人乃天) 즉, 평등 사회, 정의사회, 왕정체제의 개혁을 주장

4-3-5 「자본론」(칼 마르크스)

【배경】

칼 마르크스(Karl Marx)는 1818년 독일 트리어에서 태어났으며, 그의 아버지는 유대인 변호사로 유년 시절을 유복하게 보냈다. 본 대학 법학부에 입학하였고 예나대학에서 철학 박사학위를 받았다. 그는 '라인신문' 편집장을 맡았다가 폐간되자 파리로 가 엥겔스를 만나 공동으로「독일 이데올로기」를 썼으며, 혁명조직인 '공산주의자동맹'을 창립하고 '공산당선언'을 작성하였다. 독일에서 추방되어 영국 런던으로 이주하여 살면서「자본론」을 집필하였다.

「자본론」은 20여 년에 걸친 장기간의 구상과 연구를 바탕으로 3권으로 구성되었으며, 제1권은 1867년에, 제2권과 제3권은 그의 사후에 엥겔스에 의하여 출판되었다. 그는 자본주의가 가장 발달한 영국을 연구대상으로 하여 자본주의 사회의 운동 원리와 그 문제점을 날카롭게 비판하였으며, 그에 대한 대안으로 공산주의사회를 제시하였다.

【주요 내용】

1. 상품이란 무엇인가?

다른 사람에게 판매할 목적으로 생산한 물건은 사용가치(유용성)와 교환가치(다른 문건과 교환)를 갖는다. 교환가치는 상품생산에 들어간 노동시간에 의해 결정된다.

상품이 서로 교환되기 위하여 상품의 소유자가 있어야 하며, 이들이 상품을 바꾸려는 의지를 갖고서 시장에서 서로 만나야 한다. 상품의 소유자가 다른 상품의 소유자와 동의하면 상품교환이 이루어진다. 이 과정에서 비교의 기준이 되는 화폐가 등장한다.

2. 화폐는 어떻게 생겨났는가?

역사적으로 처음에는 주로 금 또는 금화가 사용되다가 점차 금속주화(은, 동, 철 등), 지폐, 신용화폐(어음, 수표)가 등장한다.

화폐는 ①가치척도기능(상품들의 가치로 표현) ②유통수단(상품 간의 교환) ③저축기능(다른 상품을 구매하기 위해 화폐 형태 그대로 보관) ④지불수단(외상구매 시 나중에 화폐로 갚음)이 된다.

3. 자본이란 무엇인가?

일반상품은 C(Commodity:상품)-M(Money:화폐)-C(상품)의 과정을 거치나, 자본은 M-C-M'의 과정 즉, M-C(구매)와 C-M'(판매)를 거친다. 더 많은 화폐를 얻기 위해 유통과정에 들어간 화폐를 자본이라고 한다. 이때 M'(잉여가치로 더해진 화폐)=M+△M이 된다. △M이 잉여가치다. 이 과정에서 화폐 소유자가 자본가이며 끝이 없는 이윤(잉여가치) 추구가 최고목적이다.

생산과정에 자본과 함께 노동도 투입되어야 하는데, 생산이 이루어지려면 자본가와 노동자가 시장에서 서로 만나야 한다. 이들이 만나면 생산수단과 노동력이 갖추어진다. 노동력의 가치는 노동시간에 의하여 결정된다.

4. 잉여가치의 원천은 어디인가?

인간은 자기 신체의 일부인 팔과 다리, 머리와 손을 움직여 자연을 가공하고 변혁시킨다. 이와 같은 노동과정이 생산수단(원료, 기계)과 합해져서 상품을 생산한다.

자본가는 노동력이 만들어낼 잉여가치를 기대하면서 임금을 주고 노동자를 고용한다. 잉여가치는 노동량의 초과 즉, 노동시간의 연장에 의해서만 발생한다. 따라서 노동력이야말로 잉여가치의 원천이며 모든 가치의 원천이자 모든 사회적 부의 원천이다.

잉여가치율이란 노동력의 구매에 사용된 가변자본이 얼마만큼의 잉여가치를 만들어냈는지의 비율이다.

> 잉여가치율=S(Surplus:잉여가치)/V(Variable Capital:가변자본)
> C(처음에 들어간 자본)=C(불변자본:원료, 기계 등) +V(가변자본: 노동력 구매비)
> C'(생산된 상품의 가치)=C(불변자본)+ V(가변자본)+S(잉여가치)

5. 절대적 잉여가치의 생산과정

절대적 잉여가치란 노동시간의 연장에 의해서 만들어진 잉여가치를 말한다.

> 노동시간=필요노동시간(8시간) + 잉여노동시간(1, 3, 6시간)

필요노동시간은 노동자가 자신의 노동력을 재생산하는데 필요한 노동시간에 의해 결정되고, 잉여노동시간은 경우에 따라 달라진다. 하루 노동시간은 최소한계로 필요노동시간이 되고, 최대한계는 육체적 한계와 정신적 한계(지적, 사회적 욕구를 채우기 위한 시간)에 의해 규정된다.

자본가는 노동자에게 임금을 주고 그 대신에 하루 동안 노동력을 마음대로 사용할 수 있는 권리를 얻는다. 자본가는 노동자의 살아있는 잉여노동을 흡수하여 최대한 잉여가치를 늘리기 위해 노동자의 노동시간을 늘리려고 한다. 이러한 자본가들의 시도에 반대하여 노동자들은 건강 유지를 위해 표준노동 시간을 요구한다.

그래서 자본가와 노동자사이의 대립·투쟁이 벌어진다.
　잉여가치를 늘리기 위해 잉여가치율(착취도)을 높이거나 또는 더 많은 노동자를 고용하여 가변자본의 물량을 늘려야 한다.

> 잉여가치량(S)
> =가변자본의 총액(V)
> × 잉여가치율(잉여가치(S)/가변자본(V))
> =한 노동력의 평균가치(P) × 고용된 노동력의 수(N)
> × 착취도(잉여노동(a')/필요노동(a))

　자본주의 생산양식에서는 살아있는 노동자가 중심이 아니라 생산수단이 중심이 되어 노동이 수행되며 노동자가 주체성과 자율성을 잃고 생산수단에 종속되는 노동소외 현상이 발생한다.

6. 상대적 잉여가치의 생산과정

　상대적 잉여가치란 필요노동시간을 줄이고 잉여노동시간을 상대적으로 늘림으로써 얻어진 잉여가치로 노동생산성에 정비례한다. 새로운 기술을 도입하여 노동생산성을 높임으로써 좀 더 적은 비용으로 특정상품을 생산하면 더 많은 이익을 얻는데 이것을 특별잉여가치라고 한다.
　자본주의 생산방식은 초기에는 노동자들의 단순한 협업 형태(건축, 제방공사 등)에서 공장제 수공업인 매뉴팩처(바늘은 20개 과정에 20명 수공업자가 각자 한 가지씩 맡아 일함)를 거쳐 기계제 대공업(동력기(증기기관, 풍차 등 자연력) + 전동장치(동력전달장치) + 작업기(망치, 톱, 드릴 등)으로 구성)로 발전하여 잉여가치를 증가시켰다.

기계는 여성과 아동에 대한 착취를 강화하고 그들의 건강을 위협하며 노동시간을 늘리는 수단으로 사용되고 노동자 해고를 늘리는 경향도 있다. 또한 호황과 불황이 반복되는 경제순환이 일어나 노동자들의 고용상태나 생활 형편이 불안정해졌다. 공장노동자는 거대한 기계의 부속물이 되어 기계파괴운동이 벌어졌다.

7. 임금의 본질과 형태

임금은 노동력에 대한 가격으로 노동시간에 의해 결정되는데, 노동자가 자신의 노동력을 유지하기 위해 소비하는 생활필수품의 양이나 기술을 읽히는데 들어가는 비용에 의해 결정된다.

임금의 형태 : ①시간급제 임금-노동시간의 길이를 기준으로 임금을 지급하는 것으로 일급, 주급, 월급 등 ②성과급제 임금-생산물의 양에 의해 측정되며, 노동자들의 숙련도, 체력, 지구력 등에 따라서 임금 차이가 크게 난다. 자본주의적 생산방식에 가장 잘 어울리는 임금형태이다.

8. 자본의 축적과정

사회가 유지되기 위하여 생산이 계속 이루어져야 한다. ①단순재생산으로 생산 규모가 이전과 같은 규모를 그대로 유지하는 것으로 생산수단과 노동력의 규모가 그대로 유지되는 경우다. ②확대재생산(자본축적)은 자본가가 잉여가치를 다시 생산과정에 집어넣어 자본의 규모를 키우는 것을 말하며, 자본축적을 통해 자본 규모가 커지고 생산 규모도 확대된다. 자본가는 잉여가치 가운데 일부분을 개인소비로 사용하고, 다른 부분은 자본축적에 사용한다. 또한 자본의 축적 규모는 노동생산성의 영향을 받기도 한다.

자본은 15세기 후반 영국에서 봉건영주들이 양모 산업이 발달하자 경작지에서 농민들을 쫓아내고(소위 'enclosure') 양을 키우기 시작하면서 봉건영주들은 자본가로, 많은 농민들은 임금 노동자가 되었다. 이를 자본의 시초축적이라고 한다. 토지나 공장, 화폐가 자본이 되었고, 임금의 최고기준을 정하는 노동법의 제정으로 공업 분야에 자본의 시초축적이 빨라졌으며, 차지농업가(지주로부터 땅을 임대해 노동자를 고용해 대규모 경작을 하는 자)에 의해 농업 분야에 자본축적이 이루어졌다.

농민으로부터의 토지수탈, 상업의 활성화, 산업의 발전 등을 통해 '산업자본가'가 본격적으로 등장하고, 자본이 몇몇 자본가에 집중되어 생산물이나 생산수단에 투자됨으로써 빈부격차 심화, 과잉생산에 따른 공황 등의 문제가 발생하였다. 이에 따라 자본의 사적 소유가 자본주의적 모습을 심화시켜 위기로 몰아넣었다.

9. 자본의 운동 과정과 자본주의의 위기(자본론 제2+3권)

자본의 순환 운동은 원래 자신의 형태로 되돌아가는 것으로 생산과정과 유통과정이 결합된 것이다. 이는 자본의 형태에 따라 ① 화폐자본의 순환(M-C⋯P⋯C'-M') ②생산자본의 순환(P⋯C'-M'-C⋯P) ③상품자본의 순환(C'-M'-C⋯P⋯C')으로 구분할 수 있다. 여기서 M은 화폐(Money), C는 상품(Commodity), P는 생산(Production), M'과 C'는 각각의 잉여가치가 더해진 것이고, 실선은 유통과정, 점선은 유통과정이 중단된 것을 의미한다.

자본의 회전운동이란 자본의 순환 운동이 반복해서 주기적으로 이루어진다. 자본은 생산과정의 내부요소와 외부요소인 유통기간에 의해 결정된다. 자본의 회전기간 = 생산기간(노동기간 포함) + 유통기간으로 잉여가치량에 많은 영향을 준다. 자본가들은 이윤율(생산과정에 들어간 총자본에 대한 이윤의 비율)에 관심이 많다.

자본은 서로 경쟁하면서 더 많은 이윤을 얻기 위해 자유롭게 이동하며 그 결과 모든 자본은 대체로 평균이윤율을 얻게 된다. 자본들 사이에 경쟁이 심해지면 자본의 유기적 구성이 고도화되어 불변자본의 비율은 높아지고 가변자본의 비율은 낮아지며, 그 결과 이윤율도 점차 낮아지는 경향을 보인다. 자본주의가 발전함에 따라 평균이윤율이 저하하며 생산 규모가 확대됨에 따라 과잉생산과 공황이 발생한다.

【평가와 시사점】

자본론은 자본주의사회를 분석하고 이해하기 위한 매우 중요한 고전이다. 또한 마르크스의 사상체계인 마르크시즘(Marxism)은 20세기 러시아혁명과 중국혁명의 이론적 뒷받침이 되었다. 그의 사상은 2차대전 후 아시아와 아프리카, 중남미 등 제3세계의 경제체제운용에 큰 영향을 미쳤다. 그러나 1980년대 말 소련을 비롯한 동유럽 공산주의 국가들이 무너지면서 공산주의가 실패하였다.

자본론은 19세기 산업자본주의 사회를 분석한 책으로 과학기술과 정보가 중심이 되고 있는 21세기 정보화 사회에 적용하는데에 한계가 있다. 또한 그는 리카르드의 노동가치설을 신봉하여 인간을 '노동하는 존재' 그리고 잉여가치를 단순한 노동력 중심으로 지나치게 단순화하고, 잉여가치를 모두 자본가가 착취하는 것으로 보는 문제점을 발견할 수 있다.

4-3-6 「꿈의 해석」(지그문트 프로이트)

【배경】
　프로이트는 1856년 오스트리아·헝가리 연합국의 작은 도시에서 유대인 모피상의 아들로 태어나 어린 시절을 비엔나에서 보낸 후, 비엔나대학 의학부에 입학해 대학병원 수련의로 시작하여 파리로 가 히스테리를 연구하고, 1900년에 꿈의 해석을 출간하였다.
　프로이트는 정신분석학의 창시자로서 1920년 딸의 죽음을 계기로 이전에는 성적 본능을 주로 다루면서 정신을 무의식, 전의식, 의식으로 구분하였으나, 이후에는 죽음의 본능을 중심으로 이드(id), 자아(ego), 초자아(super ego)로 개념을 확장하여 정신분석의 기초로 삼았다.

【주요 내용】
1. 꿈의 특징과 해석 방법
　고대 사람들은 꿈이 신과 악령의 계시를 알려준다고 믿었다.
- 꿈의 원천 : ①잊고 있던 이전의 경험 ②어린 시절의 기억 ③사소한 기억
- 꿈을 꾸게 하는 자극 : ①외적(객관적) 감각자극(빛, 소음, 냄새·) ②내적(주관적) 감각자극(배고픔, 눈아픔·) ③내적 신체자극(질병, 장애·) ④순수한 심리적 자극(평소 생각)

　꿈은 무의식의 세계를 가장 잘 보여준다. 정신분석은 '그림 조각 맞추기'

2. 꿈과 소망 충족
- 꿈은 소망을 충족하기 위한 것 : 어른 꿈-복잡하나, 아이들 꿈 - 매우 단순
- 꿈은 왜곡되어 나타난다 : 마조히스트적인 성적 욕망의 충족

- 마조히즘 : 신체 또는 정신의 학대를 받음으로써 성적 만족을 느끼는 심리

3. 꿈의 출처
- 어린 시절의 모든 경험·기억과 연관되어 있다 : ①최근 며칠 동안의 인상과 기억 ②부수적이고 눈에 띄지 않는 것 ③어린 시절의 인상과 기억-암시 형태
- 전형적인 꿈 : ①벌거벗고 당황하는 꿈-자연스럽게 극복되어야 하나 편집증과 노출증을 유발할 수 있다 ②소중한 사람이 죽는 꿈- i)전혀 슬픔을 느끼지 않아 깨어난 후 자신의 무정함에 놀라 의아하게 여기는 꿈(전형적인 것은 아니다) ii)죽음을 몹시 비통해하며 자는 동안 격렬하게 울음을 터뜨리는 꿈(보통) ③시험 꿈-학창 시절의 어려움 ④기타 하늘을 날거나 떠다니는 꿈, 높은 곳에서 떨어지는 꿈, 수영하는 꿈 등

- 오이디푸스왕 이야기는 어머니와 성관계를 맺는 꿈, 아버지가 죽는 꿈

4. 꿈의 작업 과정
① 과거의 경험 압축-언어를 조합하여 만든다.

② 대치-마음속에 있는 욕망이나 소망이 그대로 표현되기에 부적절하다고 생각되면 다른 이미지와 형상으로 대치된

다. 본질적이며 억압되어 중얼거림으로 나타나기도 한다.

③ 시각화

④ 상징화-많은 사례가 성기를 상징. 꿈에서 계단을 오르는 행위는 거의 대부분 성교를 상징한다.

5. 꿈과 정의 심리학 : 무의식(꿈에서 깨어나기 이전의 상태)

- 꿈이 대부분 잊혀지는 이유 : ①부실한 기억력으로 내용의 가장 중요한 부분을 잃어버렸을 가능성 ②우리의 기억은 꿈을 불완전하게 만들고 불성실하게 위조해서 표현한다.
- 꿈의 망각과 저항
  - 꿈에서 저항을 많이 받으면 받을수록 그 꿈은 난잡할 가능성이 많다. 저항을 극복해야 꿈을 해석할 수 있다.
- 꿈은 익숙한 것으로 퇴행한다.
  - 느끼고 깨닫는 곳에서 출발해서 무의식의 방향으로 나가며 만들어진다.
  - 경험하여 잘 알고 있는 익숙한 것이 꿈에 나타난다.

※ 퇴행의 종류

① 지정학적 퇴행 : 뇌에 있는 지각조직 → 기억조직 → 무의식조직

② 시간적인 퇴행 : 현재에서 → 과거의 경험으로(문명처럼, 원시인의 행동)

③ 형식적인 퇴행 : 우리에게 이미 익숙해져 있는 방식을 선택하여 일어나는 퇴행

- 꿈에서 소망 충족은 마음의 문제를 해결한다 : ① 근심의 해결 ② 고통의 해소 ③ 무의식의 소망 충족
 꿈은 마음의 상태를 보여준다.

6. 꿈을 통해서 무의식의 세계에 들어갈 수 있다

- 의식, 전의식, 무의식과의 관계(꿈의 해석, 초기 이론)

  ① 의식-겉으로 드러난 의식, 일상생활에 사용되는 합리적인 상태

  ② 전의식-무의식 속에 포함되어 있지는 않지만 의식으로 전환되기 위해 일종의 검열을 통과한 무의식 상태, 즉 무의식과 의식의 중간 상태로 검열을 거쳐 괜찮은 내용들은 의식으로 나타난다.

  ③ 무의식-인간의 내면 저 아래에 자리를 잡고 있는 심리적인 것의 총체로 상식이나 합리성이 통하지 않는 감정, 소망을 말한다.

- 이드, 초자아와 자아의 관계(자아와 이드, 후기 이론)

  ① 이드(id) : 가장 오래된 것으로 원시적인 육체적 본능, 특히 성욕이나 공격욕과 같은 심리적 내용과 물려받거나 태어날 때부터 지니고 있는 모든 심리적 요소를 포함한다. 논리와 이성을 모르며 단순한 충동에 휩싸인다. 전적으로 쾌락·고통의 원리에 따라 움직이는 영역이다.

  ② 초자아(super-ego) : 양심으로 금지·비난·억제의 체계와

자아의 완성이라는 신념체계를 포함한다. 가족과 사회의 전통을 흡수하고 사회구조를 위협하는 성충동과 공격 충동을 통제하는 역할을 한다.

③ 자아(ego) : 이드와 초자아의 중간영역으로 조정하고 중재하는 역할을 하며, 기억하고 평가하며 계획하고 주변의 물리적·사회적 세계에 반응하며 그 속에서 행동하는 부분이다. 이드와 초자아를 통합하며 외부세계와 내부세계를 통합한다. 쾌락을 추구하려고 하는 이드의 욕망을 제어하고, 지나치게 엄격하고 고상한 초자아의 고결함을 부드럽게 누그러뜨린다. 욕망과 고결함이 균형을 이루게 해서 마음의 평안을 추구한다.

【평가와 시사점】

프로이트는 인간의 무의식을 규명하고, 인간의 행동을 지배하는 것은 더 이상 인간의 합리적인 의식이 아니라 본능적인 욕구로 가득 차 있는 무의식임을 밝혔다.

새로운 정신분석방법인 자유 연상법을 발견하여 최면 방법을 쓰지 않고 환자에게 떠오르는 생각을 자유롭게 말하도록 하였으며, 꿈의 해석에도 적용하였다. 오늘날의 정신병 치료에도 널리 활용하고 있다.

무서운 꿈이나 불쾌한 꿈, 재앙 예고 꿈 등을 꾸면 마음 한 구석이 불안해져 신경을 쓰지만 꿈은 소망을 충족시켜 주며 왜곡되어 나타나므로 우리는 악몽을 꾸었다고 두려워할 필요가 없어졌다.

※ 프로이트의 꿈의 해석에 관한 개념 변화

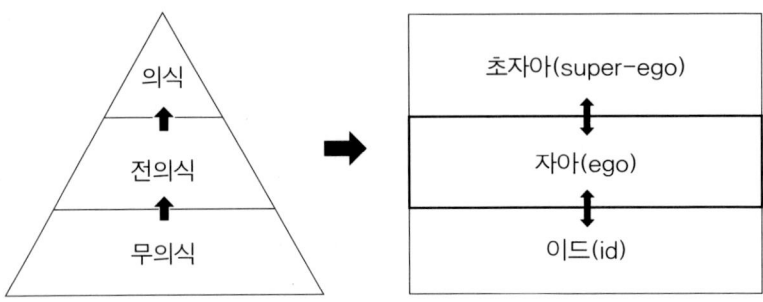

4-3-7 「프로테스탄트 윤리와 자본주의 정신」(막스 베버)

【배경】

막스 베버는 마르크스, 프로이트와 함께 20세기 가장 뛰어난 사상가이자 근대사회학의 아버지로 제2의 아리스토텔레스라고도 부른다. 그는 1864년 독일 튜링겐 지방에서 법률가이자 독일제국 의원인 아버지와 자유주의적 역사가인 어머니와의 사이에서 태어났다. 하이델베르크에서 박사학위를 받고 경제학 교수가 되었으며 폭넓은 독서와 많은 지식인들과도 교류하였다. 그는 학문이 과학으로서 몰가치성과 가치중립성을 추구해야 한다고 하며 복잡한 경험세계를 이해하기 위한 이념형(ideal type)을 제시하였다.

이 책은 1904년 제1부를 발표하고 이어 미국의 각 도시를 방문한 후 미국이 가장 튼튼한 자본주의의 보루라고 생각하고, 이때 느낀 노동문제, 이민문제, 행정제도 문제, 흑인 문제 등 많은 분야에 큰 관심을 기울여 제2부를 완성하였다. 프로테스탄트 특히 칼

뱅 주의의 금욕적인 생활태도와 직업에 대한 소명의식이 근대자본주의 정신을 가져왔다고 주장한다. 또한 권위적인 방식보다 금욕적이고 청교도적인 윤리에 바탕을 둔 방식이 더 깊이 있게 단련할 수 있다고 확신한다.

【주요 내용】
제1부 문제제기(프로테스탄트 윤리가 어떻게 초기 자본주의 정신에 밑바탕이 될 수 있었는가 하는 기본적인 문제를 제기)

1. 신앙과 사회적 계층화

자본가와 기업가들 특히 근대 기업의 숙련된 상급 노동자와 관리자 계급의 대부분이 프로테스탄트다. 특히 개혁 종파(칼뱅주의 등)가 자본주의 정신의 발전에 이바지하였다.

개인이 습득한 정신적 특성 특히 출신 가정과 고향의 종교적 분위기를 통해 형성된 교육방향이 직업의 선택뿐만 아니라 이후의 진로선택을 결정하는 것이다.

2. 자본주의 정신

정직, 시간 엄수, 근면, 절약, 공정, 진실 등의 생활태도와 직업에 대한 의무 의식의 직업관이 자본주의 정신이다. 직업을 소명으로 받아들이고, 노동을 자신의 목적으로 여기는 것은 종교교육의 결과이며, 전통주의의 옛 습관을 극복하는 최선의 길이기도 하다.

19세기 중엽 자본주의 기업가가 출현하였다. 이들 기업가는 명철한 통찰력과 행동력 그리고 뛰어난 도덕적 자질을 가짐으로써 사업방식을 혁신하는데 반드시 필요한 고객과 노동자로부터 신뢰를 받아야 했다.

근대경제의 기본 동기는 '경제적 합리주의'며, 소명으로 파악된 직업의식과 직업 노동에 대한 헌신은 자본주의 문화를 특징짓는 구성요소의 하나다.

3. 루터의 직업 개념-탐구 과제

독일어 'Beruf'와 영어의 'Calling'은 직업으로 신으로부터 주어진 사명 즉, 소명이라는 종교적 의미가 들어가 있다. 이는 루터가 구약성서를 번역하면서 최초로 사용하였다. 이 직업의 개념 속에는 모든 프로테스탄트 교파의 중심 교리가 들어가 있다.

루터는 종교개혁 초기에 세속적인 행위인 직업을 중요하게 여기지 않다가 점차 직업 노동의 의미를 높이 평가하고, 각 개인이 가진 구체적인 직업을 개인이 그렇게 해야만 하는 신의 특별한 명령이라고 해석했다. 직업은 신이 개인에게 정해준 구체적인 위치를 충족시키는 명령이라는 것이다.

칼뱅주의와 여러 프로테스탄트 교파들은 자본주의 발전에 상당한 역할을 했으며, 현세적인 삶을 인간의 의무로 평가한다.

제2부. 금욕적 프로테스탄트의 직업윤리

1. 현세적 금욕주의와 종교적 토대 : 금욕적 프로테스탄트의 4인방

① 칼뱅주의의 예정설(16~17세기, 스위스, 네덜란드, 영국, 프랑스)

사람을 위해 신이 존재하는 것이 아니라 신을 위해 사람이 존재하는 것이다. i)단지 소수의 사람만이 구원받도록 선택되었다. ii)모든 것을 신의 위대함을 찬양하는 목적의 수단으로써 의미가 있다.

신은 자신이 선택한 기독교인의 사회적 성취를 요구하며 사회적인 효용을 위한 노동은 신의 영광을 위한 것으로 권장되어야 하고 신이 원하는 바이기도 하다.

② 경건주의(17세기 말, 독일)

교회에 대한 불신으로 세상과 동떨어진 독립 공동체(가정 집회 또는 작은 교회)를 만들어 보다 철저한 금욕을 실천함으로써 현세에서도 신과의 합일이나 축복을 누리고자 했다.

경건주의는 직업에 충실한 관리와 종업원, 노동자 그리고 가내수공업 종사자와 가부장적 고용주를 양성했다. 그러나 칼뱅주의는 부르주아 자본주의의 엄격하고 정직하며 적극적인 경영자를 육성한 것으로 보인다.

③ 감리교(1795년 미국으로 전파되면서 영국 국교회와 분리)

신자의 신앙을 북돋아주며 개인생활을 변화시키는 성령의 능력에 대한 교리를 강조하고, 소외당한 사람들을 돌보며 사회 여건을 향상하는데 관심을 가졌다.

금욕적 생활방식과 직업 사상에 대한 시각은 칼뱅주의와 비슷하다.

④ 침례교(16세기 유럽에서 발전한 재세례교에서 유래)

침례교와 같은 분파인 메노나이트교, 퀘이커교 등은 예정론을 배격하고, 스스로의 힘으로 구원받을 수 있다고 주장하면서 무저항주의로 교회에 대한 국가지배를 반대한다.

금욕주의는 속세를 떠난 수도자 집단에서가 아닌 세상과 질서 속에서 신도로서의 일상생활방식을 합리적으로 살아가는 것이다.

2. 금욕주의와 자본주의 정신

자신이 부여받은 직업에 종사하면서 근면하고 금욕적으로 노동하는 것이 의무로서 노동 그 자체가 절대적인 목적, 즉 신의 소명이 된 것이다. 따라서 프로테스탄트 윤리는 자본주의 정신을 형성한 원인이었다.

금욕주의는 근대의 전문화된 노동분업을 윤리적으로 정당화 하는 역할을 했으며, 이윤추구 행위를 하나님의 섭리로 해석함으로써 사업가의 활동 또한 정당화했다. 또한 사치와 방종은 금기 대상이 되었으나, 스스로 부를 이룩한 중산층은 최고의 윤리적 평가를 받게 되었다.

인간이 살아가는 시간은 너무 짧고 소중하므로 시간낭비는 용납될 수 없다. 또한 노동은 그 자체가 신성하며 그 이상의 의미를 지닌 것이다. 직업은 신이 각자에게 부여한 소명으로 개인의 구원을 확신하기 위해 가장 좋은 그리고 유일한 수단이다.

청교도의 금욕주의는 근대 자본주의의 정신 뿐만 아니라 근대 문화를 구성하는 직업 사상에 기초한 합리적인 생활태도를 태어나게 했다. 또한 근대적인 자본주의적 경제질서를 형성하게 하였다.

【평가와 시사점】

웨버가 말하는 금욕적인 생활태도와 직업에 대한 소명 의식으로 무장한 프로테스탄트 윤리는 수단과 방법을 가리지 않는 천민

자본주의와는 달리 좀 더 아름다운 세상, 행복한 세상이 될 수 있게 도움을 줄 수 있다. 또한 자본주의 사회를 살아가는 우리들에게 자본주의 정신에 대한 자기 성찰의 기회를 줄 것이다.

프로테스탄트 윤리는 '가능한 많이 얻되 또한 절약하라. 그리고 다른 사람에게 베풀어야 한다'고 강조하여 유교에서 자신의 몸과 마음을 닦은 뒤 남을 가르치라는 수기치인(修己治人)의 자세, 그리고 베풀어 은혜에 보답하라는 불교의 보시(報施) 사상과도 연결된다.

4-3-8 「리바이어던」(토마스 홉스)

【배경】

토마스 홉스(Thomas Hobbes)는 1588년 영국 서남부 웨스트포트에서 목사의 둘째 아들로 태어났다. 그는 15세에 옥스퍼드대학에 입학해 졸업 후 학장의 추천으로 카베디쉬가문의 가정교사로 일을 시작하였다. 당대의 철학자인 프란시스 베이컨의 비서로 논문을 번역하기도 하고, 데카르트, 갈릴레이와도 만나 과학과 수학의 방법론을 그의 정치이론에 접목하였다. 그는 시민론, 인간론, 법의 원리 등을 저술하였다.

리바이어던(Leviathan)은 1651년 런던에서 출판한 책으로 구약성서 욥기 제40장 24절에 나오는 강력한 힘을 가진 바다의 괴물이다. 홉스는 리바이어던을 신화 속의 괴물에서 현실세계의 절대강자인 국가로 부각시켰다. 이 당시 영국은 프랑스와의 백 년 전쟁, 귀족들 간의 내전, 청교도혁명 등 혼란에 휩싸였다. 이러한 상황에서 국민의 목숨을 지키고 이익을 보장하기 위하여 절대권력이 필요하다고 생각하였다.

【주요 내용】
제1부. 인간이란 어떤 존재인가?
1. 감각으로 인식하고 이성으로 계산하는 경험적인 존재

인간은 시각, 후각, 청각, 미각, 촉각 등 감각기관으로 외부세계를 인식하고 그러한 경험들을 통해 지식을 쌓아가는 경험적 존재이다. 경험주의에 바탕을 두고 경험을 많이 한 사람이 가장 신속한 판단력을 가질 수 있다.

인간은 언어를 사용할 능력을 가지고 있으므로 인간들 사이에 국가와 사회, 계약, 평화 등이 있을 수 있으며, 무엇보다 '개념'을 올바로 정의해야 한다. 인간이 올바른 언어를 사용해야 바른 관계를 형성하고 합리적으로 대화할 수 있으며, 논리적으로 추리하고 일반법칙을 세우게 된다.

2. 인간을 움직이는 힘, 욕망과 공포

인간을 움직이는 근본적인 힘은 인간의 정념인데 사랑, 미움, 혐오 같은 감정적인 욕망과 아름다움과 추함, 선과 악과 같은 추상적 욕망이 있다.

인간을 움직이는 가장 강력한 힘이 권력에 대한 욕망으로 모든 인간은 항상 다른 무엇보다도 자신의 현재와 미래에 이득을 가져올 수 있는 수단을 확보하고자 한다.

인간의 무한한 욕망 때문에 공포가 생기며, 이 혼란과 공포를 끝내고 평화를 보장하려면 국가를 설립해야 한다. 왕들은 국내에선

법으로, 외국과는 전쟁으로 권력을 확보하려고 한다.

3. 자연 상태와 인간의 행동을 제약하는 자연법

사람의 신체와 정신능력은 어느 정도 비슷하기 때문에 모든 사람이 다른 이들 및 사물에 대한 권리를 동등하게 지닌 자연 상태에서는 갈등과 전쟁이 끊이지 않는다. 자연 상태에서 모든 사람은 서로에 대해 늑대이므로 '만인에 대한 만인의 투쟁'은 폭력에 의한 죽음의 공포를 불러온다.

투쟁을 피할 수 있는 길은 이성을 길잡이로 하는 자연법(19개 제시)뿐이다. ①모든 사람이 평화를 위해 노력해야 한다. ②평화를 위해 다른 사람들과 함께 자연권을 포기해야 한다. 마음대로 행동하고 무엇이든 가질 수 있는 자연권을 포기/양도하는 서약/계약을 맺음으로써 자연 상태를 사회상태/국가로 이행한다.

사회상태에서 사람들은 자신의 이익을 지키기 위해 언어나 문서로 맺어진 서약/계약을 지켜야 한다. 하지만 강력한 제재가 없으면 사람들은 이 약속을 잘 지키지 않으므로 서로의 동의 아래 계약을 강제적으로 집행할 수 있는 공통의 권력/공권력을 구성한다. 이 공통의 권력/공권력이 리바이어던이다.

제2부 리바이어던은 무엇인가?(국가론으로 핵심)

1. 폭력적인 죽음에 대한 공포와 국가의 수립

인간은 자연 상태에서 마음대로 할 자유를 누리지만 바로 그 자유 때문에 싸움을 피할 수 없다. 이런 자연 상태에서 일상화된 폭력에 의한 죽음의 공포를 피하기 위해 사람들은 서로 계약을 맺고 리바이어던이라고 부르는 괴물 즉 국가를 만든다.

국가는 사회 구성원들의 동의에 의해 만들어지며, 일단 국가가 수립되면 국민은 주권을 가진 사람이나 집단에게 무조건 복종해야 한다. 주권자는 필요한 법률을 만들 수 있고, 국민이 무엇을 알고 배울 것인지도 결정하고 언론을 검열할 수도 있다.

절대권력은 부패할 수도 있고 남용될 수도 있다. 그러나 주권자의 절대권력이 아무리 나쁘다 해도 자연 상태의 폭력이나 내전상황보다 낫다고 주장하면서 그 권력을 옹호한다. 국가는 사회의 안전과 평화를 보장하기 위한 장치다. 또한 국민은 국가에 무조건 복종해야 한다.

2. 복종을 통한 자유와 시민법

자유란 주권자(군주정, 민주정, 귀족정)가 법으로 금지하지 않았다면 누구나 자신이 원하는 일을 자유롭게 할 수 있는 것을 말한다. 국민은 국가 내에서 자유롭게 단체를 설립할 수 있고, 국가의 부는 힘의 원천이므로 국가가 소유권을 보장하고 토지거래와 무역을 허가한다.

국민은 주권자가 제정한 그대로의 시민법을 따라야 한다. 주권자는 법을 제정하는 권한과 해석하는 권한(재판권)과 임명권을 갖고 분쟁을 해결한다. 국민은 법률이 허용하는 한도 안에서만 자유를 누린다.

3. 처벌과 보상의 법률

국가는 강제력을 행사해서 국민을 복종하게 만든다. 강제력은 법을 깨뜨리는 자는 처벌하고, 법을 잘 지키는 사람은 보상하는 것으로, 당근과 채찍으로 공정성이 생명이다.

사람들은 법률이 정한 한도 내에서 자유를 누릴 수 있다. 그러나 부유하고 힘을 가진 사람들이 범죄를 저지를 경우 다른 사람들보다 큰 처벌을 받아야 하며, 법에 규정된 바에 따라 처벌되어야 한다.

4. 국가를 약화시키는 잘못된 이론과 내란

주권자는 자신의 권한을 잘 활용해서 내부 혼란을 미리 방지해야할 책임이 있다. 국가를 혼란에 빠뜨리는 원인은 ①완전하지 않은 국가를 만드는 것 ②사람을 선동하는 정치이론들-절대적인 소유권 주장, 권력분립 등 ③신앙과 신성이 초자연적인 영감이나 몰입을 통해 얻어진다는 성직자들의 이론 ④국가가 이용할 자금조달의 어려움 등이다.

주권자가 적극적으로 자신의 권력을 행사하기 위하여 국민에게 복종과 화합을 요구하고 자신의 권위에 도전하는 세력을 통제하여 국민이 진심으로 자신을 따르도록 교육시켜야 한다. 홉스는 주권자에게도 공정한 재판을 하고 세금을 매기며, 가난한 사람들에게 물질적인 혜택을 줌으로써 그들을 잘 돌봐야 할 의무가 있다고 주장한다.

제3부. 기독교 국가와 어둠의 왕국에 관하여
1. 예언이나 기적에 대한 비판과 신과의 서약

신학자들의 이론적 근거인 예언이나 기적이라는 개념을 비판하면서 그것이 진실이려면 일단 그런 주장이 기독교인들의 생활규칙인 성경에 비추어 해석될 수 있어야 한다고 주장한다.

현실에서 성경을 해석하는 권위를 갖는가와 관련하여 주권자보다 더 막강한 권력을 가진 사람은 존재하지 않으므로 지상에서 인간이 신의 말씀을 따르며 자신의 죄를 씻고 구원을 준비할 곳은 리바이어던일 수밖에 없다.

예수님이 다시 세상에 올 때 구원을 받아 그의 백성이 되겠다고 서약을 했던 사람들을 지상의 주권자에게 복종하며 살아야 한다. 예수님이 재림해 하느님의 왕국이 실현되기 전까지는 교회가 지상에서 독자적인 권위를 가질 수 없다.

2. 종교권력에 대한 정치권력의 우위

중세 신학자들은 교회가 지상에서 구현된 신의 왕국이고 교회의 권위가 국가의 권위보다 더 우위에 있다고 주장했다. 그러나 예수는 교회가 명령하고 집행하는 권력보다 가르치고 설교하는 권력을 가지고, 모든 군주에게 합법적인 권위를 부여했으며, 백성들에게는 그에게 복종하라고 말했다.

교회권력은 정치권력을 장악할 수 없으며, 기독교인이 된 주권자가 목사를 임명할 권리도 가져야 한다. 교회가 아닌 주권자가 교회권력과 시민권력 모두를 가져야 하고, 이교도 국가에서 조차 기독교인이라 해도 이교도 주권자에게 반드시 복종해야 한다고 주장한다.

3. 성경을 왜곡하는 스콜라학파와 성직자들

현실세계에는 빛과 어둠이 있는데 이성의 빛과 잘못된 해석이나 이론인 어둠이 뒤섞여있다. 영국교회도 무오류의 절대적인 진리를 대변할 수 없다. 영혼의 불멸성을 주장하는 신학자들과 아리스토텔레스의 이론을 추종하는 학자들을 비판한다.

스콜라철학도 성경을 잘못 해석하고 이교도의 풍습과 종교를 받아들이며 허황되고 공허한 논리를 펼쳐 사람들을 잘못된 길로 이끈다고 주장한다. 그리고 그것에서 이득을 취하는 세력은 로마 가톨릭교회라고 비판한다.

【평가와 시사점】

홉스의 경험론은 고대와 중세의 스콜라철학이 주장한 추상적이고 초월적인 세계관을 넘어 근대 과학이 추구한 새로운 세계관 및 개인의 경험과 그들의 감각에 의지하는 과학적 세계관을 확립하는데 크게 기여했다.

홉스는 '만인에 대한 만인의 투쟁'을 종식시키기 위하여 국가와 절대권력이 필요하다고 주장하였으나 전체주의 사상과도 일맥상통하여 자유민주주의 체제와도 맞지 않은 부분이 있다. 그러나 개인의 안전과 이익을 가장 중요한 가치로 보고, 국가는 그것을 보호하기 위한 수단으로 보는 개인주의적 성향은 근대 공리주의에 많은 영향을 끼쳤다.

오늘날 국가와 공권력이 개인의 사생활을 감시하고, 대중 홍보매체가 발달하여 국민이 피동화·파편화되어가고 있다. 또한 승자독식 사회가 되어 홉스가 이야기한 '만인에 대한 만인의 투쟁'이 일반화될 수 있으므로 개인의 안전과 질서 그리고 자유와 민주주의의 조화가 오늘날 우리 사회가 안고 있는 과제이다.

4-2-9 「자유론」(존 스튜어트 밀)

【배경】

존 스튜어트 밀(John Stuart Mill)은 1806년 영국 런던에서 철학자·역사학자·경제학자인 제임스 밀의 장남으로 태어나 어릴 때부터 영재교육을 받았다. 당시 영국 학계의 주류인 아담 스미스의 자유주의 경제학, 벤담의 공리주의, 리카르도의 경제학이 사상적 밑거름이 되었다. 동인도회사에 취직한 후 중역이 되어 활발한 토론과 저술활동을 하고, 말년에는 정치에도 입문하여 서민원(하원) 의원으로 당선되기도 하였다.

「자유론」은 영국 역사상 전성기로 평가받는 빅토리아 여왕 시대인 1859년에 출간되었다. 이 시기는 정치적으로 자유민주주의가 제도화되고, 경제적으로 산업혁명이 절정에 이르렀으며, 사회적으로 인구의 도시집중과 빈부격차가 심해져 사회적 갈등이 나타났다. 자유론을 통해 민주정치의 선진국인 빅토리아 시대의 영국사회가 안고 있던 문제점을 지적하면서 개인의 자유와 다양성을 강조하였다.

【주요 내용】

제1장. 서론

자유란 ①의식의 내적 영역으로 양심의 자유, 사상과 감정의 자유 ②자신의 기호를 즐기는 자유와 자신의 목적을 추구하는 자유 ③결사의 자유를 포함한다.

자유란 국가권력을 제한하는 것으로 제한하는 방법은 ①정치적 자유 또는 권리를 지배자가 승인하며 ②헌법에 의해 제약하는 것으로 공동체의 동의를 필요요건으로 한다.

다수의 횡포는 주로 관료의 행위를 통해 이루어지기 때문에 귀양, 사형 등 정치적 탄압과 같이 개인의 영혼까지도 파괴한다. 따라서 정치적 압제에 대한 개인의 보호장치 마련이 필요하다.

개인의 독립과 사회의 통제 사이의 조정은 일차적으로 법에 의해 강제해야 하고, 법을 적용하기에 적합하지 않는 문제는 여론에 의해 강제해야 한다.

어떤 일을 정부가 수행하는 것이 바람직한가에 관하여 규칙이나 원리는 없으며, 개인의 자유에 간섭하는 강제적인 수단은 다른 사람의 안전을 보장하기 위한 수단(공리:일반 사람들이나 공공단체의 이익)으로만 정당화될 수 있다. 타인에게 해악을 끼쳤다면 책임을 져야 한다.

제2장. 사상과 언론의 자유(가장 핵심적인 내용)

사회의 지배적인 여론이든, 공권력의 권위든, 종교적인 교리든 자신과 다른 의견을 억압하고 누르는 것은 자유에 대한 침해로 그 자체는 정당화될 수 없다.

다수의 생각이나 주장이 진리일 수도 있지만 그렇지 않을 수도 있다. 인류 역사를 보면 오히려 진리를 주장한 사람이 다수의 의견과 배치되는 주장을 했다는 이유로 박해를 받은 사례가 상당히 많았다.

- 소크라테스의 사형, 예수의 사형, 마르쿠스 아우렐리우스의 그리스도 박해

반대의견이 없는 사회는 고인 물처럼 점차 썩어가는 사회며, 진리에 대한 논증과 토론이 없는 사회는 진리와 거리가 먼 사회다. 그것이 오류라 하더라도 다른 의견이나 반대의견에 대한 관용이 절대적으로 필요하며, 그것을 통해 다수 의견이 지닌 부분적인 진리가 더욱 총체적인 진리로 발전할 수 있다.

진리를 얻는 가장 확실한 방법은 토론이다(플라톤의 「대화」편

에서 예시를 든 소크라테스의 변증법). 이는 자신의 무지를 깨닫고 그 교리의 의미와 근거에 관한 명확한 이해에 토대를 둔 확고한 신념을 가질 수 있다.

흔히 의사결정방식으로 채택하는 다수결의 원칙에도 문제가 있다. 절대권력에 의한 언론통제보다도 모든 문제를 다수결의 원칙으로 해결하려는 다수파에 의한 여론몰이가 더욱 나쁘다.

제3장. 복지의 한 요소로서의 개성

인간발달에 필요한 2가지 조건은 자유와 다양성이다. 인간은 자신의 개성과 독창성을 발휘하면서 성장해가는 존재이다. 따라서 인간사회에 개성과 독창성이 매우 중요한 요소이며, 자유와 다양한 상황이 결합되어 개인의 활력과 다양성 그리고 독창성이 생겨난다.

인간이 숭고하고 아름다운 것은 내적으로 깨어있는 인간 정신의 무한한 힘 때문이다. 우리는 그 힘을 기반으로 관습의 독재에서 벗어나려 하고, 개인의 열망을 이루려고 하며, 사회개선을 도모하고자 한다.

인간의 의지가 마음껏 발휘될 수 있도록 사회에는 개성과 독창성을 지닌 깨어있는 사람들이 많아야 한다. 이들을 통해 한 개인뿐만 아니라 전 인류의 더 나은 발전을 도모할 수 있기 때문이다. 이들은 인류의 극소수이며 세상의 소금이다.

사회에서 개성을 없애는 것, 즉 다양성을 막고 획일화하는 것은 매우 위험하며, 획일화가 이루어지는 순간 그 사회는 쇠퇴할 수밖에 없다(칼뱅파 이론, 중국). 여론이 지배하는 근대사회가 획일화를 조장하므로 시급한 조치가 필요하다.

제4장. 개인에 대한 사회적 권위의 한계

인간생활 중 어느 정도가 개인에게 귀속되어야 하며 어느 정도가 사회에 귀속되어야 하는가? 개인과 주로 이해관계가 있는 일은 개인에게 속해야 하고, 타인에게 해를 끼치는 행위 또는 끼칠 수 있는 행위에 대해서는 사회가 법적·도덕적인 제재를 하거나 관여할 수 있다.

개인과 사회의 관계에서 개인이든 사회이든 누릴 수 있는 자유와 통제할 수 있는 권한의 한계는 어디까지인가? 예컨대 알코올 의존자는 그가 도덕적, 법적으로 명백한 해악을 끼치지 않는 한 법이나 여론을 통해 단죄하기보다는 인도하는 것이 사회가 취해야 할 올바른 행위다.

또한 일반적인 관습이나 법률, 신앙을 통해 사회가 범하기 쉬운 개인의 자유에 대한 침해 사례-예컨대 종교적 금기사항, 금주법, 안식일 준수법, 모르몬교에 대한 탄압 등과 같이 생각이나 신앙의 차이를 이유로 다른 생각을 가진 사람들을 억압하는 것이 문제이다.

제5장. 원리의 적용

①개인은 자신의 행위가 타인의 이해관계에 영향을 주지 않는 한 사회에 대해 책임을 지지 않는다(단, 충고, 훈계, 설득, 회피 등 비난하거나 혐오 감정은 표현할 수 있다) ②개인은 다른 사람들의 이익에 해가 되는 행위에 대해서 책임을 져야 한다. 사회가 그 사회를 보호하기 위하여 사회적·법적 처벌이 필요하다고 판단하는 경우 개인은 그러한 처벌을 받아들여야 한다.

두 원리가 사회에서 실제로 일어날 수 있는 상황으로 독극물제조와 판매, 술 판매, 어린이 교육에 대한 공권력이나 부모의 정당한 역할과 그 한계를 제시하고 있다. 또한 개인의 자유 침해와 관계가 없는 정부의 간섭에 대해 비판한다.

결론으로 장기적인 국가의 가치는 개인의 가치라고 하면서, ① 왜소한 국민들로는 어떤 위대한 일도 성취할 수 없다 ②국가 스스로가 없애버린 활력의 부족으로 결국 아무런 효력도 발휘하지 못할 것이라고 한다.

【평가와 시사점】

200년 전에 발간된 자유론은 오늘날 대다수 국가가 지향하는 자유민주주의 체제의 이론적 토대를 제공한 살아있는 고전이다. 밀은 궁극적으로 개인의 가치가 제일 중요하며 자유와 다양성 그리고 특히 이를 위한 사상과 언론의 자유가 권력과 여론에 의해 침해되어서는 안 된다고 강조한다.

권력은 효율성과 모순되지 않는 한 최대한 분산시키되 정보는 최대한 집중시켜 중앙으로부터 확산시키라고 강조하였다. 그러나 민주주의 사회가 발전할수록 정치선동이나 대중여론 등을 통해 개인 의사의 통제나 제한이 강화될 수 있음을 우려하고 있는데 대중민주주의가 보편화된 오늘날 반면교사가 될 수 있다.

4-3-10 「정의란 무엇인가」(마이클 샌델)

【배경】

저자는 미네소타에서 출생했으며, 27세에 최연소로 하버드대학 교수가 되었다. 29세에 자유주의 이론의 대가인 존 롤스의 정의론을 비판한 「자유주의 정의의 한계」를 발표하면서 존 롤스 이후 정의 분야의 세계적 학자로 평가된다. 그의 정의 수업은 하버드대 학생들 사이에 최고의 명강의로 손꼽혀 2008년 미국 정치학회가 수여하는 최고의 교수로 선정되었다.

이 책은 1980년부터 30년간 하버드대학에서 정치철학을 가르치면서 정의에 관한 논쟁을 중심으로 학생들과 주고받은 내용을 정리한 것으로 여러 가지 사례를 들어가며 이론을 전개하여 일반인들도 쉽게 이해할 수 있다.

【주요 내용】
1. 옳은 일하기

정의란 올바르게 분배하는 것으로 각 개인에게 합당한 몫을 나누어주는 것이다. 정의란 행복극대화, 자유 존중, 미덕 추구로 입장에 따라 다르다. 시장 옹호자들은 공급 증대로 사회 전체의 행복을 높이고 사회 전체의 자유를 존중한다. 그러나 규제 찬성자들은 사회전체에 도움이 되지 못하고 특정 상황에서는 자유시장이 자유롭지 못하다고 한다.

도덕적·정치적 문제에 이견(딜레마)이 따르게 마련이다. 원인은 ①흔히 공적 영역에서 서로 지지하는 바가 다르거나 당파가 다른 사람들 사이에서 생긴다. ②사건이 앞으로 어떻게 전개될지 불확실하기 때문에 생긴다.

행동의 세계에서 이성의 영역으로 또 그 반대로 마음을 돌리는 것이 도덕적 사고의 기본이다. 이 도덕적 사고는 혼자 추구하는 것이 아니라 친구, 이웃, 시민 등 여럿이 함께 노력해 얻는 것이다. 대화 상대가 실존인물일 수도 있고, 상상의 존재(플라톤의 '국가론'에 나오는 철학자)일 수도 있다.

2. 최대행복원칙/공리주의

벤담의 공리주의에 따르면 도덕의 최고 원칙은 공동체 전체의 행복을 극대화(쾌락≥고통)하는 것으로 도덕적·정치적 삶의 기초이다. 여기서 공리(유용성)란 쾌락이나 행복을 가져오고 고통을 막는 모든 것이다.

공리주의 약점은 ①개인의 권리를 존중하지 않는다. 만족의 총합에만 관심을 두고 개인을 짓밟을 수 있다. ②모든 사람의 만족의 가치가 동일하다고 본다(미 환경보호국(EPA)의 비용편익분석: 젊은 사람의 목숨 가치(370만 $) > 노인의 목숨 가치(230만 $).

존 스튜어트 밀은 자유론에서 '사람은 남에게 해를 끼치지 않는 한 원하는 것은 무엇이든 자유롭게 할 수 있어야 한다. 공리는 인간에게 영원히 이익을 주고, 장기적인 관점에서 극대화되어야 한다'고 주장한다.

3. 우리는 우리 자신을 소유하는가?/자유지상주의

자유지상주의자(libertarian)는 개인에게 자유라는 기본권이 있으므로 규제 없는 시장을 옹호하면서 정부규제에 반대한다. 그들은 최소국가를 옹호하면서 ①온정주의 ②도덕법(매춘 금지 등) ③소득과 부의 재분배를 반대한다.

- 미국 상위 1%부자가 미국 전체 부의 3분의 1, 상위 10%가 미 전체 소득의 42%, 전체 부의 71%를 소유하고 있다.

자유지상주의 원칙은 내가 내 몸, 내 삶, '나'라는 인간을 소유한다면(다른 사람에게 해를 끼치지 않는 한) 그것을 내 마음대로 다룰 자유를 갖고 있어야 마땅하다는 것이다. 그러나 이것은 자기소유라고 해도 콩팥 판매, 안락사, 합의하에 이루어진 식인행위는 찬성할 수 없다.

4. 대리인 고용하기/시장과 도덕

①자유시장 옹호자들은 자발적 교환이 개인의 자유를 존중하는 길이며, 자유시장에 간섭하는 법은 개인의 자유를 침해한다고 한다. ②시장을 옹호하는 공리주의자는 자유시장이 전체의 행복을 증진시키며 거래가 당사자 모두에게 이익이 된다고 한다.

군대 징집, 대리임신과 같은 특정 재화나 사회적 행위는 돈으로 사고 팔 경우 타락하거나 질이 떨어진다. 남북전쟁 당시 북부에서는 대리인을 고용할 권리가 유지되어 비교적 소수의 징집자만이 북군에 입대해 싸웠다. 지금은 자원제다.

대리임신과 관련하여 ①찬성 입장에선 자유지상주의자들은 성인들이 합의하여 맺은 계약으로 자유를 존중하는 일이며, 공리주의자들은 서로에게 이로운 교환으로 장려되어야 한다고 한다. ②반대 입장에선 부당한 압력과 대안에 관한 충분한 정보제공이 없는 문제가 있는 합의이고, 여성의 노동과 아이를 상품화함으로써 비하한다.

- 인도는 2002년 외국인 고객을 유치하기 위해 상업적 대리출산을 합법화하였다.

5. 중요한 것은 동기다/이마누엘 칸트

정의에 대해 3 입장이 있다. ①공리주의자들에게는 사회 전체의 행복을 극대화하는 것이다 ②자유지상주의자들(칸트가 지지)에게는 소득, 부의 공정한 분배란 규제 없는 시장에서 재화와 용역의 자유로운 교환이다. ③미덕을 장려하는 사람들은 도덕적으로 마땅히 받아야 할 몫을 받는 것(미덕 포상, 장려)이다.

칸트는 인간의 존엄성을 존중하면서 자유주의자의 입장을 취하고 있으며, 인간은 이성적 동물이고 지각력(감각과 느낌에 반응하는 능력)이 있는 동물이라고 한다. 두 가지 능력으로 우리는 특별한 존재, 다른 동물과 구별된다.

칸트는 도덕의 최고 원칙으로 ①내 의지가 자율적으로 결정될 때 즉 이성(순수 실천이성)에 따라 행동할 때 ②올바른 이유로 올바르게 행동하는 경우(의무 동기) ③조건 없는 명령인 정언(定言)명령에 따라야 한다. 즉 (a)모순 없이 보편화할 수 있는 원칙에 따르고 (b)인간의 존엄성 그 자체를 목적에 두고 행동하라는 것이다.

6. 평등 옹호/존 롤스

롤스의 정의의 원칙 ①언론의 자유와 종교의 자유 같은 기본자유를 모든 시민에게 평등하게 제공한다. 이는 사회적 공리나 일반적 행복에 앞선다. ②사회적, 경제적 평등과 관련한 원칙으로 사회적, 경제적 불평등을 인정하면서 그 이익이 구성원 가운데 가장 어려운 사람들에게 돌아가야 한다.

롤스의 차등 원칙-평등주의 : 사회에서 가장 약자에 속하는 사람에게 이익이 돌아가는 경우에만 사회적·경제적 불평등을 인정한다는 원칙으로, 사람들의 타고난 재능을 공동자산으로 여기고, 그 재능을 활용해 어떤 이익이 생기든 그것을 공유하는 것이다. 그러나 격려차원의 보상금으로 생긴 소득 불균형, 노력해서 얻은 대가는 인정하되, 도덕적 자격(대학 입학시험에서 민족 및 인종 다양성 고려)에 의한 분배정의는 인정하지 않는다.

7. 소수집단 우대정책 논쟁

　미국의 학교 입학에서 사회적 소수자(인종과 민족 등)에게 가산점을 주는 소수집단 우대정책은 ①표준화된 시험에서 나타날 수 있는 불균형을 바로잡기 위해서 ②소수집단 학생들을 불리한 처지에 몰아넣은 역사적 차별을 보상하고 ③다양성으로 학생들 사이에 여러 인종이 고루 섞여 있으면 서로에 대해 많은 것을 배울 수 있어 바람직하다.

　그러나 다양성 논리는 ①현실적 반박으로 효과에 의문을 품는다. 인종 간의 긴장을 높이고 자신도 행운을 누려야 할 사람이라고 느끼는 백인들의 분노를 유발할 수 있다. ②원칙적 반박으로 학업성적, 시험 점수 등 학문적 입학기준에서 인종과 민족을 따지는 것은 부당하다.

8. 누가 어떤 자격을 가졌는가?/아리스토텔레스

　아리스토텔레스는 정의란 사람들에게 그들이 마땅히 받아야 할 것을 주는 것으로 ①목적론에 근거해 문제가 되는 목적·목표·본질(텔로스)을 이해해야 한다 ②그 행위가 어떤 미덕(소득, 부, 기회의 분배)에 영광과 포상을 안겨줄 것인가를 추론하거나 논의하는 것이다.

　아리스토텔레스는 정치란 좋은 시민을 양성하고 좋은 자질을 배양하는 것으로 ①부자인 자기들이 통치해야 한다고 주장하는 과두정치가들과 ②자유로운 신분을 강조하는 민주주의자들을 비난한다. 따라서 가장 훌륭한 시민의 미덕을 발휘하는 사람이 가장 높은 공직과 영광을 받을 자격이 있다(페리클레스, 에이브러햄 링컨 등)

아리스토텔레스는 도덕적 미덕이 중요하며, 이는 극단 사이의 중용으로 이루어지고, ①습관이 필수이고 ②판단(실천적 지혜라는 지식)이 필요하다.

9. 우리는 서로에게 어떤 의무를 지는가?/충직 딜레마

부당행위에 대한 공개사죄와 손해배상-독일은 제2차 세계대전 때 유태인 대학살 책임을 인정하고 사죄하고 보상했으나, 일본은 전쟁에서 저지른 만행 사죄에 인색했다. 미국에서도 노예제 유산(남북전쟁 후 노예에게 땅 40 에이커와 노새 한 마리 지급)에 대한 사죄는 매년 제자리걸음이다.

의무 중 ①자연적 의무는 인간을 존중하고 정당하게 행동하며, 잔인한 행동을 삼가는 등의 의무로 보편적으로 합의가 필요 없다. ②자발적 의무는 계약 등 합의에 의해 생기는 의무로 특수한 합의가 필요하다(집에 페인트칠하기 계약). ③연대 의무 또는 소속 의무는 우리가 떠안아야 할 도덕적 책임이 있으며, 역사를 공유하는 존재로 인식한다. 특수하고 합의가 필요치 않다(아들 부양과 부모 공양 등).

10. 정의와 공동선

1960~70년대 정부에선 도덕적·종교적 문제에서 중립을 지켜 무엇이 좋은 삶인지 개개인이 자유롭게 선택할 수 있어야 한다는 철학이 지배적이었다.

- 공화당-정부의 자유시장 개입에 반대, 개인이 직접 경제적 선택을 하고 지출
- 민주당-정부가 경제에 적극 개입할 것을 요구, 그러나 사회·문화 분야는 중립성을 견지

정의에 대해 ①공리와 행복극대화 즉 최대 다수의 최대 행복을 추구하는 공리주의 ②선택의 자유를 존중하는 자유주의 ③미덕을 키우고 공동선을 추구하는 입장(샌델이 지지)이 있다.

정의로운 사회는 좋은 삶을 추구하며, 공동선을 추구하는 새로운 정치가 필요하다. 새로운 정치란 ①시민의식, 희생, 봉사 ②시장의 도덕적 한계(군 복무, 출산, 가르침과 배움, 범죄자 처벌 등을 시장에만 맡길 수 없다) ③불평등, 연대, 시민의 미덕 ④도덕에 기초한 정치이다.

【평가와 시사점】

정의에 대하여 ①공동체 전체의 행복극대화를 추구하는 공리주의(밀, 벤담 등) ②자유가 개인의 기본권이므로 최소국가와 선택의 자유를 옹호하는 자유주의자들(칸트, 롤스 등) ③미덕을 키우고 공동선을 추구하는 자(샌델이 지지)가 대립되어 있다.

그러나 정의와 권리의 문제는 도덕적 성격 때문에 올바른 분배만의 문제가 아닌 올바른 가치 측정의 문제이기도 하다. 예컨대 정의의 입장에서 보면 대학의 입학기준으로 ①학업성취 가능성, ②다양성이 존중되는 사회 지도자가 될 능력 등이 되어야한다. 그러나 많은 아이비리그 대학에서 소수집단 우대정책을 취하고 있다.

4-3-11 「이기적 유전자」(리처드 도킨스)

【배경】

리처드 도킨스(Richard Dawkins)는 1941년 케냐 나이로비에서 태어나 영국 옥스퍼드대학에서 공부하고 동 대학 교수를 지낸 생물학자로「확장된 표현형」,「눈먼 시계공」등 많은 저서가 있다. 그는 영국의 정치평론지「프로스펙트」가 2013년에 투표로 선정한 '세계 최고의 지성' 1위, 미국의 외교전문지「포린 폴리시」가 선정한 '이 시대 최고 지성 100인'에 선정될 정도로 영향력이 있는 인사이다.

이기적 유전자는 도킨스가 35세 때인 1976년에 출간한 책으로 다윈의 진화론에 비견될 정도의 명저로 25개 이상의 언어로 번역되어 우리가 꼭 읽어야 할 과학교양서의 고전이다. 다윈이 진화를 적자생존과 자연선택에 의한 진화라고 보고 있으나, 도킨스는 인간을 포함한 모든 생명체가 DNA 또는 유전자에 의해 창조된 '생존 기계'로, 자기의 유전자를 후세에 남기려는 '이기적'인 행동을 하는 존재라고 주장한다.

【주요 내용】
1. 사람은 왜 존재하는가?

우리의 유전자는 치열한 세상에서 몇 백만 년이나 생존해왔다. 동물 중에서 인간만이 학습되고 전승되어 온 문화에 의해 영향을 받고 지배를 받는다.

인간은 동물과 같이 유전자에 의해 창조된 기계로 자연선택의 과정을 거쳐 이기적으로 태어났다. 이기적이란 가치 있는 자원을 서로 나누기를 거부하는 행위이다.

그룹 선택설에서 세계는 자기희생을 치르는 개체로 이루어진 집단이 대부분 점령한다면서, 이기성의 기본단위는 종도, 그룹도, 개체도 아닌 유전자라 한다.

2. 자기 복제자

다윈의 진화론에 나오는 적자생존은 바위나 은하와 같이 안정된 형태로 이루어진다. 인간은 1,027개 이상의 유전자로 구성되어 있다.

생명 탄생 이전에 유전물질 DNA의 구성요소로 퓨린, 피리미딘이라는 유기물이 생성되었고, 스스로 복제물을 만드는 분자(자기 복제자)가 생겼다.

유전자의 특성은 ①수명 ②복제의 속도 즉 다산성 ③정확성이다.

자기 복제자 즉, 유전자는 변종 간에도 생존경쟁을 해왔으며, 우리의 몸과 마음을 창조했으며, 계속 살아남기 위해 우리는 보호용의 외피 정도인 생존 기계를 스스로 만들었으며, 더 커지고 정교해졌다.

3. 불멸의 코일

DNA 분자는 '뉴클레오티드'라는 소형분자를 구성단위로 하는 긴 사슬로 이중나선으로 된 불멸의 코일이다. A, T, C, G 4가지가 있으며 여러 동식물에서 동일하나 서열이 다르다.

DNA는 우리의 몸속에서 살고 있는데 세포수는 1,015개이다. DNA분자는 ①스스로 사본을 복제하고 ②몸을 이루는 단백질의 제조를 간접적으로 통제한다.

인간은 46개의 염색체(실처럼 보임)로 이루어지며, 아버지로부터 23개, 어머니로부터 23개를 받는다. 유전자에는 무시되는 유전자인 '열성 유전자'와 지배적인 '우성 유전자'가 있다. 1개 염색체의 수명은 1세대이다.

DNA의 목적은 생존하는 것이며 불멸하는 존재로 교차에 의해

파괴되지 않고 매우 복잡한 방법으로 서로 외부환경과 협력하고 상호작용한다.

4. 유전자 기계

동물은 빠른 운동을 하기 위해 엔진과 같은 근육과 신경세포(핵+염색체)인 뉴런이 있다. 뉴런에는 특별히 긴 줄이 한 가닥 있는데 많은 가닥이 꼬여 굵은 케이블(신경)을 형성하며, 두 기능 사이에 뇌가 있어 근수축의 제어와 조정을 한다.

유전자는 생존과 번식을 위해 일차적인 결정자이고, 뇌는 집행자이다.

5. 공격 - 안정성과 이기적 기계

종은 다른 생존 기계에 영향을 준다. 포식자와 먹이, 기생자와 숙주, 부족한 자원을 가지고 싸우는 경쟁상대, 동종끼리도 짝짓기 상대의 경쟁하기도 한다.

동물들은 싸움 즉 공격을 하는데 규칙에 따라 싸우는 형식을 취하는데, 게임이론에 의한 '진화적으로 안정된 전략(ESS:Evolutionary Stable Strategy)'을 취한다. 즉, '상대를 공격하라. 그가 도망치면 쫓아가고, 응수해오면 도망쳐라'

ESS에서도 순위제가 있어서 이길 가능성이 높다. 유전자도 우수한 유전자가 자연선택이 되어 안정된 유전자 풀을 이룬다. 진화란 부단한 상승이 아니라 불연속의 전진인 것 같다.

6. 유전자의 친족관계

이기적 유전자란 다수의 다른 개체 내에 동시에 존재하는 분산된 존재로서 유전자의 이기주의로 유전자 풀 속에 그 수를 증대

시키고자 노력한다.

인간이 정자를 만들 때 자기의 유전자를 절반씩(50%) 나눈다. 두 사람이 친족으로서 1개의 유전자를 공유할 확률을 근친도라 한다. 부모와 자식 간의 근친도는 1/2이고, 일란성쌍생아끼리는 자신과 가까우며 근친도는 1이다.

부모의 자식에 대한 이타주의가 형제간의 이타주의보다 더 흔하며, 친자관계에서는 형제관계에는 해당되지 않는 비대칭성이 있는데, 아이들은 항상 부모보다 젊고 자식의 평균수명이 길다.

7. 가족계획

개개의 동물은 집단 전체를 위해 의도적이고 이타적으로 스스로의 출생률을 감소시킨다고 한다. 한 둥지의 알 수 또는 한 배의 새끼 수는 일정한 수를 나타내는 경향이 있다.

낳을 수 있는 새끼의 총수는 이용 가능한 세력 권수에 의해 제한된다. 순위제 또는 세력 순위(사회계층질서)가 있어서 순위가 높은 개체가 하위의 개체보다도 번식의 가능성이 크다.

야생조류의 한 둥지에도 최적 알 수가 존재한다. 새끼를 키우는 것이 힘든 일이므로 살아남는 새끼의 수를 최대화하기 위하여 산아제한을 한다.

8. 세대 간의 다툼

유전적 근친도는 모든 새끼들에게 1/2로 같기 때문에 어떤 어미가 자식을 편애하는가에 관해 유전적 근거는 없다.

부모와 자식 간에는 일정한 한도와 감수 기간까지만 대립관계를 형성하나, 자식은 사기, 거짓, 속임수, 이기적인 무기를 쓸 수 있다. 맨 처음 태어난 새끼는 다음에 부화된 동생들과 경쟁하여 다른 알을 둥지에서 내던진다.

9. 암수의 다툼

성행위, 교미, 그리고 선행하는 구애 행동 등은 상호 이익 또는 종의 이익을 위해 수행되는 본질적으로 협력적인 행위이다. 수컷의 성세포는 암컷에 비해 매우 작고 그 수가 많다. 정상 조건에서의 최적 성비는 50:50이다.

이기적인 배우자가 되어 암컷은 수컷을 조사하여 성실하고 가정적인 성격을 살펴보고, 먹이를 요구하기도 한다. 또한 생존능력이 있으며 성적 매력이 있는 수컷을 원한다.

수컷은 성적으로 매력적이고 화려한 색채(수컷 공작새)를 나타내며, 암컷은 좀 단조로운 색채를 나타내는 경향이 있다.

10. 내 등을 긁어다오, 나는 네 등을 타고 괴롭히겠다 (호혜적 이타주의)

이기적 존재인 개체가 무리를 지어 생활할 때 개체는 혼자보다 큰 먹이를 구할 수 있고, 포식자에게 먹히는 것을 피할 수 있다.

집단 이타주의 즉, 동료들에게 경고를 보내 도망가도록 하고, 애낳기와 애 키우기를 분업(여왕과 일벌레)하기도 한다. 또한 진딧물과 개미, 대형 어종과 청소어(cleaner fish)처럼 다른 종의 개체와 상호 이익을 주고받는 상리공생(相利共生)의 관계를 맺기도 한다.

11. 밈(meme), 새로운 복제자

문화도 유전적 진화와 같이 진화한다. 인간에게는 문화가 있어서 돌연변이 형태로 새로운 것을 출현시킨다. 문화적 진화와 유전적 진화는 유사하다.

문화적인 유전자의 단위를 밈(meme:'모방')이라고 한다. 라디오와 TV의 방송시간, 광고 게시판의 공간, 신문기사의 길이, 도서관의 서가 공간 등과 같다. 밈의 집합체도 유전자 복합체의 진화와 같은 방식으로 진화한다.

12. 마음씨 좋은 놈이 일등 한다

야구에는 '마음씨 좋은 놈이 꼴찌한다'는 말이 있으나, 생물학에서는 마음씨 좋은 즉, 자기와 같은 종은 다른 구성원들을 돕기 위해 스스로 희생하여 그들의 유전자를 다음 세대에 전하게 하는 개체는 죽음을 당하므로 감소할 운명에 처한다.

그러나 죄수의 딜레마 게임처럼 비영합 게임(none-zero game)으로 대개의 경우는 마음씨 좋기와 관용으로 협력하는데 10%정도는 배신 카드를 낸다. 따라서 ESS(진화적으로 안정된 전략) 즉, 자신의 사본들이 우세하게 되는 풍토에서 잘되는 전략이 성공한다. 즉, 점성(粘性) 현상으로 각 개체가 자기가 출생한 장소 근처에서 살려고 하는 경향 때문이다. 유전적으로 가까운 것이 지역적 집합을 이루는 경향이 있다.

13. 유전자의 긴팔

DNA는 단백질에 의해 감싸있고, 막으로 쌓여있어 바깥세상으로부터 보호받기 때문에 자연선택의 눈으로는 볼 수 없다. 유전자는 단백질의 아미노산 서열을 결정하고 그것이 X에 또 Y에도 또 Z에도 끼치고 그리고 최종적으로 종자의 주름이나 신경계 세포의 배선에도 영향을 끼친다.

기생자는 숙주의 몸속에서 살아왔으므로 숙주가 단순히 생존뿐만 아니라 번식할 수 있도록 전력을 다해 도와준다. DNA 분자가 자기 복제자이고, 우리 자신과 같은 개체의 몸인 운반자 속에 집단화한다.

유전자는 세포 속에 집단을 이루고 있으며 협력한다. 즉 DNA분자는 단백질을 만들며 단백질은 효소로 작용하고 특정한 화학반응에서 촉매작용을 한다. 중간물질이 차례대로 합성되어 최종산물(단일세포:정자 또는 알)이 된다.

【평가와 시사점】

인간의 본질과 관련하여 인간은 DNA 또는 유전자에 의해 복제된 기계에 불과하며, 이기적 유전자에 의해 유전자를 후세에까지 남기려는 이기적 행동을 한다고 주장한다. 또한 문화적인 유전자 단위인 밈(meme)을 통해 문화도 진화한다고 주장한다.

인구가 촌락 → 읍 → 도시 → 대도시로 집중하는데, 이는 생물학상의 점성 현상 때문이라고 주장한다. 전체 인구 중 한국은 90% 이상, 세계적으로는 50%이상이 도시에 몰려 심각한 도시문제를 야기하고 있어 이를 해결하기 위한 유전적이고 문화적인 종합대책의 필요성을 이야기한다.

4-3-12 「탈무드」(이스라엘의 지혜 창고)

【배경】

「탈무드」란 히브리어로 '공부' 또는 '가르치다'는 뜻으로, 책으로 만들어진 것이 아니라 유대인의 5천 년 역사와 함께 랍비라는 유대인 종교지도자이며 선생 역할을 한 사람들의 입에서 입으로 전해져 내려온 이야기 형식의 지혜와 관련된 것이다. 이는 4세기경 만들어져 팔레스타인 지역에서 발견된 예루살렘 탈무드와 6세기경 만들어진 메소포타미아에서 발견된 탈무드의 2종류가 있다.

「탈무드」의 내용은 첫째, 유대인의 전통문화로서 제사, 건강, 예술, 식사, 언어, 대인관계 등 평소 생활 속에서 일어나는 문제를 주제로 한 것과, 둘째, 모든 사물과 현상에 대해 인간이 생각해낸 지혜를 해설한 내용으로 철학, 신학, 역사, 도덕, 과학, 의학, 수학, 형이상학 등을 망라한 것이 있다.

【주요 내용】
1. 인생을 변화시키는 지혜

예루살렘에 공부하러 보낸 사람이 병이 들어 죽으면서 노예 중 하나에게 모든 재산을 남기고, 아들에게는 마음에 드는 것 하나를 골라 가질 수 있도록 하자, 아들이 나중에 노예를 골라 전 재산을 그대로 되찾게 되었다.

젊은이가 사랑하다가 우물 옆 족제비가 있는데서 결혼 언약을 한 후 헤어졌다가, 나중에 남자가 다른 여자와 결혼하여 낳은 아들과 딸이 족제비에 물려 죽고 우물에 빠져 죽자 이혼하고 언약한 그녀와 다시 결혼했다.

태초 인간이 포도나무를 심고 있을 때 사탄이 함께 심으면서 양과 사자와 원숭이와 돼지를 끌고 와 죽인 다음 그 피를 거름으로 주었다. 술이란 처음 마시기 시작할 때는 양처럼 온순하지만, 조금 더 마시면 사자처럼 사나워지고, 여기서 더 마시면 원숭이처럼 춤추고 노래한다. 그래도 멈추지 않고 계속 마시면 토하고 뒹

굴며 형편없는 꼴이 되어 돼지처럼 추해진다(술의 기원).

만일 네가 남편을 왕처럼 섬긴다면 그는 너를 여왕처럼 대우할 것이다. 그러나 네가 하녀처럼 행동한다면 그는 너를 하녀 취급하듯 대할 것이다. 또 네가 자존심을 내세워 그에게 정성을 다하지 않는다면 그는 너를 힘으로 정복하여 하녀로 삼아버릴 것이다.

상호 유대관계를 지속하기 위해 비유대인들에게 지켜야 할 7계율:①동물을 죽여 그 날고기를 먹지 마라 ②남에게 욕하지 마라 ③도둑질을 하지 마라 ④법을 지켜라 ⑤살인하지 마라 ⑥근친상간하지 마라 ⑦불륜관계를 맺지 말라.

2. 인생의 해답을 주는 가르침

파더(father)는 히브리어로 '아버지'와 '교사'라는 뜻이 있다. 유대인들은 자신의 아버지와 교사를 비교할 경우 아버지보다 교사를 더 소중하게 생각한다. 만일 자신의 아버지와 교사가 함께 감옥에 있을 경우 단 한 명을 구출하라고 하면 그들은 교사를 구출한다.

사람은 태어날 때 세상의 온갖 것들을 움켜쥐려 하기 때문에 주먹을 꽉 움켜쥐고 엄마 뱃속에서 나온다. 그러나 죽을 때는 세상의 온갖 것들을 놓고 가야 하기 때문에 주먹을 펴고 죽는다.

신성한 인간이 되는 지름길은 ①무엇을 먹는가? ②성생활을 어떻게 하는가?이다. 누구의 눈치도 보지 않는 시간이 자신의 집에서 음식을 먹을 때와 성생활을 할 때이다. 이러한 때에서도 품위를 잃지 않고 약속을 지키는 사람이야 말로 누구보다 신성한 사람이다.

한 개의 갈대는 쉽게 부러뜨릴 수 있다. 어린아이도 부러뜨릴 수 있을 정도로 미약하다. 하지만 백 개의 갈대를 다발로 묶어 놓으면 아주 강해진다. 누구도 쉽게 다발을 부러뜨릴 수 없다.

거짓말을 해도 좋은 경우는 ①물건을 산 다음 그것이 마음에 들지 않아도 산 물건이 어떠냐는 질문에 좋다고 하는 경우 ②친구가 결혼을 한 경우에는 반드시 '자네 부인은 정말 미인이로군. 부디 행복하게 잘 살게'라고 말하는 것이다.

3. 삶의 방향을 제시하는 깨달음

어머니가 아들에게 '만약 집에 불이 났다면 너는 무엇을 가지고 나오겠느냐?'고 묻자, 아들이 '우선 돈과 재물을 갖고 나오겠습니다'고 답하자, 그것은 모양, 빛, 냄새도 없는 '지혜'라고 가르쳐 주었다.

유머는 강력하면서도 부드러운 무기이다. 웃음이나 유머를 잘 구사할 줄 아는 것은 강한 무기를 소유한 것이나 다름없다. 유머는 인간이 갖고 있는 힘 가운데서 가장 강한 것이라고 해도 과언이 아니다.

말은 안 해서 후회하기보다는 해서 후회하는 일이 더욱 많다. 침묵은 지성인이 입은 황금의 갑옷이다. 물론 필요할 때는 충분히 자기 의견을 주장하고 표현해야 옳다. 그러나 이야기를 하는 것보다 침묵하는 것을 익히기가 더 어렵다.

말을 잘하는 사람보다는 열심히 경청하는 사람이 존경을 받는다. 그래서 혀는 칼에 비유되기도 한다. 주의해서 다루지 않으면 사람을 상처낼뿐만 아니라 자신도 상처를 입게 되기 때문이다. 훌륭한 검술가는 칼이 꼭 필요할 때 외에는 빼지 않는다.

인간의 모든 일은 마음에 의해 좌우된다. 마음은 보고, 듣고, 이해하고, 사랑하고, 미워하고, 질투하고, 생각하고, 반성하는 등 모든 것을 결정한다. 따라서 가장 강인한 인간이란 자신의 마음을 자유자재로 조절할 수 있는 사람이다.

당신의 어제는 당신의 과거요, 당신의 오늘은 당신의 미래 그리고 당신의 내일은 비밀이다. 가장 훌륭한 설교자는 가슴, 가장 훌륭한 교사는 시간, 가장 훌륭한 책은 세상, 가장 훌륭한 친구는 하느님이다.

4. 인생의 빛이 되는 격언

인간은 마음 가까이에 유방이 있으나, 동물은 마음 멀리에 유방이 있다. 이는 신의 깊은 배려이다.

사람은 ①태어났을 때 양친이 붙여주는 이름 ②친구들이 우정을 담아 부르는 이름 ③자기 생애가 끝났을 때 얻어지는 명성의 3 이름을 갖는다.

어떤 사람은 젊고도 늙었고, 어떤 사람은 늙었어도 젊다.

만나는 사람 모두에게서 무언가를 배울 수 있는 사람이야말로 세상에서 가장 현명한 사람이다.

아내를 선택할 때는 한 계단을 내려가고, 벗을 선택할 때는 한 계단을 올라가라.

남자가 여자에게 끌리는 것은 남자로부터 갈비뼈를 빼앗아 여자를 만들었으므로 남자가 자기가 잃은 것을 되찾으려고 하기 때문이다.

부부가 진정으로 사랑하면 칼날 폭만큼의 좁은 침대에도 누워 잠잘 수 있지만, 서로 미워하기 시작하면 폭이 10m나 되는 침대도 좁게만 느껴진다.

아이에게 무언가 약속하면 반드시 지켜라. 지키지 않으면 당신은 아이에게 거짓말을 가르치는 결과가 된다.

죄는 미워하되 사람은 미워하지 마라.

인간은 입이 하나 귀가 둘이다. 이것은 말하기보다는 듣는데 더 열중하라는 뜻이다.

항아리 속에 든 한 개의 동전은 시끄럽게 소리를 내지만, 동전이 가득 찬 항아리는 조용하다.

※ 탈무드의 성에 대한 6가지 가르침(이희영, 「탈무드 황금률 방법」, 2002, 동서문화사)

성적인 의무를 게을리하는 자는 죄를 범하는 것과 같다
남편은 아내의 성적인 욕망을 충족시켜야 한다
여자 쪽에서 성적 욕망을 밝히는 것은 좋은 일이다
성행위를 갖는 경우 여성으로부터 절정에 이르러야 한다
여자가 깨끗한 날(멘스가 없는 날)에는 성행위를 언제나 가져도 좋다. 몸의 어느 부분에도 키스해도 좋고, 어떤 체위를 취해도 좋다. 노골적일수록 좋다.
욕망을 느끼더라도 때에 따라서는 며칠간은 참는 것이 좋다

【평가와 시사점】

유대인의 삶의 지혜가 녹아있는 「탈무드」는 이스라엘인이 2천여 년의 유랑생활을 끝내고 2차 대전 후 중동에 나라를 세우는 원동력이 되었고, 세계의 정치, 경제, 문화, 언론 등 많은 분야에서 지도자를 배출하는 자양분이 되었다.

「탈무드」는 인간의 지혜에 관한 보고로 모든 세계인의 문화유

산이며 고도의 산업화로 인한 인간소외에 대한 성찰을 하고, 가정교육(하브루타:Havruta)과 교사(랍비:Rabbi)의 중요성을 다시 생각하게 한다.

4-3-13 「우리가 만나야 할 미래」(최연혁)

【배경】

저자는 한국외대를 졸업하고 스웨덴 예테보리대학에서 정치학 박사학위를 받고 현재 쇠데르텐대학 교수와 스칸디나비아 정책연구소 소장을 맡고 있다. 스웨덴과 한국의 오피니언 리더들을 대상으로 스웨덴 현지에서 매년 열리는 '스톡홀름 포럼'을 주관하고 있다.

그는 진정한 복지란 몇십 년 후를 내다보고 국가, 기업, 국민 모두가 협력할 때 가능한 것이라고 생각한다. 25년에 이르는 스웨덴 생활을 통해 쌓아 온 그의 다양한 지식과 경험들은 한국에서 복지제도를 연구하는 정부기관 및 정책연구에도 중요한 참고가 될 것이다.

【주요 내용】

1. 스웨덴

1인당 국민소득 세계 2위, 지니계수와 행복지수 세계 2위의 국가다. Viking후손으로 노벨상을 만들어 매년 시상하고, 이케아와 볼보자동차의 생산국이다.

2. 깨끗한 정치, 소통의 정치

타게 에를란데르(Tage Erlander)가 23년간(45세~68세) 총리로 재임했으나 퇴직 후 살 집이 없자 집권당이 스톡홀름 근교에 별장을 지어줄 정도로 청렴하였다.

골고루 잘사는 사회, 반목과 질시가 없는 강한 사회(strong society)를 지향하였다.

하르프순트(Harpsund) 협의민주주의(매주, 목요클럽)-대화, 상생, 협상의 정치를 실현하였으며, 총리 별장에 재계와 노조, 정계 대표 등을 초청하여 대화하였다.

3. 고부담-고복지 사회(1930부터 50년간 발전)

① 고부담 : 평균 31%(부유층 60, 저소득층 29), 유류세 57%
② 6세-대학원 박사과정까지 무상교육을 실시하고 있다.
③ 실직자를 위한 재기 프로그램-사회교육, 사회적 안정망

- 자원봉사-1년은 기다려야 가능할 정도로 밀려있다.

4. 스웨덴 민주주의(투표율 85%, 제일 높음)

① 대의민주주의-공천과정, 선거운동, 선거관리
② 참여민주주의-다수결 원칙, 돈 없는 사람, 여성, 장애인 배려
③ 협의민주주의-주요 정책사항, 주민회의 활용

- 국회의원 349명, 평균 4년간 189건 발의, 개인 보좌관이 없고 봉급도 중소기업 직원 수준, 비행기 이코노미석을 이용하는 등 기피 직종이다.

5. American Dream → Swedish Dream

이민자가 미국 다음으로 많다(이라크, 아프가니스탄, 소말리아

출신).

1938년 살트세바덴 협약(Saltsjobaden Agreement, 노사정 타협안)
- 노 : 노동자의 권리, 노동환경의 개선에 국한
- 사 : 고용안정, 임금인상, 노동환경개선+경영자율권과 경영 권 방어

【평가와 시사점】

총리가 매주 목요일(일명 '목요클럽') 총리 별장에 재계와 노조, 정계 대표를 초청하여 식사한 후 끝장토론 형식으로 대화하는 협의민주주의는 우리나라에서도 도입할 수 있는 정책결정을 둘러싼 좋은 갈등해결 방식이다.

국회의원이 국민에 비례하여 많은 편이지만 개인 보좌관이 없고 봉급도 중소기업 직원 수준으로 기피 직종이라고 하니, 수많은 특혜를 받고 국민 위에 군림하고 있는 한국 국회의원들이 직접 벤치마킹하여 우리나라에 도입하면 바람직하겠다.

4-3-14 「미래권력의 조건 : 첨단기술, 최신 무기, 녹색환경을 지배하는 21세기 최고의 전략자원」 (데이비드 S.아부라함/이정훈 옮김)

【배경】

저자는 보스턴 칼리지를 졸업하고 천연자원 분석가로서 월스트리트와 에너지 관련 기업에서 리스크 애널리스트를 역임했으며, 백악관 예산실에서 천연자원 프로그램을 감독했다. 도쿄대학교와 일

본 경제산업성에 위촉되어 자원문제에 관한 연구도 하였다. 현재 '기술, 희토류 및 전자자원센터'를 운영 중에 있고, LA 타임즈, 월스리트 저널 등에 자원에 관한 글을 기고하고 있다.

오늘날 우리는 석기시대와 철기시대를 거쳐 확실히 새로운 시대인 희금속 시대(Rare Metal Age)에 접어들었다. 핸드폰으로부터 자동차에 이르기까지 우리가 일상생활에 사용하는 여러 물품들이 복잡한 합금으로 이루어져 있다. 우리 사회를 뒷받침하는 필수 요소인 희금속이 어디로부터 나오며, 우리들에게 어떻게 다가오고, 환경에 어떤 영향을 미치는지를 보여주고 있다.

【주요 내용】

희금속은 텅스텐, 코발트, 몰리브덴, 네오디뮴, 디스프로슘 등 49종(구매는 8종)으로 모든 첨단기기에 필수적인 부품이며 중국, 브라질, 소련, 콩고, 말레이시아, 인도네시아 등 지구상 몇 군데에 제한적으로 분포되어 있다.

세계의 자원 수요가 점점 늘어나 자원 부국과 빈국 간의 비주류 금속이 분쟁의 핵심이 될 것이며, 한 국가의 자원안보는 석유, 천연가스뿐만 아니라 희금속에도 일어날 것이다. 2010년 중국이 네오디뮴과 디스프로슘에 대한 수출 금지 카드를 꺼내들자 일본이 이에 무릎 꿇은 적이 있다.

중국은 모든 희금속류의 40%이상을 점유하고 있으며, 1980년대 말부터 낮은 임금과 환경기준을 낮춰 국제시세의 50~60%가격에 내놓아 유일한 판매자로 등극하고, 완제품까지 첨단제품 공급 전체를 장악하려 한다(S곡선).

희토류 금속의 생산 집중도는 원유보다 훨씬 높고, 기업의 지배력도 훨씬 강력하다. 따라서 자연재해, 정치적 격변 등에 의해 공급중단으로 이어질 위험이 있다.

- 브라질 CBMM 세계 니오븀의 85%, 중국 후난성 안티몬 약 60% 지배

희토류 광산 및 공급체인은 바이오 벤처들과 비슷하게 투자로부터 생산까지 최대 15년이 소요되며, 초기 추정비용을 초과하고 계획 시한을 훨씬 넘겨 개발되며 회사도 소규모이다. 비주류 금속업의 투자비율은 포트폴리오에서 3% 미만이다.

희금속류는 다른 대부분의 비주류 금속들처럼 다른 기본 금속의 부산물로 얻어지며, 수요와 공급의 법칙에 잘 부합하지 않는다. 희금속류는 제품을 더욱 작고 가볍고 강력하고 튼튼하고 화려하고 저렴하게 만들 수 있다. 전기 하이브리드차, 풍력 태양 발전, LED 전구, 무기에 많은 양의 희금속이 들어간다.

제품에서 비주류 금속을 뽑아내는 일은 비용이 많이 들고, 모든 비주류 금속 중에서 3분의 1 정도는 재활용비율이 1%미만. 희금속 공급체인의 여러 단계-채광, 제련, 제조, 소비, 재활용-을 연결해야 한다.

첨단생활방식이 확산되면서 1세기 전보다 석재나 시멘트와 같은 건설자재를 34배 이상, 금 구리 희토류같은 원광석이나 산업용 광물은 27배 이상 사용하고, 1인당 사용량도 20세기 들어설 때보다 10배 이상 쓰고 있다.

앞으로 세계 중산층의 수가 앞으로 20년간 3배 증가하고, 코발트, 텅스텐, 라듐과 같은 희금속의 수요가 2050년까지 5배가 증가할 전망이다. 정확한 미래예측과 다양하고 튼튼한 공급체인 구축, 전문인력 양성, 재활용 시스템을 구축할 필요가 있다.

【평가와 시사점】

희토류가 지속 가능한 미래의 씨앗이지만 연구가 미진하고 사회 전반적으로 무지하다. 따라서 희토류에 대한 이해, 생산 그리고 그것을 둘러싼 분쟁을 피해야 지속 가능한 미래를 만들 수 있다.

희토류는 21세기 첨단기술, 최신무기, 녹색환경을 지배하는 최고의 전략자원으로 경제발전과 안보역량 제고, 환경보전을 위하여 안정적으로 확보하여야 하며, 이를 위해 체계적인 연구가 필요하다.

4-3-15 「어른 없는 사회 : 사회수선론자가 말하는 각자도생 시대의 생존법」(우치다 타츠루/김경옥 옮김)

【배경】

저자는 리버럴한 보수주의자로(급격한 개혁보다 piecemeal적인 점진적 개혁을 강조) 일본에 개풍관이라는 합기도 도장을 열어 철학 강의와 무도 수련을 하면서 새로운 공동체 모델을 제시하고 있다.

【주요 내용】

1980년대 경제성장을 위한 최적해법을 추진하기 위하여 소비촉진을 국가목표로 정하면서 가족과 공동체가 붕괴되고 1인 가구가 증가하면서 부권이 땅에 떨어지고 어머니의 발언권이 높아졌다.

지금 가장 시급한 일은 공동체를 회복하며, 공유경제를 구축하고 사회적으로 종적인 인간관계를 되살리는 것이 필요하다. 주종관계, 사제관계, 또는 부모·자식 관계에서 앞선 세대가 다음 세대의 성장을 지원하기 위하여 존재하는 구조를 되살려야 한다.

학교교육에 시장원리가 들어와 현대 일본인의 무교양과 반지성주의적 경향이 구축되고 어른 없는 사회가 되었다. 사회시스템의 보전을 위하여 현재 5%정도의 어른이 앞으로 20%정도는 되어야 한다.

교육이 지식이나 기술을 시장에서 상품을 구매하듯이 스승에게 제자가 사러 와서는 안 된다. 리더십이 아닌 followship이 더 필요하다. 공동체는 젊은이들의 성숙을 돕는 것을 최우선으로 해야 한다.

역동적이고 개방적인 사제관계 즉 '이 사람을 따라가도 괜찮겠다' '숨결을 느낀다' 등 스승에 대한 신뢰가 있는 배움의 공동체(씨줄·날줄로 엮인 공동체)가 구축되어야 한다.

오늘날 계급사회가 아닌 격차사회(연봉이 기준)로 유아, 노인, 장애인 등 사회적 약자를 위해 사회보장 시스템이 설계·지원되어야 한다.

【평가와 시사점】

모든 사회 시스템이 시장원리가 도입되어 경쟁이 격화되고, 이에 따라 통제가 불가능한 어른 없는 사회가 되고 있음을 경고하고 있다.

일본과 비슷한 추세로 사회 변화가 이행해 가고 있는 우리에게도 발전에 맞는 새로운 공동체의 구축이 필요한 시점이다.

4-3-16 「기본소득 : 자유와 정의가 만나다」
(다니엘 헤리·코브체/원성철 옮김)

【배경】

두 저자는 스위스의 기본소득에 관한 국민투표를 발의하고 그 과정을 주도한 '조건 없는 기본소득을 위하여'라는 시민단체를 조직하고 활동한 인물이다. 특히 다니엘 헤리는 2006년 엔노 슈미트와 함께 '기본소득 시민운동단체'를 만들어 출범시켰으며, 2013년 10월 헌법개정안을 발의하여 국민투표가 실시되었고, 이 과정에서 그 단체의 공동대표와 대변인으로 활동하였다.

이 책은 스위스 국민투표의 주역들이 국민투표를 앞두고 반대자들을 설득하고 지지자들을 모으기 위한 홍보수단으로 썼다. 기본 소득을 둘러싸고 벌어진 논쟁이 누구나 쉽고 명확하게 이해할 수 있게 구성되었다. 따라서 기본소득에 찬성하는 사람들과 반대하는 사람들이 주로 어떤 문제를 둘러싸고 대립하는지, 그들이 내세운 주장들과 논거들을 파악하는데 큰 도움이 된다.

【주요 내용】

1. 기본소득이라는 질문을 던지는 이유

① 내가 정말 바라는 것은 무엇인가? 조건 없는 기본소득이 보장된다면 나는 무엇을 할 것인가? 와 같은 '나'에 대한 질문들과

② 나는 아무런 조건없이 다른 사람들의 생존을 위한 기반이

되어줄 수 있는가? 특별히 번 것도 없는 사람들이 매달 생활비를 받는 것에 대해 나는 어떻게 생각하는가? 하는 '내가 생각하는 다른 사람'에 관한 질문이다.

⇒ 기본소득은 궁극적인 해답이기보다는 우리 앞에 닥친 문제들을 살펴볼 수 있는 하나의 질문이다.

2. 조건 없는 기본소득의 내용
- 개념 : 하나의 기본권으로 살아가는데 누구에게나 꼭 필요한 기본적인 소득을 조건 없이 보장한다. 기본소득에 대해서 그 대가로 어떤 것을 요구하거나 어떤 검열도 할 수 없다.
- 수혜자 : 국내에 합법적으로 거주하는 모든 주민이다. 단 해외로 이주하거나 이민을 가는 사람의 기본소득은 지급기간이 조정된다.
- 금액 : 인간으로서의 존엄성과 사회적인 삶이 실현될 수 있는 정도의 금액이다. 스위스 거주 성인의 경우 1인당 월 2,500프랑(한화 301만 원:2019년 9월 현재 환율 적용)이며, 미성년자의 경우 금액이 줄어든다.
- 재원 : 입법활동을 통해 결정되어야 하나 지출 규모에 따라(소비세의 형태), 수입의 규모에 따라(소득세의 형태) 징수될 수 있다. 기본소득의 규모에 따라 다양한 방식이 선택될 수 있다.

3. 노동
과거의 자급자족 경제체제에서 우리는 나 자신을 위해서 노동을 했으나, 오늘날 외부 공급 경제체제에서는 나를 위해 노동하는 것이 아니라 다른 사람을 위해 분업하여 노동을 한다.

풍요로움이 넘치는 사회에서 중요한 일은 공급이나 생산이 아니라 수요 즉 판매이다. 세상에 물건이 넘쳐나는데 소득을 잃은 사람들 주머니에는 살 돈이 없다. 경제위기는 실업을 낳고 소득을 잃어 경제가 침체된다. 우리가 힘을 기울여야 하는 일은 생산과 성장이 아니라 안정된 소득보장이다.

조건 없는 기본소득은 우리로 하여금 뭐든지 할 수 있게 해 주고, 반대로 뭐든지 하지 않을 수 없게 해 준다. 또한 우리가 바라는 일이라면 안심하고 그 일에 종사할 수 있게 해 준다.

자동화된 세상은 축복이자 저주이다. 지금은 우리가 이룬 기술의 진보를 어떻게 복지로 연결할 수 있을지를 고민해야 할 때이다. 기본소득은 자동화에 대한 일종의 이익배당금이나 마찬가지다.

산업화와 분업이 본격화되면서 출근과 퇴근 그리고 노동시간과 여가시간으로 나뉘고 오늘날 '일과 생활의 균형'이 요청된다. 노동시간과 여가시간도 모두가 삶의 시간이다.

물질만을 기준으로 보면 오늘날 이미 낙원에 도달해 있다. 자연과 기술은 우리에게 빛과 따뜻함, 전기와 에너지를 선사해주고 있다. 새로운 에덴동산으로 우리를 초대하는 자는 우리 자신이다. 오늘날 부족한 것은 재화가 아니라 용기와 상상력이다.

조건 없는 기본소득은 기계가 할 수 있는 일은 기계가 하는, 매우 당연한 것이면서도 아직껏 실현하지 못했던 상황을 실현할 수 있게 해 준다. 그래서 인간만이 할 수 있는 일들에 더 집중할 수 있는 귀중한 시간들을 우리에게 되돌려준다.

정의와 자유라는 두 개념을 둘러싸고 그동안 얼마나 오랫동안 좌파와 우파, 피고용자와 고용자로 갈라져 대립해 왔던가? 하지만 기본소득은 이러한 대립을 노동의 해방을 통해 극복할 수 있는 길을 열어준다.

4. 권력

조건 없는 기본소득은 하나의 기본권으로 시민들이 국가권력에 맞서 싸워서 획득하는 것이다. 이는 민주주의를 한 단계 더 높은 차원으로 발전시킨다. 구성원 모두가 자신이 원하는 것을 자유롭게 결정할 수 있는 사회로 나갈 수 있는 길을 닦아준다.

스위스에서는 기본소득에 대한 논의가 진지하고 활발하게 이루어지고 있지만, 독일에서는 국민적 논의로까지 발전하지 못하고 있다. 미국에서는 개인의 자유와 자율의 확대에 관한 자유주의자들의 약속 정도로 여겨진다.

정치인들은 조건 없는 기본소득을 이미 보장받고 있는 사람들이기 때문에 호응하지 않는다. 사회 구성원 다수가 그것의 도입을 당연한 일로 생각할 정도로 폭넓은 이해와 호응을 보일 때 비로소 시행될 수 있을 것이다.

기본소득은 개인을 지원해 가족의 부담을 덜어주며, 국가와 우리가 가부장적인 종속관계에서 벗어나 형제의 관계로 새롭게 만날 수 있게 한다.

기본소득이 시행되면 이방인이 모두 몰려올까 걱정한다. 그러나 이주는 생존을 위한 이주이기 때문에 기우에 불과하다. 스위스만이 아니라 세계 모든 곳에서 시행되는 것이 결코 불가능한 일이 아니다.

5. 자유

기본소득은 자신이 무엇을 하기를 원하는지, 자신의 삶을 어떻게 만들어가고 싶은지 하는 질문과 대답과 결정을 모두 우리 자신에게 넘겨준다. 세상은 더 이상 내게 명령을 내리지 않는다. 무엇을 할 것인지, 무엇을 하고 싶은지 스스로 답해야 한다.

조건 없는 기본소득은 ①모든 개인을 생존의 위협에서 자유롭게 하는 것 ②이를 통해 모든 개인을 신뢰할 수 있는 존재가 되게 하는 것이다. 기본소득은 생존에 대한 안전장치이고, 자유의 약속이다.

조건 없는 기본소득의 목표는 꼭 필요한 것들을 보장해서 꼭 필요하지 않은 것들(예:문학, 음악, 철학, 예술, 학문 등)이 구현될 수 있는 기초를 마련하려는 것일 뿐이다.

오늘날의 사회복지 체계에서는 우리가 아무것도 하지 못해야 사회보장급여가 지급되지만, 조건 없는 기본소득이 시행되면 우리는 잘하는 것을 하라고 기본소득을 받게 된다.

오늘날 나의 자유는 다른 사람의 자유를 위협하지 않는다. 오히려 나의 자유는 다른 사람의 자유로부터 주어진다. 자유는 나눌 수 있는 것이 아니다. 나누어 가질수록 커지는 것이다.

기본소득이 시행되면 내가 원하는 일이 무엇인지, 그리고 나를 필요로 하는 곳이 어디인지에 대해서도 나는 더 자유롭고 깊게 사유할 수 있게 될 것이다.

조건 없는 기본소득은 잘했다고 주는 상도 아니고, 잘못했다고 주는 벌도 아니다. 실패의 낙폭을 줄여 우리가 실패로부터 다시 일어설 수 있도록 도와준다. 우리 사회를 기꺼이 실패를 받아들일 수 있는 관용 사회로 만든다.

【평가와 시사점】

기본소득이 이념이 될 수 없고, 궁극적인 해답은 아니지만 복지국가의 새로운 방향이 될 수 있다. 복지국가의 비대화된 관료 조직을 축소시키고 구조조정과 같은 방법으로도 구원할 수 없는 자본주의의 경제순환 위기를 해결해줄 수 있는 대안으로 여겨지고 있다.

기본소득제가 스위스에서는 2016년 국민투표로 부결(23.1% 찬성)되었으나, 핀란드가 2019년부터 모든 국민을 대상으로 시행하는 것을 목표로 2017년부터 2년 동안 시험운영 중에 있다. 미국도 2020년 대통령 선거에서 주요 이슈가 될 것으로 보인다.

우리나라에서도 기본소득당이 2019년 청년층을 중심으로 조직되었고, 경기도 등 일부 자치단체에서 청년층을 대상으로 시행 중에 있다. 이미 국민들도 많은 관심을 가지고 있으며, 여러 정당들도 정책 이슈로 제시하고 있다. 앞으로 선거마다 주요쟁점으로 부각될 전망이다.

또한 2020년 코로나19사태를 극복하기 위하여 세계 여러 나라에서 기본소득을 보정하기 위한 조치로 시행 중에 있다. 우리나라도 중앙정부와 서울시, 강원도, 전주시 등 일부 자치단체가 '재난 기본소득'이라는 명칭으로 보건국 지원 추진 중이나 개념, 수혜자, 재단 등에 있어서 기본소득의 제도와는 다르다.

4-3-17 「제4차 산업혁명」(클라우스 슈밥/송경진 옮김)

【배경】

세계경제포럼의 창립자이며 회장인 스위스의 클라우스 슈밥(Klaus Schwab)은 다보스에서 열린 2016년 연차총회 의제로 "제4차 산업혁명의 이해"를 정하여 운영하였다.

세계경제포럼은 글로벌 플랫폼으로 새로운 가치를 세상에 내놓으면서 솔루션을 찾기 위한 지구촌 사랑방과 같은 세계적인 비공식 기구로 매년 세계의 지도자들이 한자리에 모여 주제를 가지고 토론한다.

【주요 내용】
1. 제4차 산업혁명의 정의
- 산업혁명의 과정
  1차(1760~1840) : 철도건설, 증기기관 발명
  2차(19c말~20c초) : 전기, 생산조립 라인(포드 시스템)
  3차(1960년대~) : 반도체, 인터넷, 컴퓨터 혁명, 디지털 혁명
  4차(21c 시작) : 컴퓨터 하드웨어 + 소프트웨어 + 네트워크
- 제4차 산업혁명의 특징
  속도 : 기하급수적인 속도로 전개 중
  범위와 깊이 : 다양한 과학기술 융합, 패러다임 전환 유도,
  시스템 충격 : 국가 간, 기업 간, 산업 간 사회 전체 시스템 개편

2. 제4차 산업혁명을 이끄는 기술
- 물리학 기술 : 무인 운송수단(드론…), 3D 프린팅, 첨단 로봇공학, 신소재
- 디지털 기술 : 사물인터넷(만물인터넷) - RFID 내장
- 생물학 기술 : 인간 게놈 프로젝트, 합성 생물학, 뇌과학

3. 제4차 산업혁명의 영향력
- 경제 : 저성장, 고령화, 노동력 위기(캐시어, 회계담당자…)
- 기업 : 파괴적 혁신, 고객 기대의 변화, 빅데이터를 활용한 품

　　　　질 향상, 협력을 통한 혁신, 신기업 운영모델(글로벌 플
　　　　랫폼 출현)
- 국가 : 정부의 역할 변화(전자정부:거시 권력(국가), 미시권력
　　　　(개인)
- 세계 : 세계체제의 개편, 국제 안보불안(사이버 전쟁, 자율경
　　　　쟁), 인구이동
- 사회 : 불평등과 중산층, 권력을 얻은(잃은) 시민
- 개인 : 정체성·도덕성 윤리, 휴먼 커넥션 갈구, 사생활 침해 우려

4. 제4차 산업혁명의 방법론
- 체내 삽입형 기기 - 삽입형 모바일폰(심박조율기, 달팽이관 등 의료기기)
- 디지털 정체성 - 페이스북(14억 명), 트위터(6.5억 명), 인스타그램
- 새로운 인터페이스로서의 시각 - 스마트 글래스
- 웨어러블(wearable) 인터넷 - 인터넷에 연결된 의류, 장신구
- 유비쿼터스 컴퓨팅 - 언제 어디서나 인터넷 접속이 가능
- 주머니 속 슈퍼컴퓨터 - 한국, 싱가포르 성인 인구의 90%가 스마트폰 사용
- 누구나 사용할 수 있는 저장소 - 아마존 웹서비스, 드롭박스
- 사물인터넷 - 모든 상품이 유비쿼터스의 수신 기반시설에 연결
- 켄넥티드 홈(connected home) - 가정용 기기에 인터넷 연결
- 스마트 도시 - 신호등이 하나도 없는 도시
- 빅데이터를 활용한 의사결정 - 인구센서스 대신 빅데이터 활용
- 자율주행 자동차 - 구글 2020년 상용화 계획

- 인공지능과 의사결정 - 기업 이사회에 인공지능기계 등장
- 인공지능과 화이트칼라 - 인공지능이 기업 감사의 30% 수행
- 로봇공학과 서비스 - 로봇 약사 등장
- 비트코인(디지털화폐)과 블록체인
- 공유경제 - 자가용보다 카쉐어링을 통한 해외여행이 더욱 많아짐
- 정부와 블록체인 - 블록체인을 통한 세금 징수(에스토니아)
- 3D 프린팅 - 제조업, 인간의 장기, 소비자 제품
- 맞춤형 아기(Designer Beings) - 유전자 편집으로
- 신경기술 - 인공두뇌기능

5. 제4차 산업혁명을 위하여

- 상황맥락지능 "정신"-새로운 동향 예측, 단편적 사실에서 결과 도출 능력
- 정서 지능 "마음"-협력의 제도화, 계층구조의 수평화, 아이디어 독려
- 영감 지능 "영혼"-공유, 신뢰
- 신체지능 "몸"-건강유지, 평정심 유지 능력, 강한 배짱
- 사회 모든 분야에 걸쳐 인식과 이해를 높여야
- 현재는 물론 후손까지 생각하여 긍정적이고 포괄적인 공동의 담론 발전
- 경제적 사회적 시스템의 개편

【평가와 시사점】

오늘날 우리나라에도 4차 산업혁명이 불어와 인공지능(AI), 로봇, 사물인터넷(IoT), 3D 프린팅, 나노기술과 바이오기술 그리고

에너지 저장기술 등 새로운 과학기술이 전 산업분야에 폭넓게 적용되고 있다.

4차 산업혁명은 우리에게 위협이자 기회가 될 수 있다. 우리는 이 과정에서 기업과 근로자, 정부 등 모든 경제주체가 머리를 맞대고 먼 미래를 내다보면서 착실하게 준비하여야 한다.

4-3-18 「구십 평생 내가 배운 것들」
(헬무트 슈미트/강명순 옮김)

【배경】

1918년 함부르크에서 유태인 교사의 아들로 태어나 함부르크대학을 졸업하고 사회민주당(SPD)의 당원이 되었으며 후에 연방정부 장관과 1974-1982 독일 총리가 되었다.

그는 총리 재임 중 지스카르 데스텡 프랑스 대통령과 함께 국제정치에서 위기 고조 방지와 해소를 위해 노력하였으며, 여러 차례 모스코바를 방문하기도 하였다.

【주요 내용】

68년 넘게 결혼생활을 한 부인 로키는 초등학교 학생 때부터 이웃 친구로, 30년 동안 초등학교 교사를 지냈으며, 각국의 식물을 채집하여 환경보호에도 깊은 관심을 가졌으며, 멸종위기식물보호위원회를 설립하였다.

슈미트는 바흐, 모차르트, 베토벤의 음악과 고야의 미술에도 깊은 조예가 있었다. 존경하는 사람인 롤 모델로 미국 케네디 대통령(쿠바 위기 해결), 교황 요한 23세, 제퍼슨(독립선언서 작성, 루이지애나를 1,500만 달러를 지불하고 프랑스로부터 매입)을 꼽았다.

사상적으로는 칸트(도덕과 정치는 함께 가야 함), 막스 베버(정치인의 열정, 책임감, 균형감각을 중요시), 칼 포퍼(단계적인 개혁만이 지속적인 사회변화를 이끌어 낼 수 있다)의 3인을 열거한다.

아테네 민주주의 전성기에 페리클레스는 시민들의 신뢰를 한 몸에 받아 15번이나 군 총사령관으로 선출되어, 참여민주주의의 이상을 실현한 인물로 평가받고 있다. 다만 아테네 주민의 약 10%만이 투표권을 가지고 있었고, 시민권은 부모 모두 아테네사람이어야만 얻을 수 있었다는데 한계가 있었다.

로마 공화정의 키케로는 "공공의 복지가 최상의 법이다"라고 설파하면서 상당히 민주적인 사고를 하고 있었다. 슈미트가 정치를 할 때 지키는 중요한 원칙이었으며 정치를 하는 사람이 어떤 결정을 할 때 염두에 둘 것을 강조하였다.

정치가에게 필요한 덕목으로 막스 베버는 3가지 : 열정, 균형감각, 책임의식 그리고 아퀴너스는 4가지 : 지혜, 정의, 용기, 절제를 그리고 슈미트는 이에 더해 협상력과 평화의지를 첨가하였다.

독일의 사업가인 베르너 오토는 기본법 제14조인 "재산권은 의무를 수반한다. 그 행사는 동시에 공공복리에 이바지하여야 한다"는 내용을 실천에 옮긴 사람이다.

3명의 프랑스인으로부터 배워 유럽 통합의 꿈을 실현하였다. 묵은 감정을 떨치고 독일과 우호관계를 연 드골 대통령, 유럽 통합의 비전을 제시해준 장 모네, 외교적 이해관계를 떠나 40년 지기인 지스카르 데스탱 대통령이다.

미국인으로는 1975년 유럽안전보장협력회의 활동에 적극 동참을 선언한 포드 대통령, 동서갈등의 해결을 이끈 조지 슐츠 국무 장관이다.

【평가와 시사점】

　유럽 통합의 꿈을 실현한 독일의 총리로서 협상력과 평화의지를 특히 강조하고 있어 오늘날 우리나라의 대통령에게 요구되는 제1의 실천덕목이라고 할 수 있다.

　우리의 역대 대통령들은 퇴임 후 구속되거나 극단적 선택을 하는 등 비극적인 결과가 대부분이나, 독일의 원로 정치가로서 자신의 정치철학을 후세에게 담백하게 제시하는 자세는 우리에게 주는 시사점이 크다.

4-3-19 「나쁜 사마리아인들」(장하준)

【배경】

　저자는 서울대 경제학과를 졸업하고 영국 케임브리지대학에서 석·박사학위를 받고 1990년 이후 케임브리지대학 경제학과 교수로 재직 중이다. 2003년 신고전학파 경제학에 대한 대안을 제시한 경제학자에게 주는 뮈르달상을, 2005년에 경제학의 지평을 넓힌 경제학자에게 주는 레온티에프상을 수상하여 세계적인 학자로서 명성을 얻었다.

　책 제목인 「나쁜 사마리아인들」은 성경의 '착한 사마리아인'에서 따온 이야기로 성경에서 노상강도에게 약탈당한 한 남자가 착한 사마리아인의 도움을 받는 사건이 인용된다. 선진국의 나쁜 사마리아인들이 가난한 나라들에게 자유무역과 자유시장 정책을 권하지만 오히려 경제형편을 더 악화시키고 있을 뿐이라고 보았다.

【주요 내용】

1. 렉서스와 올리브나무 다시 읽기 : 세계화에 관한 신화와 진실

도요타는 1933년 자동차 생산에 뛰어들어 1958년 자동차를 미국에 수출했으나 실패했다. 그러나 50년 만에 도요타의 고급 승용차 렉서스는 세계화의 상징이 되었다.

세계화 경제에 성공하기 위한 유일한 방법은 국영기업의 민영화, 안정된 물가 수준, 정부조직의 규모 감축, 재정균형의 달성, 무역의 자유화, 외국인 투자와 자유시장에 대한 규제 해제, 외환 자유화, 부정부패의 감소, 연금의 민영화 등이다.

1955년 GATT(무역에 관한 관세협정)가 보다 강력한 국제기구인 세계무역기구(WTO)로 승격되었다. 실제 역설적으로 19세기 말과 20세기 초 자유무역을 촉진하는데 식민주의와 불평등 조약이 결정적인 역할을 하였다.

- 사악한 삼총사 : IMF, 세계은행, WTO

신자유주의가 풍미했던 기간 대부분의 국가에서 성장은 크게 둔화되었고, 경제의 불안정이 급증하고, 소득불평등이 증대되었다.

2. 다니엘 디포의 이중생활 : 부자나라는 어떻게 부자가 되었는가?

「로빈슨 크루소」의 저자인 다니엘 디포는 다양한 인생을 살면서 정당의 스파이와 같은 이중 활동을 하였으며, 경제학자로서

「영국 상업발전계획」도 저술하였다.

영국은 원모수출을 하다가 모직물 공업을 발전시켰다. 영국은 이후 공산품을 수출하고 해외에서 원자재를 수입하는 정책을 추진했다. 수입된 외국 공산품에 대한 관세를 크게 올리고, 제조업에 사용되는 원자재에 대한 관세를 크게 낮추거나 폐지하고, 공산품 수출에는 보조금을 지급하였다.

미국에서 하이테크 제품의 제조를 금지하였으나, 알렉산더 해밀턴은 외국으로부터 유치산업을 보호·육성하자고 주장한다. 또한 보호관세와 수입 금지령, 보조금 등으로 남북전쟁에서 무역정책으로 갈등이 있었고, 1920년대까지 세계에서 가장 강력한 보호무역국가였다. 그럼에도 미국 경제는 빠르게 성장했다. 제2차대전 이후 미국은 무역자유화를 대대적으로 옹호하기 시작했다.

1930년대 스페인을 제외하면 오늘날 부자나라 가운데 영국, 미국만큼 보호무역정책을 실시한 나라는 없다. 보호무역국가로 여겨진 프랑스도 1920~1950년대 30%를 넘은 적이 없고, 독일도 20%근처였다.

3. 여섯 살 내 아들은 일자리를 구해야 한다 : 자유무역이 언제나 정답인가?

여섯 살 아들이 스스로 생활비를 벌 능력이 있음에도 내가 의식주와 교육·의료비를 지불하여 고마움을 모르므로 좀 더 생산적인 인간이 되도록 학교에 보내지 말고 일을 하게 해야 한다. 이는 개도국에 무역자유화가 필요하다고 주장하는 자유무역주의 경제학자들의 주장과 일치한다.

개도국의 산업은 너무 일찍 국제경제에 노출되므로 살아남지 못한다. 세계 기술을 익히고 효율적인 조직을 만들 수 있는 등의 능력을 키울 수 있는 시간이 필요하다. 많은 개도국에서 소득증가율이 낮아지고 재정수입(특히 관세)이 감소하였다. 개도국에는 자유무역이 통하지 않는다.

무역자유화는 전체적으로 이득이 된다는 가정에서 출발한다. 그러나 ①무역자유화 과정에서 이익을 보는 사람보다 손해를 보는 사람이 많을 수 있다 ②보상과정이 자동적으로 이루어지지 않으므로 더 가난해지는 사람이 있을 수 있다 ③개도국에는 복지시스템이 취약하여 무역자유화로 인한 이득이 불균등하게 분배된다.

4. 핀란드 사람과 코끼리 : 외국인 투자는 규제해야 하는가?

핀란드는 언어상 우랄 알타이어계로 한국·일본어와 더 가까우며, 600년간 스웨덴, 100여 년은 러시아 식민지이었다. 외국인 투자가 핀란드에서 자유화된 것은 1993년이었다.

외국인 투자를 환영해야 하지만 ①개도국의 금융혼란 시기에 외국으로 빠져나가 투자유치국의 외환보유고 증대에 아무런 도움을 주지 않을 수도 있다. ②둘 이상의 나라에서 활동하는 초국적기업(TNC)들에게 '이전 가격 조작'(이윤을 페이퍼 컴퍼니로 이전)의 기회를 제공한다 ③외국인 직접투자 덕분에 기술 및 경영 노하우가 이전된 것이라고 기대하나 분명하지 않다.

오늘날 부자나라들 대부분(핀란드, 일본, 한국, (특정 부문에서의)미국)은 자국이 투자를 받는 입장이었을 때는 외국인 투자를 규제했다.

오늘날에도 기업의 국적은 중요하며 많은 산업에서 쉽게 생산지를 옮기지 못한다. 기업들의 주요 관심은 ①투자유치국의 시장

잠재력 ②노동력과 사회간접자본의 우수성 등이다. 투자가 얼마나 유용한지는 투자의 종류와 투자유치국 정부가 규제하는 방식에 따라 달라진다.

5. 인간이 인간을 착취한다 : 민간기업은 좋고 공기업은 나쁜가?

공산주의자들은 사적 소유를 자본주의의 분배 불평등을 빚어내는 궁극적인 원천이자 경제 비효율성의 원인이라고 보았다. 따라서 중앙 집중화된 계획을 통해 미리 조정되어야 한다고 주장했다. 그러나 그 성과는 형편없었고 사회적 낭비를 초래했다.

국영기업은 ①주인-대리인 문제로 주인(국민)이 대리인(경영자)의 행동을 통제하기 어렵다 ②파산하는 법이 없이 언제든지 정부로부터 추가 자금을 확보할 수 있는 연성예산 제약 문제가 있다. ③대리인의 행동에 대한 정보 취득이 어렵고 무임승차 문제가 있다.

국영화를 해야 하는 경우 : ①장기적으로 성공 가능성이 있으나 위험도가 높은 모험적인 사업 ②경제발전의 초기단계 ③전기, 수도, 가스, 철도, 전화 등 자연독점분야 ④국민간의 형평성 유지(우편, 수도, 교통 등 중요 서비스)

민영화에도 ①'진짜 팔아야 할 만한 기업'을 매각하는가? ②'적절한 가격'으로 매각되어야 한다 ③'적절한 시기'에 '적절한 규모'로 민영화 프로그램을 시행해야 한다. 경영능력이 있는 사람에게 매각되어야 하고, 올바른 규제체계를 구축해야 한다.

6. 1997년에 만난 윈도 98 : 아이디어의 '차용'은 잘못인가?

화학·소프트웨어·연예 등의 복제는 너무나 쉽다. WTO에 의한 무역 관련 지적소유권 협정(TRIPS)으로 개도국들은 경제발전의 필요한 지식을 획득하는 것이 더 어려워지고 있다. 특허제도에 대한 찬반양론이 있다.

　18세기 선진국인 영국 이외 다른 나라들은 선진기술을 습득하기 위하여 도제가 되어 기술을 배우고 직접 공장을 둘러보고, 숙련노동자들을 꾀어내어 빼내고 산업스파이까지 고용하였다.

　오늘날 선진국들은 후진국 시절 다른 나라 사람들의 특허권, 상표권, 저작권을 침해했다. 또한 무역 관련 지적재산권 협정이나 쌍무적 자유무역 협정을 통해 강력한 지적소유권 보호를 개도국에게 요구하고 있다.

　지적소유권을 보호받기 위해 독창성을 요구하고 있으나 현실적으로 적용하기가 어렵다. 대부분 개도국에서는 무역 관련 지적재산권 협정 이전엔 약품 특허는 인정하지 않았다. 특허 자체가 기술진보를 가로막을 장애물이 될 위험성이 높아지고 있으며, 새로운 지적소유권 제도가 경제발전을 더욱 어렵게 만들고 있다.

- 부자나라가 전체 특허의 97%, 저작권 및 상표권의 대다수를 장악

7. 미션 임파서블? : 재정건전성의 한계

　IMF는 국제금융을 이용하고자 하는 개도국들을 통제하는 게이트 키퍼 역할을 하므로 두려움의 대상이다. IMF는 무역자유화, 새로운 회사법 제정, 통화·재정 등 거시경제정책에 관한 것까지 광범위하게 관여한다.

　신자유주의자들은 물가상승률 '제로' 상태를 가장 이상적이라고 보고, 물가상승이 경제성장에도 좋지 않다고 주장한다. 낮은 물가상승률을 유지하기 위해 ①통화량 규제 ②재정건전성 확보가 필요하다.

　극심한 물가상승률은 해롭지만(40%까지의) 적당한 물가상승은

반드시 해로운 것이 아니며, 심지어 급속한 성장 및 고용창출과 양립할 수도 있다. 역동적인 경제에서는 어느 정도의 물가상승은 불가피하다.

세계적인 규모의 거시경제 정책도 부자나라에게는 케인스주의를, 가난한 나라에게는 통화주의를 적용한다.

8. 자이레 대 인도네시아 : 비민주적인 나라에는 등을 돌려야 하는가?

부패는 많은 개도국에서 큰 문제다. 나쁜 사마리아인들이 약속했던 원조를 삭감하는 명분으로 사용하는 경우 해당 국가의 부정직한 지도자가 입는 손실보다 가난한 사람들이 입는 손실이 더 클 것이고, 극빈국들의 경우에는 그 문제가 더욱 심각할 것이다.

오늘날 부자나라들 대부분이 공직자들의 부정부패가 굉장히 심했음에도 불구하고 산업화에 성공했다. 1870년 이전까지 영국의 고위공직자 임명은 공훈보다 정실에 의해 이루어졌고, 19세기 초 미국의 엽관 제도는 남북전쟁이 끝난 후까지 만연했다.

부정부패가 경제에 미치는 영향은 해당 부패행위가 어떤 결정에 영향을 미치느냐, 뇌물을 받은 사람이 뇌물을 어떻게 쓰느냐 그리고 만일 부패가 없다면 뇌물이 과연 어떻게 쓰일 수 있었느냐에 따라 다르다.

민주주의(1인 1표)와 자유시장(1달러 1표)은 근본적인 차원에서 충돌한다. 그러나 민주주의와 경제발전은 상호 연관되어 있다. 나쁜 사마리아인들이 주장하는 자유무역, 민영화, 그 밖의 여러 가지 정책들이 잘못되었을 수도 있다.

9. 게으른 일본인과 도둑질 잘하는 독일인 : 경제발전에 유리한 민족성이 있는가?

1세기 전 일본인은 근면하지 않고 게을렀으며, 독립심이 지나쳤고, 감정적이며, 실없었고, 미래에 대한 생각이 없이 오늘을 위해 사는 사람들이라고 평하였다. 영국인들은 반세기 전 독일인들은 나태했고, 개인적이었으며, 어리석었고, 부정적이며 도둑질을 잘했고, 태평했다고 평했다.

문화주의 이론가들은 문자가 다르면 행동이 다르고 그 때문에 나라마다 경제발전이 차이가 난다고 한다. 동아시아의 경제 '기적' 이후로 유교문화가 이 지역의 경제적 성공을 가져왔는데, 유교 문화가 근면, 교육, 검약, 협동, 권위에 대한 복종을 강조하기 때문이라고 한다. 그러나 경제발전에 확실하게 좋거나 나쁜 문화는 존재하지 않는다.

게으르게 지내는 주된 원인은 가난한 나라의 경우 실업 혹은 준실업상태에 있는 사람들이 많다는 데 있다. 이것은 문화가 아니라 경제적 조건에서 비롯된 결과이다. 문화는 경제가 발전함에 따라 변화한다.

경제발전에 도움이 되는 행동특성을 장려하기 위해 ①이데올로기적인 설득(캠페인 등) ②경제발전을 증진하는 정책적 수단 ③바람직한 문화 변화를 촉진할 제도의 변화를 결합시켜야 한다.

【평가와 시사점】

선진국의 나쁜 사마리안들이 1980년대 이후 개도국에게 무역자유화를 권장하였지만, 자유무역을 통해 성공한 나라는 거의 드물다. 무역자유화는 경제발전을 위한 최선의 방법이 아니며, 무역자유화는 경제발전의 원인이 아니라 결과이다.

개도국들이 가난에서 벗어나려면 자유무역 주장자들과 반대로 생산성이 높고 빠른 속도로 성장하는 제조업에 대해 자국 생산자를 보호하기 위한 보호와 보조금 정책, 외국인 투자의 엄격 규제를 해야 한다. 한국경제가 IMF 관리상태에 있었을 때 국제기구들이 요구한 정책들의 허구성을 보여준다.

4-3-20 「나는 왜 너가 아니고 나인가」(류시화)

【배경】

시인으로 인도여행기 「하늘 호수로 떠난 여행」(1997년), 「지구별 여행자」(2002년) 등의 저서가 있으며, 미국과 인도의 명상센터에서 생활하고 인도 여행을 하면서 명상가가 되었다. 시집 「그대가 곁에 있어도 나는 그대가 그립다」 「외눈박이 물고기의 사랑」 등이 있다.

저서에서 공공재인 공기, 시냇물, 소나무, 모래사장, 안개, 꿀벌 등은 대지의 일부분이며, 우리도 대지의 일부분인데 어떻게 사고팔 수 있는가 자문한다. 수 만 년 전부터 북미대륙에 터전을 잡고 살아온 인디언 부족들의 삶과 문화에 대한 이야기와 백인들에게 터전을 뺏기고 물러나면서 남긴 명 연설문들을 모은 것이다.

【주요 내용】

인디언은 1~2만 년 전 빙하기 시베리아와 알래스카가 육지로 연결되어 있을 때 아시아인들이 걸어서 베링해협을 건너 북미대륙을 거쳐 중남미까지 내려갔다. 한때 2천여 개의 부족이 번성했으며 콜럼버스 이전 267개 부족이 존재하였다.

1492년부터 1900년 사이에 천연두, 홍역, 감기 등 전염병으로 90%의 인디언이 사망하였다. 최근 정체성 상실, 가난, 알코올 중독, 인종차별, 미래에 대한 불안감 등으로 인디언의 자살률이 증가하고 있다.

- 1638년 청교도들에 의해 코네티컷주 뉴헤븐 지역에 인디언 보호 구역(감옥이라고 생각)이 처음 생겼다.

콜럼버스는 1620년 12월 21일 카리브해의 뉴잉글란드에 May Flower호(180톤급 노르웨이 화물선)를 타고 102명(대부분 영국 사람)의 청교도인과 함께 도착, 도착 후 스페인 페르디난도 왕과 이사벨라 여왕에게 인디언 10명을 인질로 보내고 2년 후 다시 500명의 인디언을 노예로 팔기 위해 보냈다.

- 인도 동쪽에 도착했다고 믿고 원주민을 "인디언"이라고 부르고, 인도땅이 아님을 알았음에도 계속 원조를 받기 위해 인도 땅에 도착했음을 거듭 강조하였다.

인디언의 종교관은 위대한 정령(와칸 탕카, 와칸다), 위대한 영혼, 위대한 신비이며, 영혼(기도) + 육체(사냥) + 마음을 하나로 본다. 자연은 적응 대상, 자연파괴는 신성모독, 자연 자체를 교회로 본다.

- 백인은 자연을 정복 대상, 경쟁 대상으로 본다.

인디언은 백인정부(인디언을 국민으로 보지 않음), 종교(유럽인은 메시아로 봄), 할리우드(더럽고 부정적 이미지를 퍼뜨림)도 탄압한다고 생각하며, 원주민은 정부를 원으로 보고, 백인들은 피라미드(지배하는 계층제)로 본다. 정령(할아버지), 달(할머니), 태양(아버지), 대지(어머니)로 보고 조화와 평화, 환경보호를 강조한다.

미시간(큰 호수), 미시시피(물들의 아버지), 나이아가라(천둥처럼 구르는 물), 요세미티(핏발이 선 곰) 등 자연과 관련된 이름이 많다.

「아파치족 인디언들의 결혼식 때 축시」

이제 두 사람은 비를 맞지 않으리라
서로가 서로에게 지붕이 되어 줄 테니까
이제 두 사람은 춥지 않으리라
서로가 서로에게 따뜻함이 될 테니까
이제 두 사람은 더 이상 외롭지 않으리라
서로가 서로에게 동행이 될 테니까
이제 두 사람은 두 개의 몸이지만
두 사람 앞에는 오직
하나의 인생만이 있으리라
이제 그대들의 집으로 들어가라
함께 있는 날들 속으로 들어가라
이 대지 위에서 그대들은
오랫동안 행복하리라

【평가와 시사점】

　인디언의 이주 경로와 인생관·종교관·자연관 등 인디언에 대한 이해의 폭을 백인들과 비교하면서 넓힐 수 있다.
　단순하면서도 호소력이 있는 명 연설문들을 읽으면서 오만한 백인 문명의 허구성과 오늘을 사는 우리들의 삶과 정신세계를 돌아보게 한다.

참고문헌 및 독서목록

인문학 분야

1. 고은 외, 『세상이 묻고 인문학이 답하다』, 21세기 북스, 2015
2. 김동기, 『인생 3모작과 나』, 해드림출판사, 2015
3. 김형석, 『백년을 살아보니』, 덴스토리, 2016
4. 김형석 외, 『우리는 무엇으로 행복해지나』, 프런티어, 2016
5. 법정, 『홀로 사는 즐거움』, 샘터, 2004
6. 성낙인, 헌법학, 법문사, 2018
7. 유민봉, 『한국행정학』, 박영사, 2012
8. 이극찬, 『정치학』, 법문사, 1998
9. 이지성, 『생각하는 인문학』, 문학동네, 2015
10. 혜민, [개정판]멈추면 비로소 보이는 것들』, 수오서재, 2012
11. 문화관광체육부, 『2017 국민독서실태조사』, 2018
12. 송현주, 『국민노후보장패널조사』, 국민연금연구원, 2018
13. 다치바나 다카시(이정환 옮김), 『도쿄대생은 바보가 되었는가?』, 청어람미디어, 2002
14. 토마스 S.쿤(김명자·홍성욱 옮김), 『과학혁명의 구조』, 까치, 1999

문학 분야

(문학 일반)

1. 김영구 외, 『문학의 이해』, 한국통신대학교출판부, 2000

2. 마광수,『마광수의 유쾌한 소설 읽기』, 책 읽는 구족, 2013
3. 법정,『무소유』, 문학의 숲, 2008
4. 백지은,『독자시점 : 백지은 비평집』, 민음사, 2013
5. 오세영 외,『현대시론』, 서정시학, 2011
6. 정여울,『정여울의 문학 멘토링』, 에멘토, 2014

(국내문학)

2-2-1	신재홍,『향가 서정 여행』, 월인, 2016
2-2-2	김시습(이지하 옮김),『금오신화』, 민음사, 2009
2-2-3	이순신(노승석 옮김),『난중일기』, 여해, 2014
2-2-4	김진일,『파발 : 충무공의 일급비밀문서』, 리틀씨앤톡, 2018
2-2-5	김훈,『남한산성』, 학고재, 2007
2-2-6	권비영,『조선의 마지막 황녀 : 덕혜옹주』, 다산책방, 2010
2-2-7	김동인,『감자-배따라기』, 평단, 2010
2-2-8	박경리,『토지』1-20, 마로니에북스, 2001
2-2-9	조정래,『아리랑』1-10, 해냄, 2007
2-2-10	조정래,『태백산맥』1-10, 해냄, 2003
2-2-11	조정래,『한강』1-10, 해냄, 2002
2-2-12	조정래,『정글만리』1-3, 해냄, 2013
2-2-13	김진명,『무궁화꽃이 피었습니다』1-2, 새움, 2010
2-2-14	박범신,『소금』, 한겨레, 2013
2-2-15	조남주,『82년생 김지영』, 민음사, 2017
2-2-16	신경숙,『엄마를 부탁해』, 창작과 비평사, 2008
2-2-17	한강,『채식주의자』, 창작과 비평사, 2007

2-2-18 고은, 『초혼』, 창작과 비평사, 2016

2-2-19 법정, 『무소유』, 문학의 숲, 2008

2-2-20 박완서, 『못 가본 길이 더 아름답다』, 현대문학, 2008

(해외문학)

2-3-1 생텍쥐페리(김유미 옮김), 『어린왕자』, 도서출판 민중, 2000

2-3-2 미우라 아야꼬(최정선 옮김), 『양치는 언덕』, 학일출판사, 1991

2-3-3 무라카미 하루키(유유정 옮김), 『상실의 시대』(원제 : 노르웨이의 숲), 문학사상사, 2000

2-3-4 루쉰(조성하 엮음), 『아Q정전』, 한국헤르만헤세, 2010

2-3-5 뒤마 피스(양원달 옮김), 『춘희』, 신원문화사, 2004

2-3-6 세르반테스(송병선 엮음), 『돈키오테』, 한국헤르만헤세, 2010

2-3-7 어니스트 헤밍웨이(손현숙 엮음), 『노인과 바다』, 한국헤르만헤세, 2010

2-3-8 어니스트 헤밍웨이(김유조 옮김), 『무기여 잘 있거라』, 한국헤르만헤세, 2010

2-3-9 대니엘 디포(전세재 엮음), 『로빈슨 크루소』, 한국헤르만헤세, 2010

2-3-10 조너선 스위프트(이영호 엮음), 『걸리버여행기』, 한국헤르만헤세, 2010

2-3-11 프리드리히 폰 실러(김주현 옮김), 『빌헤름텔』, 한국헤르만헤세, 2010

2-3-12   조지 오웰(이미애 엮음),『동물농장』, 한국헤르만헤세, 2010
2-3-13   마가렛 미첼(백승자 엮음),『바람과 함께 사라지다』, 한국헤르만헤세, 2010
2-3-14   찰스 디킨스(심상우 엮음),『올리버 트위스트』, 한국헤르만헤세, 2010
2-3-15   에밀리 브론테(한은경 엮음),『폭풍의 언덕』, 한국헤르만헤세, 2010
2-3-16   빅토르 위고(심상우 옮김),『레미제라블』, 한국헤르만헤세, 2010
2-3-17   요하나 슈피리(권영미 옮김),『알프스소녀 하이디』, 한국헤르만헤세, 2010
2-3-18   도스토옙스키(김경옥 엮음),『죄와 벌』, 한국헤르만헤세, 2010
2-3-19   안네 프랑크(봉현주 엮음),『안네의 일기』, 한국헤르만헤세, 2010
2-3-20   알렉스 헤일리(안정효 옮김),『뿌리』, 열린책들, 2004

역사학 분야

(역사학 일반)

1. 김한종,『10대에게 전하는 역사』, 글담출판, 2017
2. 성삼재,『고조선 : 사라진 역사』, 동아일보사, 2015
3. 유홍준,『나의 문화유산 답사기』, 창비, 2011
4. 이기백, 신수판『한국사신론』, 일조각, 1990
5. 장의식,『역사이야기』, 대구대학교출판부, 2017

(한국사)

3-2-1　성삼재,『고조선 : 사라진 역사』, 동아일보사, 2015
3-2-2　이종호·이형석,『고조선 : 신화에서 역사로』, 우리책, 2010
3-2-3　신채호(박기봉 옮김),『조선상고사』, 비봉출판사, 2009
3-2-4　김용만,『광개토대왕의 위대한 길』, 위즈덤하우스, 2017
3-2-5　김부식(이강래 옮김),『삼국사기 1·2』, 한길사, 2014
3-2-6　일연(이가원·허경진 옮김),『삼국유사』, 한길사, 2006
3-2-7　박영규,『한 권으로 읽는 고려왕조실록』, 들녘, 2000
3-2-8　박영규,『한 권으로 읽는 조선왕조실록』, 웅진지식하우스, 2017
3-2-9　조유식,『정도전을 위한 변명』, 푸른역사, 1997
3-2-10　박현모,『세종이라면 : 오래된 미래의 리더쉽』, 크레듀, 2014
3-2-11　송복, 류성룡 :『나라를 다시 만들 때가 되었나이다』, 시루, 2014
3-2-12　강준식,『다시 읽는 하멜표류기』, 웅진닷컴, 2003
3-2-13　박지원(고미숙·김진숙·김풍기 옮김),『열하일기』상·중·하, 그린비, 2008
3-2-14　황현,『오동나무 아래에서 역사를 기록하다』, 창작과 비평사, 2016
3-2-15　배성열,『조선을 홀린 무당 : 진령군』, 추수밭, 2017
3-2-16　김형광,『역사 속의 또 다른 역사 : 한국의 야사』,

시아, 2009
3-2-17 심용환,『역사전쟁 : 권력은 왜 역사를 장악하려 하는가?』, 생각정원, 2015
3-2-18 이덕일,『우리 안의 식민사관』, 민권당, 2014
3-2-19 박세길,『한국 혁명 : 불평등 해소의 새로운 길』, 더봄, 2017
3-2-20 도현신,『국가의 배신 : 실미도에서 세월호까지 : 국민을 속인 국가의 거짓말』, 인물과 사상사, 2015

(세계사)

3-3-1 알피고 시나씨,『누구를 기억할 것인가 : 화폐 인물로 만나는 시대의 도전자들』, 헤이북스, 2016
3-3-2 김재성,『미로 : 길의 인문학』, 글항아리, 2016
3-3-3 유발 하라리(조현욱 옮김),『사피엔스』, 김영사, 2017
3-3-4 유발 하라리(김명주 옮김),『호모데우스 : 미래의 역사』, 김영사, 2017
3-3-5 자렛 다이아몬드(김진준 옮김),『총·균·쇠』, 문학사상사, 2003
3-3-6 시마자키 스스무(전형배 옮김),『단숨에 읽는 사기』, 창해, 2014
3-3-7 이원복,『새로 만든 먼 나라 이웃나라』, 김영사, 2012
3-3-8 유홍준,『나의 문화유산 답사기(일본편)』, 창비, 2013
3-3-9 하비 리벤스테인(김지향 옮김),『음식-그 두려움의 역사』, 지식트리, 2012
3-3-10 이성주,『역사의 치명적 배후 성』, 효영, 2010

3-3-11 빌포셋(권춘호 옮김), 『역사를 바꾼 100가지 실수』, 매일경제신문사, 2013

3-3-12 다니엘 스미스(최윤영 옮김), 『역사를 바꾼 50가지 전략』, 시그마북스, 2016

3-3-13 찰스 필립스(김수미 옮김), 『역사를 바꾼 50인의 지도자』, 시그마북스, 2016

3-3-14 김후, 『불멸의 여인들 : 역사를 바꾼 뛰어난 여인들의 전기』, 청아, 2017

3-3-15 프란시스 우드(박세욱 옮김), 『문명의 중심 실크로드』, 연암서가, 2013

3-3-16 함현식, 『위인전에 속은 어른들을 위한 찌질한 위인전』, 위즈덤하우스, 2015

3-3-17 박영만, 『묘비명으로 본 삶의 의미 : 인생열전』, 프리윌, 2011

3-3-18 미야자키 마사카쓰(오근영 옮김), 『공간의 세계사』, 다산북스, 2016

3-3-19 아나톨 칼레츠키(위선주 옮김), 『자본주의 4.0』, 컬처앤스토리, 2011

3-3-20 함규진, 『리더가 읽어야 할 세계사 평형이론』, 살림, 2017

철학 분야

(철학 일반)

1. 강영계, 『철학으로 산다는 것』, 해냄, 2015
    『청소년을 위한 철학 에세이』, 해냄, 2015
2. 김형석 외, 『우리는 무엇으로 행복해지나』, 프런티어, 2016

3. 노화준,『정책학원론』, 박영사, 2012
4. 백훈승,『철학입문』, 전북대출판문화원, 2015
5. 신창호,『나는 무엇인가 : 배려의 철학을 위하여』, 우물이 있는 집, 2015
6. 유민봉,『한국 행정학』, 박영사, 2012
7. 이윤영,『윤한길과 인디고유스북페어 프로젝트팀, 가치를 묻다』, 궁리, 2010
8. 장운,『청소년 개념어 지도 : 지식의 숲에서 개념어로 길을 찾다』, 양철북, 2014
9. 조치영,『나를 만나는 기쁨』, 미래북, 2014
10. 최명관·곽신환,『철학개론』, 창, 2014
11. 니킬러스 편(최훈 옮김),『철학 : 가장 오래된 질문에 대한 가장 최근의 대답들』, 세종서적, 2011

(동양철학)

4-2-1 　 (이세동 옮김),『대학』, 을유문화사, 2007
4-2-2 　 공자(김원중 옮김),『논어』, 글항아리, 2012
4-2-3 　 맹자(박경황 옮김),『맹자』, 홍익출판사, 2012
4-2-4 　 (이세동 옮김),『중용』, 풀벗, 2012
4-2-5 　 순자(최병갑 풀어씀),『순자』, 2012
4-2-6 　 노자(조수형 풀어씀),『도덕경』, 풀빛, 2013
4-2-7 　 장자(조수형 풀어씀),『장자』, 풀빛, 2012
4-2-8 　 한비자(마현준 풀어씀),『한비자』, 풀빛, 2012
4-2-9 　 손자(김원중 옮김),『손자병법』, 글항아리, 2011
4-2-10 　 주희·여조겸(오은수 풀어씀),『근사록』, 풀빛, 2012
4-2-11 　 오긍(김원중 옮김),『정관정요』, 글항아리, 2011

4-2-12 정약용(장승희 풀어씀),『목민심서』, 풀빛, 2012
4-2-13 이상규 해설,『반야심경』, 도서출판 해조음, 2010
4-2-14 이재숙 풀어씀,『우파니샤드』(인도경전), 풀빛, 2015
4-2-15 최재우,『동경대전』, 풀빛, 2012
4-2-16 이황,『성학십도』, 풀빛, 2005
4-2-17 이이,『성학집요』, 풀빛, 2005
4-2-18 허준(고미숙 지음),『동의보감』, 북드라망, 2013
4-2-19 이중환(안대회·이승용 외 옮김),『택리지』, 휴매니스트, 2018
4-2-20 김형석,『백년을 살아보니』, 덴스토리, 2019

(서양철학)

4-3-1 플라톤(송재범 풀어씀),『국가 : 올바름을 향한 끝없는 대화』, 풀빛, 2011
4-3-2 아리스토텔레스(홍석영 풀어씀),『니코마코스 윤리학』, 풀빛, 2014
4-3-3 아우구스티누스(정은주 풀어씀),『고백론』, 풀빛, 2005
4-3-4 토마스 모어(정순미 풀어씀),『유토피아』, 풀빛, 2005
4-3-5 칼 마르크스(손칠성 풀어씀),『자본론』, 풀빛, 2005
4-3-6 지그문트 프로이트(안병웅 풀어씀),『꿈의 해석』, 풀빛, 2005
4-3-7 막스 웨버(김상희 풀어씀),『프로테스탄트윤리와 자본주의 정신』, 풀빛, 2005
4-3-8 토마스 홉스(하승우 풀어씀),『리바이어던』, 풀빛, 2005

4-3-9	존 스튜어트 밀(이진희 풀어씀),『자유론』, 풀빛, 2005
4-3-10	마이클 샌들(이창신 옮김),『정의란 무엇인가』, 김영사, 2010
4-3-11	리처드 도킨스(홍재남 옮김),『이기적 유전자』, 을유문화사, 2010
4-3-12	『탈무드』(박인용 엮음), 한국헤르만헤세, 2010 『탈무드』(김이랑 엮음), 시간과 공간사, 2006
4-3-13	최연혁,『우리가 만나야 할 미래』, 샘앤 파커스, 2012
4-3-14	데이비드 S. 아브라함(이정훈 옮김),『미래권력의 조건』, 동아엠앤비, 2016
4-3-15	우치다 타츠루(송경진 옮김),『어른없는 사회 : 수선론자가 말하는 각자 도시 재생 시대의 생존법』, 민들레, 2016
4-3-16	다니엘 헤리·코브체(원성철 옮김),『기본소득, 자유와 정의가 만나다』, 오롯, 2016
4-3-17	클라우스 슈발(송경진 옮김),『제4차 산업혁명』, 새로운 현재, 2016
4-3-18	헬무트 슈미트(강명순 옮김),『구십평생 내가 배운 것 들』, 바다출판사, 2016
4-3-19	장하준(이순희 옮김),『나쁜 사마리아인들』, 부·키, 2017
4-3-20	류시화,『나는 왜 너가 아니고 나인가』, 김영사, 2003